JE VOYAGE SEULE

www.editions-jclattes.fr

Samuel Bjørk

JE VOYAGE SEULE

Roman

Traduit du norvégien
par Jean-Baptiste Coursaud

JC Lattès

Titre de l'édition originale
DET HENGER EN ENGEL ALENE I SKOGEN
publiée par Vigmostad & Bjørke

Ouvrage publié avec l'aide de NORLA
(Norwegian Literature Abroad)

Couverture et illustration : © Raphaëlle Faguer

ISBN : 978-2-7096-4488-4

Le 28 août 2006, une petite fille vit le jour à l'hôpital Ringerike de Hønefoss. Katarina Olsen, la parturiente, mourut en couches : l'hémophilie dont souffrait cette institutrice âgée de vingt-cinq ans précipita son décès. La sage-femme et les infirmières présentes pendant l'accouchement décrivirent par la suite le bébé comme une enfant d'une beauté exceptionnelle. Calme et singulièrement éveillée, elle avait en outre un regard si profond que les employés de la maternité tissèrent avec elle des liens très particuliers. Lors de son admission, Katarina Olsen avait indiqué dans son dossier : père inconnu. *Quelques jours après la naissance, la direction de l'hôpital, en collaboration avec les services de l'enfance, parvint à localiser la grand-mère maternelle, résidant de l'autre côté du pays, à Bergen. Ignorant tout de la grossesse de sa fille, la femme effectua le long voyage jusqu'à la maternité pour uniquement constater la disparition du nourrisson. Dans les semaines qui suivirent le rapt, un immense plan de recherche fut mis en place par la police et la gendarmerie locales – en vain. Deux mois plus tard, on découvrit un infirmier de nationalité suédoise, dénommé Joachim Wicklund, pendu dans son appartement de Hønefoss. Une lettre tapée à la machine gisait aux pieds de la victime, avec pour seule phrase :* « Je suis désolé. »

La fillette ne fut jamais retrouvée.

Lisa trottinait gaiement sur le chemin de l'école.

Clip clap clop, chantaient ses pas au gré des cabrioles, dans la nouvelle robe.

I

1.

Walter Henriksen tentait désespérément d'absorber ne serait-ce qu'une infime partie du petit déjeuner que sa femme venait de poser sur la table de la cuisine : œufs et bacon, harengs marinés, petites saucisses grillées et pain frais sortant du four. Un thé infusait dans une tasse, préparé avec des herbes cueillies dans ce jardin que son épouse adorait au point qu'il avait prévalu à l'achat de la maison située très au nord d'Oslo, avec les forêts d'Østmarka pour seules voisines. Ainsi en pleine nature et loin du centre, ils pourraient vaquer à de saines occupations : faire des promenades en forêt, cultiver un petit jardin, ramasser des baies et des champignons. Et, surtout, permettre à leur chienne de vivre plus librement que dans la capitale ; cette cocker spaniel anglais que Walter Henriksen ne pouvait pas voir en peinture mais qu'il avait acceptée, elle comme le reste, par amour pour sa femme.

Il avala un morceau de la tartine de pain noir agrémentée de hareng et entama aussitôt une lutte acharnée contre son corps qui voulait régurgiter cette nourriture. Il vida un verre de jus d'orange puis s'efforça de sourire, bien que sa tête cogne comme si on l'avait frappée à l'aide d'un marteau. La fête d'entreprise, à laquelle il s'était rendu la veille au soir, ne s'était pas déroulée comme prévu. Et pour cause, cette fois encore il n'avait pas réussi à se tenir éloigné des alcools forts.

Tandis que les informations grésillaient en fond sonore, Walter essayait de décoder le visage de sa femme. D'y lire l'humeur du jour. D'y découvrir si elle était déjà réveillée quand, à l'aube, il s'était affalé sur le lit. De la même manière qu'il se rappelait vaguement être rentré à une heure indue (mais quand exactement ?) et s'être déshabillé à la va-vite, il lui semblait qu'elle dormait au moment où il avait perdu connaissance sur le matelas bien trop dur qu'elle l'avait persuadé d'acheter, sous prétexte qu'elle souffrait depuis peu de douleurs dans le dos.

Walter s'éclaircit la voix, s'essuya la bouche avec sa serviette et se caressa le ventre pour feindre d'avoir fait un bon repas.

— Je me disais que je pourrais aller promener Lady… ? marmonna-t-il en se façonnant ce qu'il espérait être un sourire.

— Oh oui, c'est une excellente idée, répondit sa femme, un peu surprise – car même s'ils n'en parlaient pour ainsi dire jamais, elle avait parfaitement conscience que son mari n'aimait pas leur chienne âgée de trois ans. Peut-être que tu pourrais lui faire faire un peu plus que le tour de la maison, cette fois-ci ?

Il chercha dans ce ton l'agressivité rentrée qu'elle se plaisait à utiliser pour manifester son mécontentement, ce sourire qu'elle arborait, mais qui n'en était pas un – or il ne distingua rien de tout cela : elle ne paraissait pas mécontente. Donc elle n'avait rien remarqué de son retour aussi tardif qu'alcoolisé. Donc il s'en était bien tiré. Dorénavant, se promit-il, il mènerait une vie saine. Fini les dîners d'entreprise.

— Je comptais l'emmener à Maridalen, et peut-être prendre le sentier qui descend au lac de Dausjøen.

— Parfait ! répondit-elle en souriant, avant de caresser la tête de la cocker, de l'embrasser sur le front et de la gratter derrière l'oreille. Tu vas aller te promener ? Avec papa ? Oh oui ! Ça va être bien avec papa, hein ! Hein, ma Lady chérie ? Ouiii, ça c'est la chienne à sa maman. Hein que tu es la gentille chienne à ta maman ?

La promenade à Maridalen ne varia pas d'un iota des précédentes. Walter Henriksen sentit monter en lui une irritation sourde envers cette bestiole stupide qui tirait constamment sur la laisse pour qu'il accélère le pas ou qu'ils filent dans une autre direction que celle où Walter s'était mis en tête d'aller. De toute façon il n'avait jamais aimé les chiens et ne comprenait rien à ces animaux ; si ça ne tenait qu'à lui, le monde pourrait très bien être définitivement débarrassé de tous ces clébards.

Enfin, ils atteignirent le sentier qui descendait vers le lac de Dausjøen. Il allait pouvoir la détacher. Il se mit à genoux, gratifia Lady d'une petite caresse, s'efforça de se montrer amical :

— Voilà. Comme ça tu vas pouvoir gambader. Hein ?

La chienne, langue pendante, le regarda avec un air bête. Walter alluma une cigarette et éprouva pendant un bref instant ce qui s'apparentait presque à de l'amour pour cette cocker. Après tout, ce n'était pas sa faute à elle.

Le mal de tête était en passe de disparaître, grâce à l'air frais. Oui, désormais il aimerait Lady. À bien y réfléchir, cette promenade en forêt n'était pas si désagréable. Voilà, ils étaient presque amis. En plus elle était obéissante puisqu'elle le suivait tranquillement sur le sentier, même sans laisse. Oui, gentil toutou.

Il eut à peine prononcé la phrase dans sa tête que la cocker spaniel fonça comme un bolide au creux de la forêt.

Merde.

— Lady !

Walter Henriksen s'immobilisa, l'appela à plusieurs reprises – en vain. Il jeta sa cigarette, jura à voix basse et grimpa la colline pour rejoindre la chienne. Plusieurs centaines de mètres plus haut, arrivé dans une petite clairière, il se figea complètement. La chienne était couchée par terre, sans bouger. Il découvrit alors la fillette pendue à l'arbre. Les pieds à quelques mètres du sol. Son cartable sur le dos. Et une pochette autour du cou avec, dedans, un papier :

Je voyage seule.

Walter Henriksen tomba à genoux et, comme par automatisme, fit ce dont il avait envie depuis son réveil.

Il se dégobilla dessus et fondit en larmes.

2.

Mia Krüger fut réveillée par les cris des mouettes.

Elle aurait pourtant dû s'y habituer : quatre mois venaient de s'écouler depuis l'achat de sa maison à l'embouchure du fjord et son installation dans ce trou perdu à deux heures de route de Trondheim. Or la capitale qu'elle avait pourtant quittée ne semblait pas décidée à lâcher prise. Même si l'appartement qu'elle occupait à Oslo, dans le quartier de Torshov, paraissait aimanter le vacarme en tout genre (bus, tramways, sirènes de police, ambulances), ces bruits très urbains n'avaient jamais dérangé son sommeil – sans doute lui procuraient-ils d'ailleurs un calme absolu. Ces oiseaux de malheur, en revanche, elle ne parvenait pas à en faire abstraction. Peut-être parce que, hormis leurs hurlements, un silence profond régnait alentour.

Elle tendit le bras vers sa montre posée sur la table de chevet, sans réussir à distinguer l'heure exacte. Les aiguilles s'étaient comme dissoutes, ou alors déplacées au creux d'un brouillard. Dix heures et quart ? Une heure et demie ? Cinq minutes passées de rien ? Les cachets avalés la veille au soir continuaient de faire leur effet : relaxant, anesthésiant, sédatif. *La prise d'alcool est formellement déconseillée pendant la durée du traitement.* Mais qui s'en souciait ? De toute façon, il ne lui restait que douze jours avant de mourir. Les croix sur le calendrier de la cuisine l'attestaient : douze carrés vides attendaient d'être cochés.

Douze jours. Le 18 avril.

Un collègue lui avait prescrit les cachets. Un ami qu'on lui avait imposé, censé l'aider à oublier, à digérer, à continuer. Un psychologue de la police – ou un psychiatre ? Toujours est-il qu'elle avait accès à ce qu'elle désirait, même ici, dans son trou perdu au bord de l'eau. Et tant pis si cela lui coûtait une énergie considérable pour aller faire ses courses. S'habiller. Démarrer le bateau à moteur. Grelotter un quart d'heure pour rejoindre le quai. Se mettre au volant de la voiture. Rouler prudemment pendant les quarante minutes que durait le trajet jusqu'au centre de Fillan (enfin… si tant est qu'on puisse parler de centre dans un bled pareil !). Marcher jusqu'au centre commercial de Hjorten, passer chez le caviste pour y acheter quelques bouteilles de vin et enfin ouvrir la porte de la pharmacie juste à côté. Les ordonnances l'y attendaient, faxées d'Oslo : Mogadon, Valium, Lamictal, Seropram. Certaines prescrites par le psy, d'autres par le médecin traitant, quoi qu'il en soit par des personnes bienveillantes et désireuses de l'aider. *« Mais n'en prends pas trop, sois prudente. »* Sauf que Mia Krüger n'avait aucune intention d'être prudente. Elle n'était pas venue ici pour aller mieux. Elle avait échoué ici pour disparaître.

Douze jours. Le 18 avril.

Mia Krüger sortit du réfrigérateur une bouteille d'eau gazeuse, s'habilla et descendit au bord du rivage. Elle s'assit sur le rocher, s'emmitoufla dans son anorak et attrapa les premiers cachets de la journée. Des bonbons dans la poche de son pantalon. Multicolores. Toujours dans le coaltar, elle ignorait lesquels elle prenait. Aucune importance. Elle les avala à l'aide d'une gorgée d'eau puis étendit ses jambes vers les vagues. Elle regarda un moment ses bottes. Ça n'avait aucun sens. Ses pieds n'étaient pour ainsi dire pas les siens mais ceux de quelqu'un d'autre, loin d'ici. Elle préféra déplacer son regard vers la mer. Mais ça non plus n'avait aucun sens. Elle se força malgré tout à embrasser l'horizon, en direction de l'îlot dont elle ne connaissait pas le nom.

Elle avait choisi le lieu au pifomètre. Hitra, une île dans le comté du Trøndelag. Ç'aurait pu être n'importe où néanmoins. Sa seule condition : qu'elle soit dans un endroit sans voisins. Elle avait laissé l'agent immobilier décider pour elle : « Vendez mon appartement et donnez-moi quelque chose d'autre en échange. » Il l'avait dévisagée d'un regard oblique, comme s'il se trouvait devant une folle, ou une idiote. Enfin bon, peu importe le daron, pourvu qu'on ait la richesse ; et, justement, il voulait gagner de l'argent. Donc il n'avait pas moufté. Son sourire Ultra brite lui avait signifié qu'il allait s'en charger, puis il avait demandé si elle désirait vendre immédiatement. Avait-elle un souhait particulier en termes d'achat ? Elle avait vu clair dans cette amabilité feinte et ces yeux aussi hypocrites que répugnants. Y repenser lui donnait envie de vomir. Pour une raison mystérieuse, elle avait la capacité de percer à jour les gens qu'elle avait en face d'elle rien qu'en observant leurs yeux. Et maintenant lui, cette créature visqueuse en costume cravate. Le spectacle lui avait fortement déplu.

Il faut que tu mettes ce talent à profit, bon sang! Tu peux te rentrer ça dans le crâne? Et c'est le job idéal pour le mettre à profit!

Qu'ils aillent se faire foutre, tous autant qu'ils sont. Elle ne l'utiliserait pas, ni maintenant ni plus jamais. Cette certitude la remplit d'un calme bienvenu. Ce calme qui ne la quittait pas depuis qu'elle s'était installée ici. À Hitra. L'agent immobilier avait fait du bon boulot, en fin de compte. À tel point que Mia Krüger eut pour lui une pensée presque sympathique.

Elle se leva du rocher et remonta le sentier qui menait à sa maison. Il était grand temps de prendre le premier verre de la journée. Et même si elle ignorait l'heure qu'il était, elle savait intuitivement qu'il était temps de boire. Elle n'avait pas lésiné sur la qualité des bouteilles commandées à l'avance. Une contradiction en soi, sans doute : pourquoi dépenser des fortunes en alcool quand il lui restait une douzaine de jours à vivre? D'un autre côté, pourquoi pas? Ce genre de tergiversations n'avait plus de place dans son cerveau, et depuis belle lurette. Elle ouvrit une bouteille d'armagnac, un Domaine de Pantagnan 1965. Elle remplit aux trois quarts une tasse à thé sale, posée sur le plan de travail. Un armagnac à huit cents couronnes la bouteille... *Alors, vous voyez comme je m'en tape? Hein? Tu croyais peut-être le contraire?* Elle ne put réprimer un petit sourire. Et s'octroya deux, trois comprimés supplémentaires avant de regagner son promontoire sur le rocher.

Oui, décidément, cet agent immobilier aux dents blanches avait bien fait les choses. Si elle avait dû vivre quelque part, ç'aurait été ici. L'air, la vue sur la mer, la tranquillité sous les nuages blancs. Elle qui jusqu'alors n'avait aucun lien avec cette région avait d'emblée aimé l'île. Cette île peuplée de cerfs. Cette île où pullulaient les cerfs. Et ça l'avait fascinée. Cet animal noble que certains se sentaient obligés de tuer. Bien que Mia Krüger ait appris à tirer à l'école de police, elle n'avait jamais goûté au maniement des armes : on ne jouait pas avec les armes, ou bien en cas d'extrême nécessité. Et encore. La chasse aux cerfs était ouverte à Hitra de septembre à novembre. Un jour, alors qu'elle se rendait à la pharmacie, elle avait croisé une bande d'adolescents qui attachaient un cerf mort sur la remorque de leur 4 × 4. En plein mois de février, hors de la saison de chasse. Elle avait failli s'arrêter, prendre les noms, les donner à la gendarmerie locale, histoire qu'ils écopent d'une amende bien méritée. Mais elle s'était abstenue.

Police un jour, police toujours ?

Non, terminé. Allez vous faire foutre.

Plus que douze jours. Le 18 avril prochain.

Elle but la dernière gorgée d'armagnac, posa sa tête contre le rocher et ferma les yeux.

3.

Holger Munch transpirait dans le hall d'arrivée de l'aéroport de Trondheim, où il attendait sa voiture de location réservée à l'avance. Comme d'habitude, l'avion avait atterri en retard à cause du brouillard épais sur Oslo Gardermoen. Immanquablement, il repensa à Jan Fredrik Wiborg, retrouvé mort à Copenhague en 1994 – un suicide, affirmait-on. Engagé au sein de la commission d'exploration scientifique chargée d'examiner le projet de construction d'un nouvel aéroport national, l'ingénieur civil avait accusé le gouvernement d'avoir manipulé les expertises météorologiques : le brouillard fréquent affectant la ville de Hurum l'avait disqualifiée au profit de Gardermoen, ce que Wiborg qualifiait de mensonge. Même aujourd'hui, dix-huit ans après, Munch ne parvenait pas à oublier l'affaire : pourquoi le corps d'un homme adulte tomberait-il, de lui-même, sans raison, de la fenêtre beaucoup trop petite d'un hôtel danois ? Et surtout, pourquoi les services de police tant norvégiens que danois avaient-ils rechigné à approfondir leur enquête ?

Holger chassa ces divagations de son esprit lorsque la jeune fille blonde au comptoir d'Europcar se racla la gorge pour lui signaler que c'était son tour.

— Holger Munch, dit-il d'une voix sèche. J'ai une voiture réservée.

— Ah, donc c'est en votre honneur qu'on construit un nouveau musée à Oslo ? demanda, non sans un clin d'œil, l'employée en uniforme vert.

Munch ne saisit pas immédiatement la plaisanterie.

— À moins que vous ne soyez pas le peintre… ? ajouta-t-elle avec un sourire, en continuant de tapoter sur son ordinateur.

— Quoi ?… Non, je ne suis pas le peintre, non, répliqua-t-il tout aussi sèchement. Nous n'avons même pas de lien de parenté.

Sinon je ne serais pas en train de poireauter ici, songea-t-il au moment où elle lui tendit les documents à signer.

Holger Munch détestait prendre l'avion, une explication suffisante à son humeur exécrable. Non pas qu'il ait peur que l'appareil s'écrase ; mathématicien à ses heures perdues, il savait pertinemment que le risque de crash était proportionnel à celui d'être touché par la foudre à deux reprises la même journée. Non. Holger Munch détestait prendre l'avion parce que les sièges aériens ne pouvaient plus accueillir son tour de taille.

— Et voilà ! claironna gaiement la jeune fille en lui donnant les clés. Une grande et belle Volvo V70. Tout est payé, durée de location et kilométrage illimités, donc vous pouvez la restituer où et quand vous voulez. Je vous souhaite un excellent voyage.

L'employée joviale lui faisait-elle une nouvelle blague ou désirait-elle le rassurer ? Sur l'air de : nous vous mettons à disposition une grosse voiture où vous aurez toute la place du monde pour y caler la barrique qui vous sert de corps et vous empêche de voir vos chaussures.

Rejoignant le parking, Holger Munch jeta un regard sur son reflet dans les grandes baies vitrées du hall d'arrivée. Il était peut-être temps, quand même. Temps de se mettre à la gym, de manger une nourriture plus saine, de perdre des kilos. Voilà ce qu'il se disait de plus en plus souvent. Et ce, pour plusieurs raisons. Courir après les malfrats dans les rues, il y avait renoncé depuis longtemps : des subalternes s'en chargeaient. Non ce n'était pas pour ça. Holger Munch était devenu, les semaines passées, purement et simplement coquet.

« Ben dis donc, Holger, un nouveau pull ? Ben dis donc, Holger, un nouveau veston ? Ben dis donc, Holger, tu t'es taillé la barbe ? »

Il déverrouilla la Volvo, coinça dans le support son portable qu'il alluma et boucla sa ceinture de sécurité. Prenant la direction du centre de Trondheim, il vit les messages s'empiler comme des briques. Il soupira. Une heure de téléphone éteint, et c'était reparti comme en quarante, impossible d'être libre en ce bas monde. Holger fit rouler ses doigts sur l'écran de ce Smartphone qu'on l'avait obligé à acheter. La police, même dans ce patelin qu'était Hønefoss, se devait d'être… *high-tech, up to date*. Le commissariat central de Ringerike. Il y avait commencé sa carrière et y retravaillait depuis un an et demi. À cause de la bavure au lac de Tryvann.

Six appels du quartier général de la police d'Oslo dont il dépendait, deux de son ex-femme, un de sa fille, deux de la maison de retraite. Sans compter les textos.

Laissant le monde à ses préoccupations, Holger Munch s'accorda un moment de détente. Il appuya sur le bouton de la radio, se cala sur la station NRK Klassisk, baissa la vitre et s'alluma une cigarette. Le tabac était son seul vice – hormis la nourriture, bien sûr, mais c'était une autre affaire. S'arrêter de fumer, Munch n'en avait pas la moindre intention, malgré l'acharnement des hommes et femmes politiques à inventer de nouvelles lois pour lutter contre la tabagie, et malgré les panneaux d'interdiction de fumer, à l'instar de l'autocollant plaqué sur le tableau de bord de cette voiture de location.

Il lui était foncièrement impossible de penser sans fumer. Et si Holger Munch adorait quelque chose, c'était penser, réfléchir, faire travailler son cerveau. Le corps était secondaire, du moment que le cerveau fonctionnait. La radio diffusait *Le Messie* de Haendel ; ce n'était pas son œuvre préférée mais elle ferait l'affaire. Munch était plutôt Bach, dans son genre ; il aimait le côté mathématique de la musique, et non ces compositeurs passionnels, que ce soient les hymnes aryens va-t-en-guerre de Wagner ou l'univers impressionniste et sentimental de Ravel. Munch écoutait de la musique classique pour échapper aux émotions humaines. Si l'Homme avait été une opération mathématique, tout aurait gagné en simplicité. Holger caressa rapidement son alliance avec une pensée pour Marianne, son ex-femme. Bien qu'ils soient divorcés depuis dix ans, il ne se résignait pas à enlever l'anneau. Et donc elle avait appelé. Peut-être qu'elle… ?

Non. Elle voulait parler du mariage, évidemment. Celui de leur fille, Miriam. Il fallait à cet égard discuter des détails pratiques – et non d'autres choses. Holger Munch jeta sa cigarette par la fenêtre et en alluma une autre.

« Je ne bois pas de café, je ne touche pas à l'alcool. Je peux quand même bien avoir droit aux clopes, bordel ! »

Holger Munch avait été ivre une seule fois dans sa vie, à l'âge de quatorze ans : il s'était soûlé au vin de cerise de son père, dans le chalet familial à Larvik. Depuis, il n'avait plus avalé une goutte d'alcool. Et n'en avait jamais éprouvé le besoin. Ni l'envie. Pour que ça lui bousille les neurones ? Pas question ! La cigarette, en revanche... Et pourquoi pas un bon petit hamburger, tiens... ?

Il se gara devant la station Shell du village de Stav et commanda un menu bacon burger qu'il dégusta dehors, sur un banc, avec vue sur le fjord de Trondheim. Si ses collègues avaient dû le décrire en trois mots, *geek* aurait probablement été répété deux fois. *Malin* aurait sans doute été le troisième. Ou peut-être *trop gentil*. Mais geek, à coup sûr. Un geek grassouillet et sympathique, qui ne buvait jamais d'alcool, adorait les mathématiques, la musique classique, les mots croisés et les échecs. Un geek peut-être un peu ennuyeux à la longue, mais un enquêteur extrêmement doué, doublé d'un chef d'équipe droit et juste. Alors tant pis s'il n'accompagnait jamais les autres pour siroter une petite bière après le boulot, tant pis s'il n'avait pas eu un seul rendez-vous amoureux avec une femme depuis que son épouse l'avait plaqué pour un prof exerçant à Hurum, qui avait l'avantage de bénéficier de deux mois de vacances par an et ne la réveillait pas en pleine nuit pour signaler qu'il devait partir travailler. N'empêche, personne à part lui n'avait un tel taux d'élucidation, c'était de notoriété publique. Tout le monde appréciait Holger Munch. Pourtant, il était revenu dans ce petit commissariat de Hønefoss.

« Je ne te fais pas descendre en grade, j'ordonne ta mutation. Tu devrais te réjouir d'avoir toujours un boulot. Du moins c'est comme ça que je le vois. »

Il avait failli donner sa démission sur-le-champ, ce jour-là, dans le bureau de Mikkelson, au quartier général de la police d'Oslo, mais il s'était ravisé, reprenant ses esprits au tout dernier moment. Car que ferait-il, sinon ? Devenir agent de sécurité ?

Holger Munch se remit au volant et regagna la E6 en direction du centre de Trondheim. Après s'être allumé une nouvelle cigarette, il suivit la déviation qui contournait la ville par le sud. Pas besoin du GPS de la voiture de location, il savait parfaitement où il allait.

Mia Krüger.

Il envoya à son ancienne collègue une pensée sympathique lorsque le téléphone sonna.

— Munch à l'appareil.

— Tu es où, nom de Dieu de bon Dieu ?!

Ce cher Mikkelson à l'autre bout du fil… Dans tous ses états, à la limite de l'infarctus. C'était un mystère pour beaucoup que le bonhomme ait pu garder pendant dix ans son fauteuil de chef à Grønland.

— Dans la voiture, pardi ! Et toi, tu es où, nom de Dieu de bon Dieu ?

— Où dans la voiture ? Tu es arrivé ?

— Non, je ne suis pas arrivé, je viens juste d'atterrir. Je suppose que tu as conscience de ce que tu me demandes ?

— Je voulais juste vérifier que tu obéissais aux ordres, comme on en était convenus.

— J'ai le dossier à côté de moi, soupira Munch. Et je compte bien le livrer à bon port, si c'est à ça que tu fais allusion. Mais bon : est-ce que c'était vraiment nécessaire de m'envoyer ici uniquement pour ça ? Mandater un coursier ne t'a pas effleuré l'esprit ? Ou envoyer une patrouille de la police locale ?

— Tu sais très bien pourquoi je t'ai envoyé *toi* sur place. Et je *veux* que tu fasses ce que je t'ai demandé, point à la ligne.

— Primo, je ne te dois rien. Secundo, je ne te dois rien. Tertio, considère-toi comme responsable si je n'utilise plus mon cerveau à ce pour quoi il est destiné. Donc, un conseil : tu fermes ta grande gueule. Parce que tu sais sur quels dossiers je travaille en ce moment, Mikkelson ? Tu veux que je te dise sur quoi je bosse ?

Silence de mort dans l'appareil. Si quelque chose horripilait le directeur de la police judiciaire, c'était qu'on lui demande un service. Munch jubilait en silence car il savait son ancien chef profondément agacé, quand il n'obtenait pas ce qu'il voulait mais qu'il était malgré tout obligé de garder son sang-froid.

— Veille simplement à ce que la course soit effectuée.

— À vos ordres, chef !

Et Munch d'allier le geste à la parole avec une main portée à la tempe en guise de salut militaire.

— Ne prends pas ta voix sarcastique, s'il te plaît, Munch. Et appelle-moi dès que tu as quelque chose.

— Je n'y manquerai pas. Ah, au fait, un dernier point…

— Quoi encore ?

— Si tu es d'accord, je réintègre le service. J'en peux plus, de ce bled de Hønefoss. Et je veux être logé dans nos anciens locaux de la Mariboesgate. On travaillera hors de la maison. Et je veux la même équipe qu'avant. O.K. ?

Mikkelson observa un bref silence avant de répondre.

— C'est hors de question, tu m'entends ? C'est absolument exclu, Munch. C'est…

Un large sourire aux lèvres, Holger Munch raccrocha avant même que Mikkelson ait terminé sa phrase. Il alluma une nouvelle cigarette puis la radio et s'engagea sur la route qui le conduisait à Orkanger.

4.

Mia Krüger était affalée sur le canapé, tout près de la cheminée, la couverture étendue sur elle. Elle avait rêvé de Sigrid et s'était réveillée avec la sensation que sa sœur jumelle était toujours là. Avec elle. En vie. Comme avant. Sigrid et Mia. Mia et Sigrid. Les inséparables d'Åsgårdstrand, nées à deux minutes d'intervalle, les cheveux blonds chez l'une et noirs chez l'autre, si différentes et pourtant si identiques.

Mia voulut retourner dans le rêve, y rester, demeurer auprès de Sigrid. Elle se força malgré tout à se lever et à rejoindre la cuisine. À prendre un petit déjeuner. Histoire uniquement d'endiguer quelque peu le taux d'alcool qui circulait dans son sang. Si elle continuait sur ce mode, elle allait mourir avant la date prévue, une hypothèse fondamentalement exclue.

Le 18 avril.

Plus que dix jours.

Elle allait y arriver. Elle allait réussir à tenir dix jours. Elle avala à grand-peine deux tranches de craque-pain suédois, envisagea de boire un verre de lait, le remplaça par de l'eau. Deux verres d'eau et deux cachets. Ces petits comprimés qui attendaient bien sagement dans sa poche de pantalon. Lesquels, ça n'avait pas d'importance. Aujourd'hui un blanc et un bleu clair.

Sigrid Krüger

Sœur, amie, fille

** 11 novembre 1979 — † 18 avril 2002*

Profondément aimée. Profondément regrettée

Mia Krüger se rassit dans le canapé. Elle attendit que les comprimés fassent leur effet, l'anesthésient, déploient une paroi défensive entre elle et le monde. Elle en avait d'autant plus besoin en ce moment qu'elle ne s'était pas regardée dans la glace depuis bientôt trois semaines, repoussant le plus possible la rencontre. Elle refusait de voir son reflet dans le miroir installé par le propriétaire précédent sur la porte de la salle de bains, au premier étage. Elle avait même songé trouver un tournevis pour supprimer l'horreur annoncée, pour ne pas avoir la confirmation de son état lamentable. Mais elle n'en avait pas eu la force. Elle qui n'avait plus la force de rien. Sinon d'avaler des tranquillisants et des boissons alcoolisées. Et ainsi sentir le Valium liquide dans ses veines, des esquisses de sourire dans son sang, une protection réjouissante contre les piquants qui flottaient en elle depuis si longtemps. Or aujourd'hui elle n'avait pas le choix : une douche s'imposait. Elle prit son courage à deux mains et monta les marches.

Elle eut presque un choc en découvrant la silhouette que lui révélait le miroir. Ce ne pouvait pas être elle. La femme autrefois svelte et élancée ressemblait désormais à une personne gravement malade. Il ne restait quasiment rien de la Mia Krüger tonique et forte. Ôtant son pull et son jean, elle demeura devant la glace en simples sous-vêtements. La petite culotte pendouillait sur son corps décharné : son ventre et sa taille avaient fondu, les hanches disparu. Elle passa un doigt sur les côtes si apparentes. Elle était en mesure de les compter. Elle s'obligea à se rapprocher du miroir, capturant son regard dans la surface oxydée par endroits. On l'avait toujours complimentée pour ses yeux bleus; *« personne n'a des yeux aussi norvégiens que les tiens, Mia »*, lui avait même dit quelqu'un – et elle se souvenait de la fierté qu'elle avait éprouvée en entendant cette formule si jolie : *des yeux norvégiens*. Du moins à l'époque où elle voulait se fondre dans la masse, ne pas sortir du lot. Car ses yeux bleus et vivants paraissaient aujourd'hui déjà morts. Ils se réduisaient à des pupilles dépourvues d'éclat et de rayonnement, au milieu de globes dont la blancheur avait viré au rouge malsain. Elle se pencha sur son pantalon, sortit de la poche deux comprimés qu'elle enfourna puis avala avec un filet d'eau au robinet. Elle se remit droite devant la glace.

Ma petite Indienne. Voilà le surnom que lui donnait sa grand-mère paternelle. Si ce n'étaient ses yeux bleus, on l'aurait effectivement prise pour une Indienne, kiowa, sioux ou apache. Et de la même manière qu'elle avait été, enfant, fascinée par les Indiens, son affinité ne faisait pas l'ombre d'un doute : les cow-boys étaient les méchants, les Indiens les gentils. *« Comment vas-tu aujourd'hui, Mia, Douce-Fleur ? »* Posant une main sur son visage, Mia eut une pensée tendre pour sa grand-mère. Elle observa longuement ses cheveux soyeux, noir corbeau, qui tombaient sur ses épaules frêles. Jamais encore elle ne les avait eus aussi longs. À l'école de police, elle avait pris pour habitude de les couper court, sans les confier aux bons soins d'un coiffeur, comme à la maison à Åsgårdstrand : elle prenait ses ciseaux et coupait ce qui dépassait. Histoire de montrer qu'elle s'en fichait d'être belle, qu'elle refusait la coquetterie et l'affectation. Idem pour le maquillage : elle n'en mettait pas. « Tu as une beauté naturelle, lui avait dit sa grand-mère un soir qu'elle lui faisait une natte devant la cheminée. Regarde tes yeux en amande et tes longs cils comme ils sont magnifiques. La nature t'a déjà maquillée, tu le vois ? Tu ne dois pas chercher à l'être davantage. Nous n'en avons pas besoin pour attirer les garçons, nous, du maquillage. De toute façon ils viendront au moment voulu. » Indienne avec grand-mère, et norvégienne à l'école de police. Une dichotomie parfaite, en réalité.

Mia fut prise de nausées. La faute aux cachets. Il arrivait de temps à autre que ces petites pilules n'apportent pas uniquement le bien-être et la tranquillité, d'autant qu'elle ne veillait pas toujours aux savants mélanges médicamenteux ainsi opérés : elle prenait les premiers venus. Elle posa une main contre le mur, le temps pour son vertige de passer et pour elle de ne pas défaillir. Elle releva la tête, se força à affronter le miroir, à se regarder – une dernière fois.

Plus que dix jours.

Le 18 avril.

Elle n'y avait pas réfléchi plus que ça. Aux derniers instants. Aurait-elle mal ? Serait-il en fin de compte plus difficile que prévu de lâcher prise ? Ces histoires à propos de la vie qui défilait sous vos yeux au moment de mourir, elle n'y croyait pas. Ou avaient-elles une part de vérité ? Ça n'avait plus grande importance. Mia Krüger avait son histoire chevillée au corps. Il lui suffisait de se regarder dans le miroir pour le savoir. Une Indienne aux yeux norvégiens. De longs cheveux noirs qu'elle coupait autrefois mais qui aujourd'hui foisonnaient sur ses épaules livides. Coinçant une mèche derrière l'oreille, elle étudia la cicatrice près de l'œil gauche. Une estafilade de trois centimètres, une marque vouée à ne jamais disparaître. Causée par un suspect, pendant un interrogatoire, dans le cadre d'un meurtre : une jeune fille originaire de Lettonie, retrouvée flottant à la dérive dans la rivière Akerselva, à Oslo. Mia avait failli par faiblesse et inattention, elle n'avait pas remarqué le couteau, s'écartant à la dernière seconde sans quoi elle serait devenue aveugle, mais n'évitant pas l'entaille. Contrainte de porter un bandeau pendant plusieurs mois, elle pouvait remercier les médecins de l'hôpital d'Ullevål de toujours voir des deux yeux.

Tendant sa main gauche devant la glace, elle observa le bout de son doigt manquant. Encore un accident au cours d'une enquête, cette fois dans une petite ferme en périphérie de Moss. Pourtant, le panneau l'avait prévenue : *attention, chien méchant*. Le rottweiler avait raté sa gorge mais pas sa main. Elle sentait encore les dents plantées dans ses doigts, la panique monter en elle durant les quelques secondes qu'il avait fallu pour extraire son pistolet du holster et refroidir d'une balle en pleine tête le chien fou furieux. Elle dévia le regard vers le petit papillon tatoué juste au-dessus de l'élastique du slip. La jeunesse à dix-neuf ans, un caractère expansif, la rencontre à Prague d'un Espagnol, le flirt d'un été. Ils avaient bu beaucoup trop de Becherovka et s'étaient réveillés avec chacun un tatouage. Elle portait dorénavant un papillon violet, jaune et vert sur l'aine. Mia ne put s'empêcher de sourire. À plusieurs reprises, consternée par cette idiotie de ses jeunes années, elle avait songé à s'en débarrasser, sans pour autant passer à l'acte, ça lui était complètement égal à présent.

Elle caressa ensuite le petit bracelet en argent à son poignet droit, un simple bijou d'enfant. Pour leur confirmation, les jumelles en avaient eu chacune un en cadeau. Identiques car tous deux ornés d'un cœur et d'une croix, ils différaient par leur lettre : S pour Sigrid et M pour Mia. Ce soir-là, la fête terminée, les invités partis et les deux adolescentes retournées dans leur chambre commune, Sigrid avait brusquement proposé un échange. « *Tu veux le mien ? Comme ça je prends le tien.* » Mia ne l'avait plus retiré depuis.

Les tranquillisants la rendaient encore plus absente, elle distinguait à peine son visage dans le miroir. Son corps lui faisait l'effet d'un fantôme flottant dans le lointain. Une cicatrice près de l'œil gauche. Deux phalanges manquantes à son auriculaire. Un papillon tchèque tatoué au bord de la petite culotte. Des bras et des jambes amaigris. Une Indienne aux yeux bleus tristes et presque morts. Elle renonça à poursuivre cette inspection calamiteuse et tituba jusqu'à la douche. Elle y demeura si longtemps que l'eau finit par être glacée. Elle évita soigneusement son reflet et, nue, gagna le salon où elle se sécha devant la cheminée que personne n'avait allumée. Puis elle alla se préparer un verre à la cuisine, rehaussé de deux comprimés dénichés dans le tiroir. Tout en s'habillant, elle sentit la somnolence gagner du terrain, s'emparer de ce corps propre à l'extérieur, et bientôt également à l'intérieur.

En anorak et bonnet, elle rejoignit la mer. Encore. Elle s'installa sur le rocher, posa son regard sur l'horizon. Du vent dans les voiles, songea-t-elle. Mia Krüger était venue ici pour mettre fin à ses jours alors que, au contraire, elle aurait aimé y vivre sur ses vieux jours. L'idée lui était venue de façon foudroyante et s'était imposée comme une révélation. Sa décision prise, un grand calme l'avait envahie. Depuis, tout suivait son petit bonhomme de chemin, tranquille en somme, jusqu'à la date fatidique prochaine.

Le 18 avril.

Sigrid avait été retrouvée morte le 18 avril 2002, dans le quartier populaire de Tøyen, à Oslo. Sur un matelas pourri, une seringue dans le bras. Elle n'avait même pas eu le temps de défaire le garrot. L'overdose s'était aussitôt diffusée en elle. Dans dix jours, cela ferait dix ans. Sa jumelle, la belle et adorable Sigrid, morte d'une overdose d'héroïne dans une cave sordide. Une petite semaine seulement après que Mia fut allée la chercher, à la fin de sa cure de désintoxication dans une clinique de Valdres. Le mois entier passé là-bas lui avait rendu son rire et le rouge aux joues. Comme elle était magnifique... Pendant le trajet en voiture qui les ramenait à Oslo, Mia avait eu l'impression d'être propulsée à Åsgårdstrand, quand les deux sœurs encore enfants jouaient dans le jardin et riaient à gorge déployée.

— On va dire que tu es Blanche-Neige et moi la Belle au bois dormant.

— Oh non ! Pourquoi c'est toujours moi Blanche-Neige ?

— Parce que tu as les cheveux noirs, Mia.

— Ah... C'est pour ça ?

— Oui. Ça t'avait échappé ?

— Oui.

— Ce que tu peux être idiote dans ton genre !

— N'importe quoi !

— Non, tu n'es pas du tout idiote.

— Mais pourquoi il faut absolument qu'on joue à Blanche-Neige et à la Belle au bois dormant ? C'est nul de devoir dormir pendant cent ans avant qu'un prince vienne nous réveiller. En plus, à part nous, il n'y a personne ici...

— Oh, tu verras, Mia... Il finira un beau jour par venir, le prince.

Dans le cas de Sigrid, le prince était un abruti originaire de Horten. Il avait prétendu être musicien et même faire partie d'un groupe. Un demi-mensonge puisque les gugusses ne jouaient jamais, si ce n'est dans le parc où ils fumaient du shit, prenaient du speed ou s'injectaient de l'héroïne. Quel loser doublé d'un sombre connard, ce type ! Mia Krüger n'arrivait même pas à prononcer son nom tant il lui donnait envie de vomir.

Mia Krüger se leva pour ravaler sa nausée et inspira profondément. Elle marcha le long des rochers, passa devant le hangar à bateaux, s'assit sur le ponton. Elle apercevait les gens qui s'affairaient sur le continent, occupés à leurs activités normales de gens normaux. Quelle heure pouvait-il être ? Mettant une main en visière, elle ausculta le ciel. Midi. Une heure grand maximum, estima-t-elle, au vu de la position du soleil. Elle but une gorgée de la bouteille qu'elle avait pris soin d'emporter, sentit l'alcool donner une nouvelle impulsion aux médicaments pour mieux lui dérober les sens et la rendre indifférente à tout. Elle balança ses jambes dans le vide, inclina la tête face au soleil, ferma les yeux.

Markus Skog.

Sigrid avait dix-huit ans et l'abruti vingt-deux. Après s'être installé à Oslo, il avait très vite traîné sur la Christian Frederiks plass, sur le Plateau, comme la surnommaient les toxicos de la capitale. Sigrid lui avait emboîté le pas quelques mois plus tard.

Quatre semaines de cure. Si ce n'était pas la première fois que Mia venait chercher sa sœur dans une clinique de désintoxication, tout semblait néanmoins différent en ce mois d'avril 2002. Sigrid paraissait regonflée, animée par d'autres motivations, dépourvue de ce fameux sourire de junkie qu'elle avait systématiquement après ses séjours à l'hôpital, quand ses gestes et ses paroles n'étaient qu'un chapelet de mensonges, quand son désir et sa volonté n'obéissaient qu'à un seul objectif : se faire un shoot le plus vite possible. Non, cette fois-ci, ses yeux brillaient d'un éclat inédit. Elle semblait plus sereine, en adéquation avec son… oui : avec son ancien moi.

Mia avait tellement pensé à sa sœur qu'elle en avait un trou dans le cerveau. Pourquoi précisément Sigrid devait-elle glisser dans la drogue ? Parce qu'elle s'ennuyait ? À cause de papa et de maman ? À cause d'un connard rachitique ? À cause de l'amour ?

Certes leur mère était sévère, sans non plus jouer les marâtres. À l'inverse, leur père était beaucoup trop gentil – mais là encore, ça ne pouvait pas tout expliquer. Eva et Kyrre Krüger avaient adopté les jumelles, juste après leur naissance. Ainsi en avait-il été convenu avec la mère biologique, à l'avance : jeune, seule, elle ne pouvait ni ne voulait les garder, n'y arriverait pas. Et pour le couple sans enfants incapable d'en avoir, c'était comme un cadeau du ciel, d'autant plus qu'ils voulaient des filles. Un pur bonheur. Maman, Eva, institutrice à l'école d'Åsgården. Papa, Kyrre, marchand de couleurs, propriétaire d'un magasin dans le centre de Horten, Krüger & fils.

Mia avait cherché et recherché les motifs susceptibles d'expliquer pourquoi Sigrid devait finir junkie. En vain.

Markus Skog.

Il en portait l'entière responsabilité.

Une semaine. Une semaine seulement après son retour de Valdres. Alors que ça fonctionnait tellement bien entre elles, dans l'appartement de Torshov. Sigrid et Mia. Mia et Sigrid. Blanche-Neige et la Belle au bois dormant À nouveau les inséparables d'Åsgårdstrand. Mia avait pris sa journée, exprès. Ce qui ne lui était pas arrivé depuis des lustres. Puis, un soir, un bout de papier sur la table de la cuisine :

Il faut que je parle à M.

Je reviens dans une heure maximum. S.

Mia Krüger se releva du ponton, trottina en direction de la maison. Elle titubait déjà. Il était temps de se ravitailler en comprimés. Et de s'enfiler un bon petit verre bien tassé.

5.

Holger Munch en avait assez de conduire. À la première aire de repos en vue, il quitta la nationale pour faire une pause et se dégourdir les jambes. Il ne lui restait plus long à parcourir, quelques kilomètres avant d'atteindre le tunnel de Hitra, donc nul besoin de se presser. En plus, pour une raison obscure, le policier local censé l'emmener en bateau sur l'île ne pouvait assurer le transport avant 14 heures. Holger Munch n'avait pas eu le courage de demander pourquoi, son interlocuteur ne lui semblant pas très éveillé. Et le commissariat de Ringerike ne dérogeait guère à cette règle : les agents n'étaient franchement pas débordés. Non qu'il ait des préjugés contre ses collègues de la campagne, mais Munch était habitué à un autre tempo à Oslo. Enfin… plus maintenant. Il maudit intérieurement Mikkelson, imprécation qu'il ravala la seconde d'après. Son ancien chef n'était pas responsable de la mutation du commissaire. Une enquête interne avait précipité son départ, les choses devaient changer, et patati et patata. Munch savait tout ça. Mais quand même.

Il s'assit sur un banc et alluma une cigarette. Le printemps était précoce cette année, dans le Trøndelag : à plusieurs endroits, les arbres se paraient déjà de feuilles vertes, et la neige était presque fondue. Munch n'était pas un spécialiste du cycle des saisons dans ce comté, loin de là, il en avait entendu parler à la radio pendant le trajet, éteignant la musique classique pour écouter le bulletin d'informations. Il voulait savoir si un quelconque imbécile de flic, à Grønland, avait éventé l'affaire à un journaliste avide de scoops et au portefeuille bien garni. Mais non, rien. Rien sur cette petite fille retrouvée pendue à Maridalen.

Les messages et les appels n'avaient cessé de tomber comme des grêlons depuis le départ de l'aéroport. À aucun moment Holger n'avait répondu, refusant de passer un coup de fil ou d'envoyer un texto en conduisant. Il avait été suffisamment confronté à des accidents où, à la suite de quelques secondes d'inattention, des gens avaient fait une sortie de route ou même écrasé quelqu'un. En plus, non seulement rien ne pressait, mais ce n'était pas désagréable d'avoir quelques heures de totale liberté. Il n'aimait pas se l'avouer à lui-même, et pourtant… la coupe débordait parfois, tant sur le plan professionnel qu'avec les petits ennuis du quotidien. Il ne rechignait pas à aller voir sa mère à la maison de retraite ni à aider sa fille de vingt-cinq ans pour les préparatifs du mariage, encore moins à passer du temps avec Marion, sa petite-fille qui venait d'avoir six ans. Cependant, tout cumulé, ça faisait beaucoup. Et puis il y avait Marianne, son ex-femme. Et là c'était le ratage complet. Bien que leur divorce remonte à dix ans, il avait toujours l'impression que la rupture avait détruit quelque chose en lui, de manière irréparable.

Préférant penser à autre chose, il vérifia son portable. Mikkelson avait tenté à deux reprises de le joindre. Nul besoin de rappeler, Munch savait parfaitement ce que son ancien et peut-être futur chef lui voulait. Un SMS de Miriam, bref et impersonnel comme d'habitude. Et enfin deux appels de Marianne. Et merde… Il avait oublié la maison de retraite. Alors qu'on était mercredi. Il aurait dû téléphoner avant même de se mettre au volant. Il composa le numéro et se mit à marcher un peu.

— Maison de retraite de Høvik, Karen à l'appareil…

— Oui, bonjour Karen. C'est Holger Munch.

— Oh, Holger ! Comment vas-tu ? voulut savoir la voix si enjouée qu'il faillit en rougir – il s'était attendu qu'une des employées plus âgées décroche, comme c'était souvent le cas.

« Ben dis donc, Holger, un nouveau pull ? Ben dis donc, Holger, un nouveau veston ? Ben dis donc, Holger, tu t'es taillé la barbe ? »

— Jusque-là très bien, je te remercie. Mais… j'aurais besoin que tu me rendes un service.

— Mais très volontiers, voyons. De quoi s'agit-il ?

Elle eut un petit rire. Ils s'entendaient bien en fait, Karen et lui. Et ce depuis plusieurs années. Sa vieille mère, qu'il avait dû placer en maison de retraite, contre son gré au départ même si elle avait fini par s'habituer, les avait rapprochés.

— On est mercredi…, soupira Munch.

— Et tu ne pourras pas passer ?

— Non, hélas. Je suis en déplacement.

— Je comprends, répondit-elle en riant de nouveau. Je vais envoyer quelqu'un pour la conduire, ne t'inquiète pas. Sinon, on commandera un taxi.

— Je paierai la course, ne t'en fais pas, précisa Munch à la hâte.

— Ça ne pose aucun problème.

— Je te remercie du fond du cœur, Karen.

— Avec plaisir, Holger ! Mais tu viendras mercredi prochain, j'espère ?

— Je l'espère aussi.

— Parfait. Comme ça on se verra sûrement…

— C'est bien possible. Merci encore, Karen. Et embrasse ma mère pour moi.

— Je n'y manquerai pas. Moi aussi, je t'embrasse. Au revoir.

Munch raccrocha et se rassit sur le banc.

Pourquoi tu ne l'invites pas, un soir? Il n'y a pas de mal à ça... Prendre un café, ou aller au cinéma.

Il s'empressa de refouler cette hypothèse, profitant de l'arrivée d'un courriel sur son Smartphone. Au départ, il s'était vivement opposé à l'option proposée par ces maudits portables modernes de concentrer en un seul endroit la totalité des moyens de communication et permettre ainsi d'être joignable n'importe où et n'importe quand – ne le laisserait-on jamais tranquille? Or le mail lui parvenait au moment idéal. Il l'ouvrit en souriant et lut l'exercice que lui soumettait Youri, un Biélorusse dans la soixantaine, un professeur vivant à Minsk rencontré quelques années plus tôt sur le site math2.org, une plate-forme pour les fondus de calculs divers et variés. Et même si Munch ne le qualifiait pas d'ami, car il n'avait jamais fait sa connaissance, les deux hommes avaient échangé leurs adresses e-mail et entretenaient des contacts sporadiques : discussions sur les échecs et, de temps en temps, comme maintenant, jeux d'entraînement cérébral.

```
De l'eau s'écoule dans un conteneur. La quantité
d'eau double toutes les minutes. Il faut une
heure au conteneur pour se remplir. En combien de
temps est-il à moitié plein? Y.
```

C'était marrant. Avant de répondre, Holger réfléchit en s'aidant d'une cigarette. Décidément, il l'aimait bien, ce Youri. Il avait déjà songé à lui rendre visite. Pourquoi pas, après tout? Pourquoi ne pas aller vers les gens, malgré une amitié essentiellement virtuelle? Mrmichigan40 des États-Unis par exemple, ou margrete_08 de Suède, ou encore birrrdman d'Afrique du Sud; des inconnus, certes, mais des fanas d'échecs et de maths comme lui. Donc, oui, pourquoi pas ? Pourquoi ne pas aller à leur rencontre *réelle* ? Ça devait être possible, bon sang. Munch n'était pas si vieux. Et à quand remontait son dernier voyage ? Il aperçut son reflet sur l'écran du téléphone qu'il posa aussitôt sur le banc.

Cinquante-quatre ans. Il trouvait que son âge ne correspondait pas à la réalité : il se sentait beaucoup plus vieux, lui qui avait pris dix ans d'un seul coup lorsque Marianne lui avait annoncé avoir une relation avec l'enseignant de Hurum. Ce jour-là, il s'était efforcé de ne pas perdre son sang-froid. Oh, il ne tombait pas des nues, une part de lui-même l'avait deviné : ses longues journées au commissariat, son absence généralisée. Forcément, un jour ou l'autre, il en paierait les conséquences. Mais… de cette manière ? Quant à Marianne, elle lui avait expliqué la situation sans se départir d'un grand calme, comme si elle s'était préparée depuis longtemps à ces aveux : ils s'étaient rencontrés à une formation, avaient gardé le contact, leurs sentiments réciproques s'étaient renforcés, ils s'étaient retrouvés en cachette à plusieurs reprises, elle ne voulait plus vivre dans le mensonge. En dépit de ses bonnes résolutions, Munch avait explosé. Lui qui n'avait jamais levé la main sur quelqu'un avait hurlé, jeté son assiette contre le mur. Il avait traité Marianne de tous les noms, lui avait couru après dans la maison. Il en éprouvait toujours une immense honte. Miriam était descendue de sa chambre en larmes. Quinze ans à l'époque, et du côté de sa mère. Rien d'étonnant là-dedans. Combien de temps avait-il passé à la maison, en fait ? Avait-il été présent pour elles durant toutes ces années ?

Il n'avait aucune envie de répondre au message de Miriam : il était tellement froid, comme s'il symbolisait à lui seul l'état de leur relation. Et dire qu'il devait réfléchir à ça aussi, comme si le contenu du dossier sur le siège passager ne suffisait pas.

Tu pourrais nous aider de deux ou trois mille couronnes supplémentaires? On a décidé d'inviter les cousins et cousines. M

Le mariage. Bien sûr, répondit-il. Il ajouta un smiley mais l'effaça. Il regarda le message partir en pensant à Marion, sa petite-fille. Après sa naissance, Miriam le lui avait lancé en pleine figure : elle n'était pas sûre qu'il mérite de voir la petite. Heureusement, elle avait entre-temps changé d'avis. Ces moments passés avec l'adorable Marion, non seulement il les attendait chaque fois avec grande impatience, mais ils représentaient la seule lumière dans son quotidien terne, ou plutôt sombre, surtout depuis qu'il était revenu à Hønefoss.

Après leur divorce, il avait laissé la maison à Marianne. Ça lui semblait juste et permettait à Miriam de ne pas se séparer de ses amis, de ne changer ni d'école ni d'équipe de handball. En conséquence, il s'était acheté un petit appartement dans le quartier de Bislett, suffisamment loin et suffisamment proche du boulot. Il l'avait gardé malgré son emménagement à Hønefoss, louant un studio à deux pas du commissariat. Avec ses affaires toujours dans les cartons. Il n'avait pas emporté grand-chose, s'attendant à un retour rapide à la capitale. Or, deux ans après, il y habitait encore, n'avait toujours pas déballé ses affaires, n'était chez lui nulle part.

Arrête de t'apitoyer sur ton sort. Il y a des situations pires que la tienne.

Munch écrasa sa cigarette et préféra se concentrer sur le dossier dans la voiture. Une fillette de six ans, retrouvée par un promeneur, pendue à un arbre dans la forêt de Maridalen. Cela faisait longtemps qu'il n'avait pas eu à s'occuper d'une affaire aussi horrible. Pas étonnant que les collègues de Grønland transpirent.

Il répondit à Youri :

59 minutes :-) HM

Il répugnait à se l'avouer, mais les informations contenues dans ce dossier lui faisaient froid dans le dos. Il démarra la voiture, s'engagea sur la nationale et poursuivit son trajet vers l'est, vers Hitra.

6.

L'homme à l'aigle tatoué dans le cou avait, pour l'occasion, enfilé un pull à col roulé. Autrefois, la gare centrale d'Oslo était le site idéal pour un homme de sa profession. Mais les caméras entre-temps installées partout rendaient toute fuite quasi impossible. Aussi avait-il depuis longtemps déplacé ses rendez-vous et négociations dans des salles de cinéma ou des kebabs, autant d'endroits où l'on était moins facilement repéré si jamais les transactions débouchaient sur une enquête de grande envergure. En ce qui le concernait, c'était rarement le cas vu qu'il n'opérait plus à grande échelle. Mais bon, mieux valait redoubler de prudence.

L'homme à l'aigle tatoué dans le cou enfonça son chapeau un peu plus bas sur le front et entra dans la gare. Il n'avait pas choisi le lieu, mais le montant proposé était tellement astronomique qu'il avait obéi aux ordres sans moufter. Quant à savoir comment l'acheteur l'avait trouvé, mystère : un jour, il avait reçu un MMS, contenant une photo, un contrat et une somme. Un contrat bizarroïde, pas de doute là-dessus. Jamais dans sa carrière on ne lui avait demandé une chose pareille. Mais bon, son expérience lui avait aussi appris à ne pas poser de questions : il exécutait, il encaissait, et basta. Voilà comment il avait fait son trou et acquis une crédibilité dans le monde des ombres. Et tant pis si on lui confiait de moins en moins de missions, qui plus est de moins en moins bien payées, il lui arrivait malgré tout qu'un gros contrat tombe dans son escarcelle. Comme celui-ci. Il avait donc, comme d'habitude, répondu « O.K. ».

Veste de costume, pantalon chic, chaussures marron lustrées, attaché-case, pull à col roulé et fausses lunettes de vue. L'homme à l'aigle tatoué dans le cou ressemblait, c'était voulu, à l'inverse de lui-même : un comptable ou un commercial. Contre toute attente, il était vaniteux et coquet : il ne voulait surtout pas être pris pour l'un de ces kékés fashion ou pour ces décisionnaires propres sur eux qui, les uns comme les autres, l'horripilaient au plus haut point. Il aimait son air de brute, ses tatouages et son blouson de cuir. Mais il s'était endimanché pour ne pas paraître suspect dans le cas d'une opération de police inopinée. Conséquence : cet accoutrement. Et tant pis si son pantalon débile lui grattait l'entrejambe et lui donnait l'impression d'être le niais de service, le jeu en valait la chandelle puisqu'une somme rondelette l'attendait dans un casier de consigne. Comme il était dans le rouge depuis un bon bout de temps, il avait absolument besoin de ce fric. Il esquissa un sourire sous ses lunettes pour le moins atypiques tandis qu'il pénétrait dans le hall de la gare.

Le premier message lui était arrivé un an plus tôt environ, d'autres avaient suivi. Au début, il avait cru à une blague : la demande était si spéciale, si étrange. Mais il l'avait menée à bien et avait été payé en conséquence. La deuxième également. Idem de la troisième. Aujourd'hui, ce qu'il devait faire lui était fichtrement égal.

Il s'arrêta devant le kiosque Narvesen, acheta un journal et un paquet de cigarettes. Une journée on ne peut plus normale dans la vie on ne peut plus normale d'un comptable qui rentre du travail. Coinçant le quotidien sous son bras, il continua vers la consigne. Il se plaça devant l'entrée et envoya un texto :

`J'y suis`

Il attendit la réponse. Qui vint immédiatement, comme chaque fois. Et qui contenait le numéro du casier ainsi que le code pour l'ouvrir. Il inspecta les lieux du regard à plusieurs reprises avant de se diriger vers le casier en question. On pouvait reprocher ce qu'on voulait à la gare centrale d'Oslo, mais pas d'avoir remplacé ce système de clés qu'on devait échanger dans une ruelle sombre ou en cachette. Tout ce qu'il fallait désormais, c'était un code. L'homme à l'aigle tatoué dans le cou entra les chiffres sur le clavier puis entendit un clic quand le système de verrouillage se débloqua. Toujours la même enveloppe kraft. Il se l'appropria en prenant soin, pour le coup, de ne pas regarder par-dessus son épaule, histoire d'avoir un comportement le moins suspect possible pour les caméras présentes. Il ouvrit son attaché-case dans lequel il glissa rapidement l'enveloppe dont il remarqua au passage, avec un large sourire, l'épaisseur inhabituelle. Son tout dernier contrat, qu'il était temps d'exécuter.

Il quitta la consigne, remonta les marches, traversa le hall, entra dans le Burger King où il s'enferma dans les toilettes. Il déverrouilla son attaché-case et s'empara aussitôt de l'enveloppe. Son sourire s'élargit encore plus lorsqu'il en découvrit le contenu : pas seulement la somme convenue en billets de deux cents, comme il l'exigeait chaque fois, mais aussi un petit sachet inattendu de poudre blanche. L'homme à l'aigle tatoué dans le cou en mit un peu sur ses gencives et arbora un sourire définitivement extatique. S'il ignorait l'identité de son commanditaire, l'intéressé avait visiblement d'excellents contacts dans le milieu, avec ceux qui savaient qu'il avait une prédilection pour la poudre. Il attrapa son téléphone et envoya sa réponse, comme chaque fois.

`OK. Merci`

Il n'avait pas pour habitude de remercier : c'était du business, rien de personnel ; mais cette fois il ne put s'en empêcher, à cause de la petite récompense supplémentaire et du reste. Quelques secondes s'écoulèrent avant que la réponse tombe.

`Amuse-toi bien`

Toujours souriant, l'homme à l'aigle tatoué dans le cou rangea ses précieuses affaires dans son bagage de comptable et regagna le hall d'arrivée.

7.

Assise sur le rocher, Mia Krüger s'était emmitouflée dans une couverture, un bonnet blanc enfoncé sur ses longs cheveux noir corbeau. À la pharmacie, elle avait entendu une cliente parler du printemps si précoce cette année dans le Trøndelag. Vrai ou pas, même en ce milieu de journée Mia avait froid. Elle grelottait en permanence ou presque, elle n'avait rien senti de la chaleur supposée.

Plus que six jours désormais. Plus que six cases sur le calendrier de la cuisine. Mia Krüger avait hâte.

« La mort n'est pas si grave. »

Et la mort, ces jours derniers, s'était enracinée en elle avec une force décuplée, lui apportant ainsi un grand calme : la certitude que ce serait bientôt terminé – enfin. Elle attrapa deux cachets dans la poche de son anorak, qu'elle avala avec une gorgée d'alcool. Le regard posé sur l'horizon, elle souriait toute seule. Un petit chalutier glissait au loin, le soleil d'avril colorait les nuages, l'eau scintillait à ses pieds. Mia avait beaucoup réfléchi ces derniers temps. Elle avait pensé à ses proches – ou plutôt : à ceux qui *avaient été* ses proches. Il ne restait qu'elle désormais, et bientôt elle non plus n'existerait plus. Sur cette terre. *Dans cette réalité*, comme aurait dit sa grand-mère. Elle trinqua à cette réflexion qui lui décrocha un nouveau sourire.

Sigrid avait toujours été la chouchoute incontestée. Elle qui avait de si longs et de si beaux cheveux blonds. Elle qui réussissait si bien à l'école. Elle qui jouait de la flûte traversière et jouait au handball. Elle qui était amie avec tout le monde. Mia n'avait jamais envié à sa jumelle l'attention qu'on lui témoignait. D'ailleurs, Sigrid n'employait pas cet intérêt aux dépens des autres, pour les dénigrer ou leur nuire. Non, Sigrid était une fille purement et simplement merveilleuse. N'empêche, Mia était aux anges quand leur grand-mère la prenait à part et lui chuchotait qu'elle était unique.

« Tu es unique, tu le sais au moins ? Il n'y a rien à redire des autres enfants, ce n'est pas ça : mais toi, Mia, tu es différente, tu sais des choses. Tu sais des choses que les autres ignorent encore. »

Et bien que sa grand-mère paternelle ne soit pas sa vraie grand-mère, Mia s'était toujours sentie proche d'elle. Un lien indicible, une connivence. Peut-être parce qu'elles se ressemblaient physiquement. Peut-être parce qu'elle traitait sa petite-fille comme une amie, comme une complice de leur différence. Elle lui avait beaucoup parlé d'elle, sans omettre aucun détail, même les plus intimes. Lui expliquant qu'elle avait eu beaucoup d'hommes dans sa vie mais qu'il ne fallait pas avoir peur d'eux : au fond, les hommes n'étaient que de petits lapins inoffensifs. Lui expliquant qu'elle pouvait prédire l'avenir, qu'il existait d'autres réalités que la nôtre, qu'on ne devait pas avoir peur de la mort. C'est cette fichue chrétienté, avait-elle insisté, qui a associé la mort à un phénomène négatif pour que nous, les Hommes, nous craignions son Dieu :

« Ils prétendent que la mort est le ciel ou l'enfer, comme tu voudras, en tout cas la fin de tout. Mais tu sais quoi, Mia ? Ta mamie, elle n'est vraiment pas sûre que la mort soit la fin de tout. En tout cas, moi je n'ai pas peur. »

À Åsgårdstrand, les mauvaises langues avaient surnommé leur grand-mère la sorcière, ce dont elle se fichait éperdument. Mia comprenait sans peine à quoi ils faisaient allusion : les cheveux gris en bataille, les yeux limpides et bleu nuit, cette femme qui ne ressemblait à aucune autre, qui parlait fort à l'épicerie, et volontiers des sujets les plus farfelus, qui restait dans son jardin jusque tard dans la nuit à observer la lune et à ricaner toute seule. Elle possédait un savoir qui au Moyen Âge lui aurait valu un procès en sorcellerie puis le bûcher ; des talents qu'elle avait enseignés à Mia, la prenant sous son aile comme une jeune apprentie.

Mia avait eu de la chance, elle en avait conscience. Elle avait grandi dans un environnement sécurisant, auprès d'une famille aimante : une mère adorable et un père fantastique, et surtout une grand-mère habitant à quelques maisons de la leur, qui l'avait repérée dans toute sa singularité, et lui avait dit qu'elle était unique.

« Sur la pointe des pieds, Mia. Ne l'oublie jamais : sur la pointe des pieds. »

Les dernières paroles de sa grand-mère sur son lit de mort, avec un clin d'œil à son amie pas comme les autres. Mia leva sa bouteille vers les nuages.

La mort n'est pas si grave.
Plus que six jours.
Tu es unique, Mia, tu le sais au moins ?

Était-ce pour cette raison qu'elle avait choisi l'école de police ? Pour faire autre chose ? Elle y avait réfléchi, durant les jours qui venaient de s'écouler. Pourquoi cette décision ? Elle n'avait pas réussi à rassembler toutes les pièces du puzzle. Le temps était devenu fluctuant, il se fragmentait anormalement dans sa tête. Sigrid n'était plus la ravissante petite fille aux cheveux blonds mais une toxico, un cauchemar. Ses parents avaient perdu le goût de la vie, étaient déjà morts intérieurement ; ils s'étaient éloignés l'un de l'autre, du monde, d'elle. Elle était partie s'installer à Oslo, avait entamé des études à la fac, sans enthousiasme, ne s'était même pas présentée aux examens. Du coup, était-ce plutôt l'école de police qui l'avait choisie ? Afin qu'elle nettoie le monde de sales types tels que Markus Skog ?

Mia se releva et tituba jusqu'au ponton. Elle vida la bouteille qu'elle rangea dans la poche de son anorak, trouva au passage deux comprimés qu'elle avala avec sa salive. Les mouettes l'avaient quittée au profit du chalutier, les seuls bruits alentour venaient des vagues qui s'écrasaient contre les rochers.

Elle l'avait tué.

Markus Skog.

De deux balles. En pleine poitrine.

Ça s'était produit par hasard : ils avaient été missionnés pour une tout autre affaire, une fillette disparue, ils devaient uniquement observer, vérifier, *renifler*, comme l'avait dit Holger : *« On n'a pas grand-chose à se mettre sous la dent, Mia, donc on va uniquement aller renifler. »*

Holger Munch. Avec une pensée chaleureuse pour son ancien collègue, elle s'assit sur le ponton, les jambes pendantes au-dessus de l'eau. C'était très étrange : elle avait assassiné un homme de sang-froid et n'en éprouvait aucun sentiment de culpabilité. Et si elle avait mauvaise conscience, c'était davantage par rapport au souk qu'elle avait mis. Dans la presse, bien sûr, qui en avait fait ses choux gras, mais surtout au sein du quartier général à Grønland. Leur unité spéciale avait été démantelée sans autre forme de procès. Holger Munch, qui dirigeait leur équipe, avait été muté ; Holger, qui lui avait demandé de venir travailler dans son service, alors qu'elle était encore à l'école de police. Et c'était précisément ce qui lui faisait le plus mal : que Holger doive payer pour ses excès. Le meurtre, en revanche, elle n'avait aucun remords.

Ils avaient remonté une piste jusqu'au lac de Tryvann : des junkies, ou des hippies, les gens avaient toujours du mal à les différencier quand ils téléphonaient pour déposer plainte. Bref, toujours est-il que des agissements suspects avaient lieu dans une caravane garée en pleine forêt. À en croire les témoignages, des drogués faisaient la fête jour et nuit. Holger avait estimé que l'endroit était idéal pour cacher une fillette enlevée, raison de plus pour que leur unité spéciale aille enquêter. Et ils avaient effectivement trouvé une fille, pas celle qu'ils cherchaient mais une autre, les yeux absents et les bras constellés de piqûres de seringue. Et, dans cette caravane cradingue comme sortie de nulle part : Markus Skog. Mia, ainsi que les conclusions de l'enquête interne l'avaient fort justement déterminé, avait « *agi de façon inconséquente et inconsidérée, abusant de la force pour exercer des représailles et assouvir une vengeance personnelle* ».

Mia secoua la tête de consternation en songeant à son immoralité. Munch avait pris sa défense, arguant que Skog l'avait attaquée en premier ; de fait, on avait retrouvé un couteau et une hache sur les lieux. Mia savait que la vérité était tout autre. De même qu'elle se savait suffisamment entraînée pour se protéger contre une attaque au couteau ou à la hache venant d'un toxicomane rachitique. Elle aurait pu lui tirer dans le pied, ou dans le bras. Or non. Une haine de quelques secondes, durant lesquelles le reste du monde avait disparu de sa conscience, l'avait poussée à le tuer. De deux balles en pleine poitrine.

Sans l'intervention de Holger Munch, elle purgerait en ce moment une peine de prison pour cette bavure. Elle sortit la bouteille vide, en lécha avidement les dernières gouttes avant de la lever une nouvelle fois vers les nuages. Tout, à commencer par cette sombre histoire, n'avait plus aucune importance. Puisque tout était terminé.

Enfin.

Plus que six jours.

Elle se recroquevilla en position fœtale, posa sa joue contre les planches du ponton et ferma les yeux.

8.

Tobias Iversen posa ses mains sur les oreilles de son petit frère pour qu'il n'entende pas les cris à l'étage du dessous. Ça commençait toujours à l'heure où leur mère rentrait du travail et découvrait que leur beau-père n'avait pas fait ce qu'elle lui avait demandé : préparer à manger aux garçons, s'occuper du ménage, trouver un boulot. Comme Tobias voulait épargner la dispute à son frère, il avait inventé un jeu : *On dirait que je te bouche les oreilles et que tu me dis ce que tu vois dans ta tête. O.K. ?*

— Je vois un camion rouge avec des flammes dessus, s'esclaffa le bout de chou.

Tobias acquiesça et lui rendit son sourire.

— Quoi d'autre ?

— Un chevalier qui se bat contre un dragon.

Sous Tobias, le niveau sonore augmentait. Des voix furieuses, enragées, rampaient en haut des cloisons, s'infiltraient par le plancher, s'engouffraient en lui par les pores de la peau. Il n'avait aucune envie d'être témoin de ce qui ne tarderait pas à arriver : les objets balancés contre les murs, les hurlements encore plus stridents, et peut-être des choses pires encore. Aussi décida-t-il d'emmener son petit frère dehors. Il plaqua sa bouche sous ses doigts et lui chuchota :

— Et si on sortait tuer des bisons ?

Tuer des bisons. Courir dans la forêt. Jouer aux Indiens. Il était d'accord. Il hocha la tête en souriant. Parce qu'il n'y avait pas d'autres enfants près de chez eux, les deux garçons avaient l'habitude de s'amuser ensemble, même si Tobias avait treize ans et son petit frère sept seulement. Impossible pour eux, dans cette ambiance pesante, de rester continuellement enfermés à la maison. Mieux valait alors s'aérer un peu la tête.

Tobias aida son frère à enfiler son blouson et ses chaussures. Il chantonna, descendit l'escalier de derrière en tapant des pieds contre les marches en bois. Le petit regarda le grand en écarquillant les yeux de bonheur, habitué à ses bêtises ou ses bruits bizarres qui le ravissaient chaque fois. Car il adorait le voir faire l'imbécile pour le mettre de bonne humeur, il adorait le voir inventer de nouveaux jeux, tous plus bizarres et passionnants les uns que les autres. Bref, il adorait Tobias.

Celui-ci alla chercher une ficelle et un couteau dans la remise et envoya son frère le précéder dans la forêt. Qu'il parte seul n'était pas dangereux : ils avaient leur petit endroit secret, une clairière dans une plantation d'épicéas où ils s'étaient construit une cabane provisoire, une petite maison rien qu'à eux, loin de leur vraie maison.

À son arrivée, il trouva son frère assis sur le vieux matelas, une bande dessinée entre les mains, absorbé par les images et surtout par ces mots nouveaux qu'il réussissait enfin à décrypter, non sans peine, grâce à l'école et au petit coup de main de Tobias. Celui-ci sortit son couteau et choisit une pousse de saule appropriée qu'il coupa à la racine et dont il retira l'écorce : c'est là qu'il poserait ses doigts pour tirer, on avait une meilleure prise lorsque l'écorce était enlevée et que le bois avait pu sécher un peu. Il tendit la branche sur ses genoux, attacha la ficelle aux deux extrémités puis posa par terre son nouvel arc ainsi terminé. Il entra dans la cabane pour prendre le matériel nécessaire à la fabrication des flèches qui, elles, n'avaient pas besoin d'être en saule. N'importe quel arbre pouvait servir, sauf de l'épicéa, trop mou. Il revint avec des rameaux droits et fins dont il retira l'écorce. Quatre flèches ne tardèrent pas à trouver place à ses pieds, devant la souche sur laquelle il était assis.

— Tobias ? Qu'est-ce qu'il y a d'écrit, là ?

Son petit frère sortait de la cabane en brandissant la bande dessinée.

— Kryptonite, expliqua Tobias.

— Ah oui ! C'est ce qui peut être mortel pour Superman.

— Exactement.

Tobias nettoya de la manche de son pull la morve qui coulait du nez de son petit frère. Il lui demanda :

— Tu crois qu'il sera bien ?

Il se leva et posa une flèche contre la ficelle. Il banda l'arc, lâcha ses doigts, la flèche fila entre les branches.

— Super bien ! s'exclama son frère. Tu m'en fais un à moi aussi ?

— Il est pour toi. Tiens.

Tobias le lui donna avec un clin d'œil qui le fit rougir. Il s'empressa de tendre l'arc le mieux possible : la flèche parcourut quelques mètres. Il interrogea du regard son grand frère qui hocha la tête en signe d'approbation. Oui, c'était un bon tir. Il alla chercher la flèche et, en revenant, demanda :

— Peut-être qu'on pourrait tirer sur les filles qui croient en Dieu et tout ?

— Qu'est-ce que tu veux dire ? fit Tobias, un peu surpris.

— Tu sais, les filles croyantes, là, qui se sont installées dans la forêt. Peut-être qu'on pourrait leur tirer dessus... ?

— On ne tire pas sur les gens ! rétorqua Tobias en empoignant le bras de son petit frère. Et puis d'abord, comment tu le sais, à propos des filles ?

— Ils l'ont dit à l'école. Que des filles hyper croyantes habitaient dans notre forêt. Et qu'elles mangent les humains.

Tobias ne put réprimer un petit rire.

— Oui, il y a des gens qui vivent dans la forêt. Mais ils ne sont pas dangereux. Et ils ne mangent certainement pas les humains !

— Et pourquoi, alors, elles ne vont pas à notre école ? Si elles habitent ici, je veux dire.

— Je ne sais pas. J'imagine qu'elles ont leur école à elles.

Son frère prit un air grave avant de déclarer :

— C'est sûrement une bonne école. Puisqu'elles ne veulent pas aller dans la nôtre.

— Probablement. Alors dis-moi..., reprit Tobias en ébouriffant les cheveux de son petit frère, où veux-tu qu'on aille chasser les bisons aujourd'hui ? Autour du lac de Rundvann ?

— Probablement, répondit le petit frère qui voulait parler comme le grand. Je le veux probablement.

— Alors va pour le Rundvann. Et tu veux bien aller chercher la flèche que j'ai tirée en premier, s'il te plaît ?

— J'ai comme l'impression que je vais la trouver. Probablement ! dit-il avec un sourire malin avant de s'élancer entre les arbres.

9.

Holger Munch ne se sentait pas très bien dans le canot à moteur qui le conduisait de Hitra jusqu'à une autre île, plus petite. Il n'avait pas l'habitude d'être malade en bateau, non, il adorait même prendre la mer. Mais il venait à l'instant de parler à Mikkelson qu'il avait trouvé bizarre : il ne s'était pas adressé à lui avec sa brusquerie légendaire, au contraire, il avait une voix pleine d'humilité, allant jusqu'à lui souhaiter bonne chance, espérant qu'il mènerait au mieux sa mission, insistant sur l'entraide que les collègues du service devaient s'apporter. Oui, il avait fait vibrer les violons et versé dans un romantisme sirupeux qui ne lui ressemblait pas. Et Munch n'aimait pas, mais alors pas du tout ça. Il y avait anguille sous roche, un sujet que Mikkelson ne voulait pas aborder. À coup sûr, il s'était passé quelque chose entre-temps.

Munch serra un peu plus son veston contre lui, essayant d'allumer une cigarette tandis que la petite embarcation progressait tranquillement dans l'embouchure du fjord. Le jeune homme aux cheveux hirsutes qui la gouvernait n'était visiblement pas de la police mais une espèce de bénévole, et la raison pour laquelle il n'avait pas pu emmener le commissaire avant 14 heures demeurait obscure. Celui-ci s'était bien gardé de l'interroger sur l'un ou l'autre point et avait réduit les civilités au minimum avant de lui demander s'il savait où se trouvait l'île. Hochant la tête, le jeune homme avait indiqué du doigt le lieu en question. À quinze minutes de traversée. La vieille maison de Rigmor, qui y avait habité avec son fils, jusqu'à ce qu'il parte vivre en Australie, pour une fille *a priori*, si bien que Rigmor avait dû vendre et quitter la petite île. Sa propriété avait été achetée par une femme, originaire d'Oslo, à ce qui se disait. On ne savait pas grand-chose sur elle, sinon qu'on l'avait vue plusieurs fois au centre commercial de Fillan, bien de sa personne d'ailleurs, oui, très belle, avec de longs cheveux noirs et des lunettes de soleil toujours vissées sur la figure. Il allait la voir, peut-être ? C'était important ? Cette question, il l'avait criée par-dessus le grondement du bateau. Il avait beau hurler, Holger Munch n'avait rien répondu. De la même manière qu'il n'avait pas décroché un mot depuis son arrivée sur le port, laissant le garçon faire la conversation tout seul tandis que, pour la troisième fois, il protégeait avec sa main la flamme du briquet pour essayer d'allumer une cigarette – en vain, là encore.

À l'approche de l'île, la nausée ressentie après la conversation avec Mikkelson disparut. Munch prit brusquement conscience qu'il s'apprêtait à revoir Mia. Elle lui avait manqué. Il ne l'avait pas vue depuis presque un an, depuis ce jour à la… maison de repos ou la maison de fous, ou quel que soit d'ailleurs le mot qu'on employait de nos jours. Il l'avait trouvée méconnaissable : inaccessible, dans un état second. Il avait bien par la suite tenté de la joindre à plusieurs reprises, par mail ou par téléphone. En vain : elle n'avait pas répondu. Aussi, en voyant l'île se profiler devant lui, il comprit : Mia Krüger ne voulait pas être jointe. Elle voulait être seule.

Le bateau à moteur accosta à un petit embarcadère. Non sans peine, Munch se hissa sur la terre ferme ; moins facilement qu'autrefois mais sans souffrir non plus de la forme déplorable que lui attribuaient les mauvaises langues.

— Je vous attends ou vous m'appellerez pour que je revienne vous chercher ? voulut savoir le jeune homme aux cheveux hirsutes, espérant certainement que le commissaire acquiescerait à la première proposition, ce qui lui permettrait de participer à une expédition passionnante – il ne devait pas se passer grand-chose tous les jours dans le coin.

— Je vous appellerai, répondit laconiquement Munch, en plaquant un doigt sur son front en guise d'au revoir.

Il se tourna et leva les yeux vers la maison. Et tandis que le bateau à moteur s'éloignait sur la mer, il demeura ainsi un petit moment tant l'endroit était splendide. Elle avait du goût, Mia, pas de doute là-dessus. Elle avait choisi le lieu idéal pour se cacher du monde. Une île rien qu'à elle, à l'extrémité du fjord de Trondheim. Un sentier montait du quai jusqu'à une petite demeure blanche, magnifique. Bien qu'il ne soit pas spécialiste de l'habitat norvégien, Munch se dit que la construction devait dater des années 1950 ; un chalet à l'origine, transformé au fil des années en logement.

Mia Krüger… Il se faisait une joie de la revoir.

Il se souvint de leur première rencontre. Juste après l'instauration d'une unité spéciale d'enquête au sein du quartier général de la police, à Oslo. Il avait reçu un coup de fil de Magnar Yttre, un ancien collègue devenu directeur de l'école de police. Bien qu'ils ne se soient ni vus ni parlé depuis plusieurs années, celui-ci était allé droit au but, sans perdre son temps en bla-bla inutiles :

— Je crois que je t'ai trouvé une nouvelle recrue…, avait-il déclaré, avec la fierté d'un enfant qui montre un joli dessin à ses parents.

— Hé, Magnar, salut ! Ça fait longtemps, dis donc. Qui est-ce que tu m'as trouvé ?

— Une fille. Il faut absolument que tu la rencontres.

Avec un débit à la mitraillette qui empêchait Munch de capter les nombreux détails, Yttre lui avait expliqué les faits suivants. Les étudiants de deuxième année avaient été invités à passer un test élaboré par des chercheurs travaillant à l'institut de psychologie de l'UCLA, à Los Angeles. Dans ce test, dont le nom avait échappé à Munch, on soumettait aux aspirants policiers le portrait d'une victime ainsi que plusieurs photos des lieux du crime. Leur tâche consistait ensuite à associer librement les images, signaler ce qui avait retenu leur attention. On avait bien évité de prononcer le mot *épreuve* pour qu'ils ne sentent aucune pression peser sur leurs épaules, qu'ils aient l'impression d'un jeu et non d'un examen important.

— Je ne sais plus combien de fois on a fait passer ce test, mais jamais, tu m'entends, *jamais* on n'a vu un résultat comme celui-ci. Cette fille a en elle un truc extraordinaire, avait insisté Yttre, toujours aussi fier et galvanisé.

Holger Munch avait rencontré l'étudiante dans un café. Un rendez-vous informel, hors du QG. Mia Krüger. La petite vingtaine, vêtue d'un pull blanc et d'un pantalon noir moulant, des cheveux noirs coupés un peu de travers, et des yeux bleus d'une clarté inouïe. Il y avait quelque chose dans sa façon de se déplacer, de parler, de réagir aux questions qu'il lui posait… un regard particulier. Oui : comme si elle avait parfaitement conscience qu'il la testait tout en lui répondant poliment, avec une petite lumière dans les yeux qui semblaient lui signifier : *« Tu me prends pour une conne ? »*

Quelques semaines plus tard, elle était effectivement devenue sa nouvelle recrue, interrompant ses études à l'école de police avec l'assentiment d'Yttre qui avait réglé la paperasse nécessaire à cette incorporation éclair. Inutile pour elle de terminer sa formation : elle avait décroché son diplôme sans avoir besoin de le passer.

Munch sourit en rejoignant la maison. Bien que la porte d'entrée soit entrebâillée, les lieux semblaient déserts.

— Mia ? Hé ho… ?

Il frappa à la porte, avança avec prudence dans le couloir. Il s'étonna de n'être jamais allé chez elle, bien qu'ils aient travaillé ensemble durant plusieurs années et donc été d'une certaine manière amis. Il se figea, avec la soudaine et désagréable impression d'être un intrus, puis fit quelques pas hésitants. Il toqua à une nouvelle porte entrouverte qui donnait sur le salon. La pièce était sommairement aménagée : une table, un vieux canapé, quelques chaises en bois, une cheminée d'angle. Étrange… Ce sentiment de ne pas se trouver dans une maison, un chez-soi, mais plutôt dans un lieu de passage, un foyer temporaire : aucune photo, aucun objet personnel. S'était-il trompé ? N'habitait-elle plus ici ? Y avait-elle vécu pendant une courte période seulement, avant de repartir, de se cacher ailleurs ?

— Mia ? Y a quelqu'un ?

Passant à la cuisine, Munch poussa un demi-soupir de soulagement. Sous une fenêtre, une machine à café trônait sur le plan de travail, énorme et moderne, du genre de celles qu'on s'attendait à trouver dans un café et pas chez un particulier. Il sourit dans sa barbe. Il était maintenant certain d'être arrivé au bon endroit. Mia Krüger avait peu de vices, mais sans ses expressos, elle était incapable de se lever. Il ne comptait plus les fois où elle avait reniflé son café avec une mine de dégoût, en ajoutant : *« Mais comment tu peux ingurgiter de la pisse d'âne pareille ? Ça te donne pas envie de dégobiller ? »* Il s'approcha de la cafetière. Elle était froide. Elle n'avait pas servi depuis un bon bout de temps. Hum. Bon, ce n'était pas la fin du monde non plus, mais quelque chose ne tournait pas rond dans cette baraque. Munch était incapable de dire quoi exactement, mais quelque chose clochait bel et bien. Il ne put résister à la tentation de jeter un œil dans les placards et les tiroirs. Peut-être qu'en fin de compte Mia n'était pas loin…

— Mia ? Hé ho… ? Tu es là ?

10.

Viens, Mia. Viens !

Mia Krüger se réveilla en sursaut et s'assit dans son lit.

Il y a quelqu'un dans la maison.

Elle ignorait comment elle avait fini par échouer à l'étage, elle n'avait pas le souvenir de s'être couchée ou déshabillée, sinon qu'elle venait de rêver de Sigrid. Ce qui était secondaire au regard de la présence d'un intrus chez elle et des bruits qu'elle avait entendus : dans la cuisine, quelqu'un avait déplacé des bouteilles par terre, sorti des choses d'un placard. Elle bondit du lit, enfila jean et tee-shirt et sortit son Glock 17. Et si Mia Krüger exécrait les armes, elle n'était pas idiote, elle tenait à se défendre des plus fous qu'elle. Pieds nus, elle rejoignit à pas de loup la fenêtre de sa chambre et glissa sans bruit sur la toiture en contrebas. Elle sentit le vent froid contre son corps à peine vêtu, s'étonna d'être aussi réveillée. Après avoir coincé son pistolet dans son pantalon, elle sauta. Elle atterrit comme un félin sur ses coussinets dans l'herbe douce. Qui ça pouvait être, putain ? Ici ? Dans *sa* maison ? Sur *son* île éloignée de toute civilisation ? Plaquée contre le mur, elle se coula jusqu'au coin puis à la fenêtre de la cuisine, jeta un regard rapide à l'intérieur. Personne. Sans se départir de son calme, elle recula vers l'arrière de la maison. Nouveau coup d'œil à travers la petite fenêtre. Là encore, personne. Elle fit glisser en silence la porte sur ses gonds, demeura sur le seuil quelques secondes et se faufila dans le couloir, dos au mur. Puis, prenant une profonde inspiration, brandissant son arme, elle poursuivit en direction du salon.

— C'est comme ça qu'on accueille une vieille connaissance ?

Holger Munch était avachi dans le canapé, les pieds sur la table basse, un sourire jusqu'aux oreilles.

— Quel con ! Mais quel con ! soupira Mia. J'aurais pu te tirer dessus.

— Ça, j'crois pas ! La cible était trop petite, ricana-t-il, avant de se caresser la bedaine et de se lever.

Mia posa son pistolet sur l'appui de la fenêtre. Puis elle alla saluer son ancien collègue. Et, à ce moment-là seulement, elle sentit qu'elle avait froid, sans chaussures, à peine habillée, mais aussi que les cachets de la veille n'avaient toujours pas quitté son corps. Ses instincts avaient pris le dessus l'espace d'un instant, lui donnant des forces qu'elle ne possédait pas. Elle s'effondra dans le canapé et s'enroula dans une couverture.

— Tu es sûre que ça va ?

Elle acquiesça.

— Je ne voulais pas te faire peur… Je t'ai fait peur ?

— Un peu.

— Désolé. J'ai fait du thé. Tu en veux ? J'aurais bien aimé préparer du café, mais je ne suis pas arrivé à trouver comment fonctionne ton vaisseau spatial.

Mia sourit. Leur discussion se déroulait sur le même ton qu'autrefois, bien qu'ils ne se soient pas vus depuis longtemps.

— Je veux bien un thé, s'il te plaît.

— Deux secondes, dit Munch en allant à la cuisine.

Elle regarda en direction du dossier épais posé sur la table basse. Elle n'avait ni téléphone, ni télé, ni Internet et n'achetait plus les journaux, mais il ne fallait pas être grand clerc pour deviner qu'il s'était passé des choses dans ce monde qu'elle avait abandonné. Et des choses importantes. Sans quoi Holger Munch ne serait pas venu la chercher ici, aux confins du pays.

— Bon, commença-t-il en posant la tasse de thé devant elle, tu préfères d'abord qu'on ait une petite discussion bon enfant ou qu'on passe directement à l'affaire qui m'amène ?

— Non, Holger, je t'en prie. Je ne veux plus m'occuper d'une affaire quelle qu'elle soit, répondit-elle avant de prendre une gorgée de thé.

— Oui oui, c'est clair.

Munch se laissa tomber sur une chaise en bois.

— C'est pour ça que tu te caches dans ce trou perdu ? Je comprends, je comprends. Tu n'as même pas le téléphone. Tu sais que tu n'es pas franchement facile à joindre, toi.... ?

— C'est un peu le but, répliqua-t-elle sèchement.

— Je comprends, je comprends, soupira Munch. Tu veux que je reparte ?

— Non. Tu peux rester un peu.

Mia sentit brusquement la fatigue lui tomber dessus. Elle qui jusqu'à présent avait été si sereine, si sûre d'elle. Elle plaqua une main sur sa poche de pantalon. Vide. Mais elle ne voulait pas s'abrutir de cachets, pas devant Holger Munch.

— Alors, qu'est-ce que tu en penses ? demanda-t-il, la tête légèrement de côté.

— Ce que je pense de quoi ?

— Tu veux y jeter un œil ou pas ?

— Je vais passer mon tour sur ce coup-ci.

À ces mots, elle s'emmitoufla dans la couverture.

— O.K., commenta simplement Munch.

Il sortit son téléphone et composa le numéro du jeune homme aux cheveux hirsutes.

— Munch à l'appareil. Vous pouvez venir me chercher ? J'ai terminé.

Mia Krüger secoua la tête. Il était décidément incorrigible, et il savait très précisément comment obtenir ce qu'il voulait.

— Pff... ce que tu peux être con !

Munch cacha le portable dans sa paume.

— Qu'est-ce que tu viens de dire ?

— C'est bon… Je vais y jeter un coup d'œil rapide. Mais pour le reste, c'est *niet*. Compris ?

— Non, non, ça ira. Pas besoin de venir. Je vous rappelle plus tard.

Il se rapprocha de la table et posa les mains sur le dossier.

— J'ai besoin d'une paire de chaussettes et d'un gros pull. Tu trouveras ça là-haut, dans ma chambre. Et j'ai aussi besoin d'un verre. Il y a une bouteille de cognac, à la cuisine, dans le placard situé sous le plan de travail.

— Tu bois des alcools forts maintenant ? Ça ne te ressemble pas…

— Ah, et si tu pouvais te taire, ce serait bien.

Elle ouvrit le dossier. Il contenait environ vingt-cinq photos ainsi qu'un rapport de police. Mia Krüger étala les clichés sur la table basse.

— Alors, d'après toi ? Tes premières impressions ? lui cria Munch dans la cuisine.

— Je ne comprends pas pourquoi tu es venu, grogna-t-elle entre ses dents.

Munch lui apporta son verre de cognac qu'il posa par terre, à côté d'elle, et repartit aussitôt après.

— Prends tout le temps qu'il te faut. Je vais te chercher ce que tu m'as demandé et je m'assiérai près de toi sans parler, en regardant la mer. O.K. ?

Mia n'entendait pas ce qu'il lui disait. Elle était déjà coupée du monde. Elle avala une grande gorgée d'alcool, prit une profonde inspiration et se mit à étudier les photos.

11.

Assis sur un rocher, Holger Munch regardait le soleil descendre sur l'horizon. Lui qui avait cru, après Oslo, qu'il n'existait pas de lieu plus silencieux que Hønefoss où il n'entendait aucun bruit après s'être couché le soir, il se trompait dans les grandes largeurs. Cet endroit était la réincarnation du silence. Et de la beauté. Munch n'avait jamais contemplé une vue aussi splendide. Il comprenait sans peine pourquoi Mia Krüger avait choisi ce petit paradis. Quel calme… Et cet air pur… Il inspira profondément par le nez.

Il vérifia l'heure sur son portable. Deux heures s'étaient déjà écoulées. Qu'elle prenne tout le temps nécessaire, il n'était pas pressé, n'avait pas de rendez-vous. Et pourquoi ne pas rester, dans le fond ? S'installer sur cette île. Faire comme elle : jeter son téléphone, se couper du monde, se mettre en mode pause permanent, être totalement libre. Non, impossible. Sa petite Marion… Il ne pouvait décemment pas l'abandonner. Les autres, oui, il s'en fichait. Mais elle, non. Et sa mère non plus. Voilà, maintenant il éprouvait de la culpabilité. Une image se matérialisa dans sa tête : sa vieille mère démente en fauteuil roulant, rejoignant son rendez-vous hebdomadaire à la maison de prières. Elle y allait tous les mercredis. Pourquoi, il l'ignorait : elle n'avait jamais été particulièrement pratiquante, alors de là à frayer avec les évangélistes… Bref, elle était assez âgée pour savoir ce qu'elle voulait, même si ces bondieuseries n'étaient pas du goût de Munch. Il aurait dû l'y emmener aujourd'hui. Il espérait au moins que le transport s'était bien passé.

Munch fut interrompu dans ses pensées par la voix de Mia, au salon :

— Holger ?
— Terminé ?
— Je crois.

Il ne lui en fallut pas plus pour se relever : il s'étira, histoire de chasser les courbatures, et regagna la maison à pas rapides.

— Ton opinion ?

— Mon opinion, c'est qu'on devrait d'abord manger. J'ai fait de la soupe.

Munch entra dans le salon et reprit sa place sur la chaise en bois. Les photos n'étaient plus dispersées sur la table basse mais rangées dans le dossier. Sans rien dire, Mia posa devant lui un bol de soupe fumante. Elle était très concentrée, il reconnaissait cette expression particulière que prenaient ses yeux quand elle réfléchissait de cette manière : elle était plongée dans ses pensées, absente, ne souhaitait pas qu'on la dérange. Aussi mangea-t-il sa soupe en silence et, quand elle-même eut terminé, il se racla la gorge, comme pour la réveiller.

— Pauline Olsen. Pauline… Un vieux prénom pour une petite fille de six ans…, remarqua-t-elle.

— Line.

— Hein ?

— C'était le prénom de sa grand-mère. Mais ils l'appelaient Line.

Mia l'observait avec un regard qu'il ne parvenait pas à interpréter. Elle était toujours pensive, inaccessible.

— Line Olsen, poursuivit Munch. Six ans. Elle devait entrer au cours préparatoire à la rentrée prochaine. Elle a été retrouvée par un promeneur, à Maridalen, pendue à un arbre avec une corde à sauter. Aucun signe d'agression sexuelle. Tuée par overdose de méthohexital sodique. Elle avait autour du cou une pochette de la compagnie aérienne Norwegian indiquant *« je voyage seule »*, tu sais… ces documents que portent les mineurs non accompagnés quand ils prennent l'avion. Dans le dos, elle avait un cartable plein, comme une vraie écolière alors qu'elle n'avait pas commencé l'école primaire : une trousse, une règle, des manuels scolaires, pas les siens évidemment, tous couverts, protégés par du papier sur lequel on n'a retrouvé aucune empreinte digitale. Dedans, sur la première page, il y a un nom écrit à la main : Rikke JW. Pourquoi ce nom qui n'est pas le sien, on l'ignore. Les vêtements étaient propres, juste repassés, mais là encore ils ne lui appartenaient pas. Sa mère nous l'a confirmé. Bref, tout est neuf.

— C'est une poupée.

— Quoi ?

Le regard vitreux, Mia se remplit un nouveau verre de cognac. La bouteille était presque vide.

— Les vêtements. Elle porte une tenue de poupée. On sait d'où ils viennent ?

Munch haussa les épaules avec une mine d'excuse.

— Désolé, je n'en sais pas plus que ce qui figure dans le rapport. Ce n'est pas moi qui suis sur l'affaire.

— Et c'est Mikkelson qui t'envoie.

Munch acquiesça.

— Il y en aura d'autres, déclara-t-elle calmement.

— Qu'est-ce que tu veux dire ?

— Il y aura d'autres petites filles. Elle n'est que la première.

— Tu es sûre ?

Elle le regarda avec un air étrange.

— Excuse-moi, fit-il.

— Elle a un chiffre sur l'ongle du petit doigt.

Mia sortit du dossier une photo prise en gros plan de la main gauche de la fillette. Elle la posa devant Munch et désigna le bout du doigt :

— Tu vois ? Elle a un chiffre sur l'ongle de l'auriculaire gauche. À première vue, on dirait un trait. Sauf que ce n'en est pas un. C'est le chiffre un. Il y en aura d'autres.

Munch se gratta la barbe. Il ne s'agissait pour lui que d'une égratignure quelconque, c'est d'ailleurs ce qui avait été noté dans le rapport du légiste. Il garda cette réflexion pour lui.

— Combien ? demanda-t-il.

— Autant que nous avons de doigts, peut-être…

— Dix ?

— Difficile à dire. Peut-être.

— Donc tu es sûre de ce que tu avances ? Je veux dire : comme quoi il y en aura d'autres ?

Mia le regarda de nouveau d'un air bête. Elle but une gorgée de cognac :

— Nous sommes face à un meurtre clinique. L'assassin a pris son temps. Enfin… si tant est que ce soit un homme, ce dont je ne suis pas convaincue. Ou alors si c'en est un, il n'est pas…

— Il n'est pas ?

— Je ne sais pas. Il n'est pas… ordinaire. Oui, voilà. Si l'assassin est un homme, alors ce n'est pas un homme ordinaire.

— Tu penses à son orientation sexuelle ?

— Il y a un truc qui cloche, et en même temps non. Si tu vois où je veux en venir. Tout coïncide, mais rien ne coïncide. Ou à moitié seulement, ou pas du tout.

Voilà, elle venait de le quitter : elle n'était plus dans la pièce mais dans sa tête. Munch la laissa continuer sans l'interrompre.

— C'est quoi le… méthohexital sodique ?

Munch ouvrit le dossier et dut parcourir les papiers afin de pouvoir lui répondre. Elle, évidemment, ne les avait pas lus. Elle s'était contentée, comme à son habitude, de regarder les photos.

— C'est un barbiturique intraveineux. Commercialisé sous le nom de Brietal. Ça s'emploie lors d'une anesthésie.

— Une anesthésie…, répéta Mia avant d'avoir une nouvelle absence.

Bien qu'il ait terriblement envie d'une cigarette, Munch resta assis. Il ne voulait ni en allumer une ici ni laisser Mia seule, pas maintenant.

— Il ne voulait pas lui faire de mal, dit-elle soudain.

— C'est-à-dire ?

— L'assassin ne voulait pas la blesser. Il l'a habillée dans une tenue de princesse et l'a nettoyée. Puis il lui a injecté un produit anesthésiant. Pour qu'elle dorme. Il ne voulait pas qu'elle souffre. Il l'aimait bien.

— Pardon ?

Mia Krüger hocha la tête en silence.

— S'il l'aimait bien, pourquoi il l'a pendue à une corde ?

— Parce qu'elle allait bientôt entrer dans la grande école.

— Pourquoi le cartable et les livres ?

Elle le regarda d'un air bête.

— Même réponse.

— Pourquoi dans ce cas il a écrit Rikke JW et non Pauline dans les bouquins ?

— Je ne sais pas, soupira-t-elle. Et c'est ça qui cloche. Tout le reste coïncide sauf ça. Tu n'es pas d'accord ?

Munch ne répondit pas. Elle poursuivit :

— En revanche, l'étiquette au dos de la robe, Mc 10,14, elle, elle est juste.

— L'évangile selon Marc, dans la Bible ? « Laissez les petits enfants venir à moi » ? Quatorzième verset du dixième chapitre ?

Ce détail du rapport relativement fouillé n'avait pas échappé à Munch. Mais la signification de l'égratignure sur l'ongle, il était totalement passé à côté.

— Mais ce n'est pas ça qui a de l'importance. Mc 10,14, c'est de la gnognotte. Il y a autre chose de plus important.

— Quoi ? Le nom dans les manuels scolaires ?

— Je ne sais pas.

— Mikkelson veut que tu reviennes.

— Pour me mettre sur l'enquête ?

— Il veut que tu reviennes.

— Pas question. Je ne reviendrai pas.

— Sûre ?

— Je ne reviendrai pas ! s'écria-t-elle soudain. Tu m'entends ? Je ne reviendrai pas !

Munch ne l'avait jamais vue dans un tel état : elle tremblait, elle semblait au bord des larmes. Il alla s'asseoir à côté d'elle dans le canapé et posa un bras sur ses épaules. Il prit sa tête contre lui et lui caressa les cheveux.

— On arrête là, Mia. On arrête, ne t'inquiète pas. Je te remercie beaucoup pour ton aide.

Elle ne répondit pas. Holger sentait le corps de Mia trembler contre lui. Non, décidément, elle n'était pas dans son état normal. Il l'aida à se lever et à monter dans sa chambre. Il l'allongea dans son lit, remonta la couette sur elle.

— Tu veux que je reste ici cette nuit ? À côté de toi ? Ou tu préfères que je dorme dans le canapé ? Je pourrais te préparer le petit déjeuner demain… Peut-être que je vais arriver à faire fonctionner le vaisseau spatial… Hein ? Tu veux que je te réveille demain avec une bonne tasse de café ?

Mia Krüger ne répondit pas. La belle jeune femme qu'il appréciait tant était étendue, sans bouger, comme morte. Holger Munch s'assit dans la chaise à côté du lit. Quelques minutes plus tard, il entendit son souffle lourd retrouver un rythme apaisé – elle s'était endormie.

Mia ? Dans cet état ?

Il l'avait déjà vue fatiguée ou déprimée, mais pas comme ça. Il était témoin de tout autre chose. Il la regarda d'un œil chaleureux, veillant à ce qu'elle n'ait pas froid pendant son sommeil. Après quoi il descendit vers le débarcadère. Il sortit son téléphone.

— Oui.

— Munch.

— Et ?

— Elle ne veut pas.

Silence à l'autre bout du fil. Puis :

— Merde. Elle a dit quelque chose d'utile ? Quelque chose que nous n'avons pas vu ?

— Il y en aura d'autres.
— Pardon ?
— Tu as bien entendu : il y en aura d'autres. Il y aura d'autres petites filles.
Silence.
— Et elle a un chiffre gravé sur l'ongle de l'auriculaire. Vous ne vous en êtes pas rendu compte.
— Fait chier.
Pour la troisième fois, le directeur de la police judiciaire se tut. Munch finit par briser le silence :
— Tu ne serais pas en train d'oublier de me révéler un détail ?
— Il vaut mieux que tu reviennes.
— Je reste ici jusqu'à demain. Elle a besoin de moi.
— Non. Je veux dire : que tu reviennes. Que tu reviennes chez nous.
— On rouvre l'unité ?
— Oui. Tu n'auras qu'à te présenter directement ici. Je passerai deux, trois coups de fil demain.
— O.K. À demain soir, alors.
— Parfait, répondit Mikkelson, qui observa encore un silence.
— Non. Mia ne reviendra pas, insista Munch, comme pour répondre à la question en suspens.
— Tu en es sûr ?
— Sûr et certain. On sera dans la Mariboesgate ? Les mêmes locaux ?
— C'est déjà réglé. L'unité est officieusement réactivée. Tu choisiras ton équipe à ton retour.
— O.K.
Munch s'empressa de raccrocher. Bien qu'il sente une joie monter en lui, il refusait que Mikkelson l'entende. Il allait rentrer à l'endroit qu'il n'aurait jamais dû quitter : à Oslo. L'Unité spéciale reprenait du service. Il avait retrouvé son boulot.

Pourtant, il ne réussissait pas à s'en réjouir complètement. Il n'avait jamais vu Mia Krüger dans cet état, aussi au fond du gouffre. Et il savait qu'il ne parviendrait pas à la convaincre de le suivre. En plus, l'image de la petite fille pendue à l'arbre lui donnait toujours des frissons. Il leva la tête vers le ciel. Il faisait plus sombre à présent. Les étoiles baignaient le silence d'une lumière froide. Il jeta sa cigarette dans l'eau et remonta d'un pas tranquille vers la maison.

12.

Tobias Iversen entreprit de tailler une autre flèche en attendant le retour de son frère. Il aimait utiliser son couteau. Il aimait voir la lame doucement trancher la branche, il aimait devoir opérer avec calme entre l'écorce et le bois pour que la surface de la flèche soit dépourvue d'entailles. Tobias Iversen était doué de ses mains. En travail manuel et en arts plastiques, ses professeurs ne tarissaient pas d'éloges sur son habileté et sa finesse. Dans les autres matières, il était moyen, notamment en maths. Des facilités, il en avait aussi en norvégien. Car Tobias Iversen adorait lire. Jusque-là, il avait surtout dévoré de la *fantasy* et de la science-fiction. Sa soif de lecture était assouvie par la nouvelle prof en poste dans leur collège depuis la rentrée : Emilie. Elle était géniale et ne ressemblait pas aux autres enseignants : on l'aurait plutôt prise pour une grande adolescente, avec son rire sonore et son visage constellé de taches de rousseur. On ne s'ennuyait jamais pendant ses cours. Elle lui avait fait la liste de tous les livres que, selon elle, il devait lire. Il avait quasiment terminé *Sa majesté des mouches*, et avait hâte de rentrer pour connaître la fin du roman. Ou plutôt : il était content de pouvoir bientôt lire dans son lit, pas vraiment de retourner à la maison. Si Tobias Iversen avait treize ans sur le papier, en lui, il se sentait plus vieux. Il avait déjà assisté à des choses qu'aucun enfant de son âge ne devrait vivre. À plusieurs reprises, il avait envisagé la fugue. Il avait pensé rassembler dans son cartable le peu qu'il possédait et partir dans le monde, loin de cette maison sordide. Mais c'était impossible : où irait-il ? Certes il avait mis un peu de sous de côté, l'argent reçu en cadeau d'anniversaire ou de Noël, mais certainement pas assez pour s'en aller. Enfin, il ne pouvait laisser seul son petit frère ; qui s'occuperait de lui si Tobias ne s'en chargeait pas ? Il essaya de penser à autre chose, continuant de faire glisser la lame sur l'écorce, souriant, satisfait de constater qu'il venait une fois encore d'accomplir un travail impeccable.

Son frère se faisait attendre. Il jeta un regard vers la forêt, sans non plus se ronger les sangs outre mesure. À coup sûr, le petit garçon curieux de tout venait de tomber sur un champignon ou une fourmilière.

« Peut-être qu'on pourrait tirer sur les filles qui croient en Dieu et tout ? »

Tobias ne put s'empêcher de rire. C'étaient les gamins tout crachés, ce genre de réflexion : encore innocents du monde et des gens, ils disaient à haute voix la première chose qui leur passait par la tête. Une attitude dont on devait se garder quand on était plus grand, notamment dans la classe et dans la cour de l'école où il fallait veiller à ce qu'on pensait ou exprimait, sans quoi on était automatiquement exclu de la bande. Tobias en avait été témoin à plusieurs reprises. Ça se passait comme dans *Sa majesté des mouches* : pour peu qu'on fasse preuve d'un peu de faiblesse, on devenait aussitôt une victime. En ce moment, le sport était le grand truc à la mode. Coup de chance pour lui, Tobias avait une carrure athlétique, il courait vite, sautait haut et loin et jouait bien au foot. Non, son problème se situait davantage au niveau des vêtements. De nouveaux élèves avaient intégré le collège à la dernière rentrée, ils venaient d'Oslo, avaient d'autres valeurs, d'autres habitudes, et plus d'argent. Donc il fallait marcher en Adidas ou en Nike, en Puma ou en Reebok – pour ne parler que des chaussures. Ces derniers temps, Tobias s'était récolté des remarques, à cause des godasses de nul et des vieux tee-shirts décolorés qu'il portait, de ses shorts et pantalons de jogging sans logo. Mais le plus important de tout, c'était d'être apprécié des filles. Là, peu importe le niveau qu'on ait en sport ou en classe, la musique qu'on écoutait ou le fait de n'avoir qu'une seule bande à ses tennis. Et heureusement, les filles aimaient beaucoup Tobias Iversen, pas seulement parce qu'il était beau gosse, mais parce que c'était un garçon sympa, un type chouette de bout en bout.

Les petites filles qui croyaient en Dieu. Les rumeurs avaient aussitôt enflé. En fait, dès l'instant où des illuminés s'étaient installés dans la vieille ferme près de Litjønna, inoccupée depuis longtemps et qui ne ressemblait plus à une bicoque délabrée depuis qu'ils l'avaient rénovée. Tout le monde les trouvait suspects. Des membres de la secte des Amis de Smith, soutenaient certains. Non, affirmaient d'autres, mais des protestants évangéliques quand même qui, pour quelques-uns d'entre eux, avaient bel et bien fait partie des Amis de Smith mais ne les avaient pas trouvés assez bien, donc ils avaient démarré leur propre… hum… comment dire ? leur propre religion ? leur propre croyance ? Toujours est-il que chacun se prétendait mieux informé que son voisin, alors que personne ne savait ce qui se trafiquait vraiment dans la ferme, sinon qu'ils étaient très croyants, très pratiquants, qu'ils n'en avaient que pour Dieu et ses disciples, et enfin que leurs enfants n'allaient pas à l'école publique. Leur arrivée faisait l'effet d'un cadeau pour Tobias. Il était bien placé pour savoir ce qui se disait sur les pauvres comme lui. Aussi, dès que fusaient des commentaires sur ses vêtements, il déviait la conversation sur les petites filles de la secte, et hop, les dénigrements passaient à la trappe. Un jour, après la gym, il avait prétendu les avoir vues, un mensonge utilisé pour faire taire deux blancs-becs fraîchement débarqués d'Oslo – et ça avait fonctionné. Il avait inventé une histoire comme quoi elles portaient des fringues étranges et qu'elles avaient des yeux presque morts. Du grand n'importe quoi, évidemment, puisqu'il n'avait pas la moindre relation avec elles, ni même d'opinion sur elles. Mais bon, il fallait trouver quelque chose pour se sortir du pétrin.

Tobias reposa son couteau et vérifia l'heure à sa montre. Il commençait lentement à s'inquiéter, son petit frère était parti depuis un moment. Non qu'ils doivent rentrer à la maison puisque personne ne remarquait leur présence ni leur absence. Tobias espérait seulement qu'il y ait de quoi manger dans le frigo. Pour le reste, il avait appris à se débrouiller seul : il savait changer les draps, mettre en route la machine à laver, préparer le cartable de son frère, bref, à peu près tout sauf faire la cuisine. Et il ne voulait pas utiliser son argent de poche pour acheter de la nourriture, il trouvait ça injuste. En général, il trouvait toujours de quoi grignoter dans les placards de la cuisine, un sachet de soupe, un bout de pain avec de la confiture. Oui, il s'en sortait toujours.

Il planta la flèche dans le sol, juste à côté de la souche, et se leva. S'ils devaient chasser des bisons autour du lac de Rundvann, c'était maintenant ou jamais. Il tenait à ce que son frère soit couché avant 21 heures, en tout cas en semaine. Dans son intérêt comme dans le sien à lui : ils partageaient leur chambre à l'étage, et il appréciait ces quelques heures où, quand son petit frère s'était endormi, il pouvait lire à la lumière de sa lampe de chevet.

— Torben ?

Tobias prit le même chemin que celui emprunté par la flèche puis par son frère. Le vent avait forci, les feuilles bruissaient autour de lui. Mais il n'avait pas peur. Il était venu ici de très nombreuses fois, seul, par tous les temps; il adorait voir la nature prendre pour ainsi dire le contrôle du paysage, agiter les arbres. Il savait néanmoins que son petit frère pouvait vite en être effrayé.

— Torben? Tu es où?

Soudain, il s'en voulut d'avoir dit du mal des petites filles, d'avoir menti, dans leur dos, d'avoir inventé des choses inexistantes sur elles. Il décida de partir en expédition, un de ces jours, comme les garçons dans *Sa majesté des mouches*, qui vivaient sans adultes autour d'eux. Il se préparerait un casse-croûte, emporterait sa lampe de poche, monterait à Litjønna (il connaissait bien le chemin) et vérifierait si les rumeurs disaient vrai à propos de la ferme rénovée, des grillages et de leurs machins chrétiens. Ce serait, pour paraphraser son ancien professeur de norvégien qui n'avait que ces mots-là à la bouche, « *passionnant et riche d'enseignements* », alors que c'était tout sauf ça. Cela lui fit penser à ce que son grand-père avait dit, un jour où ils roulaient dans sa Volvo rouge : « *Avoir des enfants n'est pas forcément bien pour tout le monde, certaines personnes n'auraient jamais dû devenir des parents.* » Ces phrases demeuraient ancrées dans la mémoire de Tobias. Peut-être en allait-il de même pour les profs. Peut-être était-ce pour cette raison qu'ils avaient le visage triste chaque fois qu'ils entraient dans la classe pour une nouvelle heure de cours.

Il fut arraché à ses pensées par un bruissement dans les buissons devant lui. Brusquement, comme sorti de nulle part, son petit frère se figea devant lui, la mine bizarre, avec une tache humide sur l'entrejambe.

— Torben? Qu'est-ce qu'il y a?

Le petit Torben le regardait avec des yeux vides.

— Il y a un ange seul, pendu dans la forêt.

— Qu'est-ce que tu racontes ?
— Il y a un ange seul, pendu dans la forêt.
Tobias prit son frère dans ses bras, il sentait que Torben tremblait.
— Tu inventes des choses, maintenant ?
— Mais non, je t'assure. Elle est pendue là-bas. Et elle voyage seule…
— Et tu peux me montrer où ?
— Elle n'a pas d'ailes, mais je suis sûr que c'est un ange.
— Montre-moi.
L'air grave, Tobias poussa son petit frère entre les épicéas.

13.

Assise sur le rocher, Mia Krüger regardait pour la dernière fois le soleil se coucher sur Hitra.
17 avril. Plus qu'un jour. Demain, elle retrouverait Sigrid.
Elle se sentait fatiguée. Non pas fatiguée comme si elle manquait de sommeil, mais fatiguée de tout. De la vie, de l'humanité, des événements du passé. Avant que Holger ne lui montre les photos, elle avait enfin trouvé une espèce de calme. Dès son départ, elle l'avait assaillie : cette sensation répugnante.
La cruauté.
Elle but une gorgée d'alcool et enfonça son bonnet sur les oreilles. Ça s'était drôlement rafraîchi. Le printemps

n'était pas si précoce, en fin de compte ; il s'était contenté de tromper ceux qui le croyaient déjà en route. Raison de plus pour que Mia se réjouisse d'avoir emporté sa bouteille. N'empêche, elle ne s'était pas du tout imaginé son ultime journée de cette manière. Elle avait prévu d'engranger le maximum d'expériences pendant ces dernières vingt-quatre heures : profiter des oiseaux, des arbres, de la mer, de la lumière ; s'octroyer une journée sans automédication, histoire de ressentir une dernière fois les choses et elle-même. Or il en avait été tout autrement. Holger reparti, le besoin de mise en sommeil des sens était devenu impérieux. Elle avait pris d'autres comprimés, s'était réveillée sans remarquer qu'elle avait dormi, s'était endormie sans remarquer qu'elle avait été éveillée. Elle s'était juré de ne pas trop penser au contenu du dossier. Une promesse idiote, bien sûr : avait-elle, une seule fois dans sa carrière, réussi à se protéger des horreurs auxquelles elle était confrontée ? Autant se l'avouer : ce boulot de flic était sans doute un travail pour les autres mais pas pour elle. Les crimes minaient beaucoup trop Mia Krüger. Ils s'attaquaient à sa chair, s'agrippaient à son âme. Comme s'il s'agissait de *sa* réalité, comme si *elle* avait été la victime. La victime de six ans, déguisée poupée, tuée à l'aide d'une anesthésie létale, pendue à un arbre avec une corde à sauter.

Pourquoi un autre nom que le sien était écrit dans les livres d'école ?

Alors que tout a été planifié jusqu'au bout des ongles ?

Merde merde merde.

Elle avait bien tenté d'oublier l'image de la fillette dans l'arbre – en vain, impossible de se l'ôter de la tête. Tout semblait si… mis en scène. Si théâtral. Presque comme un jeu. Une sorte de message. Mais à qui ? À ceux qui la trouveraient ? À la police ? Elle avait fouillé les recoins de son cerveau dans l'espoir de se souvenir de meurtres impliquant une éventuelle Rikke et sur lesquels elle aurait enquêté, or rien.

Elle qui avait une mémoire d'éléphant pouvait comme personne extraire les détails mineurs *a priori* omis. Justement, dans cette affaire, un détail l'interpellait et lui échappait en même temps, qu'elle n'était en mesure ni de trouver ni de nommer, et cela l'agaçait profondément. Le regard rivé sur le coucher de soleil, elle se concentra. Un message? Destiné à la police? Une ancienne affaire? Une enquête non résolue? Si elle avait été très peu confrontée dans sa carrière à ce genre d'échecs (heureusement!), certaines enquêtes gardaient néanmoins des zones d'ombre, aujourd'hui encore. Ainsi de cette vieille dame richissime, découverte morte dans son appartement : faute de preuves attestant un meurtre, ils n'avaient pas pu établir la culpabilité de l'un des héritiers dont Mia était pourtant intimement convaincue. Et cette affaire de disparition d'enfant où ils avaient assisté le commissariat central de Ringerike : on n'avait jamais retrouvé un bébé enlevé à la maternité, un infirmier suédois s'était ensuite suicidé en s'accusant des faits. L'affaire avait été classée, bien que Mia ait suggéré à l'époque de la garder ouverte. Mais là encore, le prénom Rikke n'apparaissait nulle part. Et de toute façon la petite fille de Maridalen ne s'appelait *pas* Rikke, mais Pauline. Pas Rikke. Pauline, ou Line, âgée de six ans. Six ans… Tiens, d'ailleurs… Combien d'années s'étaient écoulées depuis le rapt du bébé à l'hôpital de Hønefoss? Six, non? Les yeux toujours posés sur la ligne d'horizon, elle propulsa son regard en arrière, dans ses souvenirs, six ans en arrière. Là, elle tenait quelque chose. Elle en était sûre. Elle l'avait sur le bout de la langue. Mais qu'est-ce que ça pouvait être.

Fait chier!

Mia finit le cognac, fouilla les poches de son pantalon en quête de comprimés. Elle avait oublié d'en emporter, ils étaient restés au salon. Elle les avait tous sortis, étalés sur la table, prêts à l'emploi. Au départ, elle voulait attendre l'aurore, se disant qu'il valait mieux partir avec les premières lueurs du jour, dans la lumière. Si je pars en pleine nuit, je risque d'arriver dans les ténèbres, avait-elle songé.

Viens, Mia. Viens !

Non, elle ne s'était décidément pas imaginé une fin pareille, la tête obsédée par un meurtre à élucider. De colère, elle se leva et jeta la bouteille dans la mer. Elle resta ainsi, debout, frigorifiée, les bras croisés autour de la taille pour trouver un peu de chaleur. Elle voulait aller chercher des cachets mais ne parvenait pas à déplacer ses jambes, comme si ses pieds étaient collés au rocher, comme si son esprit refusait de s'éloigner de l'affaire.

Rikke JW. Rikke JW. Rikke JW. Non, pas Rikke, mais Pauline. Pauline. Non, pas Pauline, mais Rikke. Pas Rikke. R ikke.

Oh putain !

Mia Krüger fut comme arrachée d'une profonde et longue léthargie. Son corps tout entier revenait à la vie : la tête, les jambes, les bras, le sang, le souffle, les cinq sens.

Rikke JW.

Mais bien sûr ! Bien sûr ! C'était évident. Clair comme le jour. Pourquoi, bon sang de bonsoir, elle ne l'avait pas compris avant ?!

Elle fila à la maison en courant, trébucha sur le chemin, se remit sur ses jambes, entra dans le salon sans refermer la porte, se précipita à la cuisine. Elle s'agenouilla devant le placard sous l'évier et se mit à retourner la poubelle dans tous les sens. Elle l'avait bien jeté dedans, non ? Le téléphone que Holger lui avait laissé.

« Si jamais tu changeais d'avis. »

Elle trouva le portable. Continuant de fouiller, elle ressortit également des détritus le Post-it contenant le code pin d'activation ainsi que le numéro de Holger. Brûlant d'impatience, elle rejoignit le salon en allumant l'appareil puis, les doigts tremblants, tapa les quatre chiffres du code. Bien sûr. Bien sûr, putain ! Pas étonnant que rien ne coïncide quand tout devait en fait coïncider. Et tout coïncidait. Évidemment. Quelle pauvre conne ! Que ça ne lui ait même pas effleuré l'esprit…

Elle composa le numéro de Holger. Elle ne tenait plus en place. Les sonneries aussi interminables que répétées finirent par aboutir à la messagerie. Bordel ! Elle composa le numéro une deuxième, puis une troisième, puis une quatrième fois. Jusqu'à ce que, enfin, elle entende la voix fatiguée de Holger.

— Mia ? bâilla-t-il.

— J'ai compris ! s'écria-t-elle.

— Qu'est-ce que tu as compris ? Et quelle heure il est d'abord ?

— On s'en fout de l'heure qu'il est ! Je te dis que j'ai compris !

— Mais qu'est-ce que tu as compris ?

— Rikke JW.

— Et ?

— Je crois que JW correspond à Joachim Wicklund. Tu sais, le Suédois de Hønefoss, l'affaire de disparition d'enfant ? Tu te souviens de lui ?

— Bien sûr, marmonna Holger.

— Et Rikke ne correspond *pas* au prénom. Il ne faut pas lire *Rikke* mais *R ikke*.

— J'comprends pas.

— *R ikke* c'est *er ikke* : n'est pas. *Rikke JW* signifie *ce n'est pas JW*. Si je décompose toute la phrase, ça donne : *ce n'est pas Joachim Wicklund*. L'assassin de Pauline Olsen est le même que le ravisseur du bébé à Hønefoss. C'est une seule et même personne, Holger !

Munch se tut. Son silence était si long que Mia entendait presque les rouages de son cerveau s'actionner. Ça dépassait l'entendement, mais pourtant c'était vrai. Il ne pouvait en être autrement.

— Alors ? Qu'est-ce que tu en penses ? demanda Mia, impatiente.

— Je pense que c'est dingue. Mais je pense aussi que tu as raison. Et qu'est-ce qu'on fait maintenant ? Tu nous rejoins ou pas ?

— Oui. Mais uniquement pour cette enquête. Ce sera la dernière. J'ai d'autres projets.

— Comme tu voudras.

— On sera installés dans la Mariboesgate ?

— Oui.

— O.K. Je prends le premier avion demain.

— Super. À demain, alors ?

— À demain.

— Et sois prudente pendant le trajet, s'il te plaît.

— Je suis toujours prudente, Holger.

— Tu n'es jamais prudente, Mia.

— Va te faire foutre, Holger.

— Moi aussi je t'aime beaucoup, Mia. Je suis très heureux que tu reprennes du service. À demain.

Elle raccrocha. Et ne put s'empêcher de sourire. Elle s'approcha de la table et considéra les médicaments qu'elle y avait étalés.

Viens, Mia. Viens !

Elle adressa à sa jumelle une pensée pleine de tendresse. Sigrid allait devoir attendre un peu. Mia Krüger avait de son côté une affaire à régler.

II

14.

Gabriel Mørk attendait fiévreusement sur le trottoir de la Mariboesgate que quelqu'un daigne venir le chercher. Il avait cru que le quartier général de la police d'Oslo se trouvait dans le quartier de Grønland, or le rendez-vous était fixé ici. Le texto pour le moins laconique qu'il avait reçu l'attestait :

`RDV Mariboesgate. 11h. On descendra te chercher.`

Le tout sans expéditeur, sans numéro, rien. Bizarre, en fait. Mais la semaine écoulée avait été tout aussi bizarre, ou plutôt drôle, drôle dans les deux sens du terme. Et pour cause : il avait dit oui à un boulot, lui qui n'en avait jamais eu. Du coup, il ne mesurait pas vraiment l'ampleur de ce qu'il avait accepté, et cela l'effrayait un peu. Être sous les ordres d'un chef, travailler avec une équipe, se lever le matin, être un rouage actif de la société, de plain-pied dans la réalité. Car, jusque-là, le quotidien de ce garçon de vingt-quatre ans avait été à l'opposé de ça. Gabriel Mørk aimait être debout la nuit, quand le reste du monde dormait. Il réfléchissait mieux dans l'obscurité nocturne, avec pour seules lumières l'éclairage de ses écrans dans son appartement. Enfin, appartement… Il l'avouait à contrecœur, le passait plutôt sous silence quand il rencontrait des gens ou croisait d'anciens copains du lycée : oui, il habitait toujours chez maman, dans sa chambre de petit garçon. O.K., il avait son entrée à lui, sa salle de bains à lui. Mais quand même. Sa mère vivait dans la même baraque. Pas très rock'n'roll tout ça. N'empêche, il savait que pas mal de hackers comme lui n'avaient pas quitté la maison de leur enfance.

Et donc, dorénavant, tout allait changer. Ça allait un peu trop vite à son goût. Ou était-ce au contraire ce qu'il avait attendu toute sa vie ? Non seulement il s'apprêtait à emménager avec celle dont il avait fait la connaissance sept mois plus tôt, alors qu'elle était déjà enceinte, mais en plus il avait décroché un boulot dans la police. Pas mal, en somme, pour quelqu'un à qui la vie n'avait jamais vraiment souri. Excepté en informatique, bien sûr, où il battait à peu près tout le monde à plate couture. Car, pour le reste, il avait passé sa scolarité grosso modo seul dans son coin, ne savait plus où se mettre quand les filles faisaient un pas vers lui ou l'invitaient, n'avait pas participé aux festivités postbac. Il s'était certes inscrit à la fac, en informatique justement, mais il n'allait jamais aux cours. Pour y apprendre quoi ? Il connaissait déjà tout par cœur et mieux encore.

Il jeta des regards nerveux autour de lui. Toujours personne en vue… Et si c'était du flan, en fait, ce boulot chez les flics ? Il avait d'abord cru que des cyber-potes le menaient en bateau. Car si Gabriel Mørk n'était pas ce genre de hacker, certains trouvaient hilarant de faire des blagues pareilles. C'est-à-dire intercepter des dossiers médicaux, hacker les cabinets d'avocats, envoyer à des femmes choisies au hasard un mail leur annonçant qu'elles étaient enceintes, falsifier les certificats de paternité. Bref, ils adoraient donner dans ce style de conneries et esquinter la vie des gens. Il n'était donc pas exclu que quelqu'un lui ait joué un sale tour. Pourtant, il n'y croyait pas : le type qui lui avait téléphoné semblait vraiment crédible. Il avait obtenu son numéro par le GCHQ en Angleterre. Le MI6, les services secrets britanniques. Gabriel Mørk avait en effet participé à un exercice, qui était apparu du jour au lendemain sur le Net à l'automne dernier. Le nom : *Canyoucrackit?* La mission : décrypter un code *a priori* insoluble pour les non-initiés. Deux successions d'environ cent soixante chiffres et lettres avec, pour mieux mettre la pression, une horloge dont le tic-tac persistant égrenait les secondes vers le zéro fatidique. Gabriel n'avait pas été le premier à craquer le code. Un Russe y était arrivé au bout de quelques heures après la mise en ligne. Un *black hat*, comme on les appelait : un chapeau noir, ces fameux cyber-escrocs ou créateurs de virus. Gabriel Mørk savait que le Russe n'avait pas décodé la formule : il s'était contenté de pirater le site, canyoucrackit.co.uk, et avait déniché l'adresse HTML censée être *la* réponse. Un hacking assez amusant en soi, mais qui ne représentait aucun vrai défi.

Gabriel Mørk avait tout de suite repéré que c'était du langage machine X86 et qu'il mettait en œuvre un algorithme de chiffrement RC4. Ça n'avait pas été facile facile, d'autant que les concepteurs du code avaient évidemment ajouté une série d'obstacles, notamment en planquant un message encodé dans l'entête du PNG, donc dans l'image du code en tant que telle, ce qui aidait certes à le casser, mais ne permettait pas de décrypter les chiffres. Bref. Toujours est-il qu'il y avait passé plusieurs nuits. Un challenge assez rigolo dont l'issue l'était moins. Car tout ce machin n'était en définitive qu'un coup de marketing du GCHQ, donc du MI6 en personne. Ce n'était qu'un test qui débouchait sur une proposition de travail : « *Si tu parviens à casser ce code, tu es suffisamment doué pour travailler chez nous.* » Il avait balancé ses nom et prénom, précisé comment il avait trouvé la solution, juste comme ça, histoire de se marrer. Il avait même reçu une réponse assez sympathique, lui indiquant que, oui, il avait juste de bout en bout mais que, non, hélas, seuls les citoyens britanniques pouvaient postuler. Cette histoire lui était sortie de la tête quand, soudain, son téléphone avait sonné vendredi dernier. La police norvégienne souhaitait le rencontrer, lui offrait du travail. Et donc aujourd'hui on était jeudi et, son ordinateur sous le bras, il avait rendez-vous avec un type X pour exécuter une mission Y. Le flou sur toute la ligne.

— Gabriel Mørk ?

Il sursauta et se retourna.

— Oui ?

— Bonjour. Je m'appelle Kim.

L'homme qui venait de prononcer son nom lui tendait la main. Gabriel ignorait d'où il avait surgi ; sans doute parce qu'il ne payait pas de mine. Il s'était attendu à des gyrophares ou des sirènes ou un uniforme, au minimum une certaine rudesse, n'importe quoi, mais pas ce monsieur Tout-le-monde : un pantalon ordinaire, des chaussures ordinaires, un pull ordinaire, le tout dans des couleurs neutres. Il était presque invisible. Et Gabriel songea en fin de compte que c'était sans doute voulu. Un policier en civil. Ayant appris à ne pas se faire remarquer, à ne pas se singulariser, à débouler de nulle part.

— Tu me suis ? On va en face, dit le Kim en question en désignant un immeuble jaune.

Il ouvrit la marche pour traverser la rue. Il fit glisser son badge dans un lecteur puis tapa un code. La porte s'ouvrit. Gabriel suivit le policier jusqu'à un ascenseur où il le vit répéter la même procédure. Idem à l'intérieur. Il l'observa à la dérobée pendant qu'il entrait le code, sans savoir ce qu'il devait dire ou même s'il devait parler : il n'avait jamais mis les pieds dans un commissariat, n'avait jamais pris d'ascenseur sécurisé. Le fameux Kim semblait très calme, comme s'il s'agissait d'une affaire banale : aller chercher de nouveaux collègues sur le trottoir, introduire des codes pour pouvoir prendre l'ascenseur. Si les deux hommes avaient la même taille, le policier était néanmoins plus trapu. Derrière son apparence insignifiante se cachait assurément un corps entraîné par des heures de gym régulières. Des cheveux foncés coiffaient une figure mal rasée, sans que Gabriel puisse affirmer avec certitude si cette barbe de trois jours était volontaire ou le résultat d'un manque de temps pour s'en occuper. N'osant le regarder franchement, il vit cependant du coin de l'œil le policier ravaler un bâillement. La deuxième hypothèse était donc la bonne : de longues journées, avec des enquêtes lourdes et compliquées peut-être.

L'ascenseur s'immobilisa au troisième. Le policier ouvrit la marche. Gabriel lui emboîta le pas le long d'un couloir donnant sur une porte elle aussi équipée d'un lecteur à carte et d'un digicode. Pas d'écriteau indiquant *police* ou le nom d'une entreprise quelconque. Anonymat total. Une dernière porte fut ouverte et, voilà, ils étaient arrivés. Les locaux n'étaient pas démesurés, mais dégagés et clairs. Un *open space*, comme on disait : des tables ici et là, quelques petits bureaux fermés, la plupart avec des cloisons en verre, certains avec des rideaux tirés. Personne ne remarqua l'entrée des deux futurs collègues, chacun vaquait à ses occupations.

— Voici le tien, annonça Kim lorsqu'ils pénétrèrent dans l'un de ces bocaux en verre.

Gabriel songea qu'il serait continuellement en vitrine, mais au moins il avait son bureau à lui. Celui-ci était sommairement aménagé : une table, une chaise, une lampe. Tout paraissait neuf.

— Tu as bien envoyé la liste du matériel dont tu vas avoir besoin ?

Gabriel acquiesça.

— Et ça se limitait à de l'équipement de bureau Ikea ?

Pour la première fois depuis tout à l'heure, le policier montra quelques émotions : il adressa à Gabriel un clin d'œil complice et lui donna une petite tape sur l'épaule.

— Euh… non, rectifia Gabriel Mørk. Il y avait d'autres choses.

— Je rigolais ! Nos collègues de l'informatique sont en route, j'imagine qu'ils livreront le tout dans le courant de la journée. Je voulais te faire faire le tour du propriétaire, histoire aussi de saluer tout le monde, mais comme on a une réunion dans cinq minutes, on ne va pas avoir le temps. Tu fumes ?

— Si je fume ?

— Des cigarettes, je veux dire.

— Euh… non.

— Tant mieux. Parce que, tu vois, si on n'a pas beaucoup de règles ici, il y en a une super importante à respecter. Quand Holger Munch sort griller sa clope, il est *le seul* à occuper le balcon. Et quand il grille sa clope sur le balcon, il réfléchit. Et quand il réfléchit, il ne veut surtout pas être dérangé. O.K. ?

Ramenant Gabriel dans l'open space, Kim désigna un homme le long du mur : le Holger Munch en question. C'était donc lui, le chef. Celui qui avait contacté Gabriel la semaine dernière et, après dix minutes d'une discussion décontractée, lui avait proposé du boulot. Un travail au sein de la police.

Ne pas déranger le chef quand il fume. O.K.

De toute façon, Gabriel n'avait aucune intention de déranger quiconque ou quoi que ce soit. Il voulait uniquement faire ce qu'on lui demandait. Soudain, il aperçut une jeune femme sur le balcon en compagnie de Holger.

— Oh putain…, lâcha-t-il.

Il croyait avoir prononcé cette phrase dans sa tête, mais Kim se tourna vers lui :

— Quoi ?

— C'est Mia Krüger, là-bas ?

— Tu la connais ?

— Hein ? Euh… non. Enfin, pas personnellement, mais… euh… j'ai entendu parler d'elle.

— Oui, qui n'a pas entendu parler d'elle ? ricana Kim. Mia est très, très, très douée. Ça ne fait pas un pli. Elle est très particulière.

— C'est vrai qu'elle ne s'habille qu'en noir et blanc ?

Sa curiosité prenant le dessus, Gabriel posa cette question sans réfléchir et s'en mordit aussitôt les doigts. Quel manque, quelle absence de professionnalisme ! Il venait d'oublier que c'était du sérieux, qu'il venait de décrocher un boulot, et pas n'importe lequel. Kim allait le prendre pour un fan, ce qui d'une certaine manière était vrai. Mais Gabriel Mørk n'avait pas envie d'apparaître ainsi devant un collègue pour son premier jour de travail. Kim l'examina avant de répondre :

— Maintenant que tu le dis, je ne me rappelle pas l'avoir vue autrement habillée.

Gabriel rougit en fixant ses chaussures.

— Euh… non. C'est juste un truc que j'ai lu sur le Net.

— Il ne faut pas croire tout ce que tu lis, Gabriel, sourit Kim en sortant une enveloppe de la poche de sa veste. Tiens, voilà ta carte. Le code correspond à ta date de naissance. La salle de réunion est au fond du couloir. On commence le briefing dans cinq à dix minutes précises.

À ces mots, il le gratifia d'un nouveau clin d'œil et d'une nouvelle tape sur l'épaule, avant de le laisser seul.

Un peu désemparé, Gabriel ne savait quoi faire de sa peau. Rester debout ou bien s'asseoir ? Ou plutôt rentrer à la maison en courant et oublier sa future activité dans la police, se trouver un autre boulot, faire autre chose ? Il se sentait comme un poisson hors de l'eau. Et comment arriver à l'heure dans un laps de temps de « *cinq à dix minutes précises* » ?

Il ouvrit l'enveloppe et fut surpris d'y découvrir une carte avec sa photo et la mention suivante :

Gabriel Mørk
Section criminelle

Il éprouva une soudaine sensation de fierté. Des portes secrètes, des codes tout aussi secrets, une unité spéciale. Et il en faisait partie ? Waouh ! En plus, il aurait comme collègue Mia Krüger *en personne*… Il décida de rejoindre la salle de réunion dans deux minutes. Dans cet endroit mystérieux, mieux valait arriver en avance que pile à l'heure.

15.

Au départ, l'éleveur porcin Tom Lauritz Larsen, de Tangen, avait vu d'un très mauvais œil ce machin d'Internet. Mais quand Jonas, le jeune remplaçant, s'était installé dans la chambre du commis, il avait exigé de l'agriculteur de soixante ans qu'il installe une connexion, sans quoi il ne travaillerait pas à la ferme. Il allait de soi que Tom Lauritz Larsen en avait été profondément agacé ; ce qu'il était la plupart du temps, cette fichue vie n'offrant pas tous les jours des occasions de sourire. Et encore plus en ce moment, puisqu'il n'avait rien trouvé de mieux que d'attraper une saloperie aux poumons. Un… « congé maladie » ? Pff ! Des conneries de toubib, ouais ! Parce qu'il croyait peut-être, Monsieur le Docteur de mes deux, qu'il n'arrivait pas à faire tourner sa ferme tout seul ? Trois générations d'éleveurs porcins s'étaient succédé à Tangen et *pas un* jusque-là n'avait pris de congés sous prétexte d'un petit bobo. Non, on n'était pas du genre à soutirer à l'État des indemnités, dans cette famille.

Seulement voilà, il s'était mis à tomber dans les pommes, comme ça, du jour au lendemain, puis de plus en plus souvent, et n'importe où. La dernière fois, il avait tourné de l'œil dans la porcherie. Au moment de reprendre connaissance, il avait trouvé les voisins attroupés autour de lui pendant que les cochons traînaient partout dans le village, vu que la porte était restée ouverte quand il s'était évanoui. Il avait eu honte, mais honte… Le lendemain, il avait malgré tout suivi les conseils du médecin : il était allé passer des examens à l'hôpital régional de Hamar. Et là-bas, ils l'avaient mis en arrêt d'office. Puis l'Agence pour l'emploi lui avait fourni ce remplaçant.

Oh, il n'y avait rien à redire de ce gamin de dix-neuf ans originaire de Stange. Tom Lauritz Larsen l'avait tout de suite apprécié. Non seulement il ne reculait pas devant le boulot, le petit, mais il bossait bien. Pas un de ces gars de la ville qui s'improvisaient paysans mais ne connaissaient rien à rien. Le problème, c'était cet Internet qu'il avait exigé d'avoir, alors que l'agriculteur n'avait aucune confiance dans la technique moderne. Une histoire de fille, forcément : sa petite copine vivait dans l'ouest de la Norvège, les factures de téléphone coûtaient la peau des fesses tandis qu'on ne déboursait pas un centime en se parlant dans l'ordinateur, et patati et patata. Bref. Toujours est-il qu'il l'avait fait installer, ce foutu Internet. Les télécoms avaient même envoyé un type de Hamar et, depuis quelques mois, la petite ferme du comté du Hedmark pouvait surfer sur la toile mondiale. En définitive, même Tom Lauritz Larsen y avait trouvé son compte.

Justement, après s'être versé un nouveau petit café ce matin-là, l'exploitant agricole se connecta sur le site de l'Association des Paysans norvégiens. Il voulait lire un article bien fait qu'il avait parcouru en vitesse la veille et qui exposait des statistiques que venait de publier NorPorc, le regroupement national des éleveurs porcins.

Depuis 2007, rien que dans le Hedmark, un exploitant sur quatre avait fermé boutique, faute de rentabilité. Pourtant, le taux moyen de truies plafonnait à 53,2 quand il n'était que de 51,1 l'année d'avant. Il ne fallait pas être né de la dernière pluie pour comprendre le phénomène : les gros devenaient encore plus gros, les petits étaient voués à disparaître.

Tom Lauritz Larsen se leva pour se resservir en café. Or il se figea devant la fenêtre de la cuisine. Il vit Jonas sortir de la porcherie en courant comme s'il avait le diable au popotin. Qu'est-ce qu'il lui arrivait, au petit ? Larsen prit la direction de la porte et n'eut même pas le temps de mettre le pied sur le perron que le gamin avait déjà monté les marches, en nage, pâle à faire peur, la panique dans les yeux, à croire qu'il venait de voir un fantôme.

— Ben qu'est-ce qui t'arrive ? demanda l'agriculteur.

— C-c-c'est… c'est K-K-Kri… Kris-s-s-stine…

Jonas n'arrivait pas à aligner trois mots sensés. Au lieu de quoi il pointait du doigt l'étable en agitant les bras comme un forcené. Il finit même par prendre par la main un Larsen toujours en pantoufles, la tasse à la main, pour l'emmener dans la cour, ne le lâchant qu'une fois arrivés sur les lieux. Le spectacle qui s'offrit aux yeux du paysan était si atroce qu'il eut, pendant plusieurs mois, toutes les peines du monde à raconter aux gens ce qu'il avait découvert. Il en lâcha sa tasse de café, et ne sentit même pas le liquide brûlant se déverser sur sa cuisse.

Une de ses truies, Kristine, était étendue par terre, morte. Ou plutôt : pas la truie entière. Il ne restait que le corps. Quelqu'un lui avait coupé la tête. À la scie électrique. La gorge avait été tranchée sur toute la longueur. La pauvre bête n'avait plus de tête. Il ne lui restait que le corps.

— Appelle les gendarmes, parvint à articuler Tom Lauritz Larsen.

C'était le dernier moment dont il se souvenait de ce fameux jour. La seconde d'après, il s'évanouit à nouveau.

Et pas à cause de son problème aux poumons.

16.

Les nerfs à fleur de peau, Sarah Kiese patientait dans la salle d'attente adjacente au bureau de son avocat. Elle lui avait pourtant très clairement signifié qu'elle ne voulait surtout pas être mêlée, de près ou de loin, à l'héritage de son défunt mari. Et puis d'abord il contenait quoi, cet héritage ? Des rejetons de nanas qu'il avait tronchées ? Des injonctions de payer émanant d'huissiers qui lui ponctionneraient son compte ou lui videraient carrément son appartement ? Sarah Kiese n'était peut-être pas un modèle de perfection, mais à côté de son mari récemment décédé elle était un ange. Quelle godiche de s'être fait engrosser par ce con ! Elle avait eu tellement honte à l'époque… Et la honte était toujours là, intacte. Parce que non seulement elle avait eu un enfant de lui, mais en plus elle s'était mariée avec lui. Ce qu'il fallait être tarte, alors ! Bon, sa fille, elle l'aimerait toujours : la pauvre petite chérie n'était pas responsable des agissements de ce salaud.

Sarah Kiese se souvenait comme si c'était hier de leur première rencontre, au pub, dans le quartier de Grønland. Il lui avait déplu, dès la première seconde. Seulement voilà, elle avait agi par faiblesse. Il lui avait fait un de ces rentre-dedans, lui offrant bières et cocktails et j'en passe... Quelle grue ! Quelle conne, putain ! Mais bon, c'était de l'histoire ancienne, passons. Enfin, quand même, à quelles occasions il était passé à la maison, hein ? Pour lui réclamer du fric, tiens ! Ou, dixit, lui en emprunter à cause de tel ou tel... *« chantier »*. Justement, parlons-en ! Monsieur se disait ouvrier en bâtiment, mais il était employé par une boîte ? Il avait son entreprise ? Rien de tout ça, pardi ! Zéro projet, zéro ambition : rien que des plans foireux, des tafs merdiques de temps en temps, histoire de gratter un peu de fric à droite et à gauche. Et encore, s'il n'y avait que ça ! Mais il rentrait systématiquement avec le parfum d'une autre, sans prendre le soin de se doucher. Les draps propres puaient l'odeur des nanas qu'il s'était tapées avant de revenir la voir. Sarah Kiese avait envie de dégobiller rien que d'y repenser. Heureusement c'était fini. Il avait chuté du dixième étage d'un immeuble en construction à côté de l'Opéra. Il avait dû se dégoter un job de merde, à coup sûr au black, puisque c'était toujours la même chanson : des petits boulots au noir, la nuit, sans garanties. À présent, Sarah Kiese ne pouvait s'empêcher de se réjouir en songeant à l'horreur que ça avait dû être de tomber de dix étages. Elle avait même gloussé de bonheur en apprenant la nouvelle. Une chute de cinquante mètres directement dans la mort. Mer-veil-leux ! En plus, ça l'avait sûrement mis dans une panique démentielle de se voir dégringoler comme ça. Il fallait combien de temps pour s'écraser par terre comme une crêpe ? Huit, allez... dix secondes ? Génial.

Sarah Kiese jeta un coup d'œil agacé à la pendule de la salle d'attente, puis vers la porte de l'avocat. « Non, non, non ! avait-elle répondu quand il l'avait appelée. Je ne veux rien avoir affaire avec cet abruti. » Mais le charognard avait insisté. Rien qu'une bande de connards, tous ces mecs : pas un pour racheter l'autre. Plus jamais elle ne se remettrait à la colle. Ja-mais ! Ou alors, il faudrait que ce soit un prince héritier. Et encore… Non. Finalement non : plus de mecs. Rien qu'elle et sa fille. Dans le nouveau petit appartement en plein centre d'Oslo. Elles deux seulement. Rien que l'odeur de sa peau sous la couette, et non les relents de cinquante parfums bon marché mélangés à une mauvaise haleine. Mais pourquoi avait-elle accepté de venir ici ? N'était-ce pas ce qu'elle avait appris à la formation que lui avaient proposée les services sociaux ? Dire non ? Tracer un cercle autour de soi, se répéter qu'on n'a pas de meilleure amie que soi-même, qu'on n'a pas besoin des autres et dire non. Non, N-O-N.

— Sarah ? Bonjour ! Et merci d'être venue.

L'avocat véreux montra son crâne dégarni dont il cachait la calvitie avancée en ramenant sur le côté les quelques cheveux qui lui restaient. En l'apercevant, Sarah pensa à une souris, avec ses petits yeux et ses épaules tombantes. Non, pas une souris à la réflexion, mais un rat. Voilà : un rat d'égout, froussard et répugnant. Il lui fit signe de le suivre.

— Je vous préviens, j'ai dit non !

— Je sais, je sais, répondit le rat d'égout avec une voix mielleuse. Je vous suis néanmoins infiniment reconnaissant d'avoir accepté de venir. Il s'avère en effet que…

Il se racla la gorge.

— … que j'avais négligé un détail lors du partage de l'héritage. Oh, un petit point de rien du tout. C'est mon entière faute, évidemment.

— Quoi ? D'autres commandements de payer ? D'autres citations à comparaître ?

— Hé hé ! Non, non…

Il ouvrit un tiroir et posa devant elle une clé USB.

— C'est quoi ?

— C'est pour vous. Ça fait un petit bout de temps qu'il me l'a confiée, en me demandant de vous la donner le moment venu.

— Pourquoi il ne me l'a pas donnée en mains propres ?

Le rat d'égout se fendit d'un large sourire.

— Peut-être parce qu'il s'est pris un fer à repasser brûlant en pleine figure la dernière fois qu'il est passé vous voir ?

Sarah ne put réprimer un sourire intérieur. Son ex s'était pointé chez elle, à l'improviste, sans prévenir ; il avait la clé. Brusquement, elle l'avait trouvé dans son salon. Il avait voulu la toucher, gentiment, certes ; mais comme d'habitude quand il avait besoin qu'elle lui rende un service. Le fer à repasser lui avait écrabouillé sa grande gueule de con avec une force colossale. Il ne l'avait pas vu venir, il s'était effondré. Depuis, elle n'avait plus eu aucune nouvelle de lui.

— J'aurais dû vous la donner il y a très longtemps, reprit le rat d'égout sur un ton d'excuse. Mais j'ai été très occupé.

— Vous voulez dire qu'en récompense il vous avait promis du fric dont vous n'avez jamais vu la couleur ?

L'avocat se façonna un rictus avant de dire :

— Eh bien, nous en avons donc terminé…

Sarah Kiese empocha la clé USB et prit la direction de la porte. Le rat d'égout se leva à moitié du fauteuil poussiéreux et se racla une nouvelle fois la gorge.

— Bref. Et sinon, vous allez bien ? Vous et votre…

— Allez vous faire foutre !

Sarah Kiese quitta le cabinet d'avocats sans refermer la porte.

Sur le chemin du retour, elle songea à plusieurs reprises à balancer la clé USB sans autre forme de procès. La jeter dans la première poubelle venue, et ainsi en avoir définitivement terminé avec cet avocat. Ce qu'elle ne fit pourtant pas. Non par curiosité puisqu'elle se foutait éperdument de ce que la clé pouvait contenir. Si le rat d'égout était un salaud doublé d'un corniaud, il n'en demeurait pas moins un avocat, et Sarah Kiese était quelqu'un de réglo. Donc elle l'avait conservée.

Sitôt arrivée chez elle, elle alluma son ordinateur, y inséra la clé et copia le dossier sur le bureau. Il ne contenait qu'un document, intitulé Sarah.mov. Donc une vidéo. D'accord... Elle allait ainsi devoir se farcir encore une fois la tronche de son ex ! Même six pieds sous terre, il continuait à lui pourrir la vie. Elle double-cliqua sur l'icône pour faire démarrer le clip vidéo.

Il s'était filmé. À l'aide d'une petite caméra, peut-être celle insérée dans son portable. Sa sale gueule fixait l'objectif, mais avec un regard que Sarah n'avait jamais vu chez lui. Il semblait terrorisé.

« Sarah... Je n'ai pas beaucoup de temps, mais il faut... je suis obligé de te dire ce que je vais te dire, sans doute parce que... parce que c'est malsain ici. »

Il filmait les lieux autour de lui.

« On m'a proposé un boulot, et donc j'ai construit ça. Je me trouve à l'autre bout de... »

Des bruits, comme des frottements, comme s'il avait le doigt sur le micro de son téléphone, l'empêchaient d'entendre ce que son ex-mari racontait. Les mains tremblantes, il continuait de filmer l'endroit sans s'arrêter de parler, c'était inaudible. Il avait construit un machin quelconque, et alors ?

« ... et j'ai peur de... oui... Je me demande : mais qu'est-ce que j'ai construit à la fin, putain ? Tu vois ? Parce que je suis sous terre, là. Très, très profond. Au début, je croyais que c'était un abri antiatomique ou un truc de ce genre. Alors que non. Regarde, là, y a une trappe... »

La voix se réduisait de nouveau à des grésillements pendant qu'il filmait. Une espèce d'abri souterrain.

« Non. C'est malsain. Y a un truc bizarre ici. Tiens, regarde, là... Regarde. Tu vois, tu peux monter et descendre des trucs. Comme une espèce de monte-plats d'autrefois, ou... »

L'ex de Sarah sursauta tout à coup, regarda à droite et à gauche, il avait peur. La vidéo ressemblait au *Projet Blair Witch*, un film que Sarah avait vu trois ou quatre ans plus tôt, où des ados couraient dans la forêt sans cesser, comme ici, de se filmer et en ayant, comme ici, la trouille au ventre.

« … ce que j'en sais, moi… N'empêche, j'ai l'impression qu'il va m'arriver quelque chose. Je le sens. Je sais pas si tu t'en rends compte, mais je suis vraiment au trou du cul du monde. Est-ce que tu pourrais me donner un petit coup de main, Sarah ? S'il te plaît. Est-ce que tu pourrais noter ce que je te dis : noter l'endroit où je me trouve, et comment j'ai dégoté ce boulot ? Parce que, si jamais il m'arrivait quelque chose… Oui… tu pourrais aller à la police avec ces informations. O.K. ? Le boulot, je l'ai eu par… »

Retour des grésillements. Sarah Kiese ne pigeait que dalle à ce que son défunt ex-mari lui disait. Elle voyait uniquement ses yeux terrorisés et sa bouche qui continuait de papoter sans cesser de trembler. Ça dura comme ça pendant une minute, puis la vidéo s'arrêta. Elle ne put s'empêcher de penser : tu as baisé qui pour décrocher ce boulot ? Ou est-ce que c'était l'inverse : le boulot contre la baise ? Moi en tout cas, j'ai jamais vu de fric tomber dans mon escarcelle. Te donner un coup de main ? Non mais tu m'as bien regardée ?!

Si visionner la vidéo n'avait pas été une partie de plaisir, il avait néanmoins raison : c'était vraiment malsain. Pourtant, elle n'arrivait pas à se sentir concernée et s'engager davantage comme il le lui demandait. Selon elle, son ex lui faisait une blague douteuse pour lui flanquer la frousse. Et il y avait belle lurette qu'elle avait arrêté de croire aux agissements de ce connard.

Sarah plaça le document dans la corbeille de son ordinateur portable, vida celle-ci, ôta la clé USB qu'elle alla jeter dans la poubelle, fit un nœud au sac et fila le balancer dans le vide-ordures. Et voilà : l'appartement avait retrouvé sa propreté. Les ultimes traces de son salaud d'ex-mari venaient d'être effacées.

Sa petite fille chérie n'allait pas tarder à rentrer de l'école. La vie était merveilleuse. Dans cet appartement, *le sien*, c'était Sarah qui décidait. Elle sortit fumer une cigarette sur le balcon. Elle s'assit sur la chaise, posa les pieds sur la table, ne put réprimer un sourire. Elle ferma les yeux en gardant derrière ses paupières closes le plaisir que lui procurait le soleil printanier qui daignait enfin briller.

Sa vie. À elle et à personne d'autre. Enfin.

17.

Gabriel Mørk s'apprêtait à rejoindre la pièce appelée Salle de débriefing quand on frappa à sa porte.

— Oui ?

— Bonjour, Gabriel.

Holger Munch entra dans son bureau et referma derrière lui. Gabriel le salua d'un mouvement de tête et serra la large main qui lui était tendue.

— Euh… qu'est-ce que je voulais dire ? fit Holger en se grattant le crâne. Oui : tu n'as pas encore reçu tout ce que tu avais demandé ?

— Non. Mais, euh… comment il s'appelle… ?

— Kim ?

— Voilà, Kim. Kim m'a indiqué que le matériel était en cours de livraison.

— Impeccable. Impeccable, tout ça, répondit Munch qui cette fois se gratta la barbe. On avait un autre gars avant toi qui était chargé de ce boulot. Mais il a succombé à la tentation. Dommage, mais c'est comme ça.

Gabriel faillit interroger Munch sur la nature de cette fameuse tentation à laquelle son prédécesseur avait succombé, mais il se garda de poser la question. Ce qu'il semblait lire dans les yeux du commissaire l'incitait à s'abstenir. Il avait vu le fameux Kim adopter le même regard : appuyé, sérieux, pensif.

— Je suis désolé pour les méthodes d'embauche pas très orthodoxes : j'ai l'habitude de rencontrer mes futurs collaborateurs avant de les engager. Mais sur ce coup, hélas, nous avons manqué de temps.

— Ce n'est pas grave.

— Tu nous as été chaudement recommandé…

Munch donna une petite tape sur l'épaule de Gabriel pendant un bref silence.

— Encore une fois, désolé pour le stress. C'est un peu… oui… enfin, tu vois. Kim t'a briefé ?

Gabriel fit signe que non.

— O.K. T'inquiète pas, on va tâcher de te mettre dans le bain assez vite. Tu as lu les journaux aujourd'hui ?

— Sur le Net.

— Des nouvelles qui d'après toi se distinguent des autres ?

— Les deux fillettes que tout le monde recherche ?

— Voilà. Mia et moi, on va te communiquer toutes les infos dont tu auras besoin, mais c'est bien que tu saches de quoi il est question. Tu as une expérience dans la police ?

Gabriel secoua la tête.

— Aucune importance, n'y pense pas. Je t'ai choisi pour ce que tu sais faire. Au risque de me répéter : si on avait eu le temps, on t'aurait envoyé en formation pour te proposer une version accélérée de ce qu'on apprend à l'école de police. Mais comme on n'a pas le temps, tu apprendras sur le tas. Et si tu as une question, adresse-toi à moi. D'accord ?

— Ça roule.

— Parfait, marmonna Munch, à nouveau plongé dans ses pensées. Au fait, tu as pensé à quoi ?

— Quand ?

— Quand tu as lu les journaux.

— Ah oui…, fit Gabriel en rougissant, conscient qu'il aurait dû deviner ce à quoi faisait allusion son nouveau chef. Je me suis fait les mêmes réflexions que les autres lecteurs, j'imagine. D'abord j'ai été choqué. J'ai espéré qu'elles soient toujours en vie. C'est de ça que vous parliez ?

— Quoi ?

Munch venait encore de décrocher.

— J'aurais dû en dire plus ?

— Non non, c'est parfait.

Holger Munch posa une main sur l'épaule de Gabriel Mørk, se dirigea vers la porte et changea d'avis au dernier moment :

— Ou plutôt si, tiens. Je t'écoute.

Il lui fit signe de s'asseoir tandis que lui-même s'adossa à la cloison en verre près de la porte.

Gabriel repensa aux gros titres dans les journaux : *Pauline et Johanne retrouvées mortes… Comme deux poupées pendues à un arbre… Des familles dévastées… Une Citroën blanche aperçue… Avez-vous vu ces vêtements ?* Les fameuses robes que portaient les deux gamines, des habits de poupée. Un mot, absent des articles, flottait malgré tout entre les lignes. Un mot qu'on n'utilisait pas encore car on était en Norvège, et non aux États-Unis : *tueur en série*. Et c'était ce mot que chacun avait en tête.

— Je me suis dit que c'était le même meurtrier, répondit finalement Gabriel.

— Tiens donc… Continue.

— Je me suis dit que ce n'était pas vraiment norvégien.

— Très bien. Continue.

— Je me suis dit que j'étais content qu'il ne s'agisse pas des enfants de gens que je connais personnellement.

— Continue.

— J'ai trouvé ça bizarre que l'une et l'autre doivent bientôt entrer à l'école primaire. Je me suis dit dans un premier temps que c'était peut-être le coup d'un instituteur. Ensuite, je me suis dit que d'autres fillettes allaient peut-être disparaître à leur tour. Et enfin, je me suis dit que si j'avais une enfant de six ans, je veillerais deux fois plus sur elle en ce moment.

— Tu peux répéter, s'il te plaît ?

Holger Munch semblait soudain s'être réveillé.

— Si j'avais une enfant de six ans, je veillerais deux fois plus sur elle en ce moment.

— Non, juste avant.

— D'autres fillettes vont peut-être disparaître à leur tour.

— Encore avant.

— C'est peut-être le coup d'un instituteur.

— Hum…, fit Munch en fourrageant à nouveau dans sa barbe. Ah, au fait : tu t'y connais en codes ?

Gabriel sourit :

— Je croyais que c'était pour cette raison précise que vous m'aviez engagé…

— Tu peux me tutoyer, tu sais.

Munch plongea la main dans la poche de son pantalon, dont il sortit un bout de papier sur lequel il avait gribouillé quelque chose. Il s'approcha du bureau de Gabriel et le lui tendit.

— Ce n'est pas une priorité puisqu'il s'agit d'une affaire personnelle, mais je me disais que tu pouvais peut-être m'aider. Voilà : j'ai pas mal d'amis qui sont des fondus de mathématiques et adorent me lancer des défis *a priori* insurmontables. Et là, je crois que l'un d'eux y est arrivé car je ne parviens pas à casser ce code.

Gabriel lut ce qui figurait sur le papier :

```
bwlybjlynwnztirkjao=5
```

— Ça te parle, à toi ? demanda Munch, intrigué.

— Pas immédiatement non, marmonna Gabriel.

— Ça fait plusieurs jours que je l'ai reçu et j'ai bien peur de devoir déclarer forfait. Jettes-y un coup d'œil si tu as deux secondes. Ça m'agace au plus haut point de constater que des potes arrivent à me tenir en échec.

Il eut un petit rire avant de tapoter pour la troisième fois l'épaule de Gabriel.

— Mais je te le rappelle : ce n'est *pas* la priorité ! O.K. ?

— Ça roule.

Munch sortit du bureau, mais passa la tête quelques instants plus tard par l'embrasure de la porte.

— Le briefing est fixé à dans une heure, O.K. ?

— Ça roule.

Gabriel étudia le mystère que Munch venait de lui donner.

18.

Benjamin Bache ne put dissimuler sa déception en épluchant l'article du *VG* sans y trouver son nom. Le quotidien venait de publier sa liste des hommes les mieux habillés de l'année et, alors qu'il avait plafonné à la troisième place l'an passé, aujourd'hui il ne figurait même pas parmi les dix heureux élus. *Fait chier, putain !* De rage, l'acteur tapa du poing contre le mur de sa loge. Il regretta aussitôt son geste. Car non seulement ça lui faisait un mal de chien, mais le coup de poing avait en plus causé un fracas infernal. Résultat : on ne tarda pas à frapper à sa porte. Sans attendre de réponse, Susanne, l'assistante du metteur en scène, vint s'enquérir de la situation :

— Tout va bien, Benjamin ? Il m'a semblé entendre un bruit bizarre…

Benjamin Bache s'empressa d'enfouir sa main endolorie dans sa poche et se fendit de son meilleur sourire. Après tout, il était comédien.

— Tout va à merveille ici. Peut-être que le bruit venait de chez Trond-Espen ?

— O.K., dit Susanne avec un sourire. On répète dans un quart d'heure, d'accord ? L'acte III.

— Être ou ne pas être précis, telle est la question.

L'assistante répondit par un ricanement à cette boutade rehaussée d'un clin d'œil, puis s'en alla. Et elle lui donnait la confirmation que, non, il n'avait pas perdu la main et il n'était pas sur le retour. Pourtant, la question continuait de le tarauder : qu'avait-il fait de mal pour ne pas être sur la liste cette année ? Lui qui était toujours tiré à quatre épingles. Lui qui avait même engagé un conseiller en communication et une styliste censés l'aider sur ce point très précis : avoir de la classe, être beau, s'arranger pour être pris en photo au bon moment et au bon endroit, dans des prises avantageuses. Il poussa un profond soupir. Il s'assit devant le miroir de sa loge. Enfin quoi, il n'avait pas changé *tant* que ça en l'espace d'un an… Bon, quelques rides minuscules au niveau des yeux. Peut-être un peu moins de cheveux sur le devant de la tête ? Il se pencha vers la glace pour examiner son implantation capillaire. Hum, en effet, mauvaise nouvelle : elle avait reculé de quelques millimètres depuis la dernière fois qu'il y avait regardé de près. Il balaya sa frange pour qu'elle lui tombe sur le front. Oui, comme ça il était nettement mieux. Il commença ses exercices respiratoires pour s'échauffer la voix, continua avec le travail des muscles faciaux en mettant sa bouche en cœur.

Il avait été engagé huit ans plus tôt au Nationaltheatret. *UNE ÉTOILE EST NÉE*, avait titré *Dagbladet* à l'époque, après son interprétation d'Estragon dans *En attendant Godot*. Depuis, il avait grosso modo décroché les premiers rôles. Il avait joué Roméo. Il avait joué Peer Gynt. Et donc ils répétaient la mise en scène d'*Hamlet*. Forcément, il s'était attendu à être l'acteur principal. Hamlet en personne, *être ou ne pas être*. Eh bien, non : on lui avait donné le rôle d'Horatio. Trond-Espen jouait Hamlet, évidemment. Benjamin ne comprenait toujours pas pourquoi. Il était le *meilleur* comédien de la troupe, quand même !

Oh ! Monseigneur !

La réplique ne lui allait pas du tout. Et jouer dans l'ombre de ce Trond-Espen encore moins ! Foutu Horatio ! Que personne ne voyait ni ne considérait, ou quasi, puisque seul Hamlet lui adressait la parole. Passer la pièce à courber la nuque et traiter Trond-Espen comme un roi, quelle misère… Ça ne lui plaisait pas du tout.

Benjamin Bache se leva pour étudier son corps dans le miroir. Oui, il était décidément très bien de sa personne. Et désormais de meilleure humeur. La gym commençait à donner des résultats. Le yoga aussi. Les peelings et autres opérations de chirurgie esthétique également : plus une seule tache n'était visible.

Il se rassit dans sa chaise et reprit ses échauffements au moment où la voix du régisseur résonna dans l'interphone :

— On est prêts pour le filage de l'acte III. *Hamlet*, acte III, tout le monde en scène. On commence dans cinq minutes.

Benjamin Bache termina ses vocalises et prit le chemin de la grande scène du célèbre théâtre national d'Oslo.

19.

Gabriel Mørk, assis au fond de la salle de débriefing, attendait que la réunion commence. Il avait salué chacun, tantôt serrant des mains, tantôt s'illustrant par une petite courbette, tantôt se contentant d'un jovial « bonjour, bonjour » – sans se souvenir, hélas, de leur prénom à tous. Hormis Kim, bien sûr, puisqu'il était venu le chercher en personne en bas de l'immeuble. Et hormis la fille aux longs cheveux blonds, Anette. Mais pas les trois jeunes, ni l'homme d'un certain âge. Est-ce qu'il s'appelait Ludvig ?

Au même moment, Holger Munch fit son entrée, suivi de près par Mia Krüger qui prit place devant, pendant que son collègue allumait le projecteur qu'il brancha à son ordinateur portable.

— Eh bien… bonjour à tous. Je voudrais d'abord vous souhaiter la bienvenue, et surtout aux nouveaux visages qui se trouvent parmi nous. J'espère que les anciens s'efforceront d'intégrer les récentes recrues au sein du groupe pour que nous puissions fonctionner au mieux de nos capacités. Bon. Il s'agit aujourd'hui de notre premier briefing, tout le monde est présent, et nous n'aurons pas assez de l'équipe entière pour nous attaquer à ce qui nous attend. Voilà maintenant dix jours que nous avons retrouvé Pauline Olsen, et huit jours en ce qui concerne Johanne Lange. Après avoir essayé de cacher notre jeu – je pense ici aux médias –, nous avons décidé de changer notre fusil d'épaule et, au contraire, de les utiliser à notre avantage. Comme vous le savez sûrement, nous avons donné à la presse la photo des robes que portaient les fillettes.

Holger s'accorda une courte pause et balaya l'assistance du regard. Gabriel Mørk crut deviner un léger rictus derrière la mine grave.

— En fait, nous aurions dû organiser un pot pour fêter notre retour dans les locaux de la Mariboesgate. Mais, comme vous le savez aussi, nous avons du pain sur la planche. Donc ce sera pour plus tard.

Gabriel observa les personnes présentes. Bien que l'atmosphère dans la pièce soit au sérieux, il captait ici et là des sourires ainsi que des regards satisfaits. Il allait de soi que cette petite bande d'anciens collègues était ravie de se retrouver.

— Certains d'entre vous travaillent sur cette enquête depuis le départ, mais d'autres sont nouveaux. J'aimerais donc vous briefer, tous ici, sur la situation. J'en profite d'ailleurs pour vous signaler que le dossier complet est disponible en PDF sur le serveur. Nous vous demandons aussi de partager la totalité des informations dont vous êtes en possession. Donc, si jamais vous trouvez quelque chose, mettez-le directement sur le serveur ; tout le monde y a accès. Ainsi on gagne autant en rapidité qu'en efficacité : on mettra moins de temps à rédiger nos rapports.

Munch appuya sur une touche de l'ordinateur et la première image du PowerPoint se profila sur l'écran. Elle ne faisait pas partie de celles publiées en une des journaux qui montraient uniquement les robes de poupée. Sur celle-ci et la suivante, on voyait les deux fillettes vêtues des robes en question, identiques, et pendues chacune à un arbre. Gabriel Mørk n'avait jamais rien vu de pareil. Et il prit conscience, à cet instant seulement, de ce dans quoi il s'était engagé. Ce n'était pas du cinéma. Ce n'était pas la télé. C'était la réalité. Les deux petites filles ne vivaient plus. Quelqu'un les avait tuées. Elles ne respiraient plus. Elles ne parleraient plus. Elles ne souriraient plus. Elles n'entreraient jamais à l'école primaire. Gabriel Mørk tenta de garder son sang-froid, mobilisa toute son attention sur les photos. Sentant ses tripes se tordre, il s'ingénia à ravaler son malaise. Tourner de l'œil à la première réunion ne serait pas du meilleur effet, lui qui se trouvait déjà suffisamment en marge par rapport aux autres.

— Pauline Olsen et Johanne Lange, reprit Munch. Six ans toutes les deux. Elles auraient dû commencer au CP à la rentrée prochaine. Pauline avait été portée disparue il y a quatre semaines. Johanne il y a trois semaines.

Autres photos, quelques cartes.

— Pauline a disparu du jardin d'enfants de Skøyen Kirke, donc à l'ouest d'Oslo. Elle a été retrouvée dans la forêt de Maridalen, donc très au nord d'Oslo. Quant à Johanne, elle a disparu du jardin d'enfants de Lille Ekeberg, donc au sud-est d'Oslo. Et elle a été retrouvée dans la forêt de Krokskogen, donc entre Hønefoss et le nord-ouest d'Oslo. Il nous a été assez difficile de déterminer l'heure exacte du décès, mais tout porte à croire qu'elles ont été maintenues en captivité durant une certaine période avant d'être habillées de la sorte et placées de telle manière que nous les retrouvions facilement.

Munch fit apparaître de nouvelles photos que Gabriel ne put regarder en totalité, préférant à intervalles réguliers se concentrer sur ses chaussures.

Mon Dieu ! Mais à quoi j'ai dit oui, bon sang ?! Ces gamines sont mortes, victimes d'un jeu grotesque impensable.

Là, tout de suite, il n'avait qu'une envie : retourner dans son lit et s'enfouir sous sa couette. Il avait la sensation que sa vie s'était radicalement transformée en quelques minutes seulement. Il aurait aimé ne jamais avoir vu ces photos. Il aurait aimé que ces gens n'existent pas – ceux qui perpétraient des horreurs pareilles. Gabriel se sentit soudain morose. Une tristesse, qu'il n'avait jamais éprouvée auparavant, l'envahit d'un seul coup. Certes, il savait que des choses de ce genre se produisaient. Mais en les visualisant sur l'écran, il ne le savait plus en fin de compte. C'était trop irréel. Non. À la réflexion, non : c'était beaucoup trop réel, c'était d'une réalité *à gerber* ; voilà, il n'y avait pas d'autres mots : à gerber. Gabriel prit une profonde inspiration et se concentra pour rester tranquille sur sa chaise.

— Il n'y a aucun signe de violences sexuelles, poursuivait Munch. Les fillettes venaient d'être lavées, leurs ongles d'être coupés, leurs cheveux d'être brossés. Toutes deux portaient autour du cou cette pochette qu'on donne aux mineurs non accompagnés avec la mention « *je voyage seule* », dans notre cas de figure émanant de chez Norwegian. Toutes deux avaient un cartable sur le dos. Et toutes deux ont été tuées par une surdose d'anesthésiant. Il ne fait pas l'ombre d'un doute que nous sommes face au même meurtrier et que les deux assassinats consécutifs à l'enlèvement ont été soigneusement préparés. Pauline a été retrouvée par un dénommé Walter Henriksen. L'homme a un dossier chez nous, mais pas pour des faits similaires : il a été condamné deux fois pour conduite en état d'ivresse, il n'y a donc aucune raison de croire qu'il est impliqué dans l'affaire. Johanne a pour sa part été retrouvée par deux frères, Tobias et Torben Iversen, âgés respectivement de treize et sept ans. Les garçons ont un beau-père que nous connaissons bien : Mikael Frank a purgé une peine de six mois de prison pour des délits mineurs, et là encore l'implication éventuelle des trois individus est improbable. Les enquêtes de proximité n'ont absolument rien donné sinon, comme vous n'êtes pas sans le savoir, qu'une Citroën blanche, hélas de modèle inconnu, a été observée. Cela n'en reste pas moins une piste intéressante.

Munch pressa à nouveau une touche de l'ordinateur, l'écran reproduisit cette fois les clichés parus dans la presse. Il attrapa la bouteille de Farris posée sur le bureau, but une gorgée d'eau gazeuse et continua :

— Ces robes sont des répliques de robes de poupée, spécialement fabriquées pour aller aux deux fillettes. Dans l'hypothèse où le meurtrier, ou pour le coup *la* meurtrière, les a lui-même confectionnées, nous n'irons nulle part. Espérons par conséquent qu'elles l'ont été par quelqu'un qui ignorait tout de leur utilisation future. Voilà pourquoi nous nous adressons à la presse aujourd'hui, dans l'espoir qu'un lecteur ou une lectrice les reconnaisse. Toujours rien à ce propos, Anette ?

Il se tourna vers la jeune femme aux longs cheveux blonds.

— Non, rien. Mais c'est encore trop tôt.

— Exactement, confirma Munch. Pour ceux qui l'ignoreraient encore, Anette fait la liaison entre nous et le QG à Grønland. Toutes les communications d'un lieu à l'autre passent par elle. Car je vous préviens : je ne veux *pas* de fuite. C'est d'ailleurs l'une des raisons qui expliquent pourquoi nous nous sommes planqués ici. N'est-ce pas, Kim ?

— Pour que tu puisses cloper tranquille sur le balcon ?

Rires dans l'assistance.

— Merci de ta coopération, Kim. Fais attention à ne pas te manger la porte dans le dos quand tu quitteras cette pièce… Sérieusement, cette fois. Et je ne le répéterai pas assez : on ne doit parler de cette affaire à personne. À *personne*, vous m'entendez ? Ni aux journalistes, ni aux collègues à Grønland, ni à la famille, ni aux amis, aux copines, aux femmes, maris, conjoints et concubines, maîtresses et amants ou, dans ton cas, Kim, à ton chien.

Les gens lâchèrent un nouveau petit rire. Gabriel Mørk les regarda, sans comprendre comment on pouvait être hilare face à ce qui était raconté. La distance, c'était sans doute ça : ils devaient se protéger d'un point de vue émotionnel. Sans quoi ils ne pouvaient faire leur boulot correctement.

Essaie de rester froid et factuel. Implique-toi, mais laisse tes sentiments de côté.

Gabriel remplit ses poumons, expira, essaya de rire, ne parvint pas à émettre un son.

— Primo : non seulement c'est nous qui savons, mais ce que nous savons, nous le gardons pour nous. Secundo : nous avons toute l'assistance nécessaire, mais si jamais vous avez besoin d'aide, il s'agit simplement d'aller voir Anette.

Il vous faut un truc ? Vous prenez cinq minutes pour aller en discuter avec elle. Dans cette enquête, nous bénéficions de moyens illimités.

— Qu'est-ce que tu entends par *illimités* ?

— J'entends *sans limites*. Heures supplémentaires, véhicules, technique, personnel humain : *tout* est illimité. Cette enquête n'est pas uniquement LA priorité pour nous et la police, elle concerne la nation entière. Ces mots viennent des plus hautes sphères, et je ne parle pas de Mikkelson.

— Du ministre de la Justice, dans ce cas ? demanda un des hommes dont Gabriel ne se souvenait plus exactement du nom.

Il avait vraiment une sale gueule avec son crâne rasé et aurait très bien pu jouer le salaud dans un film policier.

— Entre autres, confirma Munch.

— Le Premier ministre ? insista l'homme.

— Le bureau du Premier ministre est informé de l'enquête, en effet.

— Pourtant il n'y a pas d'élections cette année…

— Chaque année est une année d'élections, Curry, ironisa Kim.

Curry. Voilà comment il s'appelait. Gabriel avait cru avoir mal entendu la première fois.

— Je me contrefous de ce que vous pensez du Premier ministre, insista Munch d'un ton catégorique. Les deux gamines pourraient être nos filles. Et nous ne sommes pas les seuls à avoir cette impression : le pays tout entier l'a lui aussi. Regardez les informations à la télé, lisez les journaux sur le Net : nous sommes dans un pays en deuil, en état de choc. Nous ne résoudrons pas cette affaire en rendant justice aux proches. La Norvège se trouve actuellement en état d'urgence, sa population est terrorisée. Donc ta couleur politique, Curry, je m'en branle ! Un gouvernement uni fait bloc derrière nous et, au risque de me répéter, nous alloue des ressources illimitées. Il n'est pas de notre ressort de juger.

Notre boulot, c'est de trouver le ou la criminelle. Est-ce que je me fais *bien* comprendre ?

L'espace d'un instant, la tension fut palpable dans la pièce. Le fameux Curry pencha la tête et joua avec ses doigts posés sur ses genoux. Gabriel n'avait encore jamais vu Holger Munch comme ça. Tant au téléphone que dans le bureau tout à l'heure, il lui avait paru gentil, calme et agréable. Un peu comme un gros nounours. Ses yeux noirs et sa voix lugubre lui donnaient davantage l'air d'un ours féroce. Gabriel commençait lentement à comprendre pourquoi Munch et personne d'autre était le chef ici. Et celui-ci d'enchaîner, cette fois avec sa bonne humeur habituelle :

— Comme vous l'aurez compris, Mia est de retour parmi nous.

— Re-bonjour, dit-elle en se levant de sa chaise et en s'avançant vers l'écran.

Applaudissements et sifflements dans la salle.

— Merci. Merci à tous. Je suis très contente d'être revenue.

Gabriel jeta des coups d'œil en coin vers Mia, n'osant pas trop la regarder, redoutant de ne plus pouvoir la quitter des yeux. Depuis le début, la réunion ressemblait pour lui à une épreuve de plus en plus insurmontable : d'abord les deux fillettes pendues à un arbre, et maintenant Mia Krüger en personne, à quelques mètres de lui. Gabriel Mørk n'était pas le seul, à l'époque, à en pincer pour elle ; les nombreuses pages Facebook qui lui étaient dédiées en témoignaient. Il avait même un instant envisagé d'y laisser un *like* sur certaines, mais en tant que hacker il savait parfaitement qu'on pouvait suivre les moindres mouvements d'un utilisateur sur Internet, donc il demeurait très prudent dès qu'il s'aventurait sur ce genre de plate-forme. À en croire la rumeur, Mia Krüger avait tué de sang-froid le petit copain de sa sœur, un junkie. Les médias avaient suivi l'affaire durant quelques semaines, jusqu'à ce qu'elle soit peu à peu délaissée pour d'autres sujets. Si le rapport final avait attesté l'innocence de Mia Krüger, celle-ci avait néanmoins disparu de la circulation pendant une longue période.

La jeune femme aux cheveux noir corbeau portait un pull à col roulé, noir et blanc, et un pantalon noir moulant, avec des fermetures Éclair sur les cuisses. Elle semblait fatiguée, en plus d'avoir un regard vitreux, et elle était nettement plus maigre que lorsqu'elle faisait encore la une des journaux. Mia Douce-Fleur – certains internautes l'avaient surnommée ainsi, en souvenir d'un personnage de bande dessinée, une Indienne kiowa à la beauté aussi extraordinaire qu'inhabituelle, dont tous les petits Norvégiens étaient secrètement amoureux dans les années 1970 et 1980. Trop jeune pour s'être lui-même entiché de la célèbre Douce-Fleur, Gabriel n'avait d'ailleurs jamais lu la BD en question, *Flèche d'argent*.

Il la dévorait des yeux, c'était plus fort que lui. Mia Krüger… Une jeune brune aux yeux bleus, belle comme le jour, une enquêtrice exceptionnellement douée et qui plus est connue car mêlée à un grand scandale : du pain blanc pour les tabloïds. Il ne pouvait s'empêcher d'être attendri par elle. Elle paraissait vraiment épuisée. Ses jambes maigres étaient comme plantées dans d'énormes bottes de motard dont les attaches métalliques cliquetaient légèrement dès qu'elle bougeait. Gabriel savait, pour l'avoir lu dans les forums sur Internet, que le bracelet en argent qu'elle portait à un poignet lui avait été offert par sa sœur, morte d'une overdose. Quant à l'autre, il était entouré d'un cordon de cuir. La légende voulait que, lors d'une arrestation, au début de sa carrière, Mia Krüger ait eu pitié d'un Letton soupçonné du meurtre d'une jeune prostituée qu'il avait fait venir en Norvège. Aussi l'avait-elle interrogé sans lui passer les menottes. Erreur : celui-ci s'était jeté sur elle, muni d'un couteau de tapissier dissimulé dans une ranger. Le visage ensanglanté, elle était parvenue malgré tout à le maîtriser et, à l'aide du couteau, avait tranché le cordon de cuir qu'elle arborait désormais comme un talisman, *a priori* pour se rappeler qu'elle ne devait surtout pas faire preuve de faiblesse. Elle avait failli perdre un œil à l'issue de la bagarre, pour preuve la cicatrice qui lui barrait le visage. Enfin bon, tout ça n'était que des on-dit et des potins ; Gabriel en ignorait le fond de vérité, mais ça le fascinait quand même. Et aujourd'hui, il l'avait devant lui. En plus, ils allaient travailler ensemble.

Un bras sur le ventre, elle parlait à voix basse, en pesant chacun de ses mots, et Gabriel devait presque faire un effort pour l'entendre distinctement.

— Bon. Vous savez à peu près tout. Quoi qu'il en soit, j'aimerais vous montrer deux ou trois autres points qui, à notre avis, valent qu'on s'y intéresse.

Mia appuya sur un bouton et l'ordinateur diffusa une image.

— Holger vous l'a dit : les deux fillettes avaient un cartable sur le dos. Ces cartables étaient remplis de livres, des manuels scolaires. Sur la première page de chacun était noté un nom. Ceux de Johanne Lange portaient son prénom : Johanne. Sur ceux de Pauline, en revanche, figurait autre chose. À savoir : Rikke JW.

Nouvelle photo sur l'écran.

— Pourquoi ?

Mia Krüger esquissa un sourire.

— Merci de poser la question, Curry. Je vois que tu es toujours aussi patient. Au fait, moi aussi je suis contente de te revoir.

— Est-ce que vous pourriez laisser Mia parler, s'il vous plaît ? intervint Munch, agacé.

— Donc : Johanne sur les manuels de Johanne, mais Rikke JW sur ceux de Pauline. Vous pouvez le constater, rien n'est laissé au hasard dans cette affaire. Tout semble avoir été planifié jusque dans les moindres détails. L'assassin savait ce qu'il ou elle faisait et connaissait le nom des petites filles. Nous avons par conséquent tout lieu de croire qu'il… je dis *il* pour simplifier – nous avons donc tout lieu de croire qu'il les a longuement espionnées avant de les kidnapper, nous allons y revenir. Mais d'abord…

Elle interrompit ses explications, toussa, serra un peu plus son bras autour du ventre. Munch se précipita pour lui proposer la bouteille de Farris, qu'elle refusa. Elle continua dans un murmure :

— Comme vous le savez, partons du principe que ces deux meurtres sont liés. Mais nous sommes aussi convaincus que ce dossier est lui-même lié à une autre affaire, que nous n'avons pas réussi à élucider à l'époque.

Elle rappuya sur l'ordinateur.

— En 2006, un nourrisson a été enlevé à la maternité de Hønefoss. Quelques semaines plus tard, on découvrait le corps d'un infirmier suédois pendu dans son appartement, un certain Joachim Wicklund. À ses pieds, une lettre tapée à la machine dans laquelle il s'accusait du rapt. Le bébé, une fille, n'a quant à lui jamais été retrouvé.

Mia Krüger marqua une nouvelle pause, but finalement une gorgée d'eau gazeuse. Elle n'était pas en forme. Cela sautait aux yeux de tous à présent. La jeune femme d'habitude pleine d'assurance était par moments parcourue de tremblements et donnait l'air d'avoir du mal à faire fonctionner son cerveau correctement.

— Holger et moi…

Elle prit une inspiration.

— Holger et moi sommes tout à fait certains que le nom figurant sur le manuel scolaire de Pauline, Rikke JW, est en réalité un message de l'assassin adressé à quelqu'un, bien qu'en agissant ainsi ses objectifs nous apparaissent un peu flous. Nous pensons toutefois que les lettres JW font référence à Joachim Wicklund. Nous pensons aussi que Rikke n'est pas le prénom auquel tout le monde s'attend mais signifie *er ikke, n'est pas*, et que, en fin de compte, *Rikke*

JW signifie purement et simplement *ce n'est pas Joachim Wicklund.*

Chuchotements dans l'assemblée. Il était évident que tous avaient un profond respect pour Mia Krüger et son intelligence.

Munch prit le relais :

— Cela sous-entend que nous rouvrons le dossier de Hønefoss. Nous repartons de zéro et reprenons l'ensemble des pistes que nous avons suivies à l'époque. C'est-à-dire que nous vérifions tout, *tous* les interrogatoires, *tous* les témoignages oculaires, *toutes* les personnes liées de près ou de loin à l'affaire. Ludvig, puisque tu as participé à l'enquête en 2006, je veux que tu en prennes la responsabilité. Tu seras assisté de Curry, qui ignore tout de l'enquête. À mon avis, un regard neuf qui épaule un point de vue ancien ne peut être que positif. C'est donc notre mission n° 1 : Hønefoss, 2006. La mission n° 2 : les robes. Anette coordonne les tuyaux et autres indices qui vont nous arriver à Grønland. Ils seront traités par nous trois : Anette, Mia et moi. Les suspects éventuels parmi les récidivistes…

Holger dirigea son regard vers l'assemblée.

— Kyrre ?

Un homme grand et costaud, à lunettes, avec des cheveux noirs coupés court, releva la tête de ses notes.

— Oui, justement. Trond et moi, on en est chargés. Mais notre liste n'est pas bien longue… Jusque-là, on a recensé les types condamnés pour attentats à la pudeur ou agressions sexuelles. Pour être franc, je ne vois pas trop dans quelle direction on doit chercher. Est-ce qu'on a déjà été confrontés à une affaire similaire, ici, en Norvège ? Pas moi en tout cas. On a quand même comparé nos listes avec nos collègues des autres pays européens, notamment les Belges puisqu'ils ont les noms de tous ceux qui ont été associés à Marc Dutroux. Mais, encore une fois, ça n'avait rien à voir avec notre enquête qui est, soit dit en passant, sans équivalent en Europe.

— Parfait. Ah oui… Un point que j'oubliais : nous disposons d'une nouvelle base de données qui devrait être accessible dans le courant de la journée. Tout ce que nous y déposerons, que ce soient des noms, des témoignages, des lieux, n'importe quoi, sera vérifié avec les informations présentes dans les autres bases de données. Les nôtres, mais aussi celles des autres. Si jamais quelqu'un a du mal à la faire fonctionner, il faudra s'adresser à Gabriel Mørk, notre nouveau spécialiste informatique. Vous l'avez rencontré ?

Gabriel se dressa en entendant son nom et découvrit tous les regards braqués sur lui.

— Bonjour Gabriel, fit quelqu'un.

— Bonjour à tous, répondit-il, un peu nerveux.

Il avait l'impression d'être retourné à l'école, qu'on allait lui demander de se lever et de dire quelque chose. Heureusement, il échappa à cette corvée. De son côté, il ignorait totalement à quelle base de données Holger Munch faisait allusion…

— Je n'ai pas encore eu le temps de t'en parler, Gabriel, ajouta celui-ci en lui adressant un clin d'œil. On s'en occupera plus tard.

— Ça roule, dit Gabriel, content que Mia reprenne la parole.

— Je ne sais pas si vous êtes au courant de ça, précisa-t-elle en faisant apparaître une photo. Mais nous avons découvert un trait sur l'auriculaire droit en pratiquant l'autopsie de Pauline. Il s'agit du chiffre 1. Et comme vous le voyez…

Un second cliché fut projeté sur l'écran.

— Johanne a quant à elle deux traits sur l'auriculaire gauche : le chiffre 2.

— Oh putain…, s'écria Ludvig.

— Tu l'as dit !

— Quoi *oh putain* ? demanda Curry.

— Oh putain, il y en aura d'autres, expliqua Anette.

Silence dans la pièce. Munch enchaîna :

— Nous avons tout lieu de croire que Pauline et Johanne ne sont que les premières. Et que, effectivement, il y aura d'autres victimes. Hélas. Nous devons donc être très, très attentifs à toutes les affaires de disparition d'enfant. Et surtout les petites filles de six ans. Même si elles n'ont été absentes qu'une demi-heure. O.K. ?

Hochements de tête dans l'assemblée.

— Bon, là il me faut une pause clope. On reprend dans dix minutes, ici.

Munch sortit de sa poche de veste un paquet de cigarettes et prit la direction du balcon fumeurs, avec Mia sur ses talons. Gabriel ne savait pas quoi faire de sa peau. Il était toujours sous le choc des photos des deux fillettes pendues à un arbre. Et donc il y en aurait d'autres ? Il respira deux fois de suite avec le ventre pour calmer son pouls agité. Puis il partit se chercher un café dans le couloir.

20.

Lukas était assis à sa place habituelle, sur une chaise légèrement surélevée adossée contre le mur de la maison paroissiale, ce qui lui assurait une vue imprenable sur la chaire et la communauté. Pasteur Simon se tenait devant l'autel mais n'avait pas encore pris la parole. Il semblait plongé dans de graves réflexions. Lukas et le reste de l'assemblée ne bougeaient pas, pas un bruit ne résonnait dans la grande salle blanche. Chacun attendait d'entendre ce que Pasteur Simon avait sur le cœur. Le ministre du culte aux cheveux blancs était connu pour prendre son temps avant de commencer : il s'agissait de trouver le contact avec le Seigneur, d'ouvrir les lignes de communication entre Dieu, lui-même et les fidèles, de libérer la pièce de tout ce qui était susceptible d'entraver ce dialogue avec le Ciel. Ces préliminaires étaient beaux, angéliques, presque un peu méditatifs, songeait Lukas, habité par un grand calme, les mains croisées sur ses genoux.

Lukas adorait les prédications de Pasteur Simon. Il l'avait écouté pour la première fois par hasard, douze ans plus tôt, lors d'un camp chrétien organisé dans le sud du pays. Sa famille d'accueil l'avait envoyé en vacances avec des voisins, soit qu'ils n'aient pas eu les moyens, soit qu'ils n'aient pas eu envie de l'emmener – peu importait. Toujours est-il que l'adolescent de quinze ans qu'il était s'était senti extrêmement mal à l'aise dans ce camp. Et ce n'était pas la première fois : toute sa vie durant, il s'était senti mal à l'aise, pas à sa place. Ni dans les différentes familles d'accueil auxquelles il avait été confié, lui que les services de l'enfance avaient retiré à ses parents biologiques. Ni à l'école, où il n'était d'ailleurs pas mauvais élève. Ni avec ses camarades ni avec ses professeurs. Ni avec personne, en fait. Sauf avec Pasteur Simon.

Ou plutôt : pas immédiatement. À son arrivée au camp, il avait trouvé les participants très bizarres, à croire qu'ils partageaient un secret auquel il n'avait pas accès. Du coup, son malaise habituel avait pris le dessus, et avec lui son cortège d'agitation et de sentiment d'insécurité. Puis, comme toujours dans ces cas-là, des voix s'étaient mises à lui parler dans sa tête, lui demandant de faire des choses, des choses qu'il ne fallait surtout pas prononcer à haute voix. Mais soudain, comme si Dieu en personne lui avait montré le chemin, il s'était dirigé vers une tente plus petite, blanche, un peu à l'écart du camp, sur laquelle tombait un rayon lumineux. Et cette lumière magnétique l'invitait à approcher. Non content de la voir, il avait tout à coup entendu une de ces voix qui bruissaient dans sa tête. Non pas un de ces nombreux *crieurs* – eux, il ne les aimait pas – mais un gentil *chuchoteur* qui lui susurrait à l'oreille, dans une langue qu'il ne comprenait pas : *« Sequere viam ad caelum. »* « Suis la voie vers le ciel », avait-il appris par la suite. Entrant dans la tente, il avait senti une forte chaleur se diffuser en lui, dans les plus petits recoins de son corps; puis une grande tranquillité l'avait envahi. Au milieu de cette lumière douce, cette chaleur incandescente et cette sécurité intérieure, il l'avait alors vu, sur le podium, trônant au centre : Pasteur Simon. Pasteur Simon avec ses yeux scintillants et sa voix puissante. De ce jour, Lukas avait été sauvé par le Salut – il n'était pas rentré cet été-là avec ses voisins, et sa famille d'accueil n'avait pas montré le moindre signe d'inquiétude à son sujet. De ce jour, ces nouvelles sensations ne le quittaient plus sitôt qu'il voyait Pasteur Simon, comme maintenant, prêt à entamer son sermon.

En pâmoison, Lukas ne pouvait détacher son regard du prédicateur qui gardait les yeux fermés et les paumes levées vers le ciel. Au bout d'un moment, il finit par dévier son regard vers l'assistance qui, comme lui, attendait le début du culte. Il connaissait tous les visages. La plupart d'entre eux avaient intégré la paroisse depuis de longues années, mais nul n'en faisait partie depuis aussi longtemps que lui. En douze ans, il avait monté en grade et, à vingt-sept ans seulement, il était devenu le bras droit de Pasteur Simon. Une sorte d'ordonnateur en second, qui assistait le ministre de Dieu dans ses faits et gestes, qu'ils soient d'ordre privé ou en rapport avec la paroisse. Pour Lukas, travailler en compagnie de Pasteur Simon donnait un sens à sa vie. Il n'y avait pas une chose qu'il n'aurait faite pour lui s'il le lui avait demandé. La vie n'était rien comparée à Pasteur Simon : si jamais il devait un jour en arriver à ces extrémités, et si donc il devait mourir pour lui, il le ferait alors avec joie. Même la mort n'était pas la mort, pas pour les disciples : elle n'était qu'un pas supplémentaire qui les rapprochait de leur voyage vers le Ciel.

Cela faisait un petit moment que Lukas n'avait pas entendu les voix dans sa tête. Enfin… si, de temps en temps, mais pas avec la même intensité ni la même fréquence que dans sa jeunesse. Dès qu'elles intervenaient, il devait obéir, il n'avait pas le choix. Les *crieurs*, surtout eux, exigeaient qu'il fasse des choses interdites. Chaque fois qu'il essayait de s'opposer à eux, ça ne servait à rien : ils ne céderaient pas tant qu'ils n'auraient pas obtenu gain de cause, il le savait pertinemment. Donc il s'exécutait. Autant en finir le plus vite possible et espérer le meilleur. Lukas avait un jour songé qu'il en allait des *crieurs* et des *chuchoteurs* comme de Dieu et du diable. Puisque Pasteur Simon lui avait raconté que l'un n'existait pas sans l'autre : *Deo sic per diabolum transit*, « Le chemin qui mène à Dieu passe ainsi par le diable ». Il lui avait aussi expliqué que l'univers et les deux pôles de l'éternité étaient indissociables, et qu'il ne fallait surtout pas avoir peur car le chemin de la Lumière conduirait toujours les croyants. Et si tant est que l'on succombe de temps à autre aux injonctions du diable, ce n'était pas un péché éternel, loin de là, mais la preuve s'il en fallait de l'existence de Dieu. Qui plus est, la voix du diable singeait parfois celle de Dieu, comme un test, une épreuve. Quoi qu'il en soit, Lukas était content que les voix, et particulièrement les *crieurs*, ne se manifestent plus aussi souvent.

Deo sic per diabolum transit. Lukas savait intimement que ce n'était pas le point de vue officiel de la paroisse, et que ce ne serait certainement pas bien reçu par les *amateurs*. Il fallait faire partie des initiés pour le comprendre, comme tous ceux ici présents, abîmés dans un silence hiératique. Seuls eux comptaient. Seuls eux avaient compris ce à quoi

Pasteur Simon faisait *réellement* allusion quand il évoquait le chemin qui mène à la Lumière. Et Lukas en faisait partie. Quant aux amateurs, on les utilisait, un point c'est tout. Il ne comprenait d'ailleurs pas très bien pourquoi Pasteur Simon voulait coûte que coûte continuer d'organiser ces soirées pour les amateurs… Enfin quoi, ils avaient des tâches autrement plus importantes à accomplir ! Évidemment, il ne lui serait jamais venu à l'idée de contredire le pasteur. Car lui seul était en contact avec Dieu. Lui seul savait ce qu'il devait faire et pourquoi. *Domus lucis.* Lukas avait hâte qu'arrive le week-end : là, ils retourneraient dans la forêt, avec les autres initiés. Oui, vivement le week-end prochain… Il réprima un sourire et dut sceller ses lèvres pour retenir un léger soupir dans cette chaleur et cette lumière qui se diffusaient dans tout son corps.

Enfin. Pasteur Simon ouvrit enfin la bouche. Puis Dieu fut dans la pièce. Les fidèles étaient comme cloués à leur chaise, sentant le Salut ruisseler en eux, les emplir complètement. Lukas avait déjà entendu ce discours, écrit spécialement pour les amateurs : bien, mais simple. *Domus lucis.* Un pas supplémentaire qui le rapprochait du Ciel et du voyage qu'ils entameraient bientôt pour le rejoindre. Il ferma les paupières, laissant les paroles du ministre inonder son être. Peu de temps après, c'était déjà fini. Pasteur Simon se tenait déjà devant la sortie. Des mains reconnaissantes et des nuques penchées passaient devant lui pour quitter la salle. Après quoi ils se retrouvèrent seuls, rien qu'eux deux, dans la grande pièce blanche.

Lukas le suivit jusque dans le presbytère pour l'aider à retirer sa robe de pasteur. Il se tourna pour ne pas le voir en sous-vêtements mais lui donna un autre petit coup de main pour enfiler son costume, celui qu'il portait au quotidien. Il alla ensuite lui chercher une tasse de café chaud. Il ne soufflait mot. Il fallait pour cela attendre que Pasteur Simon se soit installé dans sa chaise derrière son grand bureau et lui ait fait signe que Dieu venait de quitter l'endroit. Voilà, maintenant on avait à nouveau le droit de parler. Lukas s'éclaircit la voix en faisant le moins de bruit possible, sortit une enveloppe qu'il avait gardée dans la poche intérieure de sa veste pendant la cérémonie et dit :

— Un nouveau nom nous a rejoints.

— Ah ?

Levant les yeux vers lui, Pasteur Simon prit l'enveloppe dans laquelle se trouvait une simple feuille blanche. Lukas savait qu'un nom y figurait, mais il ignorait lequel : seuls les yeux du ministre de Dieu avaient la permission de le lire. Sa tâche consistait exclusivement à transmettre l'enveloppe et non à l'ouvrir ; il était un messager, une espèce d'ange.

Pasteur Simon ne dit rien. Il lut le nom, replia la feuille et boucla le tout dans son coffre-fort situé sous la petite table près de la fenêtre.

— Merci, Lukas. Autre chose ?

Le ministre redressa la tête vers lui et lui sourit. Lukas rendit son sourire au regard lumineux et amical.

— Non, rien. Ah, si ! Votre frère est là.

— Nils ?

— Il est arrivé juste avant la réunion. Je l'ai prié d'attendre dans le jardin de derrière.

— Très bien, Lukas. Parfait. Tu peux maintenant le prier d'entrer.

Lukas s'inclina et sortit chercher l'invité.

— Pourquoi ça a pris autant de temps ? J'avais pourtant dit que c'était important !

Nils était lui aussi un membre haut placé dans la hiérarchie. Lukas l'avait rencontré dès son premier camp chrétien dans le sud du pays. Néanmoins, même s'il faisait partie de la paroisse depuis aussi longtemps que lui, Nils n'avait pas atteint sa position : à la droite de Pasteur Simon Lukas savait pertinemment que sa nomination au poste d'ordonnateur en second avait suscité quelques plaintes. On avait murmuré dans les coins. Selon certains, il occupait une place qui aurait dû échoir à Nils. Mais, comme d'habitude, personne n'avait osé s'opposer aux ordres du ministre de Dieu. Et, au bout du compte, c'est lui qui avait obtenu la clé du Ciel.

— Tu sais cependant comme moi qu'il est important pour Pasteur Simon d'aider les amateurs. Mais il est prêt à te recevoir.

— *Domus lucis*, marmonna le frère aux cheveux courts.

— *Domus lucis*, sourit Lukas en lui ouvrant le chemin.

Pasteur Simon se leva au moment où ils entrèrent. Le visiteur s'inclina, s'approcha de son frère aîné, l'embrassa sur la main puis sur les deux joues.

— Assieds-toi, mon cher frère. Assieds-toi.

Lui-même reprit place derrière son bureau. Nils jeta un regard rapide vers Lukas, qui demanda immédiatement :

— Dois-je sortir ?

— Non, non. Tu restes.

Le ministre eut un geste nonchalant de la main, signe que Lukas devait lui aussi s'asseoir : il était un initié comme les autres et n'avait à ce titre aucune raison de quitter la pièce. Il ne manqua pas de remarquer une certaine irritation chez le cadet face à cette décision, mais il se garda bien de prononcer la moindre parole.

— Alors, comment allez-vous, vous tous, là-haut ?

— Tout va bien, acquiesça Nils.

— Et la clôture ?

— Elle en est à un peu plus que la moitié.

— Elle sera aussi haute que ce dont on était convenus ?

— Oui.

— Et pour quelle raison tu n'es pas là-bas en ce moment ?

— Qu'est-ce que tu veux dire ?

— Pourquoi es-tu ici alors que tu as un travail à faire là-bas ?

Nils jeta un regard rapide vers Lukas, comme s'il avait quelque chose sur le cœur, qu'il n'osait pas révéler en sa présence.

— Le groupe compte un membre de moins, finit-il par marmonner, en penchant la tête, comme s'il avait honte.

— Comment ça, *un membre de moins* ?

— Il est arrivé un accident parmi nos plus jeunes.

— Comment ça, *un accident* ?

— Un accident. Une erreur, une gaffe. Mais on a arrangé ça entre-temps.

— De qui s'agit-il ?

— De Rakel.

— De Rakel ? La bonne petite Rakel ?

Nils courba tellement la tête qu'il en eut presque la nuque cassée.

— Elle nous a échappé, une nuit. Mais on l'a récupérée.

— Donc tout est rentré dans l'ordre ?

— Tout est rentré dans l'ordre.

— Dans ce cas je te repose la question, mon cher frère : pourquoi es-tu ici alors que tu as un travail à faire là-bas ?

Nils leva un œil vers Pasteur Simon, son grand frère. Même s'il avait la cinquantaine bien tassée, il ressemblait en ce moment à un petit garçon qui vient de se faire gronder par son père.

— Tu m'as demandé de te tenir informé.

— Puisque tout est rentré dans l'ordre, le reste est tout autant en ordre, je suppose. Non ?

Nils hocha la tête, obéissant. Au bout d'un moment, il chuchota du bout des lèvres, redoublant de prudence :

— Ç'aurait peut-être été plus simple qu'on se contente d'un petit coup de fil…

Pasteur Simon s'enfonça dans son fauteuil, puis posa le bout de ses doigts les uns contre les autres. Il dit :

— À moins que tu n'aies d'autres convictions ? Oui, tu as peut-être d'autres opinions, c'est ça ? Es-tu mécontent de ce que Dieu t'a donné ?

— Non, non… ce n'est pas ça… Je pensais juste que…

Nils bafouillait, cherchait ses mots ; il finit par piquer un fard. Pasteur Simon secoua légèrement la tête. Un silence étrange s'installa dans la pièce. Non pas étrange pour Lukas, lui qui était toujours du côté du ministre, mais pour le frère cadet. Un silence bien étrange pour lui, et bien mérité, d'ailleurs : comment osait-il remettre en cause les ordres de Pasteur Simon ? Il préféra se lever, le regard toujours rivé sur le plancher.

— Vous viendrez samedi ? demanda-t-il.

— Nous viendrons samedi.

— Parfait. À samedi, alors.

Sur ces mots, Nils prit congé des deux autres.

— *Domus lucis*, scanda Lukas une fois qu'ils se retrouvèrent tous les deux – puisque c'était son moment préféré : lorsqu'ils étaient enfin seul à seul.

— Tu crois que nous avons été justes ? voulut savoir Pasteur Simon, en le dévisageant avec un sourire.

— Absolument.

— Parfois, je n'en suis pas si sûr…

— Il y a une chose que je dois vous confier.

— Oui ?

— Comme vous le savez, ma mission consiste à vous protéger.

— Ah oui, Lukas ? Ah oui ?

Lukas sentit ses joues rosir en voyant Pasteur Simon lui sourire. Il le connaissait si bien. Il sentait le poids de sa voix, savait apprécier les quelques compliments qui lui étaient adressés.

— Je ne sais pas si vous en avez conscience, mais il est probable que nous ayons un problème dans la paroisse.

— Ah ? Parmi…

— Oui, parmi les amateurs.

— Et quel genre de problème ?

— Enfin, problème… C'est à vous d'en décider. Je suis uniquement là pour observer et pour faire attention à vous.

— Oui, tu l'as déjà dit, Lukas. Et tu sais que cela me tient beaucoup à cœur.

Lukas s'éclaircit la voix avant de poursuivre.

— L'une de nos fidèles a une appartenance quelque peu malheureuse…

— Tu me parles en langues, là, Lukas. Allez, parle-moi franchement.

— Une vieille dame. En fauteuil roulant. Avec des lunettes. Toujours assise dans le fond.

— Hildur ?

Lukas opina.

— Et qu'est-ce qu'elle a de si particulier ?

— Elle est la mère de Holger Munch.

— De qui ?

— Holger Munch. Un policier.

— Tiens donc, voyez-vous ça… Il est policier… Je l'ignorais.

La remarque surprit Lukas, sans pour cela qu'il s'en ouvrît. Il savait bien que Pasteur Simon voyait parfaitement de qui il parlait. Il répéta malgré tout :

— Hildur est sa mère.

— Et en quoi cela devrait-il nous poser des problèmes ?

— Je voulais simplement que vous le sachiez.

— Tu penses à ce qui figurait dans l'enveloppe aujourd'hui ?

Lukas fit signe que oui, timidement.

— Je te remercie, Lukas. Mais je ne crois pas que nous ayons de soucis à nous faire au sujet de Hildur Munch. Nous avons des choses plus importantes à penser. Tu ne crois pas ?

— Vous avez raison.

Il se leva.

— *Domus lucis*, mon ami, dit Pasteur Simon avec un sourire.

— *Domus lucis.*

Lukas s'abîma dans une profonde révérence, puis quitta le bureau du ministre de Dieu sans un mot.

21.

Mia Krüger tâtait les cachets qu'elle avait dans sa poche de pantalon. Elle s'était promis de ne pas en prendre, de les laisser chez elle, à Hitra, jusqu'à ce qu'elle ait terminé cette enquête, jusqu'à ce qu'elle ait à nouveau besoin d'eux. Vaine promesse : elle en avait mis quelques-uns de côté, comme ça, au cas où. Elle se demanda l'effet que ça lui ferait d'en prendre un, là, tout de suite, dans son bureau. Elle se sentait comme un hérisson, tous piquants dehors. Elle avait oublié à quoi ressemblait cette réalité qu'elle avait écartée le plus loin possible d'elle – puisqu'elle était censée ne plus entretenir aucun rapport avec elle. Sauf que Holger Munch avait déboulé et anéanti son projet.

Cela faisait quatre jours qu'elle n'avait pas bu une goutte d'alcool ; depuis son arrivée à Oslo, en fait. À plusieurs reprises, elle avait été tentée de faire une razzia sur le minibar de sa chambre d'hôtel – elle était parvenue à se retenir. Holger lui avait proposé de la loger dans un des appartements mis à disposition de la police, mais elle avait insisté pour dormir à l'hôtel, proposant même de payer sa chambre – puisqu'elle ne devait pas revenir, et que surtout elle ne le voulait pas. Une chambre d'hôtel, elle n'avait pas besoin de plus. Un lieu de transition, une salle d'attente. Surtout, garder ses distances avec le quotidien. Terminer cette affaire, puis rentrer. Retourner à Hitra et à Sigrid. Elle avait cherché une nouvelle date symbolique, étant donné que le 18 avril était passé : cela faisait dix ans que Sigrid avait trouvé la mort. La prochaine date potentielle serait leur anniversaire. Le 11 novembre. Elles auraient alors toutes deux trente-trois ans. Ou plutôt : elles *auraient eu* trente-trois ans. Cette date paraissait lointaine à Mia, beaucoup trop lointaine. Il fallait qu'elle en choisisse une autre. Mais, après tout, peut-être qu'elle n'en aurait pas besoin, peut-être que la fin adviendrait avant. Ça pouvait en effet arriver à n'importe quel moment. Le plus important étant que ce soit fait, qu'elle en soit débarrassée ; de tout ça, de ces gens, de cette vie.

Elle plongea une main dans sa poche, posa un cachet sur sa langue. Changea d'avis, le recracha, le remit dans sa poche.

— On a un indice pour les robes.

Anette se tenait devant elle dans son bureau.

— Quoi ?

— On a une touche pour les robes de poupée.

— Déjà ?

— Eh ouais !

La jeune femme blonde, tout sourires, agita un bout de papier.

— Une certaine Jenny, du magasin Chez Jenny – Atelier de couture, à Sandvika, vient de nous passer un coup de fil. Elle s'est excusée de ne pas nous avoir prévenus plus tôt, mais elle n'a lu les journaux qu'aujourd'hui. Tu veux qu'on y aille ensemble ?

— Bonne idée. Où est Munch ?

— Il devait aller chercher sa petite-fille au jardin d'enfants. *A priori*, la mère est partie essayer sa robe de mariée…

— Booon… Si ça plaît à certaines…

— Pour être franche, je suis bien contente que ce ne soit pas moi. Tu trouves pas ça démodé, toi, le mariage ?

— Tu interroges la mauvaise personne, sourit Mia. Je ne m'y connais pas vraiment là-dedans…

Elle se leva de son fauteuil et enfila son blouson de cuir.

— Tu conduis ou je conduis ? demanda Anette, un trousseau de clés à la main.

— Il vaut mieux que tu prennes le volant.

Mia lui adressa un clin d'œil et la suivit jusqu'au parking souterrain. Elle avait déjà travaillé avec Anette, et à plusieurs reprises. Ce qui ne les avait pas rapprochées pour autant, sans que Mia puisse l'expliquer. Elle n'avait absolument rien contre Anette : une chic fille, d'une intelligence rare, toujours d'excellente humeur, une avocate diplômée, une excellente recrue pour l'Unité spéciale. La seule explication que Mia puisse apporter tenait au fait qu'elle n'avait de rapports privilégiés avec aucun de ses collègues – mis à part avec Holger Munch, mais c'était différent. Entretenait-elle encore des relations avec quelqu'un ? Elle avait perdu le contact avec ses amis d'Åsgårdstrand depuis des années. Après la mort de Sigrid, elle s'était peu à peu coupée du monde. À la réflexion, ce n'était peut-être pas une si bonne idée… Peut-être que ça lui ferait du bien d'avoir une vie en dehors du travail… Non, tout ça n'avait plus guère d'importance. La seule chose qui comptait désormais : terminer cette enquête et retourner à Hitra, auprès de Sigrid. Elle caressa au passage le S qui pendait à son bracelet. Car si quelque chose lui apportait un sentiment de sécurité, c'était bien ce S.

Une fois qu'elles eurent quitté le centre et atteint la nationale qui filait vers l'ouest d'Oslo, vers Sandvika, Mia demanda :

— Qu'est-ce qu'elle a dit, au fait, la fameuse Jenny ?

— Ce n'est pas moi qui l'ai eue au téléphone, tu sais. Elle s'est adressée au central, à Grønland. Mais je crois que nous tenons la bonne personne.

— Elle était au courant pour les chiffres, derrière le col ?

— Mc 10,14 ? lança Anette en changeant de file, davantage comme une confirmation à la question. *« Laissez les petits enfants venir à moi. »* Tu crois qu'il y a un motif religieux derrière le meurtre ?

— C'est encore trop tôt pour pouvoir l'affirmer.

Mia mit ses lunettes de soleil. La lumière extérieure était trop forte. Comme si son corps ne supportait plus les impressions sensorielles. Quand elle avait essayé de regarder la télé, la veille au soir, elle l'avait presque aussitôt éteinte car ça lui avait donné mal au crâne. Elle avait même dû demander à Holger d'éteindre sa radio dans leur bureau.

Elles continuèrent leur route en silence. Mia sentait qu'Anette avait envie de l'interroger mais qu'elle mettait sa curiosité en sourdine. Il n'en était pas allé différemment des autres : des sourires polis derrière des regards intrigués. Même ceux qui la connaissaient bien, comme Curry, Kim ou Ludvig. Elle jeta un coup d'œil en coin vers Anette. Oui, décidément, et comme dans leurs locaux de la Mariboesgate, la voiture fourmillait de questions en suspens. Mia se promit de mettre les choses un peu à plat, quand elles rentreraient. Pourquoi n'iraient-elles pas prendre une bière toutes les deux ? Ou peut-être pas, au fond… L'un n'excluait certes pas l'autre, mais ne l'imposait pas pour autant.

Viens, Mia. Viens !

Pourquoi tu es toute seule dehors ?

La pluie se mit à tambouriner légèrement sur le pare-brise au moment où elles quittèrent la nationale pour entrer dans Sandvika. Mia garda malgré tout ses lunettes de soleil. Elle ferma les paupières, écouta le bruit des gouttes, le ronronnement du moteur. Et fut propulsée des années en arrière. Elle avait à nouveau onze ans et se trouvait sur la banquette arrière, dans la voiture de son père, alors qu'ils rentraient de Horten : elle l'avait accompagné au travail, dans le magasin de couleurs. Son odeur lui revenait, sa voix qui fredonnait, ses gants en cuir sur le volant.

Et si on la chantait la chanson, hein, Mia ?

Oh oui, chante, papa !

Et maintenant je suis au volant. Tu me vois, tu me vois ? Aussi beau que toi, mon enfant. Tu me vois, tu me vois ? Nous ne sommes pas différents. Toi et moi, toi et moi !

Encore !

Encore ?

Ouiii !

Mia ne put réprimer un sourire. Elle sentit la petite fille s'éveiller en elle, ce chatouillement qui lui donnait la chair de poule et les joues rouges. Comme tout était facile à cette époque… Et dire qu'aujourd'hui ils étaient tous partis. Il ne restait plus qu'elle dans cette vie.

Elle fut tirée de ses pensées par la voiture qui s'arrêta.

— Et voilà, on est arrivées ! déclara Anette, en sortant.

Mia posa ses lunettes sur le tableau le bord et suivit sa collègue. La pluie s'était arrêtée. L'averse avait laissé la place à un doux soleil printanier qui tentait de percer les nuages et leur montrait le chemin vers un magasin situé à l'extérieur du centre de Sandvika. Un panneau surmontait la vitrine : Chez Jenny – Atelier de couture. Et, contre la porte d'entrée, un petit écriteau : FERMÉ. Mia frappa malgré tout. Un visage de vieille dame, charmant mais inquiet, ne tarda pas à se profiler derrière le rideau.

— Oui ? demanda la dame, à travers la porte.

— Mia Krüger, Commissariat central de la police d'Oslo, Section criminelle.

Elle plaqua son enseigne contre le carreau pour rassurer la vieille dame.

— La police ? fit celle-ci, en les dévisageant toutes les deux.

— Oui, répondit Mia d'une voix douce. Pourrions-nous entrer, s'il vous plaît ?

Il fallut du temps à cette adorable mamie pour déverrouiller la porte. Ses doigts tremblants, au moment de tourner la clé, témoignaient du choc qu'elle avait sans doute eu en découvrant les gros titres dans les journaux. Elle parvint néanmoins à ouvrir la porte, laissa entrer les deux policières et referma l'instant d'après à toute vitesse. Elle demeura plantée au même endroit, visiblement sans trop savoir quoi faire de ses mains, tandis que Mia lui montrait une seconde fois son insigne avant de lui demander :

— Vous êtes bien Jenny ?

— Oui. Je suis désolée pour mes manières un peu cavalières. Oh là là, j'en tremble encore ! Je m'appelle Jenny Midthun.

Elle tendit à Mia une main gracile.

— C'est donc votre atelier de couture ? voulut savoir Mia, en regardant autour d'elle.

Toutes les poupées exposées en vitrine portaient des vêtements faits maison. Les murs et les étagères regorgeaient d'objets, robes, kilts et tenues diverses, que Jenny avait de toute évidence confectionnés elle-même. Le magasin coloré était un concentré d'artisanat d'autrefois.

— Depuis 1972, répondit Mme Midthun. Mon époux et moi l'avons ouvert ensemble. Mais il n'est plus de ce monde. Il est mort en quatre-vingt-neuf. C'est lui qui avait estimé que je devais baptiser la boutique Chez Jenny – Atelier de couture. Moi je trouvais que ç'aurait été mieux de l'appeler Chez Jenny et Arild, mais il a insisté, alors bon…

— C'est vous qui avez confectionné ces robes ? demanda Mia.

Elle sortit les photos de la poche intérieure de son blouson en cuir et les posa sur le comptoir. Jenny chaussa ses lunettes suspendues à un cordon autour de son cou. Elle y jeta un coup d'œil rapide avant d'acquiescer :

— Oui. Je les ai cousues toutes les deux. Qu'est-ce que ça signifie ? Que je vais avoir des problèmes ? J'ai fait quelque chose de mal ?

— Pas du tout, madame Midthun ! Nous n'avons aucune raison de croire cela. Pour qui les avez-vous faites, ces robes ?

La vieille dame passa derrière le comptoir et attrapa un classeur rangé sur une étagère.

— Tout est là, dit-elle d'un ton malin, en tapotant du doigt sur son classeur.

— Qu'est-ce qu'il contient ?

— Toutes mes commandes. Car j'ai tout noté, vous savez. Les tailles, les tissus, les prix, les dates de livraison. Tout, tout, tout.

— Ça vous dérange si on l'emporte pour l'examiner un peu ?

— Non non, bien sûr. Prenez tout ce que vous voulez. Oh là là, c'est terrible ! Non, je ne sais vraiment pas si je... J'ai eu un tel choc quand les voisins sont venus avec les journaux... Juste Ciel !

— Qui vous a passé commande des robes ?

— Un homme.

— Vous avez noté son nom ?

— Hélas, non. Il ne me l'a jamais donné. Il passait toujours avec des photographies. Des photos de poupée. En me disant qu'il voulait les robes correspondantes, mais pour taille enfant.

— Et il vous a dit ce qu'il comptait en faire ?

— Non, et je n'ai pas demandé non plus, vous pensez bien. Mais si j'avais su ! Parce que je ne pouvais pas savoir que...

Jenny Midthun prit sa tête entre ses mains et dut s'asseoir sur une chaise. Anette disparut dans l'arrière-boutique et revint avec un verre d'eau.

— Oh, merci, c'est bien gentil, murmura la vieille dame d'une voix tremblante.

— La première commande vous est arrivée quand ?

— Il y a à peu près un an. Oui, la première, c'était l'été dernier.

— Il est venu ici plusieurs fois ?

— Oh oui ! Il est venu me voir de nombreuses fois. Et jamais de problèmes pour le paiement, hein. Toujours en liquide. Non, jamais de problèmes. Un travail bien payé, très bien payé. Jamais une seule question à propos d'argent.

— Vous en avez cousu combien, de robes ?

— Dix.

La vieille baissa la tête. Anette et Mia levèrent les yeux au ciel.

Il va y en avoir d'autres. Il y en aura dix.

— Elle remonte à quand, la dernière fois qu'il est venu vous voir ?

— Oh, ça ne fait pas longtemps. Pas longtemps du tout. Il y a un mois, peut-être ? Oui, je crois bien. À la mi-mars. Il est venu chercher les deux dernières.

Anette demanda d'une voix amicale :

— Est-ce que vous pouvez nous le décrire ? Vous croyez pouvoir y arriver ?

— Il était ordinaire.

— Ça veut dire quoi, pour vous, *ordinaire* ?

— Bien habillé. Oui, très bien habillé. Un costume, un chapeau, des souliers propres. Pas très grand, de la même taille qu'Arild environ… Arild, c'était mon mari. 1,75 mètre à peu près. Ni gros ni mince. Normal.

— Et il avait un dialecte ?

— Pardon ?

— Est-ce qu'il avait un accent ? Il parlait comme nous ? Il était d'Oslo ?

— Ah ça oui, il était norvégien. Sûr ! D'Oslo, oui. Peut-être dans les quarante-cinq ans… Hum. Oui, un homme tout ce qu'il y a de plus ordinaire. Vraiment sympathique. Et tellement propre sur lui ! Je ne pouvais pas savoir que… je veux dire… Si j'avais su que… vous pensez bien que…

— Vous nous êtes d'une très grande aide, madame Midthun, dit alors Mia en lui tapotant délicatement la main. Vous nous aidez énormément. Maintenant, j'aimerais que vous réfléchissiez un peu. Avait-il quelque chose de particulier ? Quelque chose que vous auriez remarqué ?

— Non, rien. Ah… Vous parlez de son tatouage, peut-être ?

Mia échangea un nouveau regard avec Anette et sourit.

— Il avait un tatouage ?

— Oui, là, fit-elle en touchant sa gorge. La plupart du temps, il portait un pull à col roulé, donc on ne pouvait pas le voir. Mais un jour, il n'en avait pas. Ou peut-être que si, tiens… Mais en tout cas le col blousait.

Alliant le geste à la parole, la vieille dame toucha le col de son corsage pour montrer exactement dans quelle mesure le fameux col roulé blousait.

— C'était un grand tatouage ? demanda Anette.

— Ah ça oui ! Pour sûr, hein ! Il couvrait quasiment tout : de là… à là…

— Et il représentait quoi, ce tatouage ? Vous l'avez vu ?

— Oui. Il représentait un aigle.

— L'homme portait un tatouage en forme d'aigle ?

Mme Midthun hocha résolument la tête.

— Préviens tout de suite les collègues, ordonna Mia à Anette.

Anette prit son portable et sortit téléphoner dans la rue.

— Je vous ai bien aidées, alors ?

L'adorable mamie dévisageait Mia avec des yeux effrayés.

— Je vais aller en prison ?

— Mais non, voyons, madame Midthun. En revanche, j'aurais besoin que vous passiez un de ces jours, à Oslo, pour que nous puissions prendre votre déposition officielle. Ça n'a pas besoin d'être maintenant. Mais un des jours prochains. Est-ce que c'est d'accord ?

La vieille dame approuva et raccompagna Mia à la porte. Celle-ci attrapa une carte de visite dans la poche arrière de son jean et la lui tendit.

— Si jamais vous vous souvenez de quelque chose, surtout n'hésitez pas à m'appeler. D'accord ?

— Je le ferai. Mais vous m'assurez que je ne vais pas avoir de problèmes ?

— Vous n'avez aucune crainte à avoir, madame Midthun. Merci encore du fond du cœur pour votre aide.

Une fois dans la rue, Mia entendit la porte se verrouiller derrière elle. Pauvre dame… Elle avait vraiment eu un choc. La voyant jeter un œil à travers le rideau, Mia lui adressa un petit signe rassurant, en espérant qu'elle ne passerait pas le reste de la journée seule, qu'elle avait quelqu'un à appeler. Au moment où elle se tourna, Anette raccrocha.

— Tu as eu Holger ?

— Non, il ne décroche pas. J'ai parlé à Kim. Il prend le relais.

— Parfait, dit Mia.

Les deux enquêtrices s'installèrent dans la voiture et prirent la direction du centre d'Oslo.

22.

Au même moment, à la table d'un restaurant de la chaîne Peppes Pizza, celui de la Stortingsgate, Holger Munch suivait un cours en bonne et due forme sur la meilleure façon de peigner les cheveux d'une poupée. Ils venaient de déjeuner, Marion et lui – ou plutôt : il avait mangé et elle avait surtout joué et bu son jus de fruits. Il ne résistait pas à son regard adorable ni à sa voix implorante ; d'ailleurs il ne l'avait jamais pu, pour la plus grande joie de la petite-fille mais au grand désespoir de la mère. Il avait comblé Marion depuis sa naissance, et la chambre de la fillette ressemblait désormais à un magasin de jouets. Miriam avait dû mettre le holà à cette frénésie de cadeaux, indiquant fermement à son père qu'il y avait des limites : Marion devait devenir une fille indépendante et raisonnable, non une gosse de riches pourrie gâtée.

— Oh, papy, regarde ! C'est les Monster High !

— Les monstres quoi ?

— Les Monster High ! Ils vont à l'école. Oh… là c'est Jackson Jekyll. Lui c'est un garçon. Et t'as vu la belle chemise jaune qu'il porte ? C'est parce qu'il est un monstre. On peut l'acheter ?

— Je ne crois pas qu'on va acheter quoi que ce soit aujourd'hui, Marion. Tu sais ce que ta maman a dit. Il faut qu'on attende ton anniversaire.

— Mais c'est dans trop longtemps, mon anniversaire ! Et puis d'abord, ce que maman dit, c'est pas valable quand je suis avec toi.

— Ah bon ? Et qui a décrété ça ?

— Moi. Je l'ai décrété maintenant.

— Toi ! Tiens donc !

— Oui, d'abord ! Parce que moi je peux décider des trucs, figure-toi. Eh ouais ! Et tu sais pourquoi ? Parce que j'ai six ans et que je vais bientôt entrer en CP à l'école primaire de Lilleborg. Et là, personne pourra décider à ma place. C'est moi qui déciderai de tout !

À qui pouvait-elle donc ressembler ? Mignonne et adorable, mais incroyablement têtue et déterminée.

— Oh ! Et là y a DracuLaura ! Regarde, papy ! C'est DracuLaura ! Et à côté : Frankie Stein ! Hé, papy, hé !

Frankie Stein ! Allez… on pourrait pas en acheter deux ou trois ? Dis, papy… s'te plaît…

Évidemment, Marion avait obtenu ce qu'elle voulait. Deux poupées, Jackson Jekyll et Frankie Stein, symbolisant des adolescents censés fréquenter une école de monstres dont Holger Munch ignorait tout, ce qui en fin de compte n'avait aucune espèce d'importance.

— Jackson Jekyll voudrait bien aimer Frankie Stein. Sauf que, elle, elle veut pas. Elle est trop interdépendante, comme fille, tu vois…

— Tu veux dire… *indépendante* ?

Marion leva vers les siens ses yeux d'un bleu céruléen.

— Voilà, c'est ce que je veux dire. Elle sait ce qu'elle veut dans la vie.

Holger sourit dans sa barbe. Il avait l'impression de réentendre la voix de sa fille, petite. Marion était la copie conforme de Miriam, et un peu plus encore. Il repensa au premier jour d'école de Miriam, en primaire. Marianne et lui l'avaient accompagnée, mais jusque dans la cour seulement : ils n'avaient pas eu la permission d'aller plus loin, puisque le corps enseignant estimait que c'était mieux pour l'enfant. Ils l'avaient donc regardée entrer. Elle était si mignonne, avec ses tresses, ses vêtements neufs et son cartable neuf lui aussi. Comme il avait été fier… Sa petite chérie était devenue une grande fille, et elle affrontait le monde pour la première fois. Et si elle était ravie de faire sa rentrée à la grande école, elle avait quand même un peu peur. Elle s'était cramponnée à sa main, refusant de la lâcher, effrayée par tous ces gamins autour d'elle. Comment avait-elle pu avoir quinze ans d'un seul coup, le visage hypermaquillé, écoutant de la musique à pleins tubes derrière la porte de sa chambre fermée à double tour et ne plus être la petite chérie à son papa ? Et ce, sans parler de ce nouveau saut dans l'inconnu, à vingt-cinq ans, tandis qu'elle essayait une robe de mariée… Puisqu'elle allait épouser un médecin fraîchement diplômé, originaire de Fredrikstad ; un certain Johannes, que Holger ne connaissait pour ainsi dire pas.

Il reporta son attention vers sa petite-fille. Elle qui trouvait qu'il était le meilleur papy du monde entier voulait qu'il la prenne sur ses genoux et lui fasse des bisous.

— Bon, on va dire que tu es Jackson Jekyll.

— Qu'est-ce que tu viens de dire, ma puce ?

— On va dire que tu es Jackson Jekyll et que moi je suis Frankie Stein.

— Tu es sûre que tu ne veux pas un autre bout de pizza ?

— Frankie Stein ne mange pas de pizza car elle fait un régime. Mais il faut que tu prennes la poupée, papy !

À contrecœur, Holger Munch attrapa la poupée en s'efforçant de ne pas se laisser déconcentrer par les messages qui ne cessaient d'arriver sur son portable. Il avait décidé de passer la journée avec sa petite-fille et ne commettrait pas la même erreur qu'avec sa fille : il serait là pour elle et pour elle seule, le monde pouvait attendre.

— Mais dis quelque chose, papy, à la fin ! s'impatientait Marion, qui faisait marcher sa poupée en équilibre entre les restes de pizza.

— Qu'est-ce qu'il faut que je dise ?

— Rhôô ! Mais j'en sais rien, moi ! C'est à toi de décider. Tu sais pas jouer à la poupée ?

— Bonjour ! fit Holger Munch avec une autre voix, en priant intérieurement pour que ses voisins de table ne l'entendent pas.

— Tiens... Salut, Jackson ! répondit Marion avec sa voix de poupée.

— Tu veux venir avec moi au cinéma ?

— Oui, pourquoi pas... On va aller voir quoi ?

— *Fifi Brindacier*, dit Holger Munch.

— Pff! soupira Frankie Stein. C'est pour les gamins, ce film. Et je te signale, papy, que tu n'as pas pris la même voix que tout à l'heure.

— Désolé, ma chérie…

Il caressa les cheveux de sa petite-fille.

— T'inquiète, c'est pas grave. C'est normal, tu es vieux. Tu ne comprends plus rien à ce que font les adolescents d'aujourd'hui, toi.

Elle prit les deux monstres et lui montra comment la conversation aurait dû se dérouler s'il avait été un peu plus doué pour jouer à la poupée.

— Salut, Frankie.

— Salut, Jackson.

— Tu veux venir au cours de danse, vendredi ?

— Ouais, je veux bien. Mais je te préviens, hein, ça veut pas dire qu'on sort ensemble. On est juste copains.

— On pourra pas s'embrasser, alors ?

— Sur la joue, seulement. Pas sur la bouche.

— Et je peux avoir un bisou sur la joue, alors ?

— Bon, d'accord.

Marion posa les deux poupées l'une contre l'autre. Holger profita de l'occasion pour jeter un œil à son portable. Anette avait téléphoné et envoyé un SMS. Kim lui avait écrit deux textos. Et enfin Kurt Eriksen, l'avocat de la famille, avait essayé de le joindre à plusieurs reprises. Que lui voulait-il ? Marion étant plongée dans son jeu, Holger entreprit de lire les messages.

`On a retrouvé la fabricante des robes de poupée. Et l'acheteur aussi. Un homme avec un tatouage en forme d'aigle. J'ai parlé à Kim. Appelle-moi.`

Déjà ? Holger Munch sentit son cœur de policier battre un peu plus fort. Finalement les médias servaient à quelque chose dans une enquête puisqu'ils avaient fait une touche dès le premier article. Il regarda rapidement les messages que Kim lui avait adressés.

`Je crois qu'on a une piste pour le tatouage. Curry sait qui c'est. Appelle.`

Le dernier, pour le moins laconique :

`Allô?!`

— Salut, où est Marion ?

Holger Munch revint à la réalité avec un sursaut et découvrit sa fille, devant lui, passablement agacée.

— Tiens, bonjour, Miriam. Marion ? Elle est…

Marion n'était pas à sa place.

— Elle était là, il y a…

Il n'eut pas le temps de terminer sa phrase. Miriam était déjà partie dans le fond de l'établissement, où Marion avait continué son jeu. Revenue devant la table, Miriam dit :

— On n'avait pas décidé tous les deux qu'on arrêtait de lui faire des cadeaux à tort et à travers ?

— Si, mais…

— Range tes affaires, Marion, on s'en va.

— Déjà ? Mais papy avait promis de m'acheter une glace !

— Une autre fois. Allez, viens maintenant.

Miriam se mit aussitôt à rassembler les affaires de sa fille. Holger s'empressa de se lever pour l'aider.

— Et comment ça s'est passé pour la robe de mariée ? Tout va bien ?

— Pas tout à fait comme je me l'étais imaginé, soupira Miriam. Mais les couturières ont promis de l'arranger pour qu'elle soit vraiment à ma taille. J'espère seulement qu'elles auront fini à temps.

— Oui, c'est bientôt le 12 mai…

— Ça tu peux le dire ! Allez, Marion, il faut qu'on coure. Papa est garé en double file. Dis au revoir à papy.

— Au revoir, papy ! s'écria la petite chérie en le serrant fort dans ses bras. Et essaie de t'entraîner à la poupée pour la prochaine fois, O.K. ?

— Promis !

— Tu viendras seul ? demanda Miriam.

— Où ça… ?

— Au mariage, voyons ! Tu viendras seul ou accompagné ?

Venir accompagné au mariage ? Il n'avait même pas pensé à cette éventualité. Sans qu'il sache pourquoi, le visage de Karen surgit dans son esprit. Karen de la maison de retraite. Elle qui appréciait tant de le voir chaque fois qu'il rendait visite à sa mère. Un premier rendez-vous à l'occasion d'un mariage ? Non, ce serait complètement à côté de la plaque.

— Je viendrai seul.

— Tu ne peux pas emmener Mia ? Tu m'as bien dit qu'elle était revenue à Oslo, non ? J'aimerais qu'elle vienne, en plus. J'ai essayé de l'appeler plusieurs fois, mais elle a changé de numéro, non ?

Mia… Il n'y aurait pas pensé. Oui, c'était une bonne idée. Il savait que Miriam et elle s'entendaient bien.

— Oui, elle a un nouveau numéro. Je vais le lui demander.

— Parfait. Dans ce cas je l'ajoute à la liste.

Elle se fendit d'un sourire rapide, mais reprit l'instant d'après sa mine sévère.

— Ah, une dernière chose. Il n'est pas exclu que Johannes et moi devions aller à Fredrikstad le week-end prochain. Tu pourrais t'occuper de Marion ?

— Bien sûr, voyons.

— Tu vis dans ton ancien appartement maintenant ?

— Oui, oui, j'ai liquidé celui de Hønefoss. Marion pourra passer le week-end à la maison. Ce sera un grand plaisir.

— O.K., je t'appelle.

Miriam prit Marion par la main pour la conduire vers la sortie.

— Au revoir, papy !

— Au revoir, Marion !

Holger Munch agita la main jusqu'à ce que la porte se soit refermée derrière elles. Il alla payer la note et, une fois dehors, se jeta sur son téléphone. La pause hors du monde avait duré assez longtemps. Kim décrocha à la première sonnerie.

— Allô ?

— On a quoi ? voulut savoir Holger, sans autre préambule.

— Anette et Mia ont trouvé la couturière, celle qui a fabriqué les robes de poupée. Une dame de Sandvika.

— Et ?

— L'acheteur aussi. Un homme, dans la quarantaine. Avec un tatouage d'aigle dans le cou. Il a acheté dix robes.

— Dix ?!

Merde.

— On sait qui c'est ?

— Curry croit savoir qui c'est, oui. Pas à cent pour cent, mais pas loin. Combien d'hommes dans la quarantaine ont un aigle tatoué dans le cou ? Ça correspond aussi au profil. Roger Bakken. Il n'a pas de casier, mais Curry est tombé sur lui à plusieurs reprises quand il bossait chez les stups.

— C'est quel genre de type ?

— Il bosse comme coursier. Il va chercher et livrer des paquets. Pas besoin de te faire un dessin.

— On a une adresse ?

— Dernière adresse connue, un foyer d'hébergement, dans le quartier de Grønland. Si tant est que ce soit le même Roger Bakken.

— On a des gens qui sont déjà là-bas ?

— Oui. Mia et Anette.

— J'y suis dans cinq minutes.

Holger Munch raccrocha.

23.

Mia tint la porte à Anette et la suivit à l'intérieur du hall d'accueil plongé dans l'obscurité. Au cours de sa carrière, elle avait déjà eu l'occasion de visiter des foyers d'hébergement, et celui-ci n'échappait pas à la règle : la sensation étouffante de désespoir suintait des murs. On accédait ici au dernier arrêt avant le terminus. On échouait ici quand plus personne ne voulait de vous.

— Il y a quelqu'un ?

Anette eut beau appeler devant le comptoir, personne ne vint.

— Tu crois qu'on peut entrer directement ?

Mia s'approcha d'une porte qui semblait mener aux étages et appuya sur la poignée. Fermée.

— J'ai l'impression que quelqu'un doit presser sur un bouton pour nous laisser entrer, indiqua Anette.

Pendant qu'elle inspectait la réception, Mia observa le hall décati, chichement meublé : une table basse, deux chaises, une plante en pot desséchée dans le coin.

— Hé ho, y a quelqu'un ? répéta Anette.

— C'est la police ! précisa Mia.

Une porte finit par s'ouvrir derrière le comptoir. La tête d'un vieil homme apparut.

— Qu'est-ce que vous voulez ?

— Police. Section criminelle, déclara Mia en posant son insigne sur la console.

L'homme, très mince, les dévisagea d'un œil sceptique avant de daigner s'avancer. Il observa la photo de Mia avec la même circonspection, tout en avalant la dernière bouchée de la tartine qu'il tenait dans la main.

— Et ? En quoi puis-je vous aider ? demanda-t-il en se curant les ongles avec son auriculaire.

— Nous cherchons un certain Roger Bakken, expliqua Anette.

— Bakken, hum..., fit-il en consultant un registre.

— Roger Bakken, embraya Mia, impatiente. Dans la quarantaine, avec un aigle tatoué dans le cou.

— Ah, lui ! s'exclama l'homme, qui se nettoya les dents, cette fois avec sa langue. Hélas, vous arrivez trop tard.

— Comment ça, *trop tard* ?

Il ricana. Pouvoir mettre des bâtons dans les roues de la police semblait l'amuser comme un petit fou.

— Il est parti il y a un mois.

— Parti ?

— Mort. Il a passé l'arme à gauche, si vous préférez. Tout seul comme un grand, en plus : il s'est suicidé, expliqua le vieux en s'asseyant sur une chaise.

— Non mais vous vous foutez de nous ? s'écria Mia, passablement énervée. Vous préférez qu'on jette un coup d'œil dans les chambres ? Pour vérifier qu'il n'y a pas de produits qui traînent... ?

À ces mots, l'homme se releva aussitôt, beaucoup plus souriant et coopératif.

— Non, je vous assure. Il s'est vraiment suicidé. Il a sauté dans le vide et s'est écrasé sur le bitume. Si tant est bien sûr que nous parlions du même homme.

— Roger Bakken. Dans la quarantaine. Avec un aigle tatoué dans le cou.

— Oui, oui, c'est bien notre Roger. Une histoire tragique, si vous voulez mon avis. Mais ce ne sera pas la première dans cet établissement, hélas. Que voulez-vous, c'est la vie, hein... Pour ces types-là, en tout cas.

— Comment ça s'est passé ? voulut savoir Anette.

— Il s'est jeté du balcon de la salle commune, au huitième étage.

— Vous avez un balcon ici ? C'est quoi, ce foyer ?!

Il haussa les épaules.

— Qu'est-ce qu'on est censé faire ? Condamner toutes les fenêtres ? Les gens ont le droit de décider de leur propre vie, même s'ils n'appartiennent pas à la haute, vous ne croyez pas ?

Mia ne réagit pas au sarcasme que sous-entendait la question.

— Est-ce qu'on peut voir sa chambre ?

— Désolé, elle est déjà occupée par quelqu'un d'autre. Les gens font la queue pour pouvoir loger ici. On a une liste d'attente de plusieurs mois.

— Il avait de la famille ? Quelqu'un est venu chercher ses affaires ?

— Nan. On a prévenu la police, des agents sont venus, ils l'ont emmené. Terminé. Rares sont les gens qui vivent ici et qui ont encore de la famille. Ou alors, s'ils ont encore des proches, ils ne veulent plus entendre parler d'eux. Et réciproquement.

— Vous avez toujours ses affaires ?

— Pour autant que je sache, elles sont dans un carton, à la cave.

— Merci d'avance, lança-t-elle, toujours aussi impatiente et agacée.

— Avec plaisir.

Elle tambourina des doigts sur le comptoir. Elle avait oublié ce que ça impliquait d'être flic dans la capitale. D'être en contact avec les gens. Sa maison lui manquait. Son île, la vue sur la mer.

Viens, Mia. Viens !

— J'ai bien dit : merci d'avance, répéta-t-elle.

— De quoi ?

— Merci d'aller chercher ses affaires et de nous les donner sans avoir à y passer des plombes !

En guise de réponse, l'homme filiforme acquiesça avec une moue renfrognée, puis trottina à pas lents vers son antre.

— Quel con ! marmonna Mia.
— Tu es sûre d'être en forme ? lui demanda Anette.
— Qu'est-ce que tu veux dire ?
— Ça ne te ressemble pas de t'emporter comme ça…
— J'ai mal dormi cette nuit, c'est tout.
Au même moment la porte d'entrée s'ouvrit sur Holger Munch.
— Qu'est-ce qu'on a ? souffla-t-il.
— Des mauvaises nouvelles.
— Du genre ?
— Roger Bakken s'est suicidé il y a un mois, expliqua Anette.
— Avant la disparition de Pauline ?
Mia opina.
— Merde ! fit Holger.
Son téléphone sonna. Il regarda l'écran pendant un instant avant de se décider à décrocher. Le réceptionniste revint sur ces entrefaites, portant un carton qu'il posa sur la console.
— Et voilà. C'est tout ce qu'on a.
— Il y a un téléphone dedans ? Un ordinateur ?
— J'ai pas regardé, moi, répondit-il avec un haussement d'épaules.
Mia lui tendit une carte de visite.
— On l'emporte. Appelez-moi si jamais vous vous souvenez de quelque chose.
— Mais putain !
Anette et Mia se retournèrent au même moment, surprises par cette saute d'humeur. Holger raccrocha et vint les rejoindre avec une mine furieuse. Il demanda, un doigt pointé vers le carton :
— C'est tout ?
— *Yes.*
— On l'emporte.
— Tu parlais à qui ? s'enquit Mia, curieuse.
— À l'avocat de la famille.

— Des problèmes ?
— J'ai une course à faire, je vous rejoins au bureau.
Après avoir rangé son portable dans la poche de son duffel-coat, il alla tenir la porte à ses deux collègues.

24.

Juché sur sa bicyclette, Lukas sentait contre sa figure l'air agréable du printemps. Il était d'excellente humeur aujourd'hui : levé tôt, il s'était déjà acquitté de ses obligations, à savoir la prière du matin et les travaux ménagers, puisqu'il lui incombait de maintenir la paroisse dans un état de propreté et de rangement impeccables ; un travail auquel il attachait beaucoup d'importance. Enfin... qualifier la prière du matin d'« obligation » relevait de l'abus de langage. Pour lui, la prière du matin était un plaisir, ni plus ni moins. Il la faisait dès son réveil, avant même de se lever, sachant pertinemment qu'il devait d'abord s'occuper de ses ablutions matinales ainsi que du petit déjeuner. Mais il ne pouvait pas s'en empêcher. Rien ne lui semblait plus juste que ça : parler avec Dieu dès l'instant où il avait ouvert les yeux. Il commençait toujours ses prières par des remerciements. Il remerciait Dieu de prendre soin de ses proches : de Pasteur Simon, de tous ceux qui vivaient dans la forêt. De temps à autre, il se disait qu'il devrait inclure son ancienne famille mais, pour être franc, leurs visages s'étaient estompés dans son souvenir. Tant sa famille biologique qui l'avait abandonné que sa famille d'accueil qui ne l'avait jamais aimé n'étaient plus que de pâles figures méconnaissables. Lukas n'était pas en colère contre eux. Pourquoi le serait-il ? *« Pardonne-leur, Seigneur, car ils ne savent pas ce qu'ils font. »*

Voilà, ça au moins, c'était d'une simplicité enfantine. Car, en dépit de tout, Lukas n'avait-il pas eu la chance de partir dans un camp chrétien ? N'avait-il pas eu la possibilité d'y rencontrer Pasteur Simon et ainsi de connaître le bonheur total dans un pacte qui les unissait tous les deux avec Dieu ? Lukas se fendit d'un large sourire en appuyant un peu plus fort sur les pédales. Pourquoi serait-il en colère ? Il n'avait aucune raison de l'être. La vie était parfaite, en tout point merveilleuse. Il lâcha un petit rire et marmonna une brève prière. Ou plutôt un remerciement. Merci, Dieu, pour les oiseaux dans les arbres et ce chemin adorable. Merci, Dieu, pour le printemps et les autres saisons. Merci, Dieu, d'avoir fait de moi quelqu'un d'important, d'avoir trouvé Pasteur Simon et de l'avoir mis sur ma voie. Merci, Dieu, parce que je me réveille chaque matin et que je m'endors chaque soir dans la joie. Cette phrase, il la prononça à voix haute parce qu'il sentait la chaleur et la lumière se diffuser à nouveau dans son sang.

Sur la Maridalsveien, une voiture le frôla en le dépassant. Encore un de ces pauvres impies qui n'avaient aucun objectif dans cette vie et étaient toujours pressés. Bien qu'il ait failli tomber de sa bicyclette, il ne s'en offusqua pas outre mesure. Cela faisait bien longtemps qu'il ne gaspillait plus ses forces à pester contre ces païens. Au début, il avait eu pitié d'eux car ils n'étaient pas aussi chanceux que lui. Mais ça aussi, il avait peu à peu cessé de s'en formaliser. Chacun avait le droit de choisir sa vie. *« La clé du bonheur se trouve dans tes propres mains, il s'agit uniquement pour toi de la voir »*, avait l'habitude de dire Pasteur Simon. C'était l'une des citations préférées de Lukas, il ne se lassait jamais de la lui entendre prononcer du haut de sa chaire. « *Personne ne peut te faire du mal si tu ne le permets pas à tes assaillants. Tu dois toujours faire ce que tu penses être capable de faire. Le chagrin est une plante qui ne peut vivre sans eau, tu décides toi-même si tu désires mourir ou pas.* » De nouveau, Lukas sourit. Des phrases comme celles-ci, Pasteur Simon en connaissait plein. Forcément, puisqu'il était le ministre de Dieu et en contact direct avec Lui. D'abord il Lui parlait. Lukas l'avait déjà surpris dans ses conciliabules alors qu'il lavait le sol devant le bureau – quand il entendait des voix à l'intérieur, il tâchait de s'approcher de la porte. Bien sûr, il avait mauvaise conscience, mais c'était plus fort que lui, il ne pouvait s'en empêcher. Dès lors, il pouvait nettoyer et tout récurer en se remplissant des paroles de Dieu – et ça, ce n'était pas pécher que de le faire. Lukas avait eu ainsi la chance de percevoir Dieu non seulement avec ses oreilles, mais aussi avec ses yeux. Puisqu'Il apparaissait à Pasteur Simon dans son bureau. Si ! Ce n'étaient pas des sornettes, c'était la stricte vérité. Lukas en avait été témoin. De ses propres yeux. Régulièrement. Très souvent. Il avait vu Dieu dans la pièce. Merci, Dieu, d'être là avec moi. Merci, Dieu, de m'avoir purifié. Merci, Dieu, pour les fleurs des champs au bord de la route. Merci, Dieu, pour les chuchoteurs. Merci, Dieu, pour les crieurs. Merci, Dieu, d'avoir rendu ma vie parfaite.

Lukas descendit de bicyclette, déplia la béquille et s'assit sur une pierre. Ils se retrouvaient généralement dans des endroits différents, dont cette route adjacente. Non qu'ils se soient rencontrés à maintes reprises. Avec la dame dans la voiture. C'était peut-être... la huitième fois. Oui, vraiment ? Toujours est-il qu'elle venait, baissait sa vitre, lui tendait une enveloppe et repartait sans avoir prononcé une parole ou presque. Or, la dernière fois, cela remontait à quelques semaines, ça s'était passé différemment : elle était descendue de sa voiture, avait allumé une cigarette et lui avait fait un brin de causette. Oh, ils n'avaient parlé de rien d'important, juste de la pluie et du beau temps. Lukas ignorait son âge. Peut-être qu'elle avait dans les trente-cinq ans. Elle était toujours très bien habillée : des bottines, un manteau ou une belle veste. Elle mettait beaucoup de rouge à lèvres et elle avait un joli sourire. Des cheveux longs aussi, foncés. Et un nez très droit surmonté en permanence de lunettes de soleil, quel que soit le temps. La dame ne faisait pas partie des initiés, Lukas en avait bien conscience. Non, il suffisait de voir sa façon de s'habiller. Dans la Bible, elle aurait été cette « *femme prostituée ou profanée* ». Mais bon, comme disait Pasteur Simon : « *Parfois, le chemin qui mène à la Lumière traverse des ténèbres opaques.* » D'une certaine manière, Lukas trouvait qu'ils étaient un peu comme les deux faces d'une même pièce, la dame et lui : tous deux messagers de Dieu, tous envoyés par Dieu, pour Dieu.

Il se releva, dressa les bras en l'air, donna un coup de pied dans un caillou qui partit du parking pour atterrir dans un fourré. Il se mit à fredonner. Une nouvelle marotte à laquelle il s'adonnait ces derniers temps. Il ne chantait pas à gorge déployée – oh non ! Il chantonnait tout seul, comme si une petite messe mélodieuse s'échappait de sa bouche :

— M-m-m-m-m.

Il leva les yeux vers le soleil qui venait de percer les nuages. Il aperçut un écureuil qui sautait de branche en branche. Merci, Dieu, pour les écureuils et les autres animaux dont tu nous as bénis. Lukas aurait vingt-sept ans cet automne mais, au plus profond de lui, il se sentait beaucoup plus jeune. Comme si le temps n'existait plus. Il n'avait pas d'âge. Et Dieu non plus n'avait pas d'âge. Le Temps n'avait ni début ni fin. Contrairement à ce que croyaient les amateurs. Eux qui utilisaient des montres, des téléphones, qui voulaient absolument se dépêcher à avancer, à arriver. « *L'Éternité vient juste de commencer.* » Lukas se souvenait si bien de la première fois que Pasteur Simon avait prononcé cette phrase, le troisième jour au camp chrétien : il venait d'être sauvé par le Salut et il avait trouvé Dieu. *« L'Éternité vient juste de commencer. »*

Lukas reprit son fredonnement en même temps qu'il regarda à nouveau en direction des arbres. Posé sur une branche, un geai des chênes s'ébrouait. Il entendit un pic-vert marteler inlassablement un tronc. Samedi dernier, il avait vu un hibou dans la maison de la forêt. *Domus lucis.* Beaucoup de gens n'aimaient pas les hiboux qu'ils associaient à un malheur sur le point d'arriver, mais lui n'y croyait pas : on ne la lui faisait pas ! Le week-end avait été aussi formidable que Lukas s'y était attendu. Nils avait fait du bon boulot dans la forêt, la maison s'était transformée en un petit paradis sur terre.

Au même moment, une voiture déboula et se gara sur le parking, à quelques mètres de lui. Ce n'était pas le même modèle que la dernière fois, mais il reconnut la femme au volant : les mêmes cheveux longs foncés, attachés en queue-de-cheval ; le rouge à lèvres. Étrange : aujourd'hui, la dame ne portait pas de lunettes de soleil. Et elle ne sembla pas non plus vouloir descendre. Elle lui fit signe d'approcher, baissa sa vitre et lui tendit l'enveloppe. Non sans jeter des coups d'œil ici et là, comme si une menace planait, comme si elle était pressée et voulait en finir au plus vite. Tandis que Lukas avançait la main pour attraper l'enveloppe, elle pivota la tête vers lui, le fixa une seconde, pour mieux détourner son regard ensuite.

Le cœur de Lukas bondit dans sa poitrine. *Elle n'a pas les deux yeux de la même couleur. L'un est marron et l'autre bleu.* Lukas n'avait jamais vu une chose pareille. Il demeura figé sur le parking, l'enveloppe toujours dans sa main tendue, incapable de prononcer un seul mot – et, pour la première fois depuis ce qui lui paraissait une éternité, il sentit une sorte de peur l'envahir ; il sentit les gouttes d'un liquide sombre couler dans son sang pourtant si lumineux. La dame au regard bicolore remonta sa vitre, regagna à petite vitesse la route de Maridalsveien et disparut aussi vite qu'elle était apparue.

25.

Mia Krüger traîna le gros carton dans les locaux de l'Unité spéciale puis referma la porte d'entrée. Le silence régnait dans les bureaux d'ordinaire si bruyants et à présent déserts : elle avait perdu Anette en cours de route, partie aider sa fille à un truc quelconque ; elle repasserait plus tard. Mia avait eu beau lui dire que c'était inutile, qu'elle examinerait seule le contenu du carton, la jeune femme blonde n'avait pu s'empêcher d'avoir mauvaise conscience, comme tous les salariés coincés entre les nécessités familiales et les obligations professionnelles. Mia l'avait rassurée : ça ne posait aucun problème, elle l'appellerait si jamais elle trouvait quoi que ce soit. En vérité, elle préférait travailler seule. Elle avait alors moins de mal à réfléchir, pouvait approfondir les choses, trouver les liens. Elle n'avait rien contre Anette en tant que personne, ni contre aucun de ses collègues d'ailleurs, tous faisaient de l'excellent boulot – mais, de temps à autre, ça fourmillait trop autour d'elle, son cerveau ne fonctionnait plus tout à fait normalement.

Mia emporta le carton dans la salle de débriefing et s'assit sur une table. Elle regarda un moment le mur où Ludvig, comme à son habitude, avait accroché les photos des deux affaires, collé des Post-it, dessiné des flèches qui allaient de l'une à l'autre, écrit des noms, posé des questions : *Pauline, Johanne, les robes ? Qui ?* Au moins, ils avaient désormais une réponse, même s'ils n'étaient pas arrivés plus loin qu'un homme avec un tatouage d'aigle dans le cou, mort et déjà incinéré, n'ayant laissé pour seuls indices qu'un simple carton.

Elle ouvrit la boîte et en éparpilla le contenu sur la grande table. Il n'y avait pas grand-chose. Quelques photos. Celle d'un chien, un golden retriever. Sur une autre, un pêcheur sans doute, dont on ne voyait pas le visage : seul le gros saumon qu'il tenait dans ses mains avait été immortalisé. Une troisième montrait une voiture – quel est le con qui prend sa bagnole en photo ? se demanda Mia avant d'enfoncer sa main pour attraper d'autres objets. Sous un tas de factures, elle trouva ce qu'elle cherchait : un ordinateur portable et un iPhone qu'elle essaya instantanément d'allumer. Hélas, il était déchargé. Et aucun chargeur dans le tas, ni même de prise pour l'ordinateur, qu'elle tenta également d'allumer – en vain.

Alors qu'elle cherchait son propre chargeur dans son bureau, elle entendit un bruit dans celui au fond du couloir. Tout le monde n'avait visiblement pas regagné ses pénates. Le nouveau, le geek, était toujours là. C'était quoi déjà, son petit nom ? Ah, voilà : Gabriel. Mia s'agaça de constater que sa tête ne tournait pas rond. Son régime cachets-alcool, sur l'île, avait laissé des traces : nausées, vertiges, absence d'appétit, et des pensées qui semblaient refuser de lui venir dans le bon ordre. Tout en traversant le couloir pour rejoindre le bureau de Gabriel, elle décida de reprendre l'entraînement. Avant, elle était dans une forme excellente – mais ça remontait à des lustres. Elle se demanda si Chen vivait toujours dans la capitale. Oui, certainement. Mais il lui faisait la gueule, alors… Ou bien c'était elle qui lui faisait la gueule ?

Hum, elle ne se souvenait plus trop. Elle le nota dans un coin de sa tête : appeler Chen, s'entraîner davantage, s'irriguer les muscles de sang, refaire marcher sa cervelle.

Mia passa une tête à l'intérieur, sans frapper à la porte, et lança :

— Tiens, salut ! Tu es toujours là ?

Le jeune type aux cheveux blonds sursauta et lâcha un petit cri :

— Oh, je ne t'avais pas entendue ! dit-il sur un ton d'excuse.

— Désolée, ma faute, répondit-elle avec un sourire, d'autant plus qu'il lui semblait distinguer un léger rougissement marbrer les joues du garçon. Je me demandais si tu pouvais m'aider… ?

— Bien sûr. Est-ce que je peux juste finir de monter ces machins ?

Il désignait les câbles qui traînaient par terre.

— Prends le temps qu'il te faudra.

— Et moi qui croyais que la police n'engageait que des pros…, grommela-t-il en se penchant sous son bureau. Je ne sais pas quels zigotos ont installé ce truc, mais ils l'ont fait complètement à l'envers.

— Ne me pose pas la question à moi, je suis nulle en informatique. Je t'attends dans la pièce Hønefoss.

— Ça roule. J'arrive dans une seconde.

Mia repassa prendre dans son bureau les chargeurs, celui de l'ordinateur et celui de l'iPhone. La question de tout à l'heure lui titilla de nouveau l'esprit : quel genre de type peut bien avoir avec lui la photo de son chien et de sa voiture ? Mia, elle, n'en avait aucune sur son lieu de travail – forcément puisqu'elle avait stocké toutes ses affaires dans un garde-meubles lorsqu'elle avait déménagé à Hitra, et payé comptant la location pour trois ans. Tout y était, y compris les photos de famille. Papa, maman, Sigrid, Mia. Non. Ne pas y penser.

Elle retourna dans la salle de débriefing où elle mit à charger le portable et le téléphone de Roger Bakken, puis elle sortit respirer un peu d'air frais sur le balcon fumeurs de Munch. L'obscurité du soir se déposait lentement sur la ville, la fraîcheur tombait. Elle serra un peu plus les pans de son blouson, regretta de ne pas avoir pris son bonnet. Mais, bon sang, pourquoi est-ce qu'elle se comportait comme une gamine pleurnicharde ? Il fallait qu'on la plaigne, c'est ça qu'elle voulait ? Elle qui, pas un seul jour de sa vie, n'avait ni larmoyé ni chouiné. Pour une raison qu'elle ignorait, il lui vint une envie de cigarette. Elle n'avait jamais touché au tabac, et pourtant ça lui semblait naturel, là, maintenant. Fumer pour mieux réfléchir, la technique de Holger. Tiens, d'ailleurs : où est-ce qu'il était passé celui-là ? Elle vérifia l'heure à son mobile. Ça faisait deux heures qu'il s'était éclipsé chez son avocat. Elle espérait qu'il n'y avait rien de grave, au moins… Ils avaient suffisamment de soucis pour ne pas s'en coller d'autres.

— Euh… Mia ?

Gabriel la cherchait dans la salle de débriefing. Elle le rejoignit. Avec soudain un sentiment de culpabilité envers ce débutant qui venait de débarquer dans la police. Est-ce que quelqu'un l'avait aidé à trouver sa place parmi eux, lui avait expliqué ce qu'il était censé faire ?

— Alors, comment ça va, Gabriel ? demanda-t-elle en s'asseyant sur la grande table.

Le jeune hacker ne savait pas où poser les yeux, il regardait par terre, à droite puis à gauche. Non ?! Il était reparti à rougir… Nous voilà bien, on a engagé une âme sensible, songea Mia en sortant de sa poche une pastille pour la gorge.

— Ouais, tranquille.

— Tu t'es bien intégré ? Tu as tout ce dont tu as besoin ?

— Je viens d'installer les derniers trucs, là. Ça m'a l'air correct. En fait, j'ai une réunion demain, au QG de Grønland. Une formation. Avec un type qui s'appelle... Møller, c'est ça ?

— Clopo ? Il est doué.

— Super. Je ne suis pas encore allé dans les bases de données. Ça va être cool de voir comment elles fonctionnent.

Mia ne put réprimer un petit sourire.

— Toi, le hacker, tu n'as toujours pas fait un petit tour dans nos entrailles ? Même pas dans celles d'Interpol ? Excuse-moi mais... j'ai un peu de mal à te croire sur ce coup-là. Allez, tu peux me le dire à moi... Tu y es allé, hein ?

Les joues une nouvelle fois empourprées, Gabriel ne sut pas trop quoi répondre.

— Euh...

— Allez, du calme, je déconne. Je m'en fous de savoir si tu y es allé ou pas. J'ai l'air de quelqu'un qui s'en offusque ?

Elle lui adressa un clin d'œil avant de lui proposer une pastille. Gabriel en prit une et s'assit sur une chaise. Mia l'aimait bien, ce petit. Gentil et futé. Poli et timide. Ça faisait du bien d'être entourée de personnes comme lui. À bien y réfléchir, elle se sentait même déjà mieux. Son cerveau était reparti comme avant.

— En quoi je peux t'aider ? demanda-t-il.

— Avec ça, répondit-elle en désignant l'ordinateur et le portable en charge.

— Ils sont à qui ?

— À Roger Bakken. Celui qui a commandé les robes que les gamines portaient.

— Le mec au tatouage ?

— Exact. Tu es déjà au courant ?

Gabriel eut un léger sourire.

— J'ai accès aux téléphones de l'unité. Donc aux SMS et aux conversations. Tout arrive sur mon ordi.

Mia reprit une pastille.

— Ben, dis donc ! Et, quoi de neuf ?
Gabriel la dévisagea d'un air bizarre.
— Et c'est à moi que tu demandes ça ? C'est moi le petit nouveau ici…
— Et moi, ça fait un bail que je n'ai pas mis les pieds ici. Blague à part. Tu as accès à tous les SMS et à toutes les conversations ?
— Ouais. Et comme un tracker GPS est incorporé dans tous les portables, je vois aussi où tout le monde se trouve. Sécurité et hypercommunication.
— Y a pas à dire, c'est pratique.
— Voilà, confirma Gabriel.
— Donc si je comprends bien, quand Curry appelle une ligne gay en pleine nuit, on peut tout réécouter le lendemain ?
Il la regarda, indécis, sans trop savoir si c'était du lard ou du cochon.
— Euh… en théorie, oui.
Le voyant rougir pour la énième fois en l'espace de si peu de temps, Mia s'empressa de préciser :
— Je blague, Gabriel.
Elle se leva et lui donna une petite tape sur l'épaule. Gabriel s'assit par terre devant les appareils qu'il alluma. Il les fixa, le temps pour eux de revenir à la vie. L'iPhone fut le premier à réagir, en demandant un code PIN. L'ordinateur ressuscita l'instant d'après, lui aussi protégé par un code d'accès.
— C'est facile d'entrer là-dedans ?
— Oui.
— Tu peux le faire ?
— Maintenant ?
— J'aimerais bien, oui.
— O.K.
Il se releva, alla dans son bureau et revint avec une clé USB. Mia ne le quitta pas des yeux pendant qu'il s'attaquait à l'ordinateur.

— Sur cette clé, j'ai un logiciel qui s'appelle Ophcrack.

Il maintint enfoncée la touche de démarrage, jusqu'à ce que l'ordinateur s'éteigne. Puis il le ralluma.

— Tout ce que j'ai besoin de faire, c'est de modifier la procédure de démarrage pour que celui-ci se fasse non pas à partir du disque dur de l'ordinateur mais à partir de la clé USB. Tu comprends ?

Mia acquiesça. Elle n'était pas très calée en ordinateurs, mais expliqué comme ça, elle comprenait.

— Impec. Quand il va redémarrer, il le fera à partir de la clé et téléchargera directement Ophcrack.

Quelques secondes s'écoulèrent, Mia regardait toujours Gabriel opérer.

— Voilà, dit-il. Tiens, regarde. L'ordi a deux utilisateurs : Roger et Randi.

— Qui c'est, cette Randi ?

Gabriel haussa les épaules.

— Sa petite copine, peut-être ?

— Tu me feras penser qu'il faut qu'on retrouve sa trace, à elle.

— Ça roule. Lequel des deux codes tu veux que je casse en premier ?

— Roger.

— O.K., fit Gabriel en montrant l'écran. Tu vois, là ? Les deux colonnes ? La première s'appelle LM Pwd 1, la deuxième LM Pwd 2. Si le mot de passe fait plus de sept caractères, et c'est visiblement le cas pour cette machine, les sept premiers apparaîtront dans LM Pwd 1, le reste dans LM Pwd 2. Bon, je vais choisir l'utilisateur Roger pour commencer.

Gabriel sélectionna l'utilisateur appelé Roger et cliqua sur l'icône intitulée *Crack*.

— Et maintenant ça vient tout seul…

Mia patienta pendant quelques secondes, le temps pour le logiciel de faire son travail. Le mot de passe ne tarda pas à s'afficher dans la dernière colonne de droite.

— FordMustang67.

La bagnole sur la photo. Sans l'aide de ce petit génie, elle aurait presque pu y arriver toute seule. Pas si vite, bien sûr, mais quand même.

— Et ça, tout le monde peut le faire ? voulut savoir Mia, intriguée.

— Ophcrack est un logiciel libre que tu peux télécharger sur le Net. Donc dès l'instant où tu sais ce que tu cherches, oui, c'est à la portée du premier venu.

Gabriel fit redémarrer l'ordinateur. La page d'accueil s'affichait, avec le mot de passe à entrer, quand le portable de Mia se mit à sonner. Le nom de Holger Munch apparut sur l'écran. Elle sortit sur le balcon pour décrocher.

— Mia.

— Salut, Mia. C'est Holger.

— Tu es où ?

— En voiture. Dis-moi, il faut que je te parle d'un truc.

— Je t'écoute.

— Pas au téléphone. On se retrouve autour d'une bière ?

— Tu es sûr de vouloir boire une *bière* ?

— Non, pas une bière, ne t'inquiète pas. Mais j'ai besoin de t'exposer quelque chose. C'est personnel, pas professionnel. Tu pourras prendre une bière, moi je prendrai une Farris.

— O.K. Où ça ?

— Tu es au boulot, là ?

— Oui.

— Qu'est-ce que tu dirais du Justisen, dans quelques minutes ?

— Pas de problème. À toute.

— Génial, répondit Munch en raccrochant.

Bizarre. Holger n'avait jamais eu de réticences à parler au téléphone. Puis Mia repensa à ce que Gabriel lui avait expliqué au sujet de leurs portables : tous sur écoute, pour le bien de l'équipe. C'était donc pour ça. Elle espérait qu'il ne lui était rien arrivé de grave.

— Je vais hélas devoir te laisser, annonça-t-elle à Gabriel une fois revenue à l'intérieur.

— D'accord. Je vais continuer de bosser sur l'ordi. Tu veux que je m'occupe aussi de l'iPhone ?

— Oui, ce serait super si tu pouvais, dit Mia. Tu restes encore longtemps ?

— Un petit moment, je crois. De toute manière je préfère travailler la nuit. Et puis j'ai encore pas mal de trucs à caler.

— Si jamais tu découvrais quoi que ce soit de spectaculaire, surtout appelle-moi. O.K. ? Sinon, on regardera ça demain.

— Ça roule.

— Merci beaucoup.

Elle descendit les marches, resserra un peu plus les pans de son blouson et descendit vers la rue Møllergate.

26.

Holger Munch attendait dans l'arrière-cour du bar, sous un parasol chauffant. Il venait d'allumer une cigarette et, d'un air soucieux, écrivait un message sur son portable qu'il écarta en voyant arriver Mia.

— Ah, bonsoir, Mia.

— Salut, Holger.

— Ça ne te dérange pas si on reste dehors ? J'ai déjà commandé.

— Pas du tout, non, dit Mia en tirant une chaise.

Un soir de la fin avril à Oslo : toujours trop froid pour prendre une bière en terrasse, mais la chaleur diffusée par la lampe permettait de tenir. De toute façon, avec Holger, vouloir rester à l'intérieur était illusoire puisqu'il avait toujours besoin de sortir fumer une clope. Autant s'installer dehors bien confortablement, ce que fit Mia en étalant une couverture sur ses cuisses.

— Tu as déjà commandé ?

— Juste une Farris et un smörrebröd. Et une bière pour toi. Je ne savais pas si tu voulais autre chose.

— Non, merci, une bière suffira.

Holger jeta un regard circulaire dans l'arrière-cour rustique et tout à la fois charmante.

— Ça fait une paye que je ne suis pas venu ici.

— Pareil, murmura Mia avec un sourire.

Ils se souvenaient l'un comme l'autre de leur dernière venue ici mais n'osaient pas en parler. Un regard, un hochement de tête suffisaient. Ils s'étaient retrouvés ici quelques années plus tôt, à cette même table, lors de l'enquête interne pour manquements au service. Mia était à l'époque au trente-sixième dessous et Holger le seul à qui elle pouvait encore parler. Un photographe de *Dagbladet*, qui avait mystérieusement retrouvé leur trace, ne cessait de les mitrailler, à tel point que Holger l'avait poliment mais fermement reconduit vers la sortie. Mia ne put réprimer un sourire en y repensant. Car son collègue s'était montré pour le moins chevaleresque au moment où elle avait le plus besoin de lui. Or, aujourd'hui, c'était lui qui l'appelait au secours.

— Loin de moi l'idée de faire tout un pataquès, c'est juste que je n'avais pas envie d'en discuter par téléphone, expliqua Holger. Il n'y a rien de grave, je veux dire… en soi. Enfin… quand même. Voilà : je voulais te demander un conseil.

Une serveuse apporta la commande : une eau gazeuse et un smörrebröd aux crevettes pour lui, une bière pour elle.

— Bon appétit. Et appelez-moi si vous avez besoin d'autre chose.

Elle les laissa seuls. Munch souleva son verre et dit :

— Et puis on a ton retour à fêter. Tchin !

— Tchin, Holger !

Mia avala une gorgée de bière – elle détestait avoir à l'admettre, mais c'était délicieux. Car même si elle devait faire attention, elle songea qu'il y avait des limites à la modération : ce petit délassement, elle l'avait bien mérité. Holger mangea en silence, ou presque. Quand il eut terminé, il repoussa son assiette, alluma aussitôt une nouvelle cigarette et demanda :

— Ça a donné quoi, les affaires de Bakken ?

— Un ordinateur et un iPhone.

— Très bien. On a pu en tirer quelque chose ?

— Je ne sais pas encore. Gabriel y travaille.

— Comment tu le trouves ?

Mia haussa les épaules, reprit une gorgée de bière.

— Je ne lui ai pas beaucoup parlé, mais il m'a l'air d'un type bien. Peut-être un peu trop nouveau, même si ce n'est pas forcément un handicap.

— Il me fait bonne impression. Je trouve ça bien de recruter des gens de l'extérieur. Ça apporte un nouveau regard, qui n'est pas abîmé par notre façon de penser, à nous, les flics. Parfois, on a tendance à être un peu plan-plan dans nos déductions, tu ne trouves pas ?

— Peut-être… En tout cas il me paraît s'y connaître dans ce qu'il fait.

Holger sourit.

— S'il touche sa bille, ce n'est pas à moi que ça va déplaire, loin de là ! Son nom m'a été recommandé par le MI6 de Londres, il avait réussi à décrypter un code *a priori* insoluble. Tu te souviens : cet exercice mis sur le Net l'année dernière...

Mia haussa les épaules.

— Oui, non, c'est vrai... Tu n'étais pas de notre monde pendant un bout de temps. Tu sais au moins qui est notre Premier ministre ?

Mia haussa de nouveau les épaules.

— Quelle importance ? lâcha-t-elle.

Holger Munch eut un petit rire puis héla la serveuse.

— Qu'est-ce qui vous ferait plaisir ? demanda celle-ci, tout sourire.

— J'ai bien peur d'avoir besoin d'une part de gâteau aux pommes, avec une boule de glace. Et toi, demanda-t-il à Mia, une autre pression ?

Elle fit signe que oui.

— Je vous apporte ça tout de suite.

— Enfin bref, le plus important c'est qu'il soit compétent dans son boulot. Quant à savoir s'il a sa place dans la police, ça...

— De ce point de vue, qui l'a vraiment ? rétorqua Mia, ironique.

— Oui, c'est vrai. Quoi qu'il en soit, je suis bien content de ne plus croupir à Hønefoss. Et bien content que toi aussi tu sois revenue à Oslo. Au fait : j'ai taillé le bout de gras avec Mikkelson aujourd'hui. Cette enquête les rend tous plus gagas les uns que les autres. Il m'a joué la grande scène du deux me servant des « sécurité nationale », « réputation de la police », et je t'en passe et des meilleures. J'ai comme l'impression que tout là-haut on leur met la pression, à nos chefs : il faut que l'affaire appartienne aux poubelles de l'histoire le plus vite possible. *A priori*, le ministère passe des coups de fil quotidiens pour être informé de la situation.

La serveuse revint avec la commande. Avant d'entamer sa bière, Mia attendit que Holger ait fini son gâteau ; elle prit une pastille à la place, ne voulant pas passer pour une assoiffée et n'étant pas venue ici pour se soûler. Holger voulait lui parler d'un problème personnel, alors elle demanda :

— Et donc, l'avocat de la famille ?

— Oh, m'en parle pas ! soupira-t-il. Je ne sais même pas par quoi commencer. Que des machins compliqués, ça fait un peu beaucoup mis bout à bout. Avec ça Miriam qui se marie et…

— Ah bon ? Je l'ignorais !

Mia était ravie de l'apprendre. Elle aimait bien Miriam. Le courant était passé entre elles dès leur première rencontre. Elle savait que la relation entre la fille et le père n'était pas au beau fixe, mais elle s'était toujours imaginé que les tensions finiraient par se tasser, qu'il leur fallait un peu de temps.

— Oui, c'est une merveilleuse nouvelle.

— Elle est toujours avec Johannes, je suppose ? Il a fini ses études de médecine ?

— Oui. Il est stagiaire en ce moment. Pour un an. À l'hôpital d'Ullevål.

— Waouh, pas mal ! Moi qui croyais que la plupart des médecins fraîchement diplômés échouaient dans les hôpitaux de province.

— Que veux-tu, Monsieur a toujours eu du bol dans la vie…, grommela Holger avec un rictus. Non, j'exagère… C'est un type bien. Et espérons que sa chance porte bonheur à Miriam.

— Qu'est-ce que tu sous-entends par là ?

Munch hésita avant de répondre.

— Pff, je sais pas… Elle a commencé des études d'anglais, après ça ne lui plaisait plus, du coup elle s'est lancée dans des études de littérature, sauf que ça non plus ça ne lui convenait pas.

— Je croyais qu'elle s'était inscrite dans une école de journalisme ?

— Moi aussi, confirma Holger en finissant sa part de gâteau. Elle avait même presque terminé. Mais *a priori* elle avait besoin de faire une pause, de réfléchir… Pour être franc je ne comprends pas trop ce qu'elle fiche…

— Je trouve que tu devrais lui lâcher un peu la bride, dit Mia en prenant une gorgée de bière. Marianne et toi, vous vous êtes séparés quand elle avait quinze ans. Elle a été mère à dix-neuf ans. Tu attends quoi, de ta fille ? Laisse-lui un peu de temps.

Holger soupira et s'alluma une nouvelle cigarette.

— Oui, tu as sans doute raison.

— Il lui est arrivé quelque chose ?

— Non, pourquoi ?

— Ah, j'ai compris : on joue au jeu des devinettes et je dois trouver toute seule la raison pour laquelle tu tenais tant à me parler !

Holger rit à voix basse.

— Ah, décidément, tu n'as pas changé… Toujours infichue de tenir ta langue et de respecter la hiérarchie, hein ? Tu te rappelles que je suis ton chef ? Que tu es censée la boucler et obéir ?

— Il manquerait plus que ça !

— Bon, sérieux cette fois. C'est que… c'est un peu… pas obscène, mais…

— Tu la craches ta Valda, oui ou merde ?

— O.K., fit Holger en tirant une grosse bouffée sur sa cigarette. Tu sais ce qu'il en est de ma mère ?

— Oui, elle est en maison de retraite depuis quelques années.

— Voilà. J'y ai été obligé.

— Et elle ne s'y plaît pas ?

— Au début, si. Elle s'est même fait pas mal d'amies, dans un club de couture. Mais je me suis rendu compte au bout d'un moment qu'elle était devenue croyante.

— Tu veux dire croyante et pratiquante ? Elle croit en un Dieu maintenant ? Tu m'avais pourtant dit que vous aviez été élevés dans l'athéisme... ?

— C'est précisément ça le plus bizarre : jamais à la maison je ne l'ai entendue parler de religion ou de prières. N'empêche qu'un jour elle a trouvé la foi et s'est mise à fréquenter une paroisse. Avec ses copines du club de couture, justement.

— C'est peut-être l'âge ? Qu'est-ce qu'on en sait, nous ? Même si elle est toujours d'aplomb dans sa tête, tu ne peux pas nier qu'elle a plus d'années derrière que devant elle. Elle a peut-être soudain besoin de croire. Qu'est-ce que tu en penses ?

— Oui, à ce niveau-là tu as raison. Oui, oui, c'est certain... À quatre-vingts ans, elle a quand même le droit de décider toute seule. Mais...

— Mais quoi ?

— Mais c'est plus sérieux que ce que j'avais imaginé au début. C'est pour ça que Kurt m'a téléphoné.

— Kurt, l'avocat ?

Holger acquiesça.

— Et ?

Il écrasa sa cigarette pour mieux en allumer une autre.

— Elle a décidé que tout l'héritage familial irait à la paroisse.

— Merde !

— C'est le cas de le dire !

— Et ça se monte à beaucoup ?

— Non, c'est pas la fin du monde, mais... Y a quand même l'appartement à Majorstuen, le chalet à Larvik...

Mia l'interrompit :

— Un appart dans un quartier assez chic d'Oslo et un chalet dans une station balnéaire tout aussi chic, *c'est pas la fin du monde* ?! Tu te fous de moi, là ?

— Attends : elle a aussi une somme assez rondelette sur son compte courant vu qu'elle n'a rien touché de ce qu'elle a hérité après le décès de mon père. Non pas que l'argent ait de l'importance pour moi, ne te méprends pas, c'est juste que… Je m'étais dit que Marion en hériterait, voilà. Ça lui ferait une petite sécurité financière.

Holger avait avec sa petite-fille une relation certes magnifique, mais presque malsaine. Mia était prête à parier que si quelqu'un lui avait demandé de se couper un bras pour Marion, il l'aurait fait sans hésiter. Et sans anesthésie de préférence.

— Putain, ça craint ! dit-elle.

— Ouais, je trouve aussi. Donc je me demande : est-ce que je dois fermer les yeux et ne rien faire ?

— Ça va pas la tête !

— J'ai bien conscience que ce n'est qu'une sombre histoire d'argent. C'est pour ça que j'employais l'adjectif *obscène* tout à l'heure : quand on pense à notre enquête, avec ces deux gamines de six ans qui sont mortes, et les huit robes qui attendent quelque part dans ce pays. C'est même un cauchemar, j'ose à peine y penser. Certains soirs, j'ai du mal à m'endormir et j'ai tout le temps la trouille que tu m'appelles pour m'annoncer qu'on a retrouvé une troisième fillette. Tu comprends ce que je veux dire ?

Mia fit signe que oui : elle avait exactement la même sensation.

— Donc quand l'avocat m'a appelé, je ne voulais pas décrocher. C'est une histoire mineure face à celle qui nous occupe. Je n'avais pas envie que vous croyiez que je privilégiais une affaire perso au lieu d'essayer de serrer le connard qui les a tuées.

— Pour autant qu'il n'y en ait qu'un…, glissa Mia.

— Tu crois qu'ils peuvent être plusieurs ?

— Je ne sais pas, mais c'est une piste qu'on ne peut pas exclure.

— Oui, évidemment.

Holger Munch prit un air résigné et inquiet en réfléchissant à ce que Mia venait de dire. Il garda quelques instants le silence.

— Et si tu essayais de lui parler ?

— À qui ?

— À ta mère. Explique-lui les choses telles que tu me les as présentées. Tes projets par rapport à Marion et tout.

— Oui… Oui, tu as raison, soupira-t-il. Le hic, c'est qu'elle est bornée. Parfois, j'ai l'impression qu'elle se venge de ne pas avoir pu décider toute seule de partir ou non en maison de retraite.

— Elle a failli mettre le feu à l'immeuble, Holger. Tu étais forcé d'agir.

— Oui, je sais, mais quand même…

Il lui fit de la peine, tout à coup. Pauvre Holger, lui qui était tellement gentil et entouré de femmes au caractère trempé. Et dire qu'il n'en avait pas conscience puisqu'il se sentait toujours coupable depuis le divorce. À plusieurs reprises, Mia avait tenté de lui expliquer qu'il n'était pas responsable, que Marianne avait pris une décision irrévocable ; mais il refusait de l'entendre.

— Tu crois qu'ils sont plusieurs ? demanda-t-il de but en blanc.

— Derrière les meurtres ?

— Oui.

— Je ne crois pas.

— Moi non plus. Mais il ne faut pas qu'on perde de vue cette éventualité.

— Je me trouve un peu…, commença Mia sans terminer sa phrase.

— Un peu quoi ?

— Je ne sais pas. Un peu… *amorphe*. Ou plutôt : je n'arrive pas à entrer dans l'enquête. Je n'arrive pas à me représenter mentalement ce qui s'est en réalité passé. Il y a quelque chose qui me parle derrière cette mise en scène ; je l'entends, c'est clair comme de l'eau de roche, mais je ne le vois pas. Tu comprends ce que je veux dire ?

— Ça va venir, la rassura Munch. Ça fait un petit moment que tu as quitté le service. Ne t'inquiète pas.

— Hum, sans doute… Je l'espère en tout cas. Parce que, pour être franche, je me sens totalement inutile et bonne à rien. Tout ce que je fais, c'est ressasser mon enfance. Et ça ne me ressemble pas. Je me déteste quand je suis comme ça. Si jamais je n'arrive pas à entrer dans l'enquête, il faudra que tu m'en dessaisisses, Holger. Tu me le promets ?

— J'ai besoin de toi, Mia. On n'est pas retournés te chercher pour rien. Il y a une bonne raison à ça.

— Laquelle ? T'aider à résoudre tes problèmes familiaux ?

— Tu sais quoi, Mia ? Va te faire foutre !

— Toi aussi va te faire foutre, Holger. J'étais très bien là où j'étais.

Les deux collègues se sourirent et s'envoyèrent un regard amical et bienveillant qui ne nécessitait aucune explication. Holger alluma une nouvelle cigarette pendant que Mia but un peu de bière et s'emmitoufla dans la couverture.

— Hønefoss, c'était en 2006, n'est-ce pas ?

— En septembre 2006, confirma Holger. Pourquoi ?

— Si elle était toujours en vie, elle entrerait bientôt en CP, comme les gamines qu'on a retrouvées. Tu y as pensé ?

— Ça m'a effleuré, oui. À cause d'une réflexion de Gabriel.

— Laquelle ?

— Il a plus ou moins dit que ça pourrait être le fait d'un instituteur.

— Pas bête… Peut-être que finalement il a du sang de flic qui lui coule dans les veines.

— Elle n'est plus en vie, d'après toi ?

— Comment ça ?

— Tu l'as dit toi-même : *Si elle était toujours en vie.* Le bébé qui a disparu à Hønefoss en 2006. On ne l'a jamais retrouvé. Si ça se trouve, il est toujours en vie.

— Non.

— Tu en es sûre ?

— Elle n'est plus en vie.

— Je ne le crois pas moi non plus. Mais *si*… ?

— Elle n'est plus en vie, répéta Mia.

— Et qu'est-ce que tu penses de cette théorie de l'instit ?

— C'est pas con du tout, il faut la garder dans un coin de notre tête.

Holger jeta un coup d'œil à son portable, puis annonça :

— Il faut que je file, j'ai de la paperasse à faire. Mikkelson me tanne.

— Je croyais qu'Anette s'en occupait ?

— Elle fait ce qu'elle peut.

Holger se leva et sortit son portefeuille.

— Non, c'est pour moi, insista Mia.

— Sûre ?

— Sûre et certaine. Ta famille va bientôt se retrouver sur la paille, je peux au moins t'offrir ce coup-ci.

— Ha, ha ! lâcha Munch avec un clin d'œil.

— Il y a un briefing au programme demain matin ?

— Je ne l'avais pas prévu, non. On verra ce qui ressort de l'ordinateur et de l'iPhone.

— Je te tiens au courant.

— Parfait. Alors à demain.

Après le départ de Munch, Mia fixa un long moment son verre vide sur la table. Elle avait envie d'en commander un autre, sans être tout à fait sûre que ce soit très sage : il valait sans doute mieux privilégier la chambre d'hôtel, se coucher de bonne heure dans des draps propres. Elle tapota le bord du verre tout en songeant à l'enquête, histoire de réveiller un peu son cerveau.

— Je vous apporte autre chose ?

La serveuse était de retour, toujours avec son sourire au coin des lèvres.

— Bonne idée. Et je prendrai un petit schnaps, tiens. Un Ratzeputz.

— C'est noté.

Elle avait à peine tourné les talons qu'une voix demanda :

— Mia ?

Un visage à la fois connu et inconnu se matérialisa derrière le bout incandescent d'une cigarette. Une fille d'à peu près son âge s'approcha de sa table.

— Tu ne me reconnais pas ? Susanne, d'Åsgårdstrand…

Elle se pencha pour serrer Mia dans ses bras. Mais bien sûr ! Susanne Hval. Elle habitait dans la même rue, quelques maisons plus bas, et avait un an de moins que Sigrid et elle. À l'époque, une éternité aujourd'hui, les trois gamines étaient de grandes amies.

— Salut, Susanne ! Excuse-moi, j'étais plongée dans mes pensées. Le travail…

— Je comprends. J'espère que je ne te dérange pas, au moins. Je peux m'asseoir ?

— Mais je t'en prie.

— Alors ça, je ne m'y attendais pas… Ça remonte à longtemps, non ?

— À beaucoup trop longtemps.

L'ancienne copine ne cessait de fixer Mia sans se départir d'un grand sourire.

— On ne s'est jamais revues depuis. Enfin… moi je t'ai vue dans les journaux. J'espère que je ne suis pas trop impolie en disant ça ?

— Non, pas du tout.

— Qu'est-ce qui s'est passé en fait ? Dans cette drôle d'histoire ?

— Je me suis accordé des vacances prolongées.
— Tu es sûre que je ne te dérange pas ?
— Non, je t'assure ! Vraiment, dit Mia en désignant la chaise que Holger venait de quitter.

Elle avait pensé à Susanne à plusieurs reprises au fil des années, et encore plus après la mort de Sigrid. Elles s'étaient croisées aux obsèques, sans se revoir depuis, sans se recontacter. N'empêche, Mia était très heureuse de la revoir.

La serveuse revint avec la commande.

— Tu veux quelque chose ?
— Non, je te remercie. J'ai une bière qui m'attend à l'intérieur. Je suis ici avec des collègues.

Il n'échappa pas à Mia qu'elle prononça la dernière phrase avec de la fierté dans la voix.

— Et donc tu t'es installée à Oslo ? interrogea Mia.
— Oui. Ça fait quatre ans maintenant.
— Super. Et tu fais quoi ?
— Je travaille au Nationaltheatret.
— Waouh ! Félicitations !

Mia se souvenait vaguement d'une troupe amateur à Horten, que Susanne voulait absolument lui voir intégrer. Heureusement, celle-ci y avait échappé : se retrouver sur scène n'était franchement pas son truc, elle en frissonnait rien que d'y penser.

— Oh, je suis juste assistante du metteur en scène. Mais bon, je m'amuse comme une petite folle. On prépare un *Hamlet* en ce moment, mis en scène par Stein Winge, s'il te plaît ! Ça va être à couper le souffle, tu devrais venir. J'ai des billets pour la première qui a lieu bientôt. Ça te dit ?

Mia ne put s'empêcher de sourire. Susanne n'avait décidément pas changé : elle était toujours cette fille joyeuse et énergique que tout le monde adorait. Et elle avait ce regard chaleureux auquel il était difficile de ne pas céder.

— Peut-être, répondit Mia. C'est un peu la course au boulot en ce moment. Mais si j'ai le temps, je viendrai.

— Oh, je suis tellement contente de te voir ! Tu sais quoi ? Si tu es d'accord, je vais chercher ma bière et je m'installe avec toi. O.K. ? De toute manière, je suis avec des acteurs qui ne parlent que d'eux, ils ne remarqueront même pas mon absence.

— D'accord.

— Surtout tu m'attends, hein ? Tu ne vas nulle part !

Susanne éteignit sa cigarette et courut à petites foulées chercher sa bière à l'intérieur du bar.

27.

Tobias Iversen avait réglé son réveil pour 6 heures et ouvrit les yeux dès la première sonnerie. Il se précipita pour l'éteindre, ne voulant pas que le bruit strident réveille les autres. Pour la même raison, il se faufila hors du lit et s'habilla dans le plus grand silence. Il avait tout organisé depuis longtemps, tout préparé minutieusement ces derniers jours : son sac attendait au pied du lit. Ne sachant encore combien de jours durerait son absence, il avait prévu large, histoire de ne manquer de rien. Dans son paquetage : une tente pour deux, un sac de couchage, un petit réchaud à gaz et de la nourriture, son couteau, plusieurs paires de chaussettes, un pull supplémentaire en cas de froid, la boussole et une vieille carte qu'il avait trouvée dans la remise. Voilà, il était paré et se sentait prêt à affronter les difficultés. Il se faisait même une joie de quitter la maison et de partir en randonnée.

Les premiers jours après que son petit frère Torben et lui avaient trouvé la fillette pendue à un arbre dans la forêt, l'ambiance chez eux avait changé radicalement. Il y avait du monde en permanence, surtout des gens de la police qui leur posaient des questions à n'en plus finir, sur tout et n'importe quoi. Sa maman et son beau-père avaient été adorables, ils avaient même nettoyé la maison de fond en comble si bien que maintenant ça sentait bon quasi tout le temps dans la salle à manger. Les policiers aussi, ils avaient été gentils. Ils l'avaient traité un peu comme un héros, en fait, le félicitant, lui disant qu'il avait très bien agi. Tobias en était presque gêné, lui qui n'avait franchement pas l'habitude des compliments. Ils étaient restés plusieurs jours, sans coucher là, bien sûr : mais ils venaient tôt le matin et repartaient tard le soir. Ils avaient entouré le secteur d'une bande en plastique rouge et blanche sur laquelle était écrit POLICE, pour éloigner les curieux. Et ils venaient en masse, aussi bien du village à côté que d'ailleurs. Et puis il y avait les télés, leurs voitures étaient garées en file indienne plus bas, sur la route ; les hélicoptères qui tournaient sans discontinuer dans les parages, des tonnes de photographes et de reporters dont certains voulaient absolument lui parler : à lui, Tobias – oh là là ! Le téléphone n'arrêtait pas de sonner pendant cette période. Même qu'il avait surpris sa mère en train de parler d'argent avec certains journalistes qui voulaient lui poser des questions, comme quoi la famille pourrait gagner beaucoup de sous s'ils pouvaient interviewer ses deux fils, et il était sûr qu'elle avait très envie d'accepter. Mais la police avait dit non, elle l'avait même interdit, et Tobias avait été drôlement soulagé.

À l'école c'était pareil : les élèves avaient eu soudain une autre attitude envers lui pendant les récréations. La plupart d'entre eux, surtout les filles, avaient trouvé ça hyper cool. Il était un peu devenu une sorte de célébrité, vu que c'était lui qui avait trouvé la petite fille et qu'on parlait de lui à la télé. Mais certains garçons, notamment les deux nouveaux qui venaient d'Oslo, avaient été jaloux et s'étaient mis à raconter des méchancetés sur lui. Tobias avait bien demandé à sa mère si elle pouvait le dispenser d'école, entre autres parce que les journalistes le poursuivaient jusque là-bas, qu'ils le photographiaient pendant qu'il jouait au foot dans la cour, ou l'appelaient pour qu'il vienne à la grille. Il n'y était pas allé, bien sûr, étant donné que la police lui avait défendu de parler de ce qu'il avait vu ; et lui, il ne voulait pas désobéir à la police. Des agents avec des combinaisons blanches en plastique avaient fouillé partout dans la forêt ; et Tobias avait eu la permission de regarder, assis sur une chaise, lui et personne d'autre, même les chaînes de télé devaient rester sur la route, derrière les grilles, elles pouvaient uniquement appeler les gens quand ils passaient devant. Il était aussi devenu un peu copain avec les policiers, avec Kim, avec un monsieur qui s'appelait Curry, et aussi une dame qui s'appelait Anette. Et puis il y avait leur chef, Holger, un barbu, mais on ne le voyait pas souvent ; il était venu une seule fois, pour l'interroger justement, et c'était lui qui avait défendu à Tobias de parler à quiconque de ce qu'il avait vu. Mais il avait surtout eu affaire à Kim et Curry, il les aimait bien d'ailleurs : ils ne le traitaient pas comme un enfant, mais un peu comme un adulte. Souvent, ils sortaient de la clairière pour lui demander ceci ou cela : s'il voyait souvent des gens dans la forêt, si c'était lui qui avait construit la petite cabane, s'il connaissait un peu les voisins, s'il avait remarqué des trucs bizarres ces derniers temps, bref, plein de choses.

La police avait aussi fait venir une psychologue le premier soir, en disant à Tobias qu'il pouvait lui parler s'il en avait envie. Elle lui avait demandé s'il était choqué, alors que non, ça ne lui avait rien fait de retrouver la petite fille morte. Enfin… pas sur le moment, mais plusieurs jours plus tard ;

tout à coup, il avait compris ce qui s'était vraiment passé, et ça lui avait fait l'effet d'une avalanche. Il était assis sur le perron, et brusquement il avait compris, comme ça, d'un seul coup. Il avait compris que c'était réel. Que la fille, elle s'appelait Johanne, avait un papa et une maman, une sœur, des tantes et des oncles, des grands-parents et des voisins, des copines, et que, oui, tous ces gens ne la reverraient jamais maintenant qu'elle était morte. Que quelqu'un l'avait tuée, volontairement, à deux pas de sa maison à lui, ce qui l'avait terrorisé en y repensant parce que ç'aurait pu être lui, pendu dans l'arbre, ou son petit frère Torben. Et il avait fait des cauchemars terribles la nuit d'après, où quelqu'un l'attrapait avec une corde à sauter nouée autour de son cou puis le suspendait à un arbre et lui lançait ensuite des flèches fabriquées avec des branches de saule, très pointues et tranchantes ; tout ça pendant que Torben appelait à l'aide lui aussi.

Et cette randonnée, donc, Tobias l'avait préparée depuis longtemps. La période était parfaite : non seulement c'étaient les vacances scolaires, mais en plus son petit frère passait la nuit chez un camarade de classe et rentrerait demain – et même si Tobias adorait Torben et aimait s'amuser avec lui, ça faisait du bien d'être un peu seul de temps en temps. Il effectua une ultime vérification. Est-ce qu'il avait tout ? Les allumettes ? Oui. Il les avait rangées dans la poche latérale. Il ne fallait surtout pas les oublier : les nuits pouvaient être frisquettes, un bon feu de bois le réchaufferait. Non pas qu'il ait l'intention de passer toute la nuit dehors, mais bon… Et pourquoi pas, après tout ? Peut-être qu'il s'enfoncerait dans la forêt, peut-être qu'il disparaîtrait à jamais, loin de cette maison triste. Ç'aurait été chouette ! De se faire la malle, de partir à tout jamais. Il avait également emporté une boussole et une carte, au cas où justement il ferait un détour par-ci, par-là, même s'il connaissait le chemin sur le bout des doigts pour l'avoir emprunté de nombreuses fois quand il allait et retournait à Litjønna.

Il cala son sac sur son dos et sortit par la porte de derrière. Il referma la porte en silence. L'air frais lui gifla la figure. Il ne stationna pas pour autant dans la cour mais fila dans la forêt, en prenant un autre chemin que celui de d'habitude, sans passer devant leur cabane, là où ils avaient retrouvé la petite fille morte. Il ne voulait pas repenser à cet incident, il n'avait pas envie de sentir la peur s'emparer de lui, il voulait au contraire être fort, il partait en expédition et ne pouvait pas s'embarrasser d'inquiétudes inutiles. Tobias longea le ruisseau jusqu'à arriver devant un sentier de verdure qu'il se mit à suivre. Au bout d'une heure, il se dit qu'il était grand temps de prendre son petit déjeuner ; il n'avait pas voulu manger à la cuisine pour ne pas faire de bruit. Il s'assit sur une bûche et dévora deux tartines en buvant du jus d'orange, en profitant de la vue superbe sous ses yeux. Il adorait le printemps : les feuilles juste écloses d'un vert tendre, les fleurs et les plantes sur le sol de la forêt, le pépiement dans les arbres des oiseaux revenus de leur migration. Quand l'hiver relâchait enfin son étreinte, il avait l'impression que des possibilités inédites s'offraient aux gens, que quelque chose de radicalement nouveau allait se produire, que le monde allait peut-être changer. Il rangea ses affaires et, tout en fredonnant, continua sa progression en haut de la colline.

Tobias s'était promis d'en apprendre davantage au sujet de ces petites filles qui croyaient en Dieu, d'essayer de comprendre pourquoi elles ne parlaient pas et de découvrir ce qui se passait vraiment dans la vieille ferme près de Litjønna où elles vivaient. Brusquement, il se mit à regretter de ne pas avoir emporté de livre : dans le cas où il dormirait à la belle étoile, ç'aurait été sympa de lire à la lumière du feu de bois. Il venait de terminer *Sa majesté des mouches* et s'apprêtait à commencer le prochain sur la liste : *Vol au-dessus d'un nid de coucou*. Il n'était pas plus facile et Emilie l'avait prévenu que, s'il trouvait l'écriture trop compliquée, il devait le laisser et s'attaquer au suivant. Tobias avait lu le résumé et l'histoire lui plaisait : ça parlait d'un Indien, Chef Bromden, interné dans un hôpital dont il n'avait pas le droit de sortir, tenu par une vraie sorcière, hyper sévère et tout. Il faisait semblant d'être sourd-muet. Peut-être que les petites filles qui croient en Dieu font pareil que lui…, songea Tobias.

En haut de la colline, la vue sur les environs de Litjønna était imprenable. Au loin, à environ une heure ou deux de marche, il pouvait voir la vieille ferme. Et s'il était content d'y aller, il avait en même temps une sensation bizarre dans son ventre, comme un chatouillement. Tout le monde avait beaucoup parlé de cette espèce de secte, mais personne n'avait jamais rencontré ses membres. Et s'ils étaient dangereux ? Enfin… pas dangereux, mais peut-être qu'ils n'aimaient pas recevoir de visites ? D'un autre côté, peut-être aussi qu'ils étaient super sympas ? Oui, peut-être qu'ils l'accueilleraient à bras ouverts, qu'ils lui proposeraient de quoi manger et qu'il se ferait plein de nouveaux amis, et peut-être même que Torben pourrait l'accompagner un jour et que tout s'arrangerait, comme ça, d'un claquement de doigts. Hum… Sait-on jamais : il valait mieux ne pas se présenter directement et plutôt installer son campement légèrement en retrait ; ne pas porter de vêtements trop visibles, être tapi dans l'herbe et les observer avec les jumelles. Voilà : rester caché, les espionner un petit peu dans un premier temps et attendre le bon moment. Tobias sourit : c'était une excellente idée.

Il faisait plus chaud maintenant que quand il était parti : le soleil montrait le bout de son nez derrière un nuage, lui éclairait pour ainsi dire le chemin. C'était bon signe. Il ôta sa veste, la fourra dans son sac et continua à travers la forêt.

Il ne vit la clôture qu'au dernier moment et manqua presque de rentrer dedans. Il était trop plongé dans ses pensées pour l'apercevoir, d'autant que lorsqu'il était venu à l'époque elle n'existait pas. Elle était fabriquée avec des poteaux et un grillage. Tobias recula instantanément pour se cacher derrière un arbre d'où il put examiner, intrigué, cet obstacle inattendu. Elle n'était pas surmontée de fils de fer barbelé comme il l'avait d'abord cru. Elle était haute, deux fois plus grande que lui, et elle paraissait neuve, comme si on venait de l'installer. Il réfléchit quelques instants. Il réussirait sans doute à l'escalader, mais alors il risquait d'être vu. Il aperçut du même coup la petite ferme, au fond. Et il fut encore plus surpris de constater qu'il y avait là aussi du nouveau : ils avaient construit un édifice, qui ressemblait davantage à une petite église qu'à une exploitation agricole. Justement, n'était-ce pas un clocher? Et, à côté, une sorte de serre? Il plissa les yeux. Le terrain entre les bâtiments et la clôture était complètement dégagé et n'offrait aucune cachette sûre. La butte qu'il avait repérée les fois précédentes, et d'où il avait pensé espionner, était située de l'autre côté. Pour l'atteindre, il devait suivre le grillage tout du long. Ce serait beaucoup plus rapide s'il parvenait à escalader la clôture... Non, il ne fallait pas courir ce risque. Tobias ne croyait pas que les gens à l'intérieur étaient méchants, mais bon... Que se passerait-il alors s'ils lui tombaient dessus à bras raccourcis? Surtout lui, qui avait découvert une petite fille pendue à un arbre avec un panneau autour du cou, à quelques pas seulement d'ici. Non, décidément, il était stupide de se jeter dans la gueule du loup.

Tobias rabattit sa capuche sur sa tête pour mieux réfléchir à l'affaire. Il se sentit bien, ainsi camouflé dans son sweat : il avait l'impression d'être un agent secret en mission, avec son couteau dans son sac et un mystère à élucider. Continuant d'observer, il se dit que le plus court serait de contourner par la gauche, et tant pis s'il ignorait combien de temps ça lui prendrait pour atteindre son but initial. Il se pencha en avant, se fit le plus discret possible et suivit la clôture depuis la forêt en gardant une certaine distance. Il se déplaçait par intervalles, courant sur quelques centaines de mètres avant de s'accroupir pour ensuite repartir. En chemin, il découvrit un trou qui venait d'être creusé; plus loin un engin de travaux et un tracteur étaient garés. Il reprit sa course, plongeant à couvert dans la bruyère, relevant la tête pour scruter les alentours : personne en vue. Il répéta ainsi la manœuvre jusqu'à arriver à un endroit où la vue était meilleure, plus plongeante, sur l'ancienne ferme. Oui, c'était bien une serre qui avait été aménagée. Il y en avait même deux. En verre. Peut-être que les enfants, qui déjà ne fréquentaient pas l'école publique comme tout le monde mais suivaient des cours ici, n'avaient pas non plus la permission d'aller faire les courses dans les magasins ? Peut-être que la communauté produisait sa nourriture ici et ne quittait jamais les lieux ? Tobias sortit les jumelles de son sac. Voilà, il voyait les serres très distinctement à présent. Et le tracteur, un vieux Massey Ferguson vert.

Tobias sentit son pouls s'emballer lorsque quelqu'un surgit brusquement dans son champ de vision. Un homme. Non, une dame. Dans une robe grise, avec une sorte de fichu blanc sur la tête. Elle se dirigeait vers la serre. Hop, disparue. Il balaya les lieux avec les jumelles, tenta d'apercevoir d'autres gens, mais rien. Personne. Ni dehors ni dans les serres. Il se releva. Et, ce coup-ci, il prit le risque de parcourir une distance plus grande. Il avait hâte d'atteindre la butte. Sa peur s'était envolée, pour laisser place à la curiosité. Au moment où la dame ressortit, il se jeta de nouveau dans la bruyère. Cette fois, elle était accompagnée. D'un homme. Il portait lui aussi des vêtements gris, mais rien sur la tête. Peut-être que seules les femmes devaient couvrir leurs cheveux ?

Qu'est-ce que ça signifiait ? Il devait s'approcher encore un peu plus.

Tobias venait juste de se redresser, prêt pour la prochaine étape, quand il découvrit la fille, postée devant la clôture. Il fut tellement surpris qu'il oublia de se cacher et demeura figé. Elle était dans ses âges, peut-être un peu plus jeune. Habillée de la même robe grise, en laine épaisse, et du même tissu blanc sur la tête. Agenouillée dans un bout de jardin, elle semblait arracher les mauvaises herbes. Peut-être un plant de carottes ou de salades, difficile à dire. Tobias s'accroupit pour être un peu moins visible. La fille se remit debout, tendit le dos, s'essuya les genoux. Elle paraissait fatiguée. Il retint son souffle, une dizaine de mètres seulement les séparaient. Elle se rassit et reprit ses travaux de jardinage. Le front en nage, elle porta une main à son cou. En plus de la fatigue, elle semblait avoir soif. Et s'il lui demandait si elle voulait quelque chose à boire ? C'était quand même permis, ça ne porterait pas à conséquence.

Tobias lâcha un petit bruit de gorge, mais la fille ne réagit pas. Il avisa à côté de lui quelques vieilles pommes de pin et en jeta une dans sa direction. Pas assez fort : le projectile n'atterrit même pas au bord du grillage. Il se releva à moitié, en lança une deuxième, cette fois avec plus de vigueur. La pomme de pin cogna en plein milieu de la clôture qui émit un léger tintement. Un peu trop bruyant. Tobias regretta aussitôt son geste et se plaqua dans la bruyère.

Quand enfin il osa jeter un coup d'œil, la fille était debout devant la clôture. Il voyait ses yeux, elle le fixait. Il posa un doigt sur sa bouche : « *Chchchut!* » Elle fut étonnée mais lui obéit. Elle inspecta les lieux du regard. Discrètement. D'un côté puis de l'autre, et derrière elle. Après quoi elle acquiesça. Tobias l'imita et, ne voyant aucun danger autour de lui, s'approcha. Il sortit de son sac une bouteille d'eau qu'il glissa sous le grillage, avant de regagner sa cachette dans les hautes herbes. Après une nouvelle vérification, elle courut ramasser la bouteille, la cacha dans sa robe grise et retourna à sa place initiale devant le rang de légumes. Tobias l'observa ôter le bouchon à toute vitesse et boire goulûment. Elle la vida presque entièrement. Sans cesser un instant de surveiller, nerveuse, comme si elle redoutait par-dessus tout que quelqu'un puisse soudain débarquer. Tobias s'arma de courage et se coula jusqu'à la clôture. La fille s'approcha elle aussi, à pas lents, sans cesser de regarder derrière elle. Il voyait maintenant son visage très distinctement : elle avait des yeux bleus et une peau constellée de taches de rousseur. Le fichu blanc sur ses cheveux et la lourde robe grise lui donnaient l'apparence d'une vieille dame. Elle brandit la bouteille vers lui, comme pour lui demander s'il voulait la récupérer. Il fit signe que non. Elle s'agenouilla et fouilla dans sa poche. Elle en sortit un bloc-notes et un crayon de bois. Elle griffonna quelque chose, déchira un bout de papier qu'elle plia délicatement, courut à petites foulées au grillage, jeta le mot à travers, examina les lieux et, tout aussi rapidement, regagna le jardin où elle recommença à enlever les herbes comme si de rien n'était. Tobias se faufila pour attraper le message, revint dans la bruyère, ouvrit et lut :

merci.

Il releva la tête et lui sourit. Après un coup d'œil par-dessus son épaule, elle écrivit autre chose, se hâta vers la clôture mais, cette fois, ne déchira pas la feuille : elle se contenta de poser le bloc et le crayon par terre. Tobias se glissa à son tour, s'empara de ces étranges outils de communication et retourna dans sa cachette. Il était écrit :

je m'appelle Rakel. je n'ai pas le droit de parler. comment tu t'appelles ?

Tobias la dévisagea. *Pas le droit de parler ??* Qu'est-ce que c'étaient que ces règlements ?! Et pourquoi avait-elle aussi soif ? Il réfléchit quelques instants avant de répondre :

je m'appelle Tobias. tu habites ici ? pourquoi tu n'as pas le droit de parler ?

Il répéta son aller-retour. Rakel sourit en découvrant ses questions, se dépêcha de noter, surveilla les environs de la même manière, en redoublant de prudence avant de s'élancer.

j'habite ici. domus lucis. *je ne peux pas te dire pourquoi. (pas le droit de parler.)*

Elle essaya de lui expliquer quelque chose avec les mains quand il eut terminé de lire, sans y arriver vraiment. Tobias lui sourit malgré tout et griffonna :

j'habite dans la forêt. à côté d'ici. on est voisins.

Puis il ajouta :

ça veut dire quoi, domus lucis*?*

Elle se fendit d'un petit sourire en découvrant ses phrases. Elle répéta la même manœuvre, et il put lire :

domus lucis = *la maison de la lumière. c'est vraiment très gentil de m'aider. merci.*

Il fut tellement troublé par sa réponse qu'il eut un mouvement de recul. Il ne l'avait pas aidée *tant* que ça... À part lui donner de l'eau. Bizarre, se dit-il. Du coup, il se creusa la cervelle pour trouver ce qu'il allait bien lui dire ou lui demander. Les mots semblaient soudain si importants quand on n'avait pas le droit de les prononcer à voix haute. Mordillant le crayon, il finit par trouver : *tu as besoin d'aide?* Il fit glisser le bloc sous le grillage.

Il y eut soudain du mouvement près de la maison. Rakel tourna la tête nerveusement, se dépêcha de noter une phrase, déchira la feuille et la plia comme la première fois. Des gens venaient, plusieurs même, ils étaient nombreux, semblaient avoir terminé une réunion ou quelque chose à l'intérieur. Rakel lança le bout de papier vers Tobias et retourna à sa place dans le jardin. Une voix retentit la seconde d'après :

— Rakel !

Celle-ci se leva, frotta sa robe grise, ramassa sa binette et partit rejoindre les autres, tête baissée. Tobias resta allongé dans la bruyère, n'osa plus bouger de peur d'être découvert.

Au bout d'un moment, le silence se réinstalla autour de lui. Il osa jeter un œil : les gens avaient disparu. Il fonça chercher le dernier petit papier, le fourra dans sa poche et ne le lut que lorsqu'il fut remonté plus profond dans la forêt. Il tremblait en l'ouvrant et, ahuri, découvrit :

oui. aide-moi, je t'en supplie.

28.

Mia Krüger se réveilla dans le brouillard et la torpeur, avec la sensation d'une présence à côté d'elle. Elle força ses paupières rétives à s'ouvrir – et découvrit qu'elle était seule. Une pensée déprimante à bien y réfléchir. En ce moment, sa vie se résumait à ça : une chambre d'hôtel vide, une enquête. Tant pis. De toute manière, tout cela n'était que temporaire.

Viens, Mia. Viens !

Elle disparaîtrait bientôt, alors pourquoi s'angoisser ? Pourquoi penser ?

Elle se rendit compte qu'elle avait un mal de tête carabiné, ce qui l'étonna. Après six mois passés à faire un usage détourné des médicaments et à s'imbiber d'alcool, elle se serait crue immunisée contre les excès. La veille, avec Susanne, ça avait fini plus tard que prévu, et elle avait bu un verre ou deux (ou trois ?) de trop. Elle ferma les yeux en s'efforçant de revenir dans son rêve. Puisqu'il concernait Roger Bakken :

Il était debout sur le toit du foyer d'hébergement, à Grønland, nu. Elle se tenait en bas, au pied de l'immeuble. Son tatouage ne lui recouvrait plus simplement le cou mais s'étendait sur son corps. Il essayait de lui dire quelque chose, il criait ; or, à cause de la circulation et de la distance qui les séparait, elle ne l'entendait pas. Elle avait aussi l'impression que quelqu'un lui murmurait à l'oreille. Oui, quelqu'un lui chuchotait des phrases bizarres, incompréhensibles. Et elle avait beau se tourner et se retourner, elle ne voyait personne. De son côté, Roger Bakken agitait les bras, insistait pour qu'elle comprenne. En vain. « Venez là ! criait-elle. Descendez ! » Puis il avait sauté. Néanmoins, au lieu de s'effondrer sur le sol, il avait flotté lentement dans les airs. Et non seulement ça : son tatouage s'était soudain mis à grandir, à lui couvrir l'ensemble de la peau, à se détacher du corps pour voler lui aussi. Les bras de Roger Bakken s'étaient transformés en ailes, son nez s'était changé en bec. Et, juste avant de se poser devant elle, il s'était ébroué puis envolé. Mia n'avait pas réussi à savoir ce qu'il tenait absolument à lui communiquer. L'instant d'après, une image s'était imposée à elle : le cimetière, la tombe de Sigrid. Une vision aussitôt perturbée par des sons : le tintement des cloches sur une île, oui, à Hitra, suivi de bruits métalliques – son portable.

Elle tendit le bras pour l'extraire de la poche de son pantalon qui traînait par terre, à côté du lit, et se mit à parler avant même d'être tout à fait réveillée :

— Oui.

— Oh, pardon… Je t'ai réveillée ?

C'était Gabriel Mørk, le hacker. Le petit jeune, celui qui rougissait si facilement.

— Non, pas du tout.

Mia s'assit sur son lit.

— Il est quelle heure ?

— 9 heures.

— Oh, putain ! Tu es déjà au boulot ?

— Je ne suis pas rentré chez moi.

— Tu as aménagé ton bureau en chambre à coucher, ou quoi ?!

Gabriel eut un petit rire.

— Euh, non… Ou plutôt, si. J'avais pas mal de choses à vérifier. J'ai le sens des responsabilités, tu sais.

— Oui, je le sais.

Elle se leva pour tourner les lamelles des stores. Une nouvelle journée de printemps à Oslo. Les enfants qui traînaient sur l'Eidvolls plass. Les retraités qui trottinaient juste à côté, le long de la promenade Karl Johan. Le roi qui les observait peut-être depuis son palais en surplomb. Les députés en face, au Storting, de l'autre côté de la place. Chacun vaquant à ses petites occupations – et il en allait de sa responsabilité à elle que ce train-train continue ainsi. Elle ne comprenait que trop bien les sous-entendus de son nouveau collègue.

— Il faut que tu penses à dormir de temps en temps…

— Ne t'inquiète pas. J'ai l'habitude de bosser la nuit. Je me disais simplement que tu avais peut-être envie de savoir ce que j'ai découvert.

— Et comment !

Elle referma les stores. Elle n'avait qu'une envie : se replonger dans le sommeil pour savoir ce que Roger Bakken tenait absolument à lui dire.

— Bon. Tu te souviens qu'il y avait deux utilisateurs sur l'ordi ?

— Oui, Roger et Randi.

— Voilà. Roger et Randi. Mais il y a un petit détail qui cloche dans cette histoire…

— Lequel ?

— Prenons d'abord Roger. Pas de grosses surprises venant de lui. Il n'utilisait pas beaucoup son ordinateur, sinon pour faire des trucs de mecs.

— C'est-à-dire ?

— Envoyer des mails.

— Quel genre de mails ? Quelque chose d'intéressant ?

— Pas vraiment. Rien d'inattendu en tout cas. Que des messages privés, d'amis ou de connaissances. Des commandes de magazines de motos et de bagnoles. Des machins de mecs, quoi. Et puis des factures, des pubs, des paiements électroniques. Bref, une vie tristounette.

— Tout le monde ne passe pas sa vie sur Internet, Gabriel.

— Certes, mais quand même. Je trouve ça bizarre qu'il n'y ait absolument rien de très passionnant à ce niveau-là.

— Tu peux patienter deux secondes, s'il te plaît ?

— O.K.

Mia posa son portable et, sur le téléphone de l'hôtel, appela la réception pour commander un petit déjeuner dans sa chambre.

— Voilà, je suis là.

— Parfait. Je vais quand même continuer mes recherches sur l'utilisateur Roger, mais le plus intéressant vient de l'autre utilisateur, et c'est pour ça que je t'appelle.

— Randi ?

— Oui.

— Qui c'est ?

— C'est ça qui est très, très étrange.

— Mais quoi ?!

— Je crois qu'il faut que tu le voies toi-même, après tout je ne suis pas policier, mais… je suis à peu près sûr qu'on a affaire à la même personne.

— Pardon ?

— Roger et Randi ne sont qu'une seule et même personne.

— Roger Bakken était deux personnes à la fois ?

— Oui. Ou plutôt, non. Disons qu'il aimait être une femme.

— Tu déconnes ?

— Absolument pas.

— Comment tu le sais ?

— Sur le compte Roger, il est un homme. Il a des photos de grosses motos, de voitures, il va à la pêche, il boit de l'alcool. Sur l'utilisateur Randi, il est complètement différent.

Là, il est une femme. Dans sa liste de favoris, tu ne trouves que des pages de sites et de blogs consacrés au crochet, à l'aménagement d'intérieur, aux fringues. On trouve aussi des photos de lui, habillé avec des vêtements de femme. Il semble avoir eu deux vies parallèles.

— Tu en es sûr ?

Elle entendit Gabriel soupirer à l'autre bout du fil.

— Je sais que je ne suis pas flic, quitte à me répéter. Mais je sais quand même reconnaître un homme habillé en femme !

— Oui, excuse-moi, Gabriel. C'est juste tellement… dingue !

— Là, je suis d'accord. Mais c'est bel et bien lui. J'en suis certain à cent pour cent. Tu pourras le voir de tes propres yeux tout à l'heure.

— Je serai là dans pas longtemps. Et le téléphone, ça a donné quoi ?

— Là aussi, très bizarre.

— À savoir ?

— Presque tous les messages ont été supprimés. Et il n'a mémorisé aucun numéro. Je ne sais pas ce que ce type trafiquait exactement, mais il s'est bien débrouillé pour rester le plus caché possible. Ou, dit autrement : il s'est acharné à effacer ses traces.

— À part quand il était en femme.

— Voilà. Mais en même temps, c'est sur son ordinateur…

— Quand tu dis *presque tous les messages ont été supprimés*, ça signifie que tu as pu en retrouver certains ?

— Exactement. Et le contenu est très mystérieux.

— Je t'écoute.

— Maintenant ?

— Oui, maintenant.

Mia ne put réprimer un sourire.

— O.K.

Gabriel s'éclaircit la voix.

— Il y a trois messages au total. Datant tous du 20 mars.

— Le jour de sa mort.

— Ah bon ?

— Oui. Ils disent quoi, ces textos ?

Au même moment on frappa à la porte. Mia s'empressa d'enfiler le peignoir de l'hôtel pour aller ouvrir tandis que Gabriel ouvrait les textos.

— Le premier est court.

— Envoyé par qui ?

— Un expéditeur anonyme.

— Mais comment c'est possible ? On peut cacher le numéro à partir duquel on envoie des SMS ?

— Oui, ce n'est pas trop compliqué.

— Je sais que j'ai l'air d'une mamie en te demandant ça, mais comment on fait ?

Elle but une gorgée de café. Dégueulasse. Elle dut le recracher. Au passage, elle jeta un œil aux œufs brouillés et au bacon. Pas vraiment appétissants non plus.

— Tu l'envoies sur le Net. Via le site txtmenow.com, par exemple. Il y a des tonnes de sites de ce genre où tu n'as même pas besoin de t'enregistrer ou de créer un compte. Tu tapes simplement le numéro, ton texte, et c'est parti. Un peu de pub est également envoyé. C'est grâce à elle qu'ils se financent.

— J'ai compris. Et que dit le texto ?

— Le premier ?

— Mais ouiii ! Accouche à la fin !

— *« Il n'est pas très malin de voler trop près du soleil. »*

— Quoi ?

— *« Il n'est pas très malin de voler trop près du soleil. »* C'est le premier SMS.

— Et qu'est-ce qu'il a répondu ?

— Rien. Tu ne peux pas répondre aux messages sans expéditeur.

Mia s'assit sur son lit, la tête contre le mur. Son mal de crâne diminuait. Voler trop près du soleil. L'aigle tatoué. Les ailes. Icare. Icare se confectionnant des ailes avec des plumes et de la cire qui fond parce qu'il vole trop près du soleil. L'orgueil. La mégalomanie. Roger Bakken avait commis un geste interdit.

— Tu es là ?

— Oui. Désolée, Gabriel. Je réfléchissais.

— Tu veux que je te lise le deuxième ?

— Je suis tout ouïe.

— « Who's there ? »

— C'est tout ? Et en anglais ?

— Oui. Je te lis le dernier ?

— D'accord.

— « Bye Bye Birdie. »

Mia ferma les yeux, rien ne vint. *Who's there ?* et *Bye bye Birdie.* Ça n'avait pas de sens. Du moins, pas de façon immédiate. Elle se leva, alla à la salle de bains, aperçut son visage dans le miroir et n'aima pas du tout ce qu'elle vit. Elle était épuisée et paraissait sans vie. Elle ressemblait à un fantôme. Elle se pencha pour faire couler de l'eau dans la baignoire.

— Tu es toujours là, Mia ?

— Oui, j'essayais de comprendre le sens des deux derniers messages.

— Et ?

— Rien. Pour l'instant en tout cas. J'arrive dans un petit moment, O.K. ?

— Ça roule. Je ne bouge pas.

— Parfait, Gabriel. Tu as vraiment bien bossé.

Elle raccrocha et retourna poser le téléphone sur l'appui de la fenêtre, dans la chambre. Elle essaya d'avaler un bout d'omelette, qui refusa de descendre. Tant pis. Elle prendrait un café et un cookie au Kaffebrenneriet.

Who's there ? et *Bye Bye Birdie.*

Mia se déshabilla puis entra dans la baignoire. L'eau chaude la calma instantanément. Elle avait passé une bonne soirée, hier, avec Susanne. Une excellente soirée, même.

Est-ce qu'elles s'étaient promis de se retrouver ? Mia ne s'en souvenait plus : la faute à l'alcool. Elle posa la tête sur le bord de la baignoire et ferma les yeux.

Who's there ? et *Bye Bye Birdie.*

Ce n'était pas grand-chose, mais c'était déjà ça.

29.

Cecilie Mykle avait dormi d'un sommeil si profond que le réveil fut presque douloureux. Elle tendit le bras par pur réflexe vers la table de chevet or, pour une raison mystérieuse, il n'y avait pas de sonnerie. Elle essaya d'ouvrir les yeux – impossible. Son corps était lourd. Lourd, chaud et agréable ; elle avait l'impression d'être étendue sur un nuage moelleux, au-dessus duquel flottait un autre nuage tout aussi doux. Elle s'emmitoufla dans la couette, se tourna sur le ventre, cala son visage au creux de l'oreiller, tenta d'obéir aux sommations que lui adressait son corps. *Dors, continue à dormir. Oublie ce que ta tête et ta conscience essaient de te dire. Tu as besoin de dormir. Dors, Cecilie. Dors.* C'était la raison pour laquelle son médecin lui avait prescrit ces cachets. Elle avait refusé dans un premier temps, elle qui n'avait jamais pris de somnifères, qui détestait prendre des médicaments, qui aimait plus que tout être présente, dans l'instant. Elle ne supportait pas l'idée qu'une force extérieure, quelle qu'elle soit, prenne le contrôle de son corps. Cecilie Mykle était obsédée par ce contrôle qu'elle voulait être la seule à exercer. Elle tendit le bras pour la deuxième fois, il était 6 h 15, il fallait se lever – or, pour la deuxième fois, elle constata que son réveil ne sonnait pas. Une infime partie de son cerveau se demanda pourquoi, une question aussitôt balayée par sa conscience toujours soumise aux effets des sédatifs.

— Ce n'est pas une proposition, c'est un ordre, lui avait dit son docteur. Vous allez prendre ces comprimés car vous avez besoin de dormir. Dans quelle langue faut-il que je vous l'explique pour que vous compreniez ?

Il n'y avait pas meilleur médecin que lui. Il savait ce dont elle avait besoin et n'hésitait pas à jouer les pères Fouettard : *« Prenez soin de vous, voyons ! »* Cecilie Mykle n'était pas très douée à ce niveau-là. *« Il faut que tu fasses attention à toi »*, répétaient ses proches à l'unisson. Elle trouvait que c'était plus facile à dire qu'à faire. Et ce d'autant plus qu'elle avait grandi avec une mère qui n'avait jamais fait attention à elle, qui avait toujours placé les besoins des autres avant les siens. Pas évident de se sortir de ce schéma.

Les contrariétés, les inquiétudes, les angoisses. Voilà pourquoi elle avait tant de mal à s'endormir. Elle ne se rappelait même plus à quand remontait la dernière fois qu'elle avait dormi d'une traite. D'ordinaire, ses nuits se déroulaient plutôt en pointillé. Elle ne tenait pas en place, et surtout pas en position allongée : elle se reposait un peu, arpentait un peu la maison, regardait la télé, buvait un thé, pour finalement s'assoupir quelques minutes, juste avant la sonnerie du réveil à 6 h 15 tapantes. Pourquoi ? Les soucis, pardi ! Et à ce niveau-là, Cecilie Mykle s'y connaissait comme personne.

— Tu t'inquiètes pour rien, lui répétait souvent son mari ; comme le jour où ils avaient décidé de s'installer dans le sud-est d'Oslo, à Skullerud, où ils avaient acheté leur pavillon.

— Il n'est pas trop cher ?

— On y arrivera.

Et il avait raison, forcément. Plus que jamais depuis qu'il travaillait sur une plate-forme pétrolière en mer du Nord. Six semaines de boulot, six semaines *off*, le tout payé royalement. Et quand il revenait à la maison après ce mois et demi d'absence, il rentrait pour rester, pas comme la plupart de ses collègues qui, les poches pleines, passaient leur temps dans les bars. Pour ceux-là, c'était plutôt six semaines de travail, six semaines de boisson. Non, Cecilie Mykle avait beaucoup de chance : elle n'aurait pas pu trouver meilleur mari ni meilleur confident. Et même s'il lui manquait atrocement quand il n'était pas là, elle l'adorait plus que tout.

Cecilie Mykle s'étira, bras tendus vers le plafond, et réussit enfin à ouvrir les yeux. Elle demeura allongée quelques instants. Bien qu'elle se sente encore engourdie, cette nuit entière de sommeil lui avait fait un bien fou : sa peau était chaude, son corps doux et calme. Elle n'avait eu ni rêves ni cauchemars comme cela lui était arrivé si régulièrement ces derniers temps – rien, le repos total.

Elle se réveilla pour de bon dans l'obscurité. Quelle heure était-il, au fait ? Et pourquoi faisait-il aussi froid dans la chambre ? Elle s'approcha de la table de nuit, appuya sur le petit bouton qui éclairait le réveille-matin : pas de lumière. Le courant avait-il sauté pendant la nuit ? Une inquiétude se diffusa aussitôt dans son corps. Elle s'empara de son portable juste à côté et constata avec horreur qu'il était 9 h 45. Mon Dieu ! Karoline aurait dû être au jardin d'enfants depuis au moins deux heures… Pourquoi ne s'était-elle pas manifestée elle non plus ? Cecilie Mykle se leva d'un bond, sentit la fatigue toujours présente dans son corps comme du plomb. Elle se dirigea vers l'interrupteur près de la porte, appuya dessus. Cette fois non plus, pas d'électricité. Et ce froid, ce silence dans la maison… Elle chancela jusqu'à la fenêtre, tira le rideau. La lumière printanière qui s'engouffra dans la chambre lui brûla presque ses yeux toujours lourds de sommeil. D'un pas maladroit, elle rejoignit le couloir. Il fallait qu'elle réveille Karoline. Elle avait oublié d'enfiler des chaussettes, le sol était glacé sous ses pieds. Dans le noir, elle avança jusqu'à la chambre de sa fille, les mains tâtonnant contre le mur.

— Karoline ?

Sa voix était grêle et presque imperceptible.

— Karoline, tu es réveillée ?

Aucune réponse en provenance de la chambre. À 9 h 45 ? Karoline n'avait pourtant jamais dormi aussi longtemps... Normalement, elle se levait grand maximum sur les coups de 7 heures, restait peut-être un petit peu dans son lit mais venait très vite à pas de loup dans la chambre de ses parents, son nounours à la main. Là commençait le meilleur moment de la journée : tous trois serrés dans le lit.

— Karoline ?

Cecilie Mykle tangua vers la porte, ses yeux commençaient à s'habituer à l'obscurité. Soudain, elle sentit quelque chose de gluant sous ses pieds. Mais qu'est-ce que c'était que ça ? Elle avait pourtant fait le ménage pas plus tard qu'hier ! Elle porta ses doigts à la plante des pieds : oui, c'était liquide et collant. Elle entra dans la chambre, appuya sur l'interrupteur. Là encore, l'électricité ne fonctionnait pas.

— Karoline ?

Elle fila vers la fenêtre, ouvrit le rideau en grand pour laisser entrer la lumière dans la chambre de sa fille. L'inquiétude se vissa en elle pour de bon.

— Karoline ?

Elle n'en crut pas ses yeux. Karoline ne se trouvait pas dans son lit. Et le plancher était couvert de sang. Ce liquide répugnant dans lequel elle avait marché, c'était du sang. Non, ce n'était pas possible. En réalité, elle dormait toujours et elle faisait un cauchemar. Elle aurait dû suivre son instinct et ne jamais prendre ces fichus cachets. Elle se figea quelques instants en attendant de se réveiller. Elle n'aimait pas du tout son rêve : sa petite Karoline disparue de sa chambre, le sang sur le sol, le courant coupé, l'obscurité intégrale, le froid dans l'appartement. Elle frissonna. Maintenant elle voulait vraiment se réveiller. Le réveil va bientôt sonner, songea-t-elle se mordant la lèvre inférieure. C'est juste un mauvais cauchemar.

Cecilie Mykle était en état de choc. Elle n'entendit même pas le téléphone qui sonnait au loin.

30.

Assise face à la devanture du Kaffebrenneriet, dans la rue Storgata, Mia Krüger buvait son deuxième expresso de la journée. Malgré sa gueule de bois, qu'elle avait tenté d'enrayer avec un cookie et un jus d'orange, elle sentait son corps reprendre vie peu à peu. Elle, qui d'habitude ne lisait jamais la presse, avait eu la mauvaise idée d'attraper le journal posé à côté, bien que le gros titre en une lui ait aussitôt donné envie de vomir, « *Meurtres d'enfants* ». Mia détestait voir les médias s'adonner à ces simplifications, plaquer des noms et des logos sur des affaires de meurtres et de disparitions. Ne comprenaient-ils pas ce que cela déclenchait chez les lecteurs ? Ne comprenaient-ils pas qu'ils participaient ainsi à la terreur collective ? Et surtout, ne comprenaient-ils pas, ces abrutis, que le ou les assassins n'attendaient que ça : se retrouver sous le feu des projecteurs, devenir la préoccupation et le sujet n°s 1 des journaux et des médias ? Et, non contents de spéculer, ces foutus journalistes allaient interviewer le ban et l'arrière-ban de Monsieur et Madame Machin, et vas-y que je t'en fais des tartines bien dégoulinantes avec les propos de tel voisin, de telle meilleure amie, de telle employée dans le jardin d'enfants X et Y. Quelle bande de nazes ! Le tout illustré par une photo de Pauline au bord de l'eau, une autre lors d'un anniversaire de famille ; une photo de Johanne sur des patins à glace, une autre dans la piscine avec son grand-père. Et, cerise sur ce gâteau immangeable, la phrase : « *La police n'a aucune piste.* » Mais d'où est-ce qu'ils sortaient ça, ces cons ? Puis, sur une autre double page : « *Un pays en deuil.* » Là encore, des photos en veux-tu en voilà : des photos et des bougies sur les lieux où les corps avaient été retrouvés, des enfants en larmes, des parents en larmes, des lettres adressées aux petites filles décédées.

Reposant le journal, Mia termina son café au moment où son portable sonna.

— Oui.

— Holger à l'appareil. Tu es où ?

— Au Kaffebrenneriet. Celui de la Storgata. Pourquoi ?

— On a un nouvel enlèvement.

Mia sentit les poils de ses bras se hérisser. Elle enfila son blouson de cuir et franchit la porte quelques secondes plus tard.

— Tu es au bureau ?

— J'en pars, là.

— Passe me prendre devant le 7-Eleven, dans la Pløens gate.

— O.K.

Mia raccrocha et courut à petites foulées en montant la butte avant de redescendre par la place Youngstorget. Merde. Affaire numéro trois. *Trois traits sur l'ongle de l'auriculaire.* Non, pas cette fois. Cette fois ils arriveraient à temps. Il ne s'agissait encore que d'un rapt, pas d'un meurtre. Il n'y aurait pas d'autres traits. Mia ignorait encore l'identité de la petite fille en question mais, dans la foule de la Torggata, elle avait déjà décidé que celle-ci, ils la retrouveraient vivante. Elle venait d'atteindre l'angle de la place Youngstorget lorsque l'Audi noire de Holger descendit la Pløens gate. Elle sauta à l'avant et referma la portière tout aussi vite.

— On va où ? demanda-t-elle, essoufflée.

— Dans le quartier de Disen. Avenue Disenveien exactement. Le message est arrivé il y a dix minutes. Andrea Lyng. Six ans. Elle n'était pas dans son lit quand son père est venu la réveiller.

Munch posa le gyrophare sur le toit de la voiture et accéléra.

— Donc il a recommencé ?

Elle regarda l'heure sur son portable.

— Visiblement, marmonna Munch.

— Quelqu'un est déjà là-bas ?

— Kim et Anette. Curry est en route.

Munch klaxonna le tramway ainsi qu'un passant qui ne s'écartait pas.

— Connards !

— Elle a disparu de chez elle ?

Munch acquiesça.

— Bizarre. Les deux autres ont disparu du jardin d'enfants…

— Mais poussez-vous de là, putain !

Nouveau coup de Klaxon. Il réussit enfin à s'extraire des bouchons et mit le cap sur le quartier de Disen.

— Il n'y avait que le père à la maison ? Où est la mère ?

— J'en sais rien.

Son téléphone sonna, il décrocha, répondit d'une voix peu amène :

— Oui ?… Merde… Oui, tu boucles la zone. Et tu envoies des collègues de la scientifique… Quoi ?… Non, je m'en tape, de ça ! On a une seule priorité : cette affaire…

Non ! On s'occupe de l'endroit comme s'il s'agissait du lieu du crime. On est là dans cinq minutes.

Il raccrocha en secouant la tête.

— Anette ?

— Kim.

— On a quoi ?

— Du sang.

— Du sang ?

Munch opina.

— C'est peut-être pas notre homme. La méthode est différente…

— Tu crois ? demanda-t-il sans la regarder.

Une gamine de six ans disparue de sa chambre à coucher dans le quartier de Disen. Mia prit une pastille dans la poche de son blouson. Elle espérait intimement que les affaires ne soient pas liées. *Trois traits sur l'ongle de l'auriculaire. Non, pas cette fois, putain ! Ils arriveraient à temps.*

Munch klaxonna pour la troisième fois : un couple de punks ne trouvait rien de mieux que de s'attarder sur le passage-piétons.

— Le sang, c'est celui de la gamine ?

— Trop tôt pour le dire. Les collègues de la scientifique sont en chemin.

— Tu es au courant des dernières infos à propos de Bakken ?

— Roger et Randi ? Oui. Plutôt dingue, cette histoire. Un travesti ?

— Ça m'en a tout l'air, oui.

— On n'a pas besoin de ça. On n'a franchement pas besoin de ça !

Cette réflexion ne s'adressait pas à Mia. Munch remonta l'avenue Trondheimsveien, arriva dans Disen et tourna dans Disenveien. Un lotissement de petites maisons rouges dont les habitants commençaient une journée affreusement peu ordinaire.

— On a quoi ? voulut savoir Holger sitôt hors de la voiture.

— Andrea Lyng. Six ans. Disparue de sa chambre à coucher. Du sang de sa porte jusqu'au bas de l'escalier. Et dans son lit.

Kim se gratta le crâne, l'air grave.

— Où est le père ?

— Dans le salon, indiqua-t-il. Il est anéanti.

— Un médecin est sur place ?

Kim fit signe que oui et leur désigna la porte d'entrée. Ils n'eurent même pas le temps d'atteindre le sentier gravillonné qu'Anette surgit, la mine défaite, le portable encore à la main.

— Il y en a un autre.

— Quoi ? Un autre enlèvement ?

— Oui, désolée. Ça vient d'arriver. Karoline Mykle. Six ans. Disparue de sa chambre à coucher. Dans le quartier de Skullerud.

— Nom de Dieu !

— Du sang ? demanda Mia.

— Oui.

— O.K., fit Munch. Vous deux, vous allez à Skullerud. Kim et moi, on reste ici. Envoyez une autre équipe technique là-bas.

— Ils sont déjà partis.

Munch adressa un regard bref à Mia. Il ne dit rien, mais elle savait ce qu'il pensait.

Deux dans une seule journée ? Deux en même temps ?

— On prend ma voiture, proposa Anette.

Elle devança Mia en courant vers la Peugeot rouge garée au bord du trottoir.

31.

Mikkel Wold, journaliste à la rédaction d'*Aftenposten*, venait de mettre en ligne son dernier article, dont il était pleinement satisfait : *DERNIER ADIEU À PAULINE*. La veille, accompagné de deux collègues, il avait couvert les obsèques de la petite. L'église de Skøyen était pleine à craquer. À la demande de la famille, les journalistes avaient été priés d'attendre à l'extérieur – une consigne qu'ils n'avaient pas tous observée : Mikkel Wold avait vu certains de ses confrères se fondre dans l'assistance, se faufiler parmi les proches, voisins et amis. Mais chez eux, au journal, on ne mangeait pas de ce pain-là, il y avait des limites à tout. Une règle tacite prévalait : ne pas gonfler les papiers, ne pas faire preuve d'indélicatesse, ne pas mettre ses doigts sales et curieux dans des plaies ouvertes. Bref, ne pas reproduire les saloperies de la concurrence.

Car le milieu de la presse était impitoyable, certains ne reculaient devant rien. Quelques mois auparavant, Mikkel Wold avait reçu une proposition alléchante : un quotidien voulait le débaucher. Il travaillait à *Aftenposten* depuis douze ans déjà, il approchait la quarantaine, et il savait que l'occasion ne se représenterait peut-être pas. Aujourd'hui, il était content d'avoir dit non. Car ils formaient une bonne équipe : à eux trois qui bossaient sur cette affaire, ils avaient abattu du bon boulot pendant ces jours où tout allait si vite, ne séparant plus les activités papier et Net, mais travaillant ensemble, pour le bien du journal, pour le bien de tous, copiant à ce niveau-là un peu la concurrence.

Dernier adieu à Pauline. Il avait interviewé une copine de la petite fille ainsi que les parents. Bon, d'accord, c'était peut-être un peu limite, mais Mikkel Wold se disait qu'il ne sortait pas trop des clous – pas trop. Ils avaient pris une photo de la fillette en larmes, un bouquet de fleurs dans une main et, dans l'autre, un dessin pour Pauline, sa meilleure amie du jardin d'enfants. Beau et touchant. Ou voyeuriste et larmoyant ? Il n'était plus sûr tout à coup... Est-ce qu'il aurait écrit ça, il y a cinq ou dix ans ? Ses doutes étaient dus au manque de sommeil, ils n'avaient pas arrêté de turbiner depuis les meurtres de Pauline et Johanne. Mikkel Wold soupira, s'étira en tendant les bras en l'air. Il décida d'aller se chercher un café à la cuisine.

C'était le branle-bas à la rédaction. Ça faisait des lustres qu'ils n'avaient pas eu à traiter une affaire pareille. Si tant est que cela leur soit jamais arrivé. Un meurtrier en série qui habille des petites filles comme des poupées et les pend par le cou à un arbre, un cartable sur le dos... Il secoua la tête et avala une gorgée de café. Non, elle était irréelle, cette histoire. C'était un fait divers comme on en voyait aux États-Unis ou à la télé – mais pas ici, pas en Norvège. Il avait presque eu le tournis en voyant cette marée humaine sortir de l'église. Le petit cercueil blanc. Les visages compassés. La peine, le chagrin, le deuil. *Dernier adieu à Pauline*. Il espérait franchement ne pas avoir exagéré. Non. Il avait écrit un excellent article.

Au même moment, Silje passa une tête par la porte :

— Ils partent en intervention.

— Où ?

Mikkel Wold posa sa tasse sur le plan de travail et emboîta le pas de la jeune journaliste jusqu'à la pièce contiguë. Ils étaient branchés sur la radio de la police jour et nuit, ne voulant pas en perdre une miette.

— À Skullerud.

— Une nouvelle gamine ?

— Pas facile à dire..., répondit Silje en montant le son.

— Qu'est-ce qu'on a ?

Grung venait d'entrer à son tour, pas rasé et le visage plus rouge que d'ordinaire. Le rédacteur en chef n'avait pas l'air d'avoir beaucoup dormi lui non plus.

— Plusieurs unités sont en route pour Skullerud.

— Skullerud ? Je croyais qu'ils partaient pour Disen ?

— Les deux.

— Disen ? répéta Mikkel Wold qui n'en savait rien.

— L'info est tombée il y a quelques minutes, lui expliqua Grung. Erik et Tove sont déjà sur le coup. Puis, s'adressant à Silje : On a une adresse ?

— Welding Olsens vei. Pas loin de l'école primaire de Skullerud.

— Je peux le prendre, proposa Mikkel.

— Parfait. Tu nous tiens au courant en permanence, O.K. ?

Mikkel Wold courait déjà à son bureau pour prendre son matériel.

— On a un photographe de libre ? demanda-t-il.

— Je crois qu'Espen est dispo, lui cria Grung à travers l'open space.

— Non, il est parti à Disen, intervint Silje.

— Appelle Nina, s'il te plaît ! la somma Mikkel. Dis-lui de me rejoindre sur place !

Il prit l'ascenseur, courut à l'arrêt de taxis, en trouva un, sortit son portable, composa le numéro d'Erik Rønning, son collègue dépêché à Disen.

— Oui ?

— Qu'est-ce qui se passe ?

— Ils ont bouclé le secteur. C'est un peu le chaos, ici… On dirait que personne ne sait trop ce qu'il en est vraiment.

— Il n'y a que nous là-bas ?

— Dans tes rêves, ouais !

Il y eut un petit silence. Soudain, Mikkel entendit Rønning crier :

— Mia ! Mia !

— Qu'est-ce qui se passe, là ?

— Munch et Krüger. J'ai l'impression qu'on est au bon endroit. Mia ! Mia !

Rønning avait lâché son téléphone. Mikkel Wold pria le chauffeur de rouler un peu plus vite. Il espérait être le premier arrivé, que ses confrères n'avaient pas entendu la dernière annonce sur la radio de la police. Il essaya du même coup de rappeler son collègue, mais celui-ci était définitivement aux abonnés absents. Holger Munch et Mia Krüger se trouvaient sur place. Donc ça devait être une grosse affaire.

Mikkel Wold atteignit la rue Welding Olsens vei pour découvrir… que la police avait là aussi barré le secteur. Il paya la course, sauta du taxi et se fraya un chemin au milieu du petit attroupement qui se formait déjà. À la rédaction, ils avaient beau avoir l'oreille collée à la radio de la police, ils semblaient arriver systématiquement trop tard. *On est des vraies tortues !* Mais bon, la concurrence faisait le même constat, au point que des rumeurs laissaient entendre que les forces de l'ordre utilisaient d'autres canaux. Pour l'heure, personne n'avait découvert lesquels. Mikkel atteignit le barrage et tomba sur un confrère de *VG*.

— Qu'est-ce qui se passe ? demanda-t-il.

— J'en sais encore rien, répondit l'autre en allumant une cigarette. Mais je crois que c'est au numéro 3 ou au 5, une des baraques jaunes, là-bas. Aucune des huiles n'est encore arrivée. Y a que des passants.

Mikkel Wold regarda autour de lui. Il aperçut les équipes de télé de la NRK et de TV2, salua un confrère de *Dagsavisen* quand son téléphone sonna.

— Grung à l'appareil. On en est où ?

— On n'a rien pour l'instant, mais tout le monde est là.

— J'y crois pas ! Mais merde, quoi, on est des vraies tortues !

— Je sais. Il faudrait qu'on ait quelqu'un à ce niveau-là.

Silence à l'autre bout du fil : Grung détestait qu'on lui dise ce qu'il avait à faire. Mikkel préféra changer de sujet :

— Munch et Krüger sont à Disen.

Il ne voulait surtout pas se mettre à dos son rédacteur en chef. Il avait assisté à des scènes de ce genre, ce n'était pas beau à voir, et il n'avait pas envie d'être muté aux expositions de chats et autres concours d'agility.

— Krüger vient de partir, enchaîna Grung.

— Tu as réussi à joindre Nina ?

— Oui, elle devrait arriver. Erik m'appelle sur une autre ligne, à tout de suite.

— D'accord.

Mikkel Wold essaya de faire la synthèse de la situation. La police avait bloqué toute la rue et non pas barré uniquement une maison. Munch et Krüger se trouvaient actuellement à Disen, mais la seconde unité était en route pour Skullerud. Ce qui signifiait qu'on était face à une affaire énorme. Ce qui signifiait qu'il y avait plusieurs gamines impliquées. Deux à la fois ? Ça allait faire la une de l'édition de demain. À coup sûr. Il inspecta les lieux du regard : il devait quand même pouvoir passer par un autre endroit, non ? Il retourna là où le taxi l'avait déposé. Devait-il faire le pied de grue ici ou essayer de contourner la foule ? Il fut interrompu dans ses pensées par la sonnerie de son portable. Il regarda l'écran : *numéro privé.*

— Oui… ?

Rien.

— Allô ? Qui est à l'appareil ?

Il plaqua une main sur l'autre oreille, croyant qu'il entendait mal : la zone se remplissait à chaque instant, des voitures se garaient, des passants intrigués s'arrêtaient.

— Ce n'est pas injuste ?

Une voix bizarroïde sur la ligne. Grésillante, déformée. Mikkel était incapable de l'identifier.

— Qui est à l'appareil ?

— Ce n'est pas injuste ? répéta la voix.

Wold s'éloigna, traversa la rue, histoire d'être un peu plus au calme.

— Qu'est-ce qui est injuste ?

Silence, à nouveau.

— Allô ?

Wold sentait l'irritation le gagner.

— Allô ? Qui que vous soyez, sachez que je n'ai pas le temps de m'amuser, là.

— Ce n'est pas injuste ?

— Mais qu'est-ce qui est injuste, bordel ? Et qui est à l'appareil ?

— Oui, c'est très injuste que tu sois si loin de ce qui se passe en ce moment…

Au même instant, une Peugeot rouge déboula. Mikkel eut tout juste le temps d'apercevoir Mia Krüger accompagnée d'une collègue.

— Et merde ! lâcha-t-il.

Mais qu'est-ce qu'elle fout, cette photographe ?!

— Bon, allez emmerder quelqu'un d'autre, j'ai autre chose à faire. Au revoir.

Il s'apprêtait à raccrocher quand la voix déformée reprit :

— C'est au numéro 3.

— Pardon ?

— C'est au numéro 3. Elle s'appelle Karoline. Tu es sûr de vouloir raccrocher ?

— Qui est à l'appareil ?

— Gargamel. Tu croyais que c'était qui ?

— Non, je veux dire…

La voix lâcha un rire bref.

— À moins que tu ne préfères que j'appelle quelqu'un d'autre ? Ruud, de *VG*, à qui tu viens de parler ? Tønning, de *Dagsavisen*, que tu viens de saluer ?

— Non, non, euh… Non, non, surtout pas. Je suis là.

— Parfait.

Il s'éloigna encore un peu et sortit en tremblant son bloc et son crayon.

— Tu veux devenir mon ami ? demanda la voix déformée.

— Peut-être…

— Peut-être ?

— Si ! Je veux bien devenir votre ami. Qui est Karoline ?

— D'après toi ?

— Elle est… le numéro trois ?

— Raté. Elle est le numéro quatre. Andrea était le numéro trois. Tu ne te tiens pas informé ? Tu n'es pas allé à Disen ?

Mikkel Wold vit une nouvelle voiture franchir les barrages de sécurité : la police scientifique.

— Comment je peux savoir que…

— Comment tu peux savoir que quoi ?

— Non, que…

Mikkel avait soudain du mal à s'exprimer. Une bouffée de chaleur l'envahissait et il avait les mains moites.

— Elles ne sont pas mignonnes quand elles dorment ? poursuivit la voix.

— Qui ?

— Les petites.

— Comment je peux savoir que vous n'êtes pas en train de me faire marcher ?

— Tu veux que je t'envoie un doigt par la poste ?

Un frisson glacé lui parcourut le dos. Mikkel s'efforça de garder son calme, ce qui lui était de plus en plus difficile. Il bafouilla :

— N-non… Surtout p-pas.

La voix déformée émit un second petit rire.

— Vous devez poser les bonnes questions.

— Qui ça *vous* ?

— Vous, les journalistes.

— C'est-à-dire ?

— Aux conférences de presse. Pourquoi vous ne posez pas les bonnes questions ?

— Quelles sont les bonnes questions ?
— Pourquoi le cochon a autant saigné par terre ?
— Pourquoi… quoi ? Vous pouvez répéter, s'il vous plaît ?
Mikkel essaya désespérément de ne pas perdre son bloc ni son téléphone qui glissaient l'un comme l'autre.
— Tic tac, tic tac ! fit la voix avant de raccrocher.

32.

Holger Munch ôta les gants en latex et sortit s'en griller une sur la véranda. Putain, quelle journée de merde ! Et elle ne faisait que commencer, alors qu'il avait si mal dormi. Non seulement il n'avait pas réussi à parler à sa mère de cette histoire d'héritage, mais il avait le sentiment que c'était la raison de son insomnie, alors qu'il avait tellement d'autres choses à penser. *Deux le même jour ?* Il alluma sa cigarette en regardant par la fenêtre cassée. Celui ou celle qui avait enlevé la petite Andrea était passé par là pour entrer dans la maison ; il y avait des traces de sang jusqu'ici. Munch vit ses collègues de la scientifique ramasser leurs affaires. Le père, en état de choc, incapable d'articuler trois paroles sensées, avait été emmené au QG de Grønland. Quant à la mère, ils n'avaient pas encore réussi à la joindre. Elle était partie avec des copines à la montagne, dans un chalet sans couverture réseau ; le couple était séparé, et cette semaine le père avait la garde de leur fille.

En tirant une grosse bouffée de sa cigarette, Munch essaya de contrecarrer un mal de tête lancinant. Il composa le numéro de Mia, elle décrocha quelques secondes plus tard.

— Vous avez quoi ?

— Karoline Mykle, six ans, disparue de sa chambre à coucher.

— Une effraction ?

— Non, la clé était sous le paillasson.

Pff… Munch soupira. « *Sous le paillasson.* » Ce qu'il ne fallait pas entendre…

— Du sang ?

— Jusque dans le couloir.

— Les parents ?

— Cecilie et John-Erik Mykle. Pas d'antécédents. Lui travaille sur une plate-forme pétrolière en mer du Nord, on est en train de le contacter. Elle est institutrice.

— Institutrice ?

— Oui, mais ce n'est pas elle. On a dû l'envoyer à l'hôpital d'Ullevål, elle ne savait même plus où elle était et n'arrivait pas à nous parler. Elle ne cessait de nous répéter qu'elle devait emmener Karoline au jardin d'enfants.

— Purée…

— On va interroger le voisinage, voir si on peut trouver une piste.

— Oui. On fait pareil ici.

— ALFA1 est sur le coup ?

Holger acquiesça.

— Holger ?

— Quoi ? Euh, oui… Oui, oui. On a tout le monde sur le coup. Partout. Et quand je dis tout le monde, c'est *vraiment* tout le monde. En attendant, je veux un contrôle systématique de la circulation : toutes les voitures qui sortent de l'agglomération sont filtrées, compris ?

— Compris, à plus tard.

Holger tira de nouveau avidement sur sa cigarette. Son mal de crâne prenait sérieusement possession de sa tête. De l'eau. Il fallait qu'il boive un peu. Et qu'il mange. Son portable sonna.

— Oui ?

— Gabriel Mørk à l'appareil. Je te dérange ?

— Tout dépend de ce que tu veux.

— Tu te souviens du truc perso que tu m'as confié ?

— Quel truc perso ?

Munch dut se creuser la cervelle pour que les pièces du puzzle se remettent en place. Ah, voilà : l'exercice de maths que la fameuse Suédoise, cette margrete_08, lui avait soumis et qu'il n'avait pas réussi à résoudre.

— Et ? Tu as trouvé ?

Munch retourna dans la maison, veillant à ne pas marcher dans les traces de sang ni à toucher à quoi que ce soit.

— Je crois que j'ai compris de quoi il s'agit. Mais j'ai besoin d'autres infos.

— Comment ça, *d'autres infos* ?

— On peut voir ça plus tard…

Munch regagna la sortie et alluma aussitôt une autre cigarette. Ils avaient étendu leur zone d'investigation en barrant la route plus bas. Pour maintenir les journalistes à distance. Il sentit du même coup qu'il redoutait déjà de se manifester auprès de Mikkelson. Deux mortes, aucun suspect. Et maintenant deux disparues. Ça allait faire un de ces baroufs à Grønland…

— Je crois que c'est un Gronsfeld, dit Gabriel.

— Un quoi ?

— Un chiffre de Gronsfeld. Un système de chiffrement. Un code, si tu préfères. C'est une variante du chiffre de Vigenère, sauf qu'il utilise des chiffres à la place des lettres. Mais j'ai besoin d'autres informations. Tu n'aurais pas reçu autre chose, par hasard ?

Munch n'arrivait pas à rassembler ses esprits.

— Euh, j'en sais rien, moi… Ce serait quoi ?

— Des chiffres et des lettres. Le Gronsfeld suppose que les deux parties, l'expéditeur et le destinataire, possèdent la même combinaison. Une combinaison de chiffres et de lettres. Pour toute personne extérieure, le code reste impossible à casser.

— Là tout de suite, il ne me vient rien, répondit Munch en voyant Kim arriver à sa hauteur. Écoute, on verra ça plus tard.

— Ça roule.

Il raccrocha.

— Tu as quelque chose ? demanda Munch à Kim.

— *Nada*. La plupart des gens sont déjà partis au boulot, faudra qu'on revienne cet après-midi.

— Rien ?! J'y crois pas, putain ! Quelqu'un a bien dû voir quelque chose, bordel ?

— Pas pour l'instant.

— Refais un tour.

— Mais on vient juste de…

— J'ai dit : refais un tour !

Le jeune policier hocha la tête et repartit. Munch s'apprêtait à retourner dans la maison quand Mia lui téléphona.

— Oui, Mia ?

Il entendit à sa voix qu'ils avaient une piste.

— C'est une femme.

— On a un témoin ?

— Un retraité, dans la maison d'en face. Il souffre d'insomnies. Il regardait par la fenêtre au moment où ça s'est passé. Sur les coups de 4 heures du matin, il pense. Il a vu quelqu'un farfouiller la boîte aux lettres. Il est sorti regarder.

— Il a du cran, ce retraité… Et qu'est-ce qu'il lui a dit ?

— Il l'a appelée. Elle était en train de s'enfuir.

— Et il est sûr que c'est une femme ?

— Cent pour cent sûr. Elle était à quelques mètres de lui.

— Ouf.

— Alors, qu'est-ce que j'avais dit ? s'exclama Mia, galvanisée. Je le savais !

— Oui, tu avais raison. Il est toujours avec toi, le retraité ?

— Oui, on l'emmène, là.

— O.K. On se retrouve au bureau à 10 heures ?

— Ça marche.

Munch ne courait pas, mais presque. Une femme. Il se mit au volant, descendit en première vers les barrages. Les flashes crépitèrent au moment où il passa la meute de journalistes et de reporters. Au moins, ils auraient bientôt un os à ronger.

Une femme.

Munch posa le gyrophare sur le toit de son Audi et fonça en direction du centre.

III

33.

Le vétéran de la guerre d'Afghanistan Tom-Erik Sørlie était assis devant la fenêtre de son salon lorsque deux voitures banalisées s'arrêtèrent au pied de sa maison et que des hommes entreprirent de barrer le quartier. Il sortit ses jumelles et ajusta l'objectif pour les avoir bien en ligne de mire. Branché comme à son habitude sur la radio de la police, il savait qu'une intervention se déroulait en ce moment même. Et pas n'importe laquelle : elle avait trait à ces deux gamines qu'on avait retrouvées assassinées et dont on parlait dans tout le pays. Là, deux autres venaient d'être kidnappées, c'est pourquoi les forces de l'ordre avaient organisé un contrôle systématique des véhicules quittant le secteur. Une unité spéciale d'intervention venait d'être déployée, avec des agents casqués et armés de pistolets-mitrailleurs. Dans son objectif, le vétéran les reconnut aisément pour les avoir lui-même utilisés de nombreuses fois : des semi-automatiques allemands, les fameux MP5 de Heckler&Koch. Pendant ce temps, leurs collègues qui avaient aménagé un sas de sécurité filtraient tous les conducteurs se dirigeant vers le centre. Ceux qui en revenaient échappaient aux bouchons.

Tom-Erik Sørlie reposa ses jumelles et monta le son du journal télévisé. Il gardait toujours la télé allumée. Et l'ordinateur. Et la radio de la police. Il aimait suivre ce qui se passait, se tenir informé. Sa manière à lui de se sentir vivant, maintenant qu'il ne participait plus à l'action sur le terrain.

Lex, son jeune berger allemand, se réveilla au son des nouvelles. Il vint s'installer à ses pieds, tête inclinée : il voulait sortir. Tom-Erik Sørlie lui caressa la tête en tâchant de suivre en même temps ses multiples écrans. Sur TV2, un envoyé spécial à Skullerud informait les spectateurs qu'une fillette avait également été enlevée dans cette banlieue. Le vétéran le savait déjà depuis une heure. Il se leva, emmena son chiot dehors et l'attacha dans le jardin. Il avait mieux à faire qu'aller se promener, en plus il avait mal au crâne.

La nuit était tombée lorsque la police leva les barrages. Il dîna devant son poste. Soudain, un portrait-robot s'afficha sur l'écran. Une femme. Un témoin l'avait aperçue à Skullerud. Bon courage! pensa-t-il. Et pour cause, elle ressemblait à n'importe qui. Puis vint un extrait de la conférence de presse tenue par un procureur de police, une femme elle aussi : les petites filles n'avaient toujours pas été retrouvées, on ne disposait pour l'heure d'aucune piste. Apparurent ensuite deux enquêteurs de la Criminelle montant dans une voiture : un homme, barbu, vêtu d'un duffel-coat beige, et une jeune femme aux longs cheveux noirs, tous les deux avaient un regard d'acier. L'homme entre deux âges balaya d'un revers de main les questions des journalistes : « Aucun commentaire. »

Tom-Erik Sørlie baissa le volume de la télé et se leva pour aller se refaire du café. Il entendit un bruit. Dehors. Quelqu'un venait-il de pénétrer dans son jardin ? Pourtant, Lex n'avait pas aboyé… Il enfila ses chaussures pour aller vérifier. Il ne vit pas son berger allemand au bout de la laisse.

— Lex?

Il fit le tour de la maison pour atteindre le jardin. Arrivé devant le pommier, il eut un choc :

Quelqu'un avait tué son petit chien et l'avait pendu par le cou avec une corde à sauter.

34.

Mia Krüger traversa la rue et remonta la Tøyengata, toujours en s'efforçant de ne pas regarder les manchettes des journaux reproduites sur des plots devant chaque kiosque. Prenant une pastille dans sa poche, elle tourna la tête au mauvais moment : ses yeux tombèrent malgré elle sur la une d'un tabloïd collée sur la vitrine d'un kiosque : *QUI A VU KAROLINE ET ANDREA ?* Et, cette fois, elle ne put éviter de regarder le portrait-robot qu'un autre quotidien placardait : *C'EST ELLE !* Le portrait-robot de la femme aperçue par le retraité. Le problème n'était pas le dessin, ni d'ailleurs le témoignage oculaire qui concordait. Non, le problème, c'était que cette femme pouvait être n'importe qui. La ligne téléphonique ouverte pour l'occasion explosait sous les coups de fil : presque deux mille appels rien que la première journée. Les gens estimaient avoir reconnu leur voisine, leur collègue, leur cousine, une passagère aperçue la veille dans la file d'attente pour prendre le ferry. Ils avaient dû suspendre le standard un moment, faire une pause ; certains affirmaient qu'il fallait patienter plusieurs heures avant que quelqu'un ne décroche. Leurs supérieurs avaient décidé d'octroyer une récompense. Holger et Mia s'y étaient opposés, estimant que la méthode favoriserait les appels bidon et empêcherait de repérer les pistes sérieuses. Mais, en accord avec les procureurs, ils avaient choisi cette stratégie qui, selon eux, permettrait de faire sortir le loup du bois grâce à l'appât du gain. Et peut-être qu'ils avaient raison.

Comme si ça ne suffisait pas, un journal du soir titrait : *TOUJOURS AUCUNE PISTE DE LA FEMME SUSPECTE.*

Tu es nulle, ma pauvre fille, ne put s'empêcher de penser Mia. Tu n'es pas fichue de faire correctement ton boulot. C'est ta responsabilité. Si tu ne retrouves pas ces gamines à temps, ce sera ta faute, tu seras tenue pour responsable.

Mais pourquoi tout ce sang ? Ce détail très précis demeurait un mystère pour Mia Krüger. Ça ne concordait pas avec le reste. D'autant que les résultats du labo étaient formels : le sang n'était pas celui des enfants. Il n'était même pas humain, c'était du sang de cochon. La ou *le* ravisseur se moquait d'eux, et dans les grandes largeurs. Comme si l'individu en question les narguait : *Regardez comme c'est facile pour moi. Je fais ce que je veux. À tous les coups je gagne, et à tous les coups vous perdez.* Alors forcément, Mia Krüger n'était plus sûre de rien. Un détail clochait. La femme de Skullerud clochait. Le portrait-robot clochait. Mia avait l'impression que tout cela n'était qu'un jeu, sur l'air de *C'est un jeu d'enfant pour moi !*

Ils n'avaient rien sur la Citroën blanche. Rien non plus du côté des récidivistes. Ludvig et Curry avaient abattu un boulot formidable sur l'affaire de Hønefoss, un des bureaux de la Mariboesgate était même recouvert du sol au plafond de photos et de notes – ils n'avaient hélas toujours rien trouvé. Mais bon, huit cent soixante employés travaillaient à l'hôpital de Hønefoss. Et c'était sans compter les quidams qui avaient accès librement à la structure, tels les malades, les visiteurs ou les proches. En tout, des milliers de gens. Les caméras de surveillance n'avaient rien donné non plus – manque de pot, aucune n'était encore installée au sein de la maternité à cette époque, uniquement à l'entrée. Mia se rappelait avoir parcouru des kilomètres de bande vidéo, sans succès. Ils disposaient de cartons entiers d'interrogatoires : médecins, infirmières, malades, physiothérapeutes, aides-soignants, réceptionnistes, agents de service. Elle-même avait interrogé près de neuf cents individus, tous plus désemparés les uns que les autres. Comment un tel rapt pouvait-il se produire ? Le plus simplement du monde, puisque n'importe qui pouvait entrer librement dans la maternité. Mais de là à capturer une enfant sans être vu… Elle se souvenait de la quasi-jubilation des pontes de la police lorsque le jeune infirmier suédois s'était suicidé. Autrement dit : il avait « avoué ». Enfin, l'affaire pouvait être close. Hop, balayée sous le paillasson. Une honte pour leurs services.

Mia Krüger traversa une nouvelle rue et pénétra dans une arrière-cour. Cela faisait une paye qu'elle n'était plus venue ici, mais le bouge était toujours là : une porte verte sans écriteau, cachée dans un recoin de la capitale. Elle frappa, attendit quelques secondes que la lucarne daigne s'ouvrir. Un visage masculin se matérialisa :

— Oui ?

— Mia Krüger. Charlie est là ?

La lucarne se referma. Quelques minutes s'écoulèrent, et l'homme revint pour la faire entrer. C'était un nouveau physionomiste, elle ne l'avait jamais vu, mais ne s'en étonna pas. Le choix d'une telle armoire à glace était du Charlie tout craché : un Musclor au corps carré, avec des biceps tatoués plus gros que ses cuisses à elle.

— Il est là-bas, précisa le bodybuilder en désignant le fond de l'établissement.

Charlie Brun se tenait derrière le bar et, en la voyant s'approcher, lui adressa son plus grand sourire. Il n'avait pas changé. Peut-être un poil vieilli, un chouia de lassitude dans le regard, mais toujours maquillé comme une voiture volée, et toujours vêtu de nippes bariolées. Aujourd'hui, il portait un boa autour du cou sur une robe en paillettes vert fluo.

— Mia, Douce-Fleur ! s'exclama Charlie en sortant du comptoir pour venir la serrer dans ses bras. Ça fait une é-ter-ni-té que je ne t'ai pas vue ! Comment vas-tu, ma chérie ?

— Bien, je te remercie, répondit-elle en s'asseyant sur un tabouret.

Il y avait peu de clients, six ou sept environ, tous habillés en femme : les pantalons léopard côtoyaient les robes blanches et les longs gants en soie. Chez Charlie, n'importe qui désireux d'être soi-même pouvait venir. La lumière était tamisée, l'ambiance tranquille ; un juke-box diffusait une chanson d'Édith Piaf.

— Tu as une mine de déterrée, ma chérie, ce n'est pas bien. Je te sers une mousse ?

— Tu as enfin décroché ta licence IV ?

— Ah, ne commence pas à employer des gros mots, hein ! Tu en veux une grande ou une petite ?

— Ça a quel sens *une petite* de nos jours ? fit Mia avec un sourire.

— Ça a le sens que tu lui donnes, répondit Charlie en lui tendant son verre, avant d'essuyer le comptoir.

— Tchin, Charlie ! Et toi, comment tu vas ? demanda-t-elle en prenant une gorgée de bière.

— Oh, tu sais, ce n'est pas si passionnant qu'avant. Moi aussi je me fais vieille…

Il lança un pan de son boa par-dessus son épaule et tendit le bras pour attraper une bouteille sur l'étagère.

— Un Jägermeister, peut-être ?

Mia acquiesça puis ôta son bonnet et son blouson en cuir. Ça faisait du bien d'être ici, loin du monde. Elle traînait souvent chez Charlie à l'époque où elle faisait la une des médias. Elle avait trouvé l'établissement par hasard et s'était tout de suite sentie chez elle : pas de regards intrigués ni de petits curieux, le calme et la tranquillité, presque comme une famille. Cette époque lui faisait l'effet d'appartenir à une autre vie. D'autant qu'elle ne connaissait aucun des messieurs habillés en dame le long du mur rouge.

Charlie leur servit deux Jägermeister.

— À ta santé, ma belle ! Ça fait plaisir de te revoir.

— Moi aussi, je suis contente de te revoir, Charlie.

— Toi, contrairement à moi, tu n'as pas pris une ride, fit-il remarquer avant de poser deux doigts sur son menton pour étudier son visage. Quelle mâchoire, ma chérie ! Je ne te dis que ça... Si tu n'étais pas flic, tu pourrais être mannequin. Mais, sérieusement, ma chérie : une vie un peu plus saine, ce serait bon pour ta peau, tu sais. Et puis un peu de maquillage de temps en temps, ça ne fait pas de mal, même si tu es une fille. Comme tu peux le constater, Maman Charlie n'a pas changé, elle est toujours aussi franche !

— Merci, maman.

Mia vida son verre, le schnaps lui réchauffa immédiatement le corps.

— Il est possible d'avoir une bouteille de champagne, Charlie ?

— Combien de fois faut-il que je te répète de ne pas crier, Linda ?

Charlie se tourna vers un homme assis à une table, vêtu d'une minijupe rose bonbon, de bottines, de gants et d'un collier de perles. Du haut de sa quarantaine, il bougeait son corps comme une gamine de quinze ans.

— Allez, Charlie... Sois une bonne copine !

— Je te signale que nous sommes dans un établissement respectable, pas dans un vulgaire bar à putes d'Amsterdam. Combien de coupes ?

— Les verres, on les a déjà ! ricana le dénommé Linda.

— Elle n'a décidément au-cu-ne classe, celle-là, soupira Charlie en levant les yeux au ciel.

Il alla dans la réserve chercher une bouteille qu'il porta à la table. Le bouchon sauta, à la grande joie des clientes qui applaudirent en éclatant de rire.

— Me voici de retour. Tu sais, j'ai cru qu'on t'avait perdue à jamais !

— Les rumeurs sur ma mort étaient très exagérées ! répliqua Mia non sans un clin d'œil.

— Un peu de rouge et un soupçon de fond de teint feront l'affaire. Oh non, là je suis méchante. Très très méchante !

Charlie Brun se pencha par-dessus le zinc et la serra fort et longtemps dans ses bras. Mia ne put s'empêcher de sourire. Quel bien ça lui faisait ! Elle n'avait pas le souvenir d'avoir un jour été réconfortée par un nounours habillé en femme.

— Non, je rigole. Tu es splendide ! Un autre Jägermeister ?

— Allez.

Ils trinquèrent à nouveau.

— Et sinon, raconte. Qu'est-ce qui t'amène ?

— J'aurais besoin d'un coup de main.

Mia sortit de sa poche intérieure une photo qu'elle poussa sur le comptoir. Charlie prit ses lunettes et examina le portrait à la lumière d'une bougie.

— Oh, mais c'est Randi ! Je me doutais bien que ça avait à voir avec toi. Quelle histoire tragique, ça aussi.

— Il venait souvent ici ? Pardon… je veux dire : *elle* venait souvent ?

Charlie ôta ses lunettes et lui rendit la photo.

— De temps en temps, oui. Par périodes. Parfois, on la voyait régulièrement, et puis plusieurs mois s'écoulaient sans qu'elle mette les pieds ici. Roger était… hum, comment dire ? Roger n'était pas très à l'aise avec lui-même. Je crois qu'il s'efforçait de ne pas être Randi, mais… Tu sais comment c'est, hein : chassez le naturel, il revient au galop. Et Randi, elle, avait besoin de beaucoup, beaucoup de produits pour se lâcher un peu. Forcément, certaines fois, on a dû lui demander de quitter l'établissement. Elle gênait les autres clientes, tu vois.

— Tu as une idée de… pourquoi ?

— Pourquoi Roger a sauté du toit ?

Mia acquiesça, Charlie haussa les épaules.

— Aucune. Nous vivons dans un monde sans pitié, c'est tout ce que je peux te dire. Déjà que ce n'est pas évident d'être normal. Alors tu n'as aucune peine à t'imaginer combien c'est *hard* quand la société exige de toi d'être une seule personne alors que ton corps te dit le contraire.

— La normalité, elle est de votre côté, Charlie. Et toi la plus normale d'entre toutes !

— Moi ? interrogea Charlie avec un petit ricanement. Bah… J'en ai fini depuis trente ans, de tout ça, tu sais… Mais elles ne sont pas toutes comme moi. C'est culpabilité, honte et mauvaise conscience à tous les étages. On a Internet sur notre téléphone, on envoie des sondes sur Mars mais, d'un point de vue mental et émotionnel, on vit toujours au Moyen Âge ! Enfin… ce n'est pas à toi que je l'apprends. Tu sais tout ça par cœur, toi.

— Ah bon ?

— Mais oui, voyons ! Tu es intelligente et douée, c'est d'ailleurs pour ça que je t'aime. En plus, tu es superbe, ce qui n'est pas donné à tout le monde. Tu sais que tu pourrais être Premier ministre ? Le pays a besoin de quelqu'un comme toi.

— Je ne crois pas, non…

— Oui, tu as peut-être raison, en fait. Tu es beaucoup trop gentille.

Charlie eut un petit gloussement et resservit une tournée de Jägermeister.

— Elle était seule quand elle venait ici ?

— Qui ? Randi ?

— Oui.

— Grosso modo, oui. Ou plutôt non, d'ailleurs. À certains moments, elle a amené une copine. Mais je ne lui ai jamais adressé la parole, à celle-là.

— Un homme ?

— Non, une femme. Une femme bio, je veux dire.

— Elle était comment ?

— Sévère. Droite. Des cheveux foncés, coiffés en queue-de-cheval. Et puis elle avait un regard… étrange.

— À savoir ?

— Elle avait des yeux de couleur différente.

— Des yeux vairons ? Tiens donc…

— Vairons, merci ! Je cherchais le mot… L'un était bleu, l'autre marron. Elle faisait un peu peur. Même à moi, c'est te dire ! Crois-moi que j'ai été contente quand il a cessé de l'avoir dans les pattes. Elle me donnait la chair de poule.

— Et c'était quand ?

— Je ne sais plus trop…

Charlie attrapa un torchon et entreprit d'essuyer le comptoir.

— Ça y est, ça me revient ! C'était quelques mois après que tu as cessé de venir me voir. Mais où tu étais fourrée, au fait ?

— Loin du monde.

— Je suis tellement contente de te revoir. Tu m'as énormément manqué.

Puis, levant son verre, il demanda :

— Et si je mettais dehors nos clientes et qu'on s'en jetait quelques-uns comme au bon vieux temps ?

— Un autre jour, Charlie.

Mia enfila son blouson.

— J'ai trop de boulot en ce moment.

Elle sortit un stylo de sa poche pour noter son numéro de téléphone sur une serviette.

— Appelle-moi si tu te souviens d'autre chose, d'accord ?

Charlie se pencha de nouveau par-dessus le zinc, cette fois pour l'embrasser sur les deux joues.

— Et manifeste-toi plus souvent, ma chérie !

— Je te le promets.

Elle enfonça son bonnet sur la tête et sortit dans l'obscurité pluvieuse. Elle chercha un taxi du regard, en vain. Tant pis. Ou tant mieux, d'ailleurs : elle n'était pas franchement pressée, personne ne l'attendait dans sa chambre d'hôtel. Elle remonta sa capuche et prit la direction du centre lorsque son portable sonna. Gabriel Mørk.

— Oui, Gabriel ?

— Je te dérange ?

— Pas du tout. Tu es toujours au bureau ?

— Oui.

— Tu sais que tu n'as pas expressément besoin de passer tes jours et tes nuits dans les locaux ?

— Oui, oui, je sais, mais... J'ai pas mal de trucs à vérifier.

Il semblait fatigué.

— Tu as du nouveau ?

— En fait, oui. Je me suis dit qu'on pouvait sûrement récupérer les SMS supprimés. Donc j'ai appelé un pote à moi, un fondu de Mac.

— Et ?

— D'après toi ? Je les ai retrouvés...

— Tout ce qu'il y avait sur l'iPhone ?

— *Yes* !

— Waouh, génial, Gabriel ! Et ça donne quoi ?

— Une bonne et une mauvaise nouvelle. La bonne : j'ai mis la main sur les messages supprimés. La mauvaise : il n'y en a pas beaucoup. Le portable devait être neuf. Bon, là, j'ai plus les yeux en face des trous, je préférerais te les lire demain, si tu n'y vois pas d'inconvénients.

— Pas de problème, Gabriel. Est-ce qu'on a un expéditeur, cette fois ?

— Non. Mais j'ai un numéro.

— Et il est à qui ?

— Ça, je l'ignore. C'est pour ça que je t'appelle. Il faudrait que j'entre dans certaines bases de données pour savoir qui est le propriétaire de la ligne.

— Et ?

Il y eut un silence à l'autre bout du fil.

— Il faut que je les hacke.

— Et ?

— Euh… c'est interdit, Mia. Il faut demander les autorisations au fournisseur. Tu en dis quoi, toi ?

— Et Holger, qu'est-ce qu'il en dit ?

— Il ne répond pas au téléphone.

— On ne peut pas attendre. Vas-y, fonce.

— Tu es sûre ?

— Certaine.

— O.K.

— Tu le fais tout de suite ou… ?

— Je me disais que j'allais peut-être filer au lit…

— Comme tu voudras. Ça pourra sûrement attendre demain.

— Ou alors je le fais maintenant.

— Maintenant ce serait merveilleux. Je ne vais pas me coucher tout de suite, tu peux me joindre.

— Ça roule.

Mia raccrocha et continua vers le centre. Les rues étaient presque vides. Elle distinguait des silhouettes à travers les fenêtres, la lumière bleutée des téléviseurs. Sa chambre d'hôtel lui paraissait encore moins attrayante qu'elle ne l'était déjà. Aucune raison d'aller s'y enterrer. De toute manière elle n'arriverait pas à trouver le sommeil. Autant prendre une bière. Et essayer de réfléchir un peu.

Heureusement, il y avait peu de monde au Justisen. Mia commanda une pression, demanda une feuille de papier à la serveuse et se chercha une table tranquille dans un coin. Elle resta un petit moment devant la feuille blanche en rassemblant ses pensées. Quatre fillettes de six ans : Pauline, Johanne, Karoline, Andrea. Elle nota leur prénom en haut. Pauline, enlevée au jardin d'enfants, retrouvée à Maridalen. Johanne, enlevée au jardin d'enfants, retrouvée près de Hadelandsveien. Karoline et Andrea, enlevées chez elles, retrouvées où ?? Mia ne voyait aucun lien entre les quatre, la réponse devait donc être ailleurs. En dessous, elle écrivit : Roger Bakken/Randi. Puis les textos : *Il n'est pas très malin de voler trop près du soleil*, Who's there ?, Bye Bye Birdie. Premier message, c'était simple : Icare ; il avait commis un geste interdit. Deuxième message. Est-ce que ça faisait référence à une blague, aux fameuses blagues « Toc ! Toc ! Toc ! Qui est là ? » Si c'était le cas, ça n'avait pas de sens. Troisième message, assez évident lui aussi : *Bye Bye Birdie* était le titre d'un film musical américain des années 1960, que les homosexuels adoraient : *Au revoir, petit oiseau.*

Mia eut soudain un arrière-goût infect dans la bouche, qu'elle évacua en commandant un Jägermeister. L'alcool fort lui monta aussitôt à la tête : parfait pour mieux penser. Elle prit une seconde feuille, puisque la serveuse avait eu la gentillesse de lui en donner un petit tas, qu'elle posa juste à côté de la première. Elle reprit ses écritures. Elle nota : Cartables. Livres. Papier. Rikke JW. Robes de poupée. Je voyage seule. Elle nota : *C'est pareil.* Puis : *C'est juste.* Elle poursuivit : Sang de cochon. Who's there ? Elle nota : *C'est faux.* Elle poursuivit : Deux enlevées au jardin d'enfants. Deux enlevées chez elles. Dix robes. Une femme. Voilà, ça venait, sa tête était plus claire, elle en profita pour commander une deuxième bière. Elle poursuivit : Un travesti. Une femme. Sexe féminin. Sexe masculin. Genre. Un problème de genre ? Un problème de sexe ? Honte. Culpabilité. Je voyage seule. Les premiers symboles montraient un signe évident d'intelligence. Cartable. Écriteau. Robes de poupée. Mais le reste était incohérent, oui… stupide. Du sang de cochon ? *Who's there* ?

Elle prit une troisième feuille, qu'elle plaça de la même manière, à côté des deux autres, et passa une troisième commande. Et elle eut une idée. Oui, elle tirait sur le bon fil dans cette pelote qui ressemblait davantage à un sac de nœuds. En haut elle nota : La femme. Et elle poursuivit : Hønefoss. Maternité. Laver et soigner les filles. Anesthésie. Prévenance. Elle nota : *Infirmière ?* Elle souligna le mot. Elle poursuivit : Portrait-robot. Ressemble à n'importe qui. Elle nota : *Invisible ?* Elle souligna le mot. Comment peut-on se cacher tout en restant visible ? Comment peut-on être invisible dans l'espace public ? Elle laissa un blanc et nota au bas de la page : Froide. Sérieuse. Des yeux vairons. Un bleu, un marron. Elle nota : *Schizophrénie ?* Elle souligna le mot. Une à Maridalen. Une près de Hadelandsveien. Forêt. Cachées. Doit chercher. Doit travailler. Doit chasser. Exposées, mais cachées. Veut montrer ce qu'elle a fait, mais le cache suffisamment pour qu'on doive le trouver. Du sang de cochon ? *Who's there* ? Pourquoi si pur d'abord ? Pourquoi si impur ensuite ? Sérieux ? Pas sérieux ?

Mia prit une quatrième feuille en même temps qu'elle passa une quatrième commande. Voilà, maintenant ça venait pour de bon. Elle le sentait, elle était à deux doigts de trouver. Elle poursuivit : Fierté. Regardez-moi. Regardez ce que j'ai fait. Rikke JW. Vous êtes nuls. Vous êtes des incapables. Moi, je suis capable. Moi, je vais vous montrer. C'est moi contre vous. C'est un jeu. C'est un jeu d'enfants. Pourquoi si pur d'abord ? Pourquoi si impur ensuite ? Du sang ? Du sang de cochon ? Sérieux ? Pas sérieux ? Cinématographique. Théâtral. C'est juste. C'est faux. Regarder. Ne pas regarder. Ne pas regarder ça, mais regarder le reste. Voilà, elle avait la clé ! Une avalanche de pensées dévala dans son cerveau. Elle nota : *C'est faux. Ne pas regarder ça, mais regarder le reste.* Elle souligna les deux phrases. Mia écrivait à présent à toute vitesse. Ne pas regarder ça, mais regarder le reste. Tout ne compte pas. Pas le cinématographique. Pas le théâtral. C'est factice. C'est faux. Ne regarder que ce qui est juste. Elle est là, la vérité. Quels symboles montrent la vraie direction ? Vers qui devons-nous nous diriger ? De qui devons-nous nous éloigner ? Qui devons-nous regarder ? Qui devons-nous ne pas regarder ? Est-ce que c'est ça, le jeu ? Elle nota : *C'est ça, le jeu.* Et elle souligna la phrase. Mia était tout sourires, sans le savoir. Elle n'était plus présente mentalement dans le bar. Elle était toute à ses pensées. La ville n'existait pas. Le Justisen n'existait pas. La table n'existait pas. La bière n'existait pas. La corde à sauter, oui. Les cartables, oui. Les robes de poupée, oui. Je voyage seule, oui. L'anesthésie, oui. Le sang de cochon, non. *Bye Bye Birdie*, non. Voler trop près du soleil, non. *Who's there* ?

— Mia ?

Mia Krüger sursauta tellement qu'elle bondit de sa chaise. Elle regarda autour d'elle, sans comprendre où elle se trouvait.

— Excuse-moi, je te dérange ?

Mia reprit lentement pied avec la réalité. La pièce, la table, la bière. Devant elle se tenait Susanne, les cheveux mouillés, les vêtements trempés, le regard triste.

— Il t'est arrivé quelque chose ?

— Je peux m'asseoir ? Tu travailles… Je ne voudrais pas te déranger…

Susanne s'installa à côté d'elle sans attendre sa réponse. Elle ressemblait à un chat qui avait pris l'eau.

— Assieds-toi, je t'en prie. Il pleut dehors ?

— Dehors et dedans, soupira Susanne en enfouissant son visage entre ses mains. Je ne savais pas où aller, je me disais que je te trouverais peut-être ici.

— Et je suis là. Tu veux une bière ?

Mia alla commander au bar deux pressions et deux Jägermeister.

— Tu écris un livre ? demanda Susanne avec un petit sourire.

— Non, c'est juste pour le boulot.

— Heureusement pour toi. Parce qu'elle est prise, précisa Susanne en désignant une des feuilles.

— *Elle est prise ?* Qui est prise ?

— La réplique : *Who's there ?* C'est la réplique d'ouverture de *Hamlet*.

— Tu en es sûre ?

Coinçant ses cheveux derrière les oreilles, Susanne eut un léger rire avant de porter la pinte à ses lèvres.

— Je pense en être sûre, oui. Je te rappelle que je travaille dans le théâtre et qu'on est en train de mettre en scène *Hamlet.*

— Ce n'est pas ce que je voulais dire, tu le sais…

Susanne s'éclaircit la voix et redevint soudain l'adolescente du groupe de théâtre, à Åsgårdstrand, quand elle déclama :

— *Qui est là ? / Non, répondez-moi, vous ! Halte ! Faites-vous reconnaître vous-même. / Vive le roi !*

Susanne, avec une mine brusquement gênée, prit une deuxième gorgée de bière.

— C'est faux. Il ne faut pas regarder ça mais le reste, dit Mia à voix basse.

— Quoi ?

— Non, rien, le travail… Qu'est-ce qui t'est arrivé ? Pourquoi tu es aussi triste ?

Susanne soupira de nouveau et se cacha derrière ses cheveux qu'elle rabattit devant elle.

— Non, toujours la même histoire. Je ne suis qu'une sombre conne.

Mia se rendit compte maintenant seulement que son amie avait bu – et pas qu'un peu : elle avait la voix pâteuse et du mal à porter son verre à sa bouche.

— Les acteurs… On ne peut pas leur faire confiance. Ils te disent qu'ils t'aiment, mais le lendemain ils ne sont plus amoureux de toi. Et alors que toi tu y crois, tu les trouves au lit avec une autre fille.

— Deux visages, poursuivait Mia, toujours à voix basse. Pas facile de savoir ce qui est vrai.

Deux visages ? Un jeu avec le genre ? Une actrice ?

— Quels connards, ces acteurs ! lança Susanne, en haussant le ton.

Au bar, certains clients se retournèrent vers elles.

— Ça va s'arranger, tu verras, répondit Mia en posant une main sur son bras.

— Ça s'arrange toujours de toute manière. C'est comme dans *Peer Gynt* d'Ibsen : une ronde. La ronde tourne et n'en finit pas de tourner, et tout à coup la vie est terminée sans que l'amour soit venu.

— Tu as bu, Susanne. Tu racontes n'importe quoi. Et si on te mettait au lit ?

— Pourquoi faut-il que je rentre toujours toute seule à la maison, hein ? demanda Susanne à la cantonade, en essuyant une larme.

Le téléphone de Mia se mit soudain à sonner. Gabriel Mørk la rappelait. Mia regarda Susanne.

— Décroche, t'inquiète pas pour moi. Mais pourquoi est-ce que je chouine comme ça ?

— Ça ne te dérange pas si je décroche ?

— Non, non, je t'assure.

— Deux secondes, Gabriel, dit-elle dans le combiné, puis, à Susanne : Je reviens.

Mia sortit dans l'arrière-cour.

— Voilà, je suis à toi.

— Re-bonjour, Mia.

— Tu as quoi ?

— Un lien mort.

— C'est-à-dire ? Tu n'as rien trouvé ?

— Si. Le numéro appartient à Veronica Bache.

— Merveilleux, Gabriel. Qui c'est ?

— La question serait plutôt : qui *c'était* ? Veronica Bache est décédée en 2010 à l'âge de quatre-vingt-quatorze ans. C'est pour ça que je te parlais de lien mort.

— Comment c'est possible ?

— Ben… elle était plus toute jeune.

— Oui, ça j'ai compris. Mais comment est-ce que son numéro de portable a pu être utilisé il y a deux mois alors qu'elle est morte en 2010 ?

— Aucune idée, Mia. Là, je suis naze. Ça fait trente heures que je suis debout.

— File te coucher, Gabriel. On en reparle demain. Bonne nuit.

En revenant dans la salle, elle s'aperçut que Susanne n'était plus à leur table. Elle titubait, au bar, en essayant de convaincre la serveuse qu'elle tenait suffisamment debout pour commander une nouvelle tournée. Mia rangea les feuilles dans son sac, enfila son blouson de cuir, prit Susanne par le bras et se dirigea vers la sortie.

— Mais je ne suis pas soûle ! éructait cette dernière.

— Je crois que ce soir, tu vas dormir dans mon lit.

Mia, qui se sentait elle-même un peu ivre, conduisit son amie jusqu'à l'hôtel, à travers les rues détrempées d'Oslo.

35.

La femme aux yeux vairons se tenait devant l'un de ses miroirs, dans la salle de bains. Elle prit dans l'armoire à pharmacie sa paire de lentilles. Bleues. Au travail, elle avait les yeux bleus. Au travail, elle n'était pas elle-même. *Au travail, personne ne sait qui je suis.* Un travail qui n'était pas le sien en vrai, n'est-ce pas ? Un travail qui ne l'était qu'en apparence, rien que pour les autres. Elle se fit une queue-de-cheval et se pencha vers la glace. Elle posa ses lentilles, cligna des yeux. Elle se façonna un joli sourire hypocrite et examina son visage. *« Bonjour, je m'appelle Malin. Malin Stoltz. Je travaille ici. Oh non, ne me dis pas que ton chien est malade ? J'espère qu'il va se remettre vite vite vite !… Un verre de sirop ? Mais bien sûr, madame Olsen, je vous apporte ça tout de suite. Il va aussi bientôt falloir changer vos draps, hein. Vous verrez, après, vous dormirez dans un nid douillet. Il n'y a pas mieux que des draps propres. » Regardez-moi comme je suis douée pour mentir, pour sourire. Pour simuler l'intérêt quand vous m'adressez la parole. Alors que je m'en fous complètement de ce que vous baragouinez ! Parce que vous croyez me connaître, hein ? Bandes d'imbéciles ! Vous n'avez aucune idée de qui je suis en réalité !*

La femme aux yeux vairons regagna sa chambre à coucher. Elle sortit de l'armoire ses vêtements de travail. Blancs. Un beau règlement, car, en uniforme, tout le monde se ressemble, personne ne se distingue, chacun est invisible. Pour cela, il ne faut surtout pas avoir des yeux de couleur différente. Et ceux-là ne l'étaient pas, justement. Ils étaient bleus. Un bleu océanique. Un bleu norvégien. Des yeux norvégiens, normaux et beaux. *« Des tartines dans le réfectoire ? Mais tout de suite !… Alors là, oui, je suis en-tiè-re-ment d'accord avec toi !… Elle ? Ah ça, non ! Je n'ai pas voté pour elle ! »* Pff ! Des visages morts. Vides vides vides. Qui prononçaient des mots tout aussi vides. Des bouches qui remuent dans des visages sans vie. *« Il a dit ça, vraiment ?… C'est lui, ton ex ? Ben dis donc… Si je suis sur Facebook ? Bien sûr !… »* Quelquefois, des vacations le soir. Le café, servi à 8 heures pétantes. Ça, son vrai travail ? Son travail pour de vrai, dans la réalité ? Nooon : la réalité était toute différente.

La femme aux yeux vairons alla dans le couloir où elle prit son sac et son imperméable. Elle descendit l'escalier et rejoignit sa voiture. Elle démarra, alluma la radio : « Les fillettes disparues n'ont toujours pas été retrouvées. » *Ah bon ? Première nouvelle ! Car, non, tout le monde ne peut pas avoir des enfants. Et qui décide de ça, d'abord ? Certains perdent leur enfant. Qui décide de ça ? Qui décide de qui va perdre son enfant ? Non non non, ce n'est pas le vrai travail.*

Pas celui-là. De toute façon, personne ne sait quel est le vrai travail. Ha ! Enfin… certains le savent, mais ils ne vont pas aller le répéter…

La femme aux yeux vairons changea de station de radio, mais les nouvelles diffusées étaient partout les mêmes. Où se trouvaient les enfants ? Étaient-elles toujours en vie ? Quelqu'un les maintenait-il en captivité ? *De combien de filles a-t-on besoin ? 2 ou 3, c'est le chiffre normal, non ? Normal ? Est-ce qu'on n'est pas normal quand on n'a pas d'enfants ? Est-ce qu'on n'est pas normal quand on ne peut pas avoir d'enfants ?*

La femme aux yeux vairons quitta le centre en roulant à petite vitesse. *Il est essentiel de conduire lentement si on veut rester invisible. « Si jamais ils arrêtent ta voiture, ils peuvent découvrir qu'elle ne t'appartient pas. Que tu ne t'appelles pas Malin Stoltz. Mais autrement. Et ça, ce n'est pas bon. Ce n'est pas bon du tout. Mieux vaut donc rouler lentement. » Dans certaines situations, on peut se cacher même dans l'espace public. Au travail par exemple. Certains croient qu'il faut un diplôme pour exercer un métier. Alors que non ! On a juste besoin des bons papiers. Falsifier des papiers est simple comme bonjour. On a juste besoin des bonnes références. Falsifier des références est simple comme bonjour.*

La femme aux yeux vairons roula jusqu'au mur blanc en briques devant lequel elle gara sa voiture. Elle pénétra dans le hall. *Huit heures moins dix, parfait. Tant qu'on arrive à l'heure au travail et qu'on fait ce qu'on a à faire, on ne se fait pas remarquer et personne ne pose de questions inutiles.*

La femme aux yeux vairons entra dans les vestiaires du personnel. Elle accrocha son imperméable dans son casier, y fourra également son sac, puis se regarda une dernière fois dans le miroir. *« J'ai deux yeux bleus. Je suis une petite fille aux yeux bleus. Ces yeux bleus sont pour de faux. Ce travail est lui aussi pour de faux. Le travail pour de vrai n'a rien à voir avec ça. » Tant qu'on fait ce qu'on a à faire, personne ne pose de questions inutiles.*

La femme aux yeux vairons resserra sa queue-de-cheval avant de pénétrer dans la salle de garde.

— Bonjour, Malin.

— Bonjour, Eva.

— Comment ça va ?

— Ça boume ! Et toi ?

— La nuit a été longue. Helen Olsen a encore eu un malaise. Il a fallu appeler l'ambulance.

— La pauvre ! Elle va mieux, au moins ?

— Oui, heureusement. Elle devrait rentrer aujourd'hui.

— Tant mieux. Et comment va ton chien, au fait ?

— Bien, ce n'était pas aussi grave que ce qu'on croyait.

— Ouf !

« Je ne suis pas malade. » « Tu es malade. »

— Qui est de garde aujourd'hui ?

— Birgitte, Karen et toi.

« Je ne suis pas malade. Pas moi. »

La femme aux yeux vairons aperçut un papier accroché au-dessus de la cafetière :

LA MAISON DE RETRAITE DE HØVIK FÊTE SES DIX ANS !

— C'est quoi, ça ? demanda-t-elle.

— Il va y avoir une grande fête vendredi prochain. Ça va être chouette !

— Oh oui, c'est drôlement chouette.

« C'est vous qui êtes malades. C'est ça la réalité. »

— Tu viendras au moins, Malin ?

— Et comment que je viendrai !

— Les filles ont parlé de se retrouver peut-être pour l'apéritif. Ça te dirait ?

— Quelle excellente idée ! Vous voulez que j'apporte un petit truc ?

— Parles-en à Birgitte, c'est elle qui l'organise.

— D'accord, je n'y manquerai pas.

— On va bien s'amuser, j'ai hâte !

— Oh, moi aussi !

— Bon ben… bonne garde, Malin.

— Merci, rentre bien. Dis bonjour à ton mari de ma part. Et sois prudente au volant surtout !

— Ne t'inquiète pas.

La femme aux yeux vairons se servit un café et s'assit pour faire semblant de lire le journal.

36.

Mia Krüger avait chaussé ses lunettes de soleil pour prendre son petit déjeuner dans la salle de restaurant, au dernier étage de son hôtel. Un mal de crâne lui vrillait le cerveau, et elle ne se souvenait pas comment leur soirée avec Susanne s'était exactement terminée, sinon qu'elles avaient dû échouer dans un bar. Lequel ? Elle vida son verre de jus d'orange, se força à manger du bacon grillé mais sentit monter la nausée de débutante. Est-ce que j'ai appelé Holger, hier soir, alors que j'étais ivre ? se demanda-t-elle minée par le remords. Une petite voix intérieure lui avait ordonné de le contacter séance tenante pour lui soumettre ce qu'elle avait découvert.

Au même moment, Susanne sortit des toilettes, avec une mine encore plus défaite que la sienne.

— On ne recommencera plus jamais ! s'exclama-t-elle en s'effondrant sur une chaise, avant de prendre son front dans ses mains.

— Absolument, confirma Mia. Ça suffit d'être mal accompagnées !

— Parce que tu te trouves mal accompagnée avec moi ?

— Tu penses bien que je ne parlais pas de toi, voyons ! Mais de certaines personnes dont on s'entoure.

— *Je hais les acteurs.*

— C'est ça, continue, crache ton venin ! suggéra Mia d'une voix amusée.

Elle avait été à deux doigts de trouver quelque chose, hier. Et elle n'avait qu'une envie aujourd'hui : se claquemurer dans sa chambre, consulter ses notes, réfléchir à l'affaire. C'est ce qu'elle préférait : être tout entière plongée dans une enquête, faire travailler son cerveau pour démêler l'écheveau, trouver pistes, indices, liens et cohérence. Là seulement elle était elle-même. Là seulement elle se sentait en sécurité.

— Merde ! s'écria Susanne. On a un filage à midi. J'avais complètement oublié…

— *Un filage* ?

— Une sorte de répétition générale, si tu veux.

— Tu as largement le temps, dit Mia en regardant sa montre, il n'est que 10 h 30.

— Pourquoi tu avais écrit sur ta feuille la réplique d'ouverture de *Hamlet*, hier soir ?

— Le boulot. Je ne peux pas t'en parler.

— Je comprends. C'est juste que j'ai trouvé ça un peu bizarre…

— Peut-être, oui.

— Ça a à voir avec les filles qui ont disparu ?

— Je ne peux pas t'en parler, Susanne.

— Au fait, j'ai dit à quelqu'un du théâtre que je te connaissais. J'espère que je n'ai pas commis de bourde, au moins ?

— Non, pourquoi ?

— Parce que l'actrice qui joue Ophélia, Pernille Lyng, est en réalité la tante de l'une des deux gamines, Andrea. Tu vois ?

— Susanne : je ne peux *vraiment pas* t'en parler !

— Non, bien sûr, excuse-moi. Je me disais simplement qu'il devait y avoir un lien.

Posant une main sur celle de son amie, Mia esquissa un sourire.

— Bon, on n'en parle plus, d'accord ? Ce ne sont que des coïncidences. O.K. ?

— O.K., O.K. Putain d'alcool ! À quoi ça sert d'être soûle si c'est pour être rongée par l'angoisse le lendemain ?

— Je suis entièrement de ton avis. Je ne boirai plus une goutte.

— C'est toujours ce que je me dis les lendemains de beuverie, répliqua Susanne avec une grimace. Le hic, si j'ose dire, c'est que dès que j'ai retrouvé la forme, mes bonnes résolutions se sont mystérieusement envolées…

— C'est très mystérieux, en effet ! s'esclaffa Mia.

— Allez, faut que je m'en aille ! déclara Susanne en se levant. Je dois passer à la maison me changer avant la répète. Si je mets les mêmes fringues qu'hier, ils vont encore me regarder de travers…

— File, ma belle !

Elle se leva à son tour pour embrasser Susanne.

— Et encore merci pour ton coup de main, murmura celle-ci. On se voit bientôt ?

— Autour d'un thé, cette fois !

— Exactement ! pouffa Susanne.

L'amie d'enfance de Mia quitta la salle de restaurant en s'efforçant de paraître le plus sobre possible.

37.

Holger Munch trépignait d'impatience en attendant de pouvoir entrer dans le bureau de Mikkelson, au QG de Grønland. Déjà qu'il regrettait d'avoir accepté les écoutes des communications téléphoniques, il fallait désormais se présenter à des réunions privées, entre quat'z-yeux – et Munch n'avait vraiment pas de temps à perdre avec ces caprices : deux enfants étaient encore en vie mais allaient bientôt mourir, tuées par la même personne qui avait supprimé les deux premières. Pour autant que ce soit la même, ce dont Munch avait la certitude. En dépit du profil et des méthodes qui différaient légèrement. Une femme. Sauf qu'ils n'avaient pas la moindre piste. Des milliers d'appels au central qui débouchaient sur quoi ? Rien. Zéro. Si ce n'était ce témoin oculaire, un retraité, qui leur avait paru crédible. Lequel avait vu une femme. La petite trentaine. Environ 1,70 mètre. Des cheveux tirés en arrière sous une capuche. Un nez droit. Des yeux bleus. Une petite bouche. Le problème : ça pouvait être n'importe qui.

Munch cessa de tambouriner sur les accoudoirs du fauteuil, pour tirer de l'autre main un chewing-gum de sa poche. Après un coup d'œil à sa montre, il sentit son irritation monter d'un cran. Non seulement il était en train de perdre son temps pour une réunion inutile, mais en plus il avait demandé à Mia de l'accompagner à la maison de retraite, à Høvik, pour avoir une petite discussion rapide avec sa mère, histoire d'en finir avec cette histoire d'héritage. Or l'envie d'annuler ce rendez-vous le démangeait furieusement. Il estimait qu'il y avait plus urgent. Andrea et Karoline avaient été enlevées, et ce alors qu'il dirigeait l'enquête sur les premiers meurtres. S'il ne mettait pas bientôt la main sur l'assassin, celui-ci allait leur injecter un anesthésiant, les nettoyer, les habiller d'une robe de poupée… et il les pendrait à un arbre, un cartable dans le dos. Or Holger était complètement dans le brouillard. Il ne savait plus comment et où orienter leurs investigations. Leur seule piste se résumait à cette femme dont ils ignoraient tout, puisque celle du travesti Roger Bakken avait mené à une impasse. Et, pour couronner le tout, Mia l'avait réveillé en pleine nuit en lui annonçant qu'elle avait découvert quelque chose. Étant donné son état d'ivresse manifeste et surtout ses difficultés d'élocution, il l'avait gentiment priée d'aller se coucher. Il s'était rappelé que leurs portables étaient sur écoute. À ce sujet, il se promit d'en toucher un mot à Gabriel : il devait bien y avoir un moyen pour supprimer les conversations privées, les écarter des rapports.

— Holger, entre.

Mikkelson avait l'air soucieux et le front tellement plissé que Munch pouvait en compter les rides.

— Alors, on en est où ? reprit-il une fois que Holger se fut assis.

— Au même point qu'hier. On n'a reçu aucun tuyau supplémentaire sur la femme du portrait-robot. On continue les vérifications, mais… je n'ai pas grand espoir.

— Malgré la présence d'Alfa1, on n'a aucune trace des gamines ?

Munch eut soudain l'impression de redevenir un petit garçon sur les bancs de l'école, dans le bureau du directeur qui s'apprêtait à lui passer un savon. La sensation était horripilante, mais il n'avait guère de moyens d'y échapper.

— J'avoue avoir moi-même du mal à le comprendre… Les enlèvements paraissent planifiés à l'extrême, c'est tout ce que je peux affirmer pour le moment. Si ç'avait été un hasard, on aurait capturé cette femme il y a longtemps.

— Ça ne me suffit pas. Vraiment pas, grommela Mikkelson.

— C'est pour ça que tu m'as fait venir ? rétorqua Munch. Tu aurais pu m'en parler au téléphone.

— Oui, non… Excuse-moi.

Mikkelson ôta ses lunettes, se frotta les yeux. Ce n'était pas bon signe, un mauvais coup se préparait en sous-main.

— J'ai un peu de pression d'en haut, poursuivit-il après avoir remis ses lunettes.

— De qui ? Du ministère ?

— On s'en fout de savoir qui.

— Nos équipes font ce qu'elles peuvent…

— Oui, non… Cette explication, je l'ai transmise et elle est bien arrivée. Ce n'est pas ça, le problème.

— Alors c'est *quoi*, le problème ?

Munch commençait lentement à perdre patience. Il avait autre chose à faire qu'à jouer aux devinettes.

— Ça concerne Mia, déclara Mikkelson en regardant l'enquêteur dans les yeux.

— Qu'est-ce qu'elle a, Mia ?

— Eh bien…

À nouveau il ôta ses lunettes.

— Ils estiment qu'elle représente un risque. Ils me demandent de la dessaisir de l'enquête.

— La dessaisir de l'enquête ? T'as une case en moins, ou quoi ? On vient juste de la récupérer chez nous. Alors qu'elle ne voulait pas revenir ! On est allés la chercher dans son trou perdu parce qu'on est des putains d'égoïstes, il a fallu que je la convainque pour qu'elle accepte, et maintenant on devrait lui montrer la sortie ? C'est hors de question !

— Allons, allons. Ce n'est pas tout à fait ce que je voulais dire.

— Ah bon ? Dans ce cas je serais très curieux de savoir…

— Je voulais dire que…

Il mit son silence à profit pour remettre ses lunettes et, une nouvelle fois, vriller ses yeux dans ceux de Munch.

— Elle n'est pas… pas… Oui, voilà . pas bien portante.

— Pardon ? Excuse-moi, mais j'ai d'autres chats à fouetter que discuter de ce genre de conneries.

À ces mots, il se leva, fit mine de s'en aller, mais se retourna pour ajouter :

— J'ai deux gamines prisonnières quelque part et tout ce que ces cons du ministère trouvent à sortir de leur gros cul, c'est *ça* ?

— Je te prierai d'employer un autre langage, Munch. Je te rappelle que tu te trouves en service, au quartier général de la police, sur ton lieu de travail.

— Oh, s'il te plaît, ne me la fais pas celle-là, Mikkelson ! La police ? Tu n'es pas sérieux, là ? Ah, je comprends… C'est *ça* qui vous inquiète, le ministère et toi : la réputation de la police ! Et le ministère, il en pense quoi, de toutes les fois où Mia vous a sauvé la mise ? Il en pense quoi, du diplomate russe qui adorait trucider les putes ? Il en déduit quoi, le ministère ? Que c'est le Saint-Esprit qui leur a évité le scandale ? Tu étais là, ce jour-là, peut-être ? Hein ? Et les deux retraités qui ont été dévalisés puis assassinés dans leur appartement de Kolsås ? C'est toi qui as résolu l'enquête ? Il en a pensé quoi de cette affaire, le ministère ?

Munch se dirigea vers la porte.

— J'ai parfaitement conscience de ce que Mia a fait pour nous, répondit Mikkelson d'une voix grave. La nation entière lui est reconnaissante et lui dit merci. Merci, merci. La Norvège la remercie. Mais les temps changent. C'est comme au ski : Bjørn Dæhlie n'est plus le champion. Tu vois où je veux en venir ?

— Non, Mikkelson. Je ne vois rien du tout. Quel est le rapport entre des skieurs et une enquêtrice criminelle ? T'as quoi dans les yeux, bordel ? On est en train de parler de *mort* ! D'assassinat ! De deux fillettes tuées. De deux gamines de six ans. Et deux autres qui vont elles aussi crever si on ne les retrouve pas. On parle de *mort*, Mikkelson ! Tu piges ?

Munch posa la main sur la poignée de la porte.

— O.K., O.K., O.K. Elle pourra continuer dans l'immédiat. Mais quand cette affaire sera résolue, on la vire. De toute façon, elle sera finie en tant que flic. Et à ce niveau-là, je ne peux rien. Ah, une dernière chose…

Il ouvrit un tiroir et en sortit une carte de visite.

— Elle va devoir aller consulter ce monsieur.

Mikkelson lui tendit la carte, Munch revint à son bureau pour la prendre. Il la lut et s'écria :

— Un psychiatre ?

— C'est une injonction du ministère.

— Tu sais quoi, Mikkelson ? Va te faire foutre ! Pourquoi tu ne l'as pas dit quand je suis allé la chercher sur son île ?

Mikkelson écarta les bras en signe d'impuissance :

— La politique…

— La politique, mon cul, oui !

Munch reposa la carte sur le bureau de son chef et ajouta :

— Elle n'ira voir aucun psychologue.

— Un psychiatre.

— Oh, ta gueule, hein ! C'est la même merde. Mia Krüger a un boulot à faire et j'en prends la responsabilité.

— Cette décision n'est pas de ton ressort, Holger.

Le directeur de la police judiciaire ouvrit son ordinateur portable et cliqua sur un dossier. Un enregistrement. Munch n'eut aucune peine à reconnaître sa voix. Il s'agissait de la communication téléphonique qu'il avait eue avec Mia la nuit précédente.

— *Oui…*

— *Holger ! Holger, cher Holger !*

— *C'est toi, Mia ? Mais tu sais l'heure qu'il est ?*

— *C'est faux. C'est juste un jeu. La copine de Roger Bakken avait des yeux vairons. Susanne, c'est ici qu'on entre. Oui, couche-toi là. Je vais t'aider à te déshabiller. Tu entends ce que je te dis, Holger ?*

Munch soupira au moment où Mikkelson stoppa l'enregistrement.

— À moins bien sûr que tu ne veuilles entendre la suite…, ajouta-t-il.

— Elle avait bu, O.K. ?

— Ah bon ? Je ne m'en étais pas rendu compte ! Et... selon toi, ça donnerait quoi si la presse s'emparait de ce document ?

Le directeur de la police judiciaire se renfonça dans son fauteuil.

— D'accord. Elle ira consulter ce psychiatre. Ça te va ? On a terminé ?

— On a terminé.

Munch ramassa la carte de visite et quitta le bureau sans un mot.

38.

Attendant au bas de l'hôtel que Holger passe la chercher, Mia regrettait d'avoir accepté de l'accompagner à la maison de retraite. Elle s'était recouchée juste après son petit déjeuner avec Susanne, minée évidemment par la culpabilité – mais la fatigue avait eu raison de sa conscience, bonne ou mauvaise : l'automédication qu'elle s'était imposée à Hitra imprégnait toujours son corps. Si elle ajoutait aux effets secondaires de ce régime alcool-médicaments le boulot qui ne lui laissait pas une seconde de répit, les cogitations de son cerveau qui carburait de jour comme de nuit, elle obtenait l'état lamentable dans lequel elle se trouvait en ce moment. Autrement dit : elle avait besoin de sommeil, de beaucoup de sommeil. Pendant un instant, elle se prit à rêver à son île, à la solitude, aux levers de soleil et à la mer. Elle prit une pastille dans sa poche, se demanda si elle n'allait pas annuler le rendez-vous (parler à sa mère, il devrait y arriver tout seul comme un grand, bon sang !), chercha une excuse. Trop tard : l'Audi noire arrivait. Elle lâcha un juron avant de s'asseoir sur le siège passager. Holger Munch n'avait pas l'air ravi outre mesure, elle n'eut pas le courage de lui demander pourquoi.

— Il faut que tu te procures un autre portable, dit-il d'entrée de jeu.

— Pourquoi ?

— Tu m'as appelé cette nuit.

— Merde. Je m'en doutais.

— Tu as fait la tournée des bars ?

— J'étais avec une vieille copine d'Åsgårdstrand.

— Tu te souviens que nos téléphones sont sur écoute, j'espère ?

Mia ne répondit pas. Elle essaya de se souvenir de ce qu'elle avait pu dire, rien ne lui revint ; tant pis, elle s'en fichait. Munch changea de conversation :

— Bon, tu as trouvé quoi ?

— Roger Bakken avait une copine. Avec qui il sortait quand il était Randi.

— On la connaît ?

— Non. Mais elle avait des yeux vairons.

— Tiens donc..., fit Munch, à la fois surpris et intrigué. C'est possible ?

— Oui. C'est une anomalie génétique. Elle avait un iris bleu et un iris marron.

— Tu crois que c'est une piste ?

— Je n'en sais rien, mais il ne faut surtout pas la lâcher. Tu ne crois pas ?

— Tu as raison.

Munch baissa sa vitre et alluma une cigarette. Même si elle détestait le tabac en voiture qui lui donnait systématiquement la nausée, encore plus aujourd'hui avec sa gueule de bois,

Mia s'abstint de tout commentaire. D'autant que Holger paraissait épuisé.

— Autre chose? demanda-t-il.

— Oui. Gabriel a réussi à trouver un numéro dans l'iPhone de Bakken.

— Oui, je sais. Veronica Bache. Morte en 2010.

— Et? Ça aboutit quelque part?

— Pas trop pour l'instant. Dernier domicile connu à Vika, où elle vivait avec son arrière-petit-fils Benjamin, un acteur. Tu vois qui c'est?

— Je devrais?

Mia s'agaçait de constater que son cerveau tournait au ralenti. Jamais elle n'aurait dû accepter que Susanne la dérange hier soir, pile au moment où elle était sur le point de trouver quelque chose. Elle se promit de nouveau de ne plus boire une goutte d'alcool. Du moins jusqu'à ce que l'enquête soit terminée – si tant est qu'elle s'arrête. Elle prit une deuxième pastille.

— Il fait partie de la troupe de notre célèbre Nationaltheatret! répondit Holger, amusé. Mais plutôt tendance *Gala*, si tu vois ce que je veux dire. Un *people*, quoi.

— Quelqu'un aura gardé son téléphone et payé les factures pour que l'abonnement ne soit pas résilié. Elle doit être là l'explication, non?

— C'est le seul moyen.

— Et d'après toi? Ce serait l'arrière-petit-fils?

— Possible. J'ai essayé de le contacter, mais il avait une répétition. Il faut absolument qu'on lui mette la main dessus aujourd'hui.

Ouvrant la vitre, Mia demanda :

— Et ton cancer des poumons, il se porte comment?

— Tu es bien placée pour parler avec ta cirrhose! Écoute, je ne bois pas, je…

— Oui, je sais; tu ne bois pas, tu ne consommes pas de café, donc tu as bien le droit de t'accorder une petite clope de temps en temps, ricana-t-elle.

— On peut savoir ce qui te met de bonne humeur comme ça ?

— Rien. Juste que je tiens quelque chose. Enfin je crois…

— Et on peut savoir quoi ?

— Tu sais, toute cette symbolique…

— Oui ?

— Ça cafouille un peu à ce niveau-là, tu ne trouves pas ?

— Euh… c'est plutôt ton domaine, pas le mien.

— Je suis sérieuse, Holger.

— Et moi aussi. Mais je t'avoue que j'ai un peu de mal à suivre les virages non contrôlés que ton cerveau prend parfois…

Cette dernière phrase, il la marmonna en se garant sur le parking de la maison de retraite.

— Et voilà, soupira-t-il en éteignant le moteur. Maintenant, au turbin !

— Allez, on se calme, on respire, ça va bien se passer.

— J'ai besoin d'une dernière clope avant de me lancer.

Mia sortit de la voiture en même temps que lui. Mettant ses lunettes de soleil, elle se sentit en meilleure forme. Et, à voir combien c'était joli, ici à Høvik, à l'ouest d'Oslo, elle était finalement contente d'avoir accompagné Holger.

— Bon, je t'écoute, dit celui-ci. Montre-moi ce qui bouillonne dans ton cerveau compliqué.

— Maintenant ?

— Pourquoi pas ?

— Si tu y tiens…, répondit Mia en s'asseyant sur le capot. Quel était le premier signe que l'assassin nous a transmis ?

— On cherche une femme ?

— On s'en fout, de ça. Quel était le premier signe ?

Munch haussa les épaules.

— Les robes ?

— Non.

— Les cartables ?

— Non.

— Mc 10,14 : « *Laissez les petits enfants venir à moi* » ?

— Non plus.

— Bon, accouche, on va pas y rester cent sept ans !

— Rikke JW.

— Et pourquoi ce serait le premier ?

— Parce que c'est faux.

— Pardon ? grommela Munch, désorienté.

— Tu te souviens, ça signifie : *ce n'est pas JW*. Donc ça indique que quelque chose est faux et que le reste est juste. Que ce n'est pas ça que nous devons regarder, mais le reste.

Mia venait de capter l'intérêt de son collègue. Elle poursuivit :

— Et qu'est-ce qui était faux ?

— Le prénom sur le livre ?

— Bingo. La petite fille ne s'appelait pas Rikke, mais Pauline. Un signe évident.

— De quoi ?

— Mais de conscience, Holger !

— De conscience ?

— T'es bouché à l'émeri aujourd'hui, ou quoi ?

Holger tira une profonde bouffée de cigarette puis recracha la fumée vers le soleil du printemps.

— Ah… la conscience, je crois comprendre. Les autres signes sont des affects, c'est ça ? Le lavage, les robes, les cartables : tout ça, ce sont des signes qui relèvent des affects de l'assassin. Alors que Rikke JW a été écrit consciemment, volontairement, par une personne consciente. C'est ça que tu essaies de me démontrer ?

— Bravo, Holger ! s'exclama Mia en frappant dans ses mains.

— Je ne suis pas si con en définitive…

— Et Rikke JW, ça signifie quoi, *exactement* ?

— Hønefoss.

— Voilà. Et quel était le deuxième signe ?

— Le sang de cochon ?

— Non, ça c'était le troisième.
— Je donne ma langue au chat...
— Tu te souviens des textos de Roger Bakken ?
— Et ?
— Lequel était faux ?
— Parce qu'il y en avait un qui n'était pas faux ?
— Fais travailler ta matière grise, bon sang ! Icare a volé trop près du soleil. Avec des ailes d'aigle. *Bye Bye Birdie*, un film musical adoré par les gays. Bakken était lui-même homosexuel et avait un aigle tatoué. Tout est juste, tout concorde. Sauf un : *Who's there ?* Celui-là, il reste à élucider.
— C'était le signe numéro deux, *Who's there ?* Il signifie quoi, lui ?
— Je n'en suis pas encore sûre. Mais j'ai appris hier qu'il s'agit de la réplique d'ouverture de *Hamlet*.

Munch alluma une deuxième cigarette, non sans jeter un coup d'œil nerveux vers la porte d'entrée. Mia avait presque envie de rire : le chef de l'Unité spéciale appréhendait une discussion avec sa maman.

— Et la première de *Hamlet* a lieu bientôt au Nationaltheatret. Comme par hasard Benjamin Bache y tient un rôle. Lequel est comme par hasard l'arrière-petit-fils de Veronica Bache. Dont le téléphone a comme par hasard été utilisé par l'assassin. C'est là qu'il faut qu'on regarde ?
— Peut-être..., répondit Mia d'un ton songeur. Ce qui est certain, c'est que j'ai trouvé *où* nous devons regarder et chercher, mais pas *pourquoi*.
— Et le sang de cochon, ça signifie quoi ?
— Idem, je ne le sais pas encore, répondit Mia en prenant une pastille. Bon, on y va ? On ne va pas y passer la journée, dans cette maison de retraite...

39.

La maison de retraite de Høvik était réservée aux mieux lotis de cette société, ça ne faisait pas l'ombre d'un doute. On est bien dans les quartiers chicos de l'ouest d'Oslo ! se dit Mia, en franchissant les portes qui ouvraient sur un hall spacieux et clair. L'endroit brillait par sa propreté : net et impeccable, des meubles neufs, des plafonniers modernes, les murs décorés d'œuvres originales d'artistes. Mia en reconnut certaines – férue d'art contemporain, sa mère Eva avait souvent emmené ses deux filles aux expositions. Outre des photos également accrochées, qui immortalisaient des voyages organisés, une vitrine exhibait les trophées remportés lors des tournois de bridge, de bowling et autres compétitions. Et même si, dans le fond, l'endroit constituait une sorte d'ultime salle de repos avant le grand saut, rien ne le trahissait expressément. À la maison de retraite de Høvik, la vie n'était pas terminée tant qu'on n'avait pas traversé pour de bon le Styx ou qu'on n'avait pas décroché un aller simple six pieds sous terre pour manger les pissenlits par la racine.

— Souhaite-moi bonne chance ! soupira Holger avant de disparaître dans un couloir.

Qui le mènerait à une chambre évidemment individuelle, supposa Mia, équipée de sa salle de bains et de son W.-C. personnels, au sein d'une structure surveillée vingt-quatre heures sur vingt-quatre. Ici, aucune personne âgée ne végétait dans ses couches sales en attendant qu'une aide-soignante daigne lui venir en aide. La jeune femme s'installa dans un fauteuil et prit sur la table basse le premier magazine venu : *NOUS, LES 60 ANS ET PLUS*. Elle parcourut les accroches en première page : *DÉMENCE, COMMENT UN PEU DE GYM PEUT EMPÊCHER SA SURVENUE* ou *TOPPEN BECH, LA JOURNALISTE AU ROUGE À LÈVRES*

ET À LA VOITURE TON SUR TON. Mia sourit intérieurement en songeant à ce que sa grand-mère aurait pensé d'un endroit comme celui-ci, avec des revues comme celle-ci. Elle s'apprêtait à en feuilleter une autre quand son regard fut attiré par l'un des nombreux diplômes qui ornaient un mur. *Tournoi de canasta 2009. Vainqueur : Veronica Bache.* Mia bondit, afin d'être sûre de ce qu'elle lisait. Non, en effet, elle ne s'était pas trompée. Ça ne pouvait être que la Veronica Bache du numéro de portable. Elle alla à la réception de l'autre côté de la pièce et agita la petite clochette. Il ne fallut que quelques secondes pour que surgisse une employée.

— Bonjour, en quoi puis-je vous aider ?

Elle était à l'image de l'établissement : charmante, belle, les joues roses. Mia songea fugacement qu'ils n'employaient peut-être que des gens en harmonie avec l'intérieur. La maison ne saurait tolérer une femme avec une vilaine peau et des doigts jaunis par le tabac pour pousser les dos usés. Les yeux d'un bleu électrique, les cheveux noir corbeau tirés en arrière et retenus par une queue-de-cheval, la jeune femme devait avoir le même âge que Mia.

— Bonjour, Mia Krüger.

Elle songea un instant sortir sa carte de police mais se ravisa.

— Et moi c'est Malin. Qui désirez-vous voir ?

— En fait, j'accompagne un ami : Holger Munch. Il est venu voir sa mère.

— Ah, Hildur ! s'écria la femme aux yeux bleus. Quelle dame merveilleuse.

— Absolument. Je voulais vous poser une petite question. Oh, simple curiosité... Je viens de constater, sur l'un des diplômes accrochés ici, qu'une amie de Hildur, Veronica, a remporté le tournoi de canasta ?

— Exactement. Nous en organisons un tous les ans à Noël. Et c'est Veronica qui a remporté les trois derniers avant son décès.

— Et dire que je n'ai jamais joué à la canasta !

— Moi non plus ! répliqua la charmante jeune femme en rehaussant sa phrase d'un clin d'œil complice. Mais les personnes âgées adorent ce jeu de cartes.

— C'est le plus important. Non, en fait, si je vous pose cette question, et vous pardonnerez ma curiosité, mais… Bache ? Cette Veronica ne serait pas de la famille de l'acteur… ? Vous savez, l'acteur, là… Ce beau gosse, bien foutu.

— Benjamin Bache, vous voulez dire ?

— Voilà ! Mais, suis-je bête, peut-être que vous n'avez pas le droit de répondre à ce genre de questions… ?

La Malin aux yeux bleus la regarda d'un air intrigué.

— Hum… pour tout dire, non. Je n'en ai effectivement pas la permission.

— Je m'en doutais. Mais… il venait la voir souvent ? Vous l'avez vu ? Il est comment, en vrai ?

L'employée sourit.

— Il ne venait pas souvent, non. Peut-être deux ou trois fois dans l'année. Et, de vous à moi, il est mieux à la télé qu'en vrai ! précisa-t-elle avec un petit rire malicieux.

— Je comprends.

— Puis-je vous servir un café en attendant ? Je m'apprêtais à m'occuper du déjeuner. Si vous voulez, je vous en apporte une petite tasse ?

— Non, je vous remercie, ça ira, répondit Mia avant de retourner à son fauteuil.

La femme aux yeux bleus et à la queue-de-cheval la gratifia d'un nouveau sourire avant de disparaître dans la petite pièce.

Avisant la télé dans un coin, Mia prit la télécommande posée sur la table basse. Une conférence de presse était prévue pour midi. Mia Krüger n'était pas mécontente d'échapper à cette partie de l'enquête, elle qui avait une relation pour le moins compliquée avec les journalistes, en compagnie desquels elle ne se sentait jamais à l'aise. Avec eux, il fallait avoir deux visages et ne jamais exprimer tout haut le fond de sa pensée. Pour elle qui aimait pouvoir dire la vérité, ce jeu était compliqué. Et, repensant à Benjamin Bache, elle se dit que c'était comme au théâtre : certains adoraient la lumière, d'autres préféraient les coulisses.

Elle monta le son et changea de chaîne, se branchant sur NRK. *Meurtres d'enfants* – le titre n'était pas plus tape-à-l'œil que dans d'autres médias mais ne s'en trouvait pas moins sur l'écran. Mia Krüger ne put s'empêcher de secouer la tête en montant encore le son. Deux présentateurs en studio, un reporter sur le perron du QG de Grønland. La conférence de presse avait dû être reportée. Elle éteignit la télé et sortit téléphoner. Elle composa le numéro de Gabriel.

— Oui?

— Pourquoi on a reporté la conférence de presse? Il s'est passé quelque chose entre-temps?

— Non, ça va bientôt démarrer.

— O.K. C'est Anette qui s'en charge?

— Oui, je crois. Elle et une autre procureure, celle aux cheveux courts.

— Heidi.

— Possible.

— Tu as trouvé autre chose sur Veronica Bache?

— Je devais?

— Non, mais moi, si. Tu pourrais vérifier un truc pour moi?

Gabriel soupira.

— Bien sûr.

— Ça ne va pas?

— Si, si. C'est juste que… j'ai tellement de choses à caler, et…

— Et quoi?

— Non, rien. Enfin, si : ma copine est enceinte.

— Oh! Félicitations!

— Merci. Euh… qu'est-ce que tu voulais que je vérifie?

— J'ai comme un petit pressentiment mais… il y a un détail qui cloche. J'aimerais bien avoir accès à la maison de retraite de Høvik, à… comment ça s'appelle ?

— La liste d'attente ? Tu as besoin d'une place ?

— Très drôle ! T'as vite pris le pli des collègues, dis donc… Fais gaffe à ne pas être désagréable avec tes supérieurs ! répliqua Mia sur le ton de l'humour.

— Excuse-moi, je suis juste un peu ronchon aujourd'hui.

— Et ne reporte pas sur moi ta mauvaise humeur sous prétexte que ta copine est enceinte ! renchérit Mia, toujours en plaisantant. Je te rappelle que tu as ta part de responsabilité dans la grossesse !

— C'est vrai… À ce propos, c'est normal d'avoir envie de manger certaines choses extravagantes ?

— J'en ai entendu parler, oui. Elle avait envie de quoi ?

— De la glace italienne. Et crois-moi que c'est facile à trouver en pleine nuit !

Mia éclata de rire.

— C'est ça, rigole…

Visiblement, le jeune hacker n'était pas d'humeur. Mia reprit le fil de leur conversation :

— J'aimerais avoir la liste des employés, et des hôtes.

— *Des hôtes* ??

— Je m'exprime mal, pardon. Comment on appelle les gens qui vivent en maison de retraite ? Les retraités ?

— Tu veux dire, les résidents ?

— Voilà ! Tu peux me trouver ça ?

— C'est bien légal, tout ça ?

— Non.

— Je pars du principe que tu me couvres si jamais je me fais taper sur les doigts.

— Je vois que tu as bien écouté pendant ta formation avec Clopo.

— Hélas, oui, soupira Gabriel.

— Ne t'inquiète pas, j'en prends l'entière responsabilité. Maison de retraite de Høvik. Tu as besoin de l'adresse?

— Non, je trouverai. Qu'est-ce que je cherche en particulier?

— Aucune idée. Je te l'ai dit, c'est juste un pressentiment. La mère de Munch et Veronica Bache dans la même maison de retraite, hum... Je crois que ça vaut le coup d'être vérifié.

— Parce que en plus tu me demandes aussi de mentir à Munch?! s'écria Gabriel à l'autre bout du fil. Donc je suppose qu'il ne doit pas être au courant?

— Gentil toutou! Bon, faut que j'y aille. Le brief est à quelle heure?

— 15 heures.

— Super. À plus tard.

Mia rangea son téléphone au moment où Munch sortit sur le perron. Elle voulut aller le rejoindre mais constata qu'il n'était pas seul. Une autre employée, portant le même uniforme blanc que la jeune femme aux yeux bleus, se tenait à côté de lui. Belle elle aussi, svelte, avec des longs cheveux ondulés, d'un roux clair plutôt blond vénitien. Elle éclata soudain de rire, prit Munch par le bras qui, de son côté, rougissait comme un jeune premier. Mia prit une pastille dans sa poche et alla se dégourdir les jambes. Munch et l'aide-soignante échangèrent encore quelques mots. Et, avant de retourner à l'intérieur, celle-ci ne manqua pas de lui toucher de nouveau le bras.

— Comment ça s'est passé? voulut savoir Mia quand il vint la retrouver à la voiture.

— Ne me demande pas, répondit Munch en s'allumant une cigarette.

— C'était qui?

— Qui ça?

— D'après toi?

Munch s'assit sur le siège conducteur sans éteindre sa cigarette.

— Ah, elle… C'est… voilà : Karen. Elle s'appelle Karen. Elle travaille avec ma mère. Il fallait juste que je…

Il démarra la voiture et s'engagea sur la chaussée.

— Que tu quoi ?

Munch éluda :

— Il y a du nouveau ?

— La conférence de presse.

Il alluma la radio. Mia entendit la voix d'Anette :

— Pour l'heure nous n'avons pas d'autre piste que celles déjà exposées et sur lesquelles nous enquêtons. Tous renseignements ou éventuels témoignages seront les bienvenus.

Autrement dit : ils n'avaient strictement rien à annoncer. N'empêche, le monde exigeait une conférence de presse. Mia regarda Munch qui semblait soucieux. Elle songea un instant à lui signaler que Veronica Bache avait vécu dans la même maison de retraite que sa mère mais, à le voir aussi plongé dans ses pensées, elle se ravisa. De toute façon, Gabriel était sur le coup. Or Holger déclara de but en blanc :

— Il faut que tu ailles consulter un psy.

— Pardon ?

Il sortit une carte de visite dans la poche de sa veste et la lui tendit.

— Il faut que tu ailles consulter un psy, répéta-t-il.

— Je peux savoir qui l'exige ?

— Mikkelson.

— Quoi ?

— Ne me regarde pas comme ça. Ils m'ont ressorti notre conversation téléphonique de la nuit dernière. Ils estiment que tu as besoin de soins.

— Ils peuvent se le mettre où je pense, leur psy.

— C'est à peu près ce que je leur ai dit.

— Dans ce cas on est d'accord.

Mia ouvrit la boîte à gants où elle jeta la carte.

— Les salauds !

— Tu t'attendais à quoi ?

— Le respect, ils connaissent pas ?

— Bienvenue dans le monde réel ! soupira Munch. On s'arrête manger un burger avant d'y aller ?

— Je veux bien, oui.

Munch tourna dans la première station-service pile au moment où il commençait à pleuvoir.

40.

La pluie tombait à seaux sur les vitres des locaux d'*Aftenposten*. Ils avaient été convoqués par Grung pour suivre la conférence de presse prévue à midi mais repoussée de dix minutes. Ils étaient réunis dans le bureau : Silje Olsen, Erik Rønning et Mikkel Wold, lequel, bien que n'aimant pas fanfaronner, n'était pas peu fier d'avoir obtenu aujourd'hui la meilleure place – à savoir le fauteuil en cuir à côté du rédacteur en chef, ledit Grung, également présent. Car des bouleversements s'étaient opérés depuis l'étrange entretien téléphonique de Skullerud : Wold, brusquement propulsé au centre de l'affaire, était monté en grade.

Grung baissa le son de la télé et ouvrit la discussion. Ils s'étaient bien gardés d'ébruiter le coup de fil prévu à Mikkel Wold. Puisqu'ils étaient tous persuadés que la voix métallique était celle de la femme aperçue par le retraité. Ils n'avaient rien laissé filtrer ni exploité. Du moins pas encore. Et c'était justement de cela qu'ils devaient débattre : fallait-il utiliser cet appel et, auquel cas, comment ?

— Je pense qu'il faut plutôt attendre, déclara Silje en croquant dans sa pomme.

— Pourquoi ? demanda Grung.

— Parce que nous ignorons encore si la ravisseuse ne va pas se volatiliser dans la nature si nous divulguons l'affaire.

— Nan, moi je pense qu'il faut y aller à fond.

L'avis venait d'être émis par Rønning, journaliste extrêmement talentueux en plus d'être très jeune : vingt-six ans. Engagé dans la maison deux ans plus tôt, il était non seulement la prunelle des yeux de Grung, mais siégeait d'habitude à la place qu'occupait Wold aujourd'hui. Si le jeune Erik était jaloux ou envieux, il cachait bien son jeu. Jambes écartées, serrant une balle antistress avec nonchalance, il poursuivit son raisonnement :

— Qui nous dit que cette cinglée ne va pas appeler *VG* demain ? Ou *Dagbladet* dès ce soir ? On a un scoop qui nous tend les bras, ce serait trop bête de passer à côté.

Mikkel Wold ne put réprimer un léger sourire. Son collègue utilisait le mot *scoop* à bouche que veux-tu depuis que, l'an passé, il avait gagné le prix du Meilleur Scoop pour un reportage sur les SDF de la capitale.

— Dans ce cas explique-nous pourquoi elle n'a pas appelé un autre journaliste ? rétorqua Silje.

Silje et Erik étaient le jour et la nuit. Elle : la vingtaine volubile, un piercing sur la langue, une sympathie assumée pour le socialisme démocratique, en tout cas très à gauche pour un quotidien plutôt libéral. Lui : calme, pondéré, le plus souvent en costume, des cheveux gominés, un sourire toujours au coin de la bouche et le regard vif ; bref, le gendre idéal. Quand des discussions divisaient la rédaction, ils s'affrontaient régulièrement.

Journaliste de la vieille école, Mikkel Wold travaillait toujours avec crayon et bloc-notes et n'écrivait jamais un papier sans avoir contacté directement son sujet – alors que la modernité adepte de la rapidité se contentait d'un coup de fil passé à la va-vite, si tant est qu'il y en ait un. Quant à son style vestimentaire, Wold avait opté pour un entre-deux qui ne le plaçait ni dans le dernier cri dont Silje était adepte ni dans l'élégance décontractée d'Erik. S'il avait une apparence ennuyeuse ? Il avouait y avoir déjà réfléchi, et sans doute devrait-il renouveler sa garde-robe, la même depuis dix ans, et choisir des vêtements qui, pour paraphraser les magazines que lisait sa sœur, *« rehausseraient sa personnalité »*. Néanmoins, il n'avait pas franchi le pas : pareille coquetterie jurait selon lui avec le sérieux de son travail. Quoi qu'il en soit, c'était lui que la ravisseuse avait appelé – lui et aucun autre.

— C'est juste, lâcha Erik. Dans ce cas faut tenter.

— Et toi, Mikkel, qu'est-ce que tu en penses ? demanda Grung en se tournant vers lui.

Les deux autres se turent. Pour une fois. Désormais, chacun voulait connaître son opinion. Là encore, il répugnait à l'admettre, mais sa mystérieuse interlocutrice lui avait d'une certaine manière rendu une fière chandelle en lui téléphonant. Il s'éclaircit la voix avant de répondre :

— J'hésite… D'un côté, je suis d'accord sur le fait qu'on pourrait tirer parti de ce coup de fil.

— Qu'est-ce que je disais ? intervint Erik en faisant rouler sa balle antistress sur la table. Faut foncer, punaise !

— Mais d'un autre côté, avoir l'affaire en une pendant quelques jours nous fait aussi prendre le risque de perdre le contact. Et puis… on pourrait apporter notre aide.

Le silence s'installa autour de la table.

— *Notre aide* ? répéta Silje. Tu veux dire… aller voir les flics ?

— La police, grommela Grung. Je te rappelle que nous sommes à *Aftenposten*, pas dans un tabloïd !

— Et donc on n'a pas le droit de prononcer le mot *flics* ?

Silje leva les yeux au ciel avant de reprendre un morceau de pomme.

— Bref. C'est une option à envisager, conclut Grung.

— Laquelle ? insista Erik.

— Livrer nos informations à la police.

— Et ça nous apportera quoi ? soupira Erik. On n'a pas grand-chose. En tout cas rien de tangible. Rien qu'ils puissent utiliser. Mais que nous, par contre, *nous* pouvons utiliser. Vous n'êtes pas d'accord ?

— Ça va vous paraître bizarre, dit Silje, mais… pour une fois, je partage entièrement l'avis d'Erik. Il ne faut pas livrer nos infos aux flics.

— À la police, corrigea Grung.

— On n'a rien d'exploitable. Du moins pas encore.

— Qu'est-ce que je disais ?

— Ça ne signifie pas pour autant qu'il faille gonfler le truc. Certes, on n'a rien à perdre à utiliser l'info. En même temps, l'affaire a trois jours, ça sent un peu le réchauffé…

— N'importe quoi ! s'exclama Erik. C'est pas *du tout* du réchauffé, ça pue le scoop !

— Chut ! fit Grung en montant le son. Ça commence !

Anette Goli et la procureure Heidi Simonsen étaient au micro.

— Oh nan, pas elles ! soupira Erik. Quand est-ce qu'ils vont nous envoyer Munch et Krüger ? J'aimerais bien refaire un papier sur Krüger…

Silje Olsen se fendit d'un rire méprisant :

— Ha ! Tout le monde sait ce que tu *aimerais* faire avec Mia Krüger…

— Mais taisez-vous ! pesta Grung en augmentant encore un peu le volume.

Anette Goli venait de souhaiter la bienvenue aux journalistes présents quand le portable de Mikkel Wold sonna. Un silence de plomb se déposa aussitôt dans la salle de réunion du journal.

Numéro privé.

Erik et Silje crièrent en chœur :

— Laisse sonner deux fois !

— Décroche !

Grung coupa le son de la télé et murmura :

— Mets le haut-parleur !

Mikkel s'éclaircit la voix avant de répondre :

— Oui, Mikkel Wold à l'appareil…

Frottements et grésillements dans le téléphone, mais aucune voix.

— Ici Mikkel Wold de l'*Aftenposten*, répéta-t-il, un poil plus nerveux.

Toujours rien.

— Allô ? Il y a quelqu'un ? s'impatienta-t-il.

Erik et Silje levèrent les yeux au ciel.

— Pff! siffla le premier.

— La ferme ! rétorqua Grung sans réussir vraiment à chuchoter comme il le voulait initialement.

Il ne fallut que quelques secondes à la voix métallique pour résonner à l'autre bout du fil :

— Aha. Donc nous ne sommes pas seuls.

Même Erik Rønning la bouclait, serrant un peu plus fort sa balle antistress, les yeux écarquillés. Depuis le début, lui et Silje avaient cru qu'il s'agissait d'une méchante blague. Or non, c'était vrai. Ils en avaient à présent la preuve indubitable. La suspecte numéro un téléphonait. En personne. Le rêve de n'importe quel journaliste. Sauf qu'il se réalisait pour Mikkel Wold et pas pour eux. Silje recracha en silence le bout de pomme qu'elle avait dans la bouche.

— Effectivement, répondit Wold. Vous êtes sur haut-parleur.

— Mais quel honneur, mon Dieu ! piaffa la voix métallique, haineuse. *Aftenposten* écoute enfin ses lecteurs, première nouvelle ! Donc vous serez plusieurs à endosser la responsabilité.

— De quoi ?

— On va y venir. Mais d'abord... tu ne devrais pas être à la conférence de presse à l'heure qu'il est, Mikkel ? Tu n'avais pas une petite question à poser ?

— Pourquoi le cochon a autant saigné par terre ?

— Mais c'est qu'il a retenu la leçon, notre petit garçon !

— Je connais mon travail. Je ne pose pas de questions dont je ne suis pas l'auteur.

Mikkel Wold vit son chef secouer frénétiquement la tête comme pour lui indiquer que la repartie était mauvaise.

— L'intégrité journalistique ! ricana la voix métallique après un silence.

— Voilà.

— Comme tu es mignon ! Tout le monde sait que les gratte-papier comme vous n'ont aucune intégrité. Il n'y a que vous qui y croyiez. Vous avez oublié le sondage de l'année dernière ? À qui la population fait-elle le plus confiance ? Vous êtes arrivés derniers ! Ha ! Derrière les avocats, les publicitaires et les vendeurs de voitures. Laisse-moi rire !

Et, de fait, la ravisseuse éclata d'un rire cette fois jovial et chaleureux. Erik Rønning secoua la tête en brandissant vers le portable un doigt d'honneur auquel Grung répliqua par un froncement de sourcils sévère.

— Mais ce n'est pas pour cette raison que nous sommes réunis, poursuivit la voix métallique.

— Pour quoi, dans ce cas ? voulut savoir Mikkel Wold.

— Ma parole, Mikkel, tu ne cesses de m'étonner aujourd'hui. Tu as trouvé la question tout seul ou tu t'es fait aider par un petit camarade ?

— Arrête de nous faire des grands airs ! s'écria soudain Erik, hors de lui. D'abord, comment on peut savoir que tu es bien la personne que tu prétends être ?

Grung était maintenant rouge comme une tomate. Ne pouvant réprimer sa colère, il envoya à Erik un coup de pied par-dessous la table. Après un bref silence, la voix métallique reprit de plus belle :

— Bonne question, merci de l'avoir posée. À qui ai-je l'honneur ?

— Erik Rønning.

— Doux Jésus ! Erik Rønning en personne. Le vainqueur du prix du Meilleur Scoop en 2011. Félicitations !

— Merci.

— Et… ça fait quoi d'écrire sur les SDF et de prendre un bain le soir dans son jacuzzi en buvant du chablis, bien au chaud dans son appartement du très chic quartier de Frogner ? C'est de l'intégrité journalistique, d'après toi ?

Erik ravala les paroles qui lui brûlaient la langue.

— Je te donne toutefois raison, Rønning. Comment pouvons-nous savoir que je suis bel et bien la personne que je prétends être ? Et si on jouait à un petit jeu, Erik ? Hein, ça te plairait ?

— Quel jeu ? demanda Erik, moins rassuré.

— Je l'ai baptisé *être à la une*. Vous êtes prêts ?

Nul n'osa répondre autour de la table.

— Il faudrait peut-être que j'explique d'abord les règles, non ? Alors, voilà. D'habitude, c'est vous qui fabriquez les unes, qui lancez les informations. Mais ça doit être un peu rasoir à la longue, n'est-ce pas ? Donc je me suis dit : pourquoi pas, pour une fois, être *soi-même* la une… Ce ne serait pas jouissif ?

— Qu'est-ce que vous attendez de nous ? demanda Mikkel Wold.

— Ça, c'est à vous de décider.

— Décider *quoi* ?!

— De qui va vivre. Et de qui va mourir.

Les quatre journalistes, épouvantés, s'interrogèrent du regard.

— Qu'est-ce que vous insinuez ?

La voix métallique lâcha un petit rire.

— Ce que j'insinue ? Selon vous ? Parce que, vous voyez… je n'ai pas encore choisi. Andrea ou Karoline ? Et comme je n'arrive pas à me décider, je me suis dit que vous le feriez à ma place. Ce n'est pas gentil de ma part ? Ce n'est pas un geste de prévenance envers vous ? De vous laisser décider…

— V-v-vous n'êtes pas… sérieuse ? dit Silje.

— Oooh, tiens donc ! Une femme ! Quelle bonne surprise ! Et à qui ai-je l'honneur cette fois ?

— S-s-silje Olsen, bafouilla-t-elle, visiblement émue.

— Et dis-moi, Silje Olsen, tu y crois, toi ?

— À quoi ?

Nouveau rire bref à l'autre bout du fil.

— Au fait que je suis une femme ? Tu y crois ?

— Oui, chuchota Silje du bout des lèvres.

— Ce que vous pouvez être naïfs, mes pauvres enfants ! Elle est trop simplette, votre vision des faits. Vous êtes tous des simplets. Vous m'ennuyez. Oui, je m'ennuie avec vous. Moi qui m'attendais à un peu plus de pugnacité de votre part. Bon, Mikkel, toi qui es le plus futé des trois : tu y crois, toi ?

Mikkel s'accorda une seconde de réflexion avant de répondre :

— Oui.

— Quel désastre intellectuel ! Bon, encore une fois, c'est moi qui vais devoir apporter un peu d'intelligence chez vous. Sous prétexte qu'un retraité aperçoit une femme, tout le monde pense que je suis une femme. Et si j'étais une trans, hein ? Vous y avez pensé ? Non, bande d'abrutis ! Et si j'étais un SDF. Hein, Erik ? C'est ton domaine, pourtant… Selon toi, un SDF est prêt à quoi si on lui offre deux mille couronnes ? Si on lui demande d'enfiler un gilet à capuche et de se montrer en pleine nuit dans une rue de Skullerud. Tu n'aurais pas accepté, Erik, si toi aussi tu étais SDF ?

— Donc tu n'es pas une femme ? C'est ça que tu essaies de nous dire ?

— Dieu du ciel ! Vous êtes décidément plus bêtes que je le croyais. Il n'y en a pas un pour racheter l'autre. Bon, ce n'est pas grave. Alors on va faire comme ça. Vous avez une minute devant vous pour choisir un prénom. Andrea ou Karoline. Aujourd'hui, c'est vous qui décidez. La deuxième vivra et rentrera chez elle dans vingt-quatre heures. Si vous ne choisissez aucun nom, elles mourront toutes les deux. Pour moi, ça n'a aucune espèce d'importance. Donc on est d'accord, hein ? L'une vivra, l'autre mourra. Et c'est vous qui décidez.

— Vous ne pouvez décemment pas..., s'écria Grung.

— Je rappelle dans une minute. Bonne chance au jeu !

— N-n-non ! bégaya Silje.

— Tic-tac, tic-tac ! singea la voix métallique avant de raccrocher.

41.

Lukas était au ciel. C'est du moins la sensation qu'il éprouvait. Cela faisait déjà de nombreux jours qu'il s'était fait une joie de chaque instant en songeant à cette troisième visite à la maison dans la forêt. *Domus lucis* : la Maison de la Lumière. Ou, comme Pasteur Simon aimait l'appeler : *Porta caeli*, la Porte du Ciel. Son corps avait été comme engourdi toute la journée et, maintenant qu'ils étaient enfin arrivés sur les lieux, si proches du ciel, il ne tenait plus en place – mais se força néanmoins à rester tranquille. Voilà : il restait bien sagement assis sur sa chaise en bois près de la fenêtre pendant que Pasteur Simon faisait la lecture aux enfants.

Ce dernier en avait reçu l'injonction par Dieu en personne : Construis cet endroit. Une nouvelle Arche. Non pas destinée aux animaux cette fois-ci, mais aux Élus. Aux Initiés. La Maison de la Lumière. La Porte du Ciel. Quand viendrait le jour du Jugement dernier, ils partiraient. Eux et personne d'autre. Rien qu'eux. Ils voyageraient seuls. Ils seraient quarante, pas un de plus. Il y avait d'autres Arches dans le monde, avait révélé Dieu à Son ministre, sans lui dire pour autant où celles-ci se trouvaient ; juste qu'elles existaient. Ce qui, en soi, suffisait amplement. Les autres Élus, ils les rencontreraient au Ciel. Ils avaient donc le temps. Ah, le Ciel… Le Royaume de Dieu. Où une eau turquoise coulait dans des rivières fraîches. Où tout était construit en or, sur un tapis de nuages soyeux. L'Éternité. Pour les Élus. Et à jamais.

Lukas ferma les yeux pour mieux laisser glisser en lui la voix de Pasteur Simon. La voix de Dieu. Puisqu'elle n'était nulle autre que la Sienne. Les enfants – ils comptaient plus que tout. Dieu l'avait indiqué, formellement : il fallait des enfants purs, c'était essentiel. Des enfants purifiés, clairs, comme ils l'avaient été dans la matrice de leur mère. Et pas des enfants sales, souillés au bout de quelques années sur terre. Non. Ils devaient être purs et purifiés. Même s'il fallait employer le feu, les flammes de l'Enfer. Pasteur Simon parlait d'une voix suave et calme, déterminée, comme l'était la main de Dieu : dure dehors, mais douce en dedans. Lukas sentait couler dans sa tête l'eau turquoise des rivières fraîches et saines, qui serpentaient dans des forêts d'un vert tendre puis à travers des champs blancs et devant des maisons en or.

— Mes enfants, je viens me présenter devant vous pour conduire les hommes des ténèbres vers la lumière, scandait doucement Pasteur Simon. Je vais révéler devant vous la réalité de l'Enfer pour que vous puissiez être sauvés par le Salut et vous détourner des chemins du mal avant qu'il ne soit trop tard. Votre âme sera extraite de votre corps, par moi, par le Seigneur Jésus-Christ, et sera envoyée en enfer. Je vous offrirai aussi des visions du Ciel ainsi que de nombreuses autres révélations. Ensemble, nous allons pouvoir voyager seuls vers le Ciel.

Il se tut un instant, balaya l'assemblée du regard. Il aimait beaucoup faire ça : regarder chacun dans les yeux. C'était important. Car ainsi, chacun pouvait voir que derrière ses yeux à lui se trouvaient les yeux de Dieu. Lukas ouvrit grands les siens et sourit. Car sa maison s'érigerait juste à côté de celle de Pasteur Simon, Dieu l'avait promis. Lukas observa les enfants. Ils étaient peu nombreux, huit au total : cinq filles et trois garçons, presque tous purs, choisis par le ministre de Dieu dont plusieurs tours de parole, grâce à sa voix amicale, suffiraient à les rendre tout à fait purifiés – et tout à fait prêts. Lukas chercha celle qui était un peu spéciale, qui s'appelait Rakel. Il lui fallut un peu de temps pour la trouver, forcément car les enfants se ressemblaient beaucoup. Ils le devaient, ils devaient être égaux entre eux puisque « *nous sommes tous égaux devant Dieu* ». Ah, voilà. Là-bas. Oui, avec les yeux bleus et les taches de rousseur. Elle leur avait causé bien des soucis, et Lukas ne comprenait pas vraiment pourquoi Pasteur Simon faisait autant de raffut rien qu'à cause d'elle. Qu'est-ce qui la rendait si spéciale ? Si elle avait envie de fuir la Maison de la Lumière et de passer le restant de sa vie en enfer, qu'elle le fasse après tout ! Pourquoi gaspiller autant de temps avec cette énergumène ? N'y avait-il pas assez de bons candidats au sein de la paroisse ? Bien sûr, il s'était bien gardé de prononcer ces questions à voix haute. D'ailleurs, pourquoi lui avaient-elles effleuré l'esprit ? Lukas secoua la tête de consternation en songeant à sa propre bêtise. Il préféra baisser les paupières, laissa de nouveau glisser en lui la voix de Pasteur Simon, lui qui savait parfaitement ce qu'il faisait – et Lukas serra ses lèvres sans quoi, comme toujours, il serait incapable de réprimer un petit geignement de plaisir.

— Un soir, alors que j'étais en prière à la maison, j'ai reçu la visite du Seigneur Jésus-Christ. J'étais resté en prière plusieurs jours dans l'Esprit saint quand, soudain, j'ai senti Dieu venir à moi. Sa force et Sa grâce ont rempli ma maison dans sa totalité. Une lumière éblouissante a éclairé la pièce autour de moi, et une sensation de splendeur et de complétude s'est diffusée en moi. La lumière se déversait par vagues, des vagues qui roulaient, ondulaient, se pliaient et se dépliaient les unes dans les autres. C'était une vision unique. Puis le Seigneur s'est adressé à moi. Il a dit : « Je suis Jésus-Christ, ton Maître, et je désire t'offrir une révélation pour préparer les sanctifiés à mon retour et pour amener les croyants à la justice. Les pouvoirs des ténèbres sont réels et mes rêves sont véritables. Mon enfant, je veux t'emmener avec moi en enfer à côté de mon Esprit saint, afin de te montrer les quantités de choses dont je souhaite que le monde soit informé. Je veux me montrer pour toi de nombreuses fois ; je veux extraire ton âme hors de ton corps et je vais t'emmener réellement en enfer. » Alors moi j'ai crié : « Seigneur ! Que dois-je faire ? » Tout mon être souhaitait appeler Jésus-Christ, en gratitude de Sa présence. Ç'a été l'amour le plus beau, le plus paisible, le plus euphorique, le plus puissant que j'aie jamais connu. Les glorifications à Dieu se sont mises à déborder de moi. J'ai désiré aussitôt Lui donner ma vie, toute ma vie, pour qu'Il puisse sauver par le Salut d'autres pécheurs. Je savais, à cause de Son Esprit saint, qu'il s'agissait vraiment de Jésus, du Fils de Dieu, présent dans la pièce avec moi. Il a dit : « Regarde, mon enfant, je vais t'emporter avec mon Esprit saint en enfer, afin que tu sois en mesure d'en faire une description et, par la même occasion, de sortir des ténèbres les brebis perdues pour les conduire dans la lumière de l'Évangile. » L'instant d'après, mon âme s'est extraite de mon corps. Puis je me suis levé avec Jésus, je suis sorti de ma maison et me suis envolé vers le Ciel.

Pasteur Simon se leva et pria les enfants de faire comme lui. Ils se mirent tous en rond. Le ministre de Dieu fit un signe de tête à Lukas pour lui demander de les rejoindre. Ravi, ce dernier se dressa de sa chaise et s'empressa de prendre deux enfants par la main.

— Prions, dit Pasteur Simon en baissant la tête.

La petite pièce ne tarda pas à s'emplir de marmonnements.

— Notre Père qui es aux cieux ! Que Ton nom soit sanctifié ; que Ton règne vienne ; que Ta volonté soit faite sur la terre comme au ciel. Donne-nous aujourd'hui notre pain quotidien ; pardonne-nous nos offenses ; comme nous pardonnons aussi à ceux qui nous ont offensés ; ne nous soumets pas à la tentation, mais délivre-nous du mal. Car c'est à Toi qu'appartiennent la puissance et la gloire, dans les siècles des siècles. Amen !

— Amen, répéta Lukas, qui ne pouvait s'en empêcher.

Porta caeli, la Porte du Ciel. Pour l'instant, ils étaient ici. En attendant, il s'agissait de se préparer pour la venue prochaine de ce jour.

Pasteur Simon ouvrit la porte pour laisser sortir les enfants. Tous à l'exception de Rakel. Il voulait toujours terminer la conversation avec Rakel. Peut-être cela avait-il à voir avec l'agneau qui s'est éloigné du troupeau ? Oui, bien sûr, voyons ! L'agneau et le troupeau. Lukas eut une nouvelle fois mauvaise conscience d'avoir douté un instant de la décision du ministre de Dieu.

— Je crois que Rakel a besoin de rester encore un peu avec Dieu et moi.

À ces mots, Pasteur Simon fit signe à Lukas de quitter la pièce. Celui-ci se dirigea vers la porte.

— Et veille à ce que personne ne nous dérange, Lukas. C'est compris ?

Celui-ci opina en souriant avant de s'abîmer dans une profonde révérence.

— Bien sûr.

Il referma délicatement la porte. Dehors, l'obscurité s'épaississait, on voyait les étoiles dans le ciel. Il se fendit d'un large sourire, sentant la lumière et la chaleur couler dans son sang. Voilà où ils iraient bientôt. Il avait tellement, tellement hâte que… oui, c'était difficile d'expliquer à quel point il avait hâte. C'était comme une démangeaison dans tout son corps, un chatouillement délicieux, partout : du cuir chevelu jusqu'aux orteils, en passant par l'extrémité des doigts. Des rivières turquoise et des maisons en or. Était-ce vraiment possible ? Pouvait-il avoir autant de chance ? Lukas croisa les mains sur sa poitrine, sourit de nouveau jusqu'aux oreilles et se mit à fredonner un nouveau psaume qu'il venait d'apprendre à l'instant.

42

Il s'agissait, indubitablement, de la minute la plus longue qu'ait jamais vécue Mikkel Wold. La plus longue, et en même temps la plus courte. Comme si le temps s'était arrêté. Et comme s'il lui filait entre les doigts. Le temps avait une signification inédite : le temps n'avait plus de sens.

Ils passèrent les cinq premières secondes à se dévisager. Mikkel observait Silje qui ouvrait des yeux gros comme des boules de loto, à croire qu'elle venait de voir un extraterrestre. Elle-même jetait des regards désespérés à Grung – la plus jeune de la troupe cherchait du réconfort chez les plus âgés qui, hélas, se trouvaient dans l'incapacité de l'aider. Le rédacteur en chef, d'ordinaire si ingénieux, fixait tour à tour le portable posé sur la table et Mikkel Wold, lequel observait à présent Erik Rønning. Ce dernier était transfiguré : il semblait même ne plus fonctionner, ne plus être en mesure de faire un mouvement, de prononcer un mot ; ses lèvres étaient restées entrouvertes, un commentaire acéré ou spirituel (selon le point de vue que l'on adoptait) ne cessait de résonner dans la tête du jeune journaliste. Le quatuor avait en tout cas en commun d'être sans voix, paralysé, abasourdi. Le choc était pour eux total. Ainsi se déroulèrent les cinq premières secondes.

Les quinze suivantes furent l'exact contraire. Ils retrouvèrent simultanément l'usage de la parole, ne cessant de s'interrompre, à l'instar de quatre enfants dans un tunnel de chemin de fer, s'apercevant soudain qu'un train de marchandises fonçait à tombeau ouvert droit sur eux et qu'il leur était impossible de fuir ou de s'écarter – aussi couraient-ils, plus par instinct que pour sauver leur peau. Une vaine illusion. Leurs phrases jaillissaient identiquement, avec la même énergie du désespoir.

— Mon Dieu !
— On doit en choisir une.
— C'est peut-être du bluff, qu'est-ce qu'on en sait ?
— Je crois que je vais vomir.
— Mais putain, c'est possible, quoi...
— Et si on n'en choisissait aucune ?
— Mon Dieu !
— On est obligés d'en choisir une.
— On ne va quand même pas choisir !
— Non, c'est pas possible.
— Grung ?
— Mikkel ?
— Qu'est-ce qu'on fait ?
— On ne peut pas tuer un être humain, voyons !
— Je crois vraiment que je vais vomir, je me sens mal.
— On peut sauver une vie.

— Erik ?
— Silje ?
— Qu'est-ce qui se passera si on ne fait rien ?
— Les deux mourront.
— On ne peut quand même pas tuer une petite fille !
— J'y crois pas…
— On a la possibilité de sauver la vie d'une petite fille.
— J'y crois pas…
— Qu'est-ce qu'on fait ?
— Mon Dieu…

Vingt secondes venaient de s'écouler. La pendule de la salle de réunion n'avait pas de trotteuse. Il était toujours 12 h 16. La pendule ne fonctionnait pas, elle n'indiquait pas les secondes. Dans la pièce, personne n'avait besoin des heures ni des minutes. Exclusivement de secondes. Les dix suivantes ne furent utilisées que pour savoir combien de temps il leur restait. La panique commençait à se propager.

— Il s'est écoulé combien de temps ?

Silje était blanche comme un cachet d'aspirine.

— Il nous reste combien de temps ?

Grund, qui entre-temps s'était levé, se tenait debout, immobile, les mains sur la table.

— Quelqu'un a chronométré le temps ? demanda-t-il.

Mikkel Wold regarda son portable puis la pendule dépourvue de trotteuse et par conséquent inutilisable. Ils auraient tout aussi bien pu avoir de simples chiffres sur le mur. Ces quatre enfants enfermés dans un tunnel sentaient les vibrations du convoi se rapprocher inéluctablement d'eux. Erik se leva à son tour et martela la table des deux poings. Une fois, puis une deuxième, puis une troisième.

— On ne va pas perdre notre temps à savoir combien de temps s'est écoulé, bordel ! hurla-t-il.

Grung, quant à lui, avait retiré ses mains de la table et lissait ses cheveux avec frénésie.

— Combien de temps s'est écoulé ? dit-il.

La question du rédacteur en chef eut le chic de faire bondir Erik qui répéta sur le même ton :

— On ne va pas perdre notre temps à savoir combien de temps s'est écoulé !

Cet échange dura dix secondes. Il s'était à présent écoulé trente secondes.

— Ça ne sert à rien de nous engueuler ! cria soudain Silje.

— Bon, réfléchissons, dit Erik.

— Il faut qu'on prenne une décision ! s'écria Mikkel Wold, en proie à la panique.

— Qu'est-ce qu'on fait ? cria Grung, les mains toujours dans les cheveux.

— Tout le monde se calme ! hurla Erik.

— Maintenant on se calme *tous* ! hurla Silje.

Quarante secondes s'étaient écoulées. Les vingt secondes restantes représentaient une minute en soi. Ou une heure. Ou une année entière. Les aiguilles s'étaient arrêtées mais, de la même manière, défilaient à toute allure. Erik prononça la première parole sensée depuis le début de leur échange :

— Bon, on vote.

— Quoi ?

— Tu ne dis rien. On vote, j'ai dit. Et on vote *tout de suite* ! Tous ceux qui sont d'accord pour qu'on fasse quelque chose lèvent la main.

Erik leva la main. Grung leva la main. Mikkel Wold leva la main, sans vraiment savoir pourquoi. Silje ne leva pas la main.

Quarante-neuf secondes s'étaient écoulées.

— Trois contre un.

— Mais…, protesta Silje.

— Et maintenant, l'interrompit Erik, tous ceux qui sont d'accord pour qu'on sauve Karoline lèvent la main.

Erik venait de prononcer cette phrase d'une voix désespérée. Le train de marchandises était sur ses talons. C'était le seul moyen d'éviter la catastrophe, de permettre au convoi de s'arrêter ou de le faire dérailler.

— Non, gémissait Silje. Non, non, non !

Cinquante-sept secondes s'étaient écoulées.

Erik et Grung avaient la main levée, ils scrutaient Mikkel Wold.

— Oui ou non ? demanda le premier.

Mikkel Wold essaya bien de soulever son bras, mais celui-ci refusait obstinément, il était trop lourd. Jamais Mikkel n'avait eu un bras aussi lourd. Il refusait d'obéir. Ou alors sa tête refusait-elle d'obéir ?

Cinquante-neuf secondes s'étaient écoulées.

— Allez, putain ! hurla Erik. Est-ce qu'on sauve Karoline, oui ou non ?

— Mais on va tuer Andrea ! hurla Silje en larmes. On ne peut pas faire ça !

— Tu lèves ta main, oui ou non ? hurla Grung.

Mikkel Wold réitéra sa tentative, qui elle aussi se solda par un échec.

Et le téléphone sonna.

Le silence se fit immédiatement dans la salle de réunion. Une minute venait de s'écouler. Et le portable de Mikkel Wold se remettait à sonner. Son propriétaire le fixa intensément. Sans le voir. À coup sûr, l'appareil se trouvait dans une autre pièce – ou sur la Lune. Erik Rønning finit par se pencher et appuya sur le bouton.

— C'est encoooore moi…, les taquina la voix métallique.

Le silence était total.

— J'ai hâte de connaître le fin mot de l'histoire. Alors, vous avez choisi qui ?

Nul ne pipait mot.

— Vous êtes là ?

Silje regardait Grung qui regardait Erik qui regardait Mikkel Wold qui regardait ses doigts.

La voix métallique éclata d'un rire glacé.

— Vous avez perdu votre langue ? Parce qu'il me faut une réponse, là. Le temps passe, tic-tac, tic-tac…

Erik Rønning se racla la gorge :

— Nous…

— Andrea ? Ou Karoline ? Qui voulez-vous voir rentrer chez elle ? Une fille mourra, une fille vivra. Ce n'est tout de même pas sorcier à la fin !

— Les deux vivront ! s'écria Silje entre deux sanglots.

Nouvel éclat de rire à l'autre bout du fil.

— Non, non, non, mademoiselle Olsen. Ce ne sont pas les règles du jeu. L'une mourra, l'autre vivra. Et c'est vous qui décidez. Vous ne trouvez pas ça… chouette ? De décider qui va vivre et qui va mourir ? Ça ne vous donne pas l'impression d'être Dieu ? Hein, Rønning ? Ce n'est pas émoustillant d'être Dieu ?

Les quatre journalistes se taisaient toujours pendant que les secondes défilaient : le cerveau de Mikkel Wold s'était arrêté de fonctionner, Silje regardait autour d'elle, Grung avait les mains posées sur ses tempes et les doigts écartés, Erik Rønning s'apprêtait à dire quelque chose.

— Bon, trancha la voix. Dans ce cas ce sera les deux, on ne va pas non plus y passer cent sept ans. Dommage, dans le fond. Mais c'est *vous* qui venez de prendre la décision. J'ai pris beaucoup de plaisir à jouer avec vous.

— Non ! hurla Silje qui s'empara des deux mains du téléphone, une ultime tentative pour éveiller un peu d'humanité chez cet être métallique et glacial.

Trop tard. La voix avait déjà raccroché.

43.

Assise sur le balcon fumeurs, Mia Krüger regardait Holger Munch se bousiller les poumons. Ils venaient de terminer le briefing de la journée et Munch était de très, très mauvaise humeur.

— C'est pas possible, répétait-il pour la troisième fois, en se frottant les yeux.

Si nul dans l'équipe n'avait connu de longues nuits de sommeil cette semaine, Munch était sans doute celui qui avait le moins dormi. Mia avait attendu le bon moment pour lui dire ce qui trottait dans sa tête depuis plusieurs heures. Bien que ce ne soit qu'un pressentiment, il était en train de prendre la forme d'une certitude.

— C'est pas possible, répéta-t-il en s'allumant une autre cigarette avec celle qu'il fumait.

— Tu penses quoi ? lui demanda Mia en prenant une pastille.

— Qu'est-ce que tu veux dire ? répliqua-t-il en la regardant dans les yeux.

Il s'extirpa de ses réflexions, la regarda dans les yeux, prit conscience de la présence de son interlocutrice et se radoucit aussitôt.

— Tout. Quelqu'un doit les avoir vues, bon sang ! Deux fillettes de six ans ne disparaissent pas comme ça, d'un coup de baguette magique.

— La promesse de récompense n'a rien donné ?

— Que dalle. Pourtant, cinq cent mille couronnes, putain… Les témoins devraient courir pour toucher le jackpot à l'heure qu'il est !

— Ils vont monter à un million ?

— Oui. Ce sera publié demain.

— Ben comme ça les témoins vont courir pour encombrer nos lignes téléphoniques…

— On n'a pas le choix. Tu as pu coincer Benjamin Bache ?

— J'ai rendez-vous avec lui au théâtre, à 17 heures. Il n'a qu'une demi-heure à me consacrer. Il joue dans une autre pièce, parallèlement aux répétitions du *Hamlet*. Tu veux venir ?

— Non, vas-y seule. Ce qu'il faut savoir c'est s'il habite toujours dans l'appartement de son arrière-grand-mère, et si les factures lui arrivent là-bas… Pff ! J'suis con : pas besoin de te faire un dessin.

— T'inquiète pas.

— Mais merde, à la fin ! Quelqu'un doit forcément avoir vu quelque chose, bordel ! Entrer et sortir d'une voiture. Entrer et sortir d'une cabane. Entrer et sortir d'une cave. Les gamines doivent manger, non ? Donc quelqu'un achète forcément plus à bouffer… Quelqu'un…

Il ne termina pas sa phrase, le regard fixé sur le bout incandescent de sa cigarette.

— Si c'est aussi bien planifié que je le redoute, il faudra alors que la chance soit de notre côté. Et il nous en faudra beaucoup, de chance. Tu en as conscience ?

— Oui, je le crains aussi.

— Hélas. Je pense même que c'est planifié depuis des années.

— Et on sait l'un comme l'autre ce que ça signifie : si on ne les retrouve pas, les fillettes vont mourir.

Mia ne répondit pas, elle se contenta de regarder les passants dans la rue. Parfois, elle les enviait, ces gens ordinaires. Qui n'avaient pas à se coltiner des affaires comme celle-ci. Elle prit une nouvelle pastille dans sa poche pour mieux s'armer de courage.

— Il faut que je te dise quelque chose, Holger.

— Je t'écoute.

Elle réfléchit quelques instants, histoire de trouver les mots justes.

— Oui ? fit Holger.

— Je crois que tu es impliqué dans l'affaire.

— Qu'est-ce que tu veux dire par… *impliqué* ?

— Je crois que, sans le savoir, tu fais partie du projet de l'assassin.

— Qu'est-ce que tu me chantes ?!

Ils furent interrompus par Gabriel Mørk très nerveux, qui passa une tête par la porte du balcon.

— Excusez-moi de vous déranger, mais…

— Qu'est-ce que tu veux, toi ? grogna Munch.

— Non, c'est juste que… Mia… ? J'ai trouvé l'information que tu m'as demandée ce matin. Qu'est-ce que j'en fais ?

— Je veux que tu donnes les noms à Kim et Ludvig et que tu leur demandes de ma part de contre-vérifier avec la liste des personnes dans l'affaire Hønefoss. J'ai comme l'impression qu'il y a un lien…

— Ça roule, dit le hacker en refermant la porte sans un regard pour Munch.

— Et maintenant, reprit celui-ci, tu vas m'expliquer tes petits sous-entendus débiles !

— Je crois que cette histoire a aussi à voir avec toi.

— Avec moi ?! s'écria Munch, incrédule.

Ils furent de nouveau interrompus, cette fois par Anette Goli, hors d'haleine, qui ne prit même pas la peine de frapper.

— Il faut que tu viennes, dit-elle à Munch.

— Qu'est-ce qu'il y a ?

— On a une piste. Je viens d'avoir un coup de fil de l'avocat…

Elle jeta un œil au Post-it qu'elle tenait.

— … Livold. Il représente les intérêts d'*Aftenposten*. Ils ont été en contact avec la ravisseuse.

— Putain !

Il bondit de sa chaise et écrasa sa cigarette.

— Quand ?

— Plusieurs fois, visiblement. Il y a quelques jours. Et pas plus tard que ce matin.

— Et ils nous contactent *maintenant* ? hurla Munch, excédé. *Seulement maintenant ?* Quelle bande de cons !

— Apparemment, ils avaient besoin d'en discuter avec leurs avocats.

— Quels sombres cons ! Ils sont où ?

— Ils nous attendent dans leurs locaux. J'ai déjà une voiture, en bas.

Munch se retourna vers Mia.

— Tu viens ?

— Je peux pas, j'ai rendez-vous avec Benjamin Bache.

— Ah oui, c'est vrai.

Il lui adressa un regard bizarre.

— Il faut qu'on reparle de ce que tu viens de me dire. Je pige pas du tout le pourquoi du comment…

— On se retrouve plus tard au Justisen ?

— Ça marche.

Il courut derrière Anette.

44.

Quand Mia atteignit le Nationaltheatret, Benjamin Bache l'attendait sur une marche du large perron. Il semblait en proie à une grande agitation, vérifiant l'heure, tapotant sur son téléphone portable, s'allumant une cigarette, tambourinant des doigts sur sa cuisse, jetant des coups d'œil autour de lui – comme s'il avait peur que quelqu'un ne le découvre ici, songea Mia. Elle s'immobilisa derrière la statue de Henrik Ibsen pour mieux l'observer.

Et à bien le regarder, elle se rendit compte qu'elle l'avait déjà vu quelque part – mais où ? Pas dans la presse *people* qu'elle ne lisait jamais, pas même chez le dentiste, et qu'elle ignorait plus que jamais depuis qu'un journaliste y travaillant – pour autant qu'on puisse qualifier ainsi ce fouille-merde et tous ses « confrères » avec lui – l'avait contactée par deux fois à l'époque où elle était sous le feu des projecteurs. Il avait déclaré vouloir écrire *« la vraie histoire de Mia Krüger »*, proposition qu'elle avait bien sûr déclinée, poliment mais fermement, malgré son insistance qui était allée jusqu'à lui offrir un voyage aux Baléares tous frais payés. Elle en ricanait encore en y repensant et en croquant dans la pomme qu'elle s'était achetée au kiosque Narvesen.

Non, à voir Benjamin Bache un œil fermé, clope au bec, en train de tapoter sur son portable, la mémoire lui revint soudain : elle l'avait vu dans un film. Il jouait un enquêteur censé lui ressembler – enfin... pas à elle directement, même s'il était évident qu'elle avait servi de modèle. Il n'était pas à l'aise dans son rôle. Mia termina sa pomme et jeta le trognon dans la première poubelle venue. Il se redressa dès qu'il la vit et vint à sa rencontre, un large sourire aux lèvres.

— Bonjour, Mia. Je suis enchanté de faire *enfin* votre connaissance.

— Enchantée, dit-elle, en répondant à la poignée de main ferme qu'il lui tendait.

Quelque peu surprise par ce ton pour le moins familier, elle se dit qu'il relevait sans doute des usages du milieu artistique. Du genre « Ma chérie, nous sommes dans le même bateau, nous qui passons à la télé et sommes dans les journaux ». Elle ne mangeait guère de ce pain-là, mais n'en montra rien.

— J'ai réservé une table au Theatercaféen, si vous n'y voyez pas d'inconvénient.

— C'est que... ça ne sera pas long, répondit-elle avec un sourire.

— Allez, faites ça pour moi ! répliqua-t-il en lui adressant un clin d'œil avec un petit coup de coude dans le bras, avant d'éteindre sa cigarette. Il faut absolument que je mange. J'ai des répétitions tout l'après-midi, puis je joue ce soir dans une pièce pour enfants, puis les répétitions recommencent ensuite.

— Quel programme ! Je n'ai pas faim mais je peux vous regarder manger.

— Génial !

Évidemment à tu et à toi avec la serveuse, Benjamin Bache ne cessa de papoter avec elle tandis qu'elle les conduisait vers une table réservée près de la fenêtre. Il lui présenta même Mia en l'appelant encore une fois par son prénom. La jeune fille fut visiblement gênée de devoir décliner le sien. Cette façon de servir aux gens des prénoms longs comme le bras tenait évidemment du discours d'infériorisation, sans pour autant qu'elle puisse déterminer si l'acteur avait suffisamment de jugeote pour en avoir conscience. Peut-être s'exprimait-on ainsi dans son milieu professionnel, peut-être versait-on immédiatement dans l'intimité et la confidence.

Quel dragueur ! se dit-elle en espérant que Susanne n'avait pas été stupide au point de succomber à son rentre-dedans, qu'il n'était pas celui qui l'avait fait souffrir. Non, se corrigea-t-elle intérieurement, son amie d'enfance avait un penchant pour les hommes mûrs, capables de la protéger. N'empêche, Mia était persuadée que Benjamin Bache pouvait tout autant faire preuve de force et de prévenance même si, pour l'heure, il avait enfilé les frusques du… comment dire ? Oui, c'est ça : du jeune garçon innocent.

— J'avoue que j'ai été très étonné par ton appel. Ça ne te dérange pas si je te tutoie Mia ?

Non content de l'appeler encore par son prénom, il lui imposait le tutoiement. Sans attendre sa réponse, il poursuivit :

— Que me vaut l'honneur de cet interrogatoire ?

Elle dut se pincer pour ne pas sourire puisqu'il répétait là une des répliques du personnage qu'il avait interprété dans le film policier où Mia l'avait vu.

— Oh, c'est juste une question de routine.

— Je t'écoute !

Il lissa alors ses cheveux et lui adressa un clin d'œil complice. Mais quel dragueur ! soupira-t-elle intérieurement. Elle devait absolument conseiller à Susanne de se tenir le plus éloignée possible de ce type.

— En fait, cela concerne ton arrière-grand-mère, Veronica Bache.

— Ah bon ? fit-il en écarquillant les yeux.

— Elle est bien ton arrière-grand-mère, n'est-ce pas ? Veronica Bache, décédée il y a deux ans, dernier domicile connu Hansteensgate 20. Je ne me trompe pas ?

— Pas du tout, non.

— Elle y a vécu jusqu'à sa mort ?

— Non. Elle vivait depuis de nombreuses années en maison de retraite.

— La maison de retraite de Høvik ?

— Effectivement. Mais de quoi s'agit-il, en fait ?

— Qui habitait au 20 de la rue Hansteensgate ?

— C'est mon appartement. J'y vis depuis sept ans.

— Depuis que ton arrière-grand-mère est partie vivre en maison de retraite ?

— Oui.

— Tu en as hérité ? Il est à ton nom ?

— Non, à celui de mon père. Mais… je ne comprends pas. Pourquoi tu me poses toutes ces questions, Mia ?

Encore cet usage du prénom comme s'ils se connaissaient depuis toujours ! La technique était excellente, il fallait qu'elle s'en souvienne.

— Juste une question de routine, comme je le disais à l'instant, répondit-elle avant de boire une gorgée d'eau et de poursuivre. Dans quelle pièce joues-tu en ce moment ?

— Quoi ? Euh… dans *Hamlet*. Ou plutôt : on est en répète actuellement. Sinon je suis comédien dans une pièce pour enfants. Et sur un autre projet, d'une jeune dramaturge, hyper passionnant. On lui file un coup de main, si tu vois ce que je veux dire.

— Je vois. Et son courrier, il arrivait où ?

— Le courrier de qui ?

— De Veronica Bache.

— Son courrier, comment ça ?

Il était de plus en plus stupéfait.

— Est-ce que son courrier était adressé à la maison de retraite ou à ton domicile ?

— Euh… la plupart du courrier était envoyé à la maison de retraite. Mais si certaines lettres m'arrivaient, je les réexpédiais là-bas. Ou je les lui apportais quand je lui rendais visite. De quel courrier est-il question ?

Mia sortit un bout de papier de sa poche et le poussa sur la nappe blanche.

— C'était son numéro de téléphone portable ?

Abasourdi, l'acteur y jeta un coup d'œil rapide.

— Là, je ne comprends plus rien du tout…

— Ce numéro, c'était le sien ?

— Mon arrière-grand-mère n'avait pas de portable, elle les détestait. Et qu'est-ce qu'elle en aurait fait puisque tous les résidents ont leur ligne privée ?

Mia remit le papier dans sa poche et se leva.

— Eh bien, je te remercie, c'est tout ce que j'avais besoin de savoir. Merci de m'avoir consacré ces quelques instants.

— Ah bon, c'est tout ? répéta-t-il, presque déçu.

— Ou plutôt non, dit-elle en se rasseyant. Qui a hérité de ton arrière-grand-mère ?

— Mon père.

— Est-ce que, par hasard, il aurait été question de léguer l'héritage à une paroisse ?

Benjamin Bache fut soudain très silencieux. Il s'empara d'un cure-dents qu'il fit glisser entre ses lèvres, tourna la tête et regarda par la baie vitrée.

— Je suis obligé de répondre ? finit-il par demander.

— Non, bien sûr que non, lui assura Mia en posant une main sur la sienne. C'est juste que…, continua-t-elle sur le ton de la fausse confidence. C'est juste que je suis sur une grosse enquête en ce moment et… le nom de Veronica Bache est apparu dans le dossier. Je ne devrais pas te le révéler, Benjamin, mais…

Elle se pencha vers lui.

— … on est à deux doigts d'élucider l'affaire. Et je t'avoue que, si tu pouvais me donner une petite information, on arriverait peut-être à arrêter les coupables dès ce soir !

— Une grosse enquête, tu dis ?

Benjamin se pencha à son tour et murmurait. Mia posa un doigt sur sa bouche. Il comprit l'allusion, se redressa, jeta des coups d'œil alentour et demanda :

— Ça reste entre nous, n'est-ce pas ?

— Tu as ma parole.

Benjamin se racla la gorge.

— Mon père est un homme d'honneur. Donc si jamais ça s'ébruitait…

— Tu as ma parole, répéta-t-elle.

— Nous sommes arrivés à un compromis.

— Quel genre de compromis ?

— Elle avait changé son testament, juste avant de mourir.

— Combien voulait-elle céder à la paroisse ?

— Tout, chuchota-t-il.

— Mais vous avez réussi à l'en empêcher ?

Il fit signe que oui.

— Mon père est allé à la paroisse. Il a menacé les gens de procès, et leur a proposé une somme. Ils en sont restés là.

— Une somme de quel montant ?

— D'un gros montant.

Elle examina le jeune acteur. Il semblait sincère et innocent, mais n'en demeurait pas moins un comédien. Ne répétait-il pas dans *Hamlet* en ce moment ? *Who's there ?* Donc... jusqu'à quel point jouait-il la comédie en ce moment ? Qui sait s'il n'avait pas eu accès au portable de Veronica Bache ? Un instant, Mia envisagea de le prier de la suivre au commissariat pour un interrogatoire en bonne et due forme, mais elle changea d'avis. Mieux valait lui coller aux fesses une patrouille de surveillance, ils découvriraient très vite à quel genre de loustic ils avaient vraiment affaire.

— Je te remercie, tu m'as beaucoup aidée.

Elle se leva et remonta la fermeture Éclair de son blouson en cuir.

— C'est tout ? Tu ne veux pas manger un morceau avec moi ?

— C'est très gentil. Une prochaine fois, Benjamin.

— Ce sera avec plaisir, Mia. Un grand plaisir !

Mia enfonça son bonnet sur la tête et quitta le Theatercaféen, un sourire aux lèvres.

45.

Tobias Iversen se fit aussi minuscule et invisible que possible tandis qu'il rampait vers le sommet de la butte d'où il aurait une vue imprenable sur l'ancienne ferme. Il avait planté sa tente un peu plus bas, derrière des arbres ; personne ne pouvait le voir. Bien qu'il ait pensé rentrer chez lui, il avait finalement passé la nuit dans la forêt : après sa rencontre avec la fille vêtue d'une robe grise, rester sur place lui sembla la seule option possible. Rakel. C'était son prénom. Ils s'étaient parlé par papiers interposés et elle lui avait demandé de l'aider.

Tobias se coula jusqu'à la crête et régla ses jumelles. Il n'y avait aucun mouvement dans la cour. Pas étonnant, vu que le jour se levait à peine. Par contre ils étaient en pleins travaux, pas de doute là-dessus. Outils et matériaux encombraient les lieux : outre des planches de différentes tailles, une tractopelle et une pelleteuse, on apercevait des sacs qui devaient contenir du ciment puisqu'une bétonneuse se trouvait à côté. La veille, jusqu'à ce qu'il fasse trop noir pour distinguer quoi que ce soit, Tobias avait profité des derniers moments de clarté pour dessiner un plan détaillé. On comptait en tout sept bâtiments : la maison principale, une petite église surmontée d'une croix, deux serres, trois constructions plus rudimentaires et une remise. La grande clôture qu'il avait découverte hier, puisqu'elle n'existait pas la première fois qu'il était venu ici, courait tout autour des lieux. Autrement dit, les gens qui vivaient ici s'étaient barricadés. Et d'après ce qu'il avait observé, on ne pouvait accéder à l'intérieur que par une seule entrée : le portail. Il orienta ses jumelles dessus. Dans le demi-jour, Tobias voyait distinctement qu'il avait été fabriqué avec le même grillage que la clôture. Il remarqua ce qu'il n'avait pas repéré hier, à savoir qu'une chaîne verrouillait le tout, sans doute renforcée par un cadenas.

La veille, de son poste d'observation, il avait vu un homme ouvrir le portail. Ça s'était produit juste avant la nuit, alors qu'une sorte de 4 × 4 arrivait, un Land Rover ou un Honda CR. Deux personnes en étaient descendues. Le plus jeune avait des cheveux blonds, courts. Il ressemblait à un genre de serviteur ou de gardien. Il était sorti en premier du véhicule, il s'était précipité pour tenir la portière au deuxième type à l'intérieur. Celui-là était plus vieux, avec de longs cheveux blancs et une canne qui lui donnaient l'allure de Gandalf dans *Le Seigneur des anneaux*. Les habitants de la ferme s'étaient tous rués vers eux pour les accueillir comme s'ils étaient des héros, qui s'inclinant, qui faisant la révérence. Tout ce petit monde avait ensuite convergé dans l'église.

Après, l'obscurité était devenue trop épaisse pour voir ce qui se passait, hormis que les fenêtres s'étaient éclairées, mais qu'elles étaient sans doute obstruées par un rideau ou par un contrevent intérieur. Ensuite, Tobias était reparti dans la tente. Il avait mangé des tartines, s'était fait chauffer une soupe sur son réchaud. Il n'avait pas réussi à s'endormir, il pensait constamment à Rakel. Avec sa robe grise, elle était si différente des filles de sa classe – et ça lui avait fait repenser à une heure de cours où Emilie, leur prof de norvégien, leur avait un jour parlé de ce que ça impliquait d'être une fille aujourd'hui, qu'il ne fallait pas copier ce qu'elles voyaient à la télé, ne pas utiliser trop de maquillage ou de vêtements trop légers, bref. Toujours est-il que Rakel paraissait effrayée pour de vrai, pas comme quand il jouait aux Indiens avec Torben. Vraiment terrorisée. Surtout quand elle lui avait écrit sur son dernier mot : *aide-moi, je t'en supplie.*

Tobias reposa ses jumelles dans la bruyère. Il arracha un brin d'herbe qu'il se mit à mâchonner et se dit que, justement, il était peut-être temps de manger un morceau. Il sortit les deux sandwiches qu'il avait mis de côté avant le dîner, après avoir décidé qu'il passerait la nuit ici. Il engloutit celui au fromage, but un peu d'eau qu'il avait puisée dans le ruisseau en montant ici, et s'apprêtait à s'attaquer à celui au salami quand il se rendit compte que la ferme s'animait. Il reprit ses jumelles. Une porte s'ouvrit violemment et une silhouette sortit en courant. Son cœur bondit dans sa poitrine : c'était Rakel ! Elle fonçait vers la clôture, à l'endroit même où ils avaient fait connaissance hier. Elle se prit les pieds dans les pans de sa longue robe grise, trébucha, se remit d'aplomb et s'élança à nouveau en soulevant le bas du vêtement. Mais sans pouvoir avancer plus rapidement, hélas. Au même moment, deux hommes sortirent en trombe par la même porte. Non… maintenant ils étaient cinq qui essayaient de la rattraper. Tobias sentit son cœur s'emballer et ses doigts trembler. Jetant un deuxième coup d'œil par-dessus son épaule, Rakel tomba une nouvelle fois alors que les hommes se rapprochaient de plus en plus. Il les voyait agiter leurs mains et crier. Arrivée devant la clôture, Rakel prit son élan et entreprit de l'escalader. Mais, à cause des croisillons du grillage, trop petits, et de sa robe, trop lourde, elle ne grimpait que très lentement. Un des hommes l'empoigna par le pied droit et la fit non seulement dégringoler par terre mais la tira comme ça jusqu'à la maison, pendant qu'elle ne cessait de se débattre et de hurler. Ils claquèrent la porte derrière eux. L'instant d'après, il n'y eut plus de bruit ni d'agitation.

Tobias en avait la chair de poule. Une sueur glacée l'inondait, à l'extérieur comme à l'intérieur de lui. Les questions se bousculaient dans sa tête : Qu'est-ce qui se trafiquait dans cette ferme ? C'étaient quoi, ces façons d'élever les enfants ? Il ne réfléchit pas une seconde de plus : il n'avait plus le temps de s'interroger, ni même d'élaborer un plan. Il fonça dans sa tente pour chercher son couteau et la carte dessinée hier. Puis il se faufila au bas de la pente.

46.

Mia envisagea un instant de prendre une bière mais finit par commander une Farris. Quelques minutes plus tard, Holger Munch entrait au Justisen et s'asseyait essoufflé en face d'elle.

— Qu'est-ce qui se passe ? demanda-t-elle.

— La ravisseuse a contacté *Aftenposten* il y a quelques jours. En téléphonant à un journaliste, un certain Mikkel Wold. Elle lui a donné des informations au sujet de Karoline. Avec une voix déformée.

— Et pourquoi ils ne nous ont pas prévenus plus tôt ?

— Parce que ce sont des salauds d'égoïstes qui ne pensent qu'à vendre du papier !

Munch était visiblement en colère.

— Et qu'est-ce qu'on fait ?

— Je ne sais pas encore. La procureure leur a clairement fait comprendre qu'ils avaient commis une grave erreur et qu'on était en droit de les accuser de rétention d'informations.

— Il faut les serrer !

— Mikkelson a répondu qu'il allait y réfléchir, mais que mon interrogatoire suffisait, en fait.

— J'y crois pas ?!

— Si. Putain de politiques ! grogna Munch. Y a que ça qui les intéresse : leur carrière. La seule chose qu'ils protègent vraiment.

Il commanda un smörrebröd aux crevettes et un Coca.

— Et qu'est-ce qu'ils t'ont donné, alors ? voulut savoir Mia.

— Un exposé oral de la situation. Ils nous envoient un document écrit demain.

— Et on a des infos intéressantes dedans ?

— Non, rien qui fasse vraiment avancer l'enquête. Et toi, Bache ?

— Bingo.

— C'est-à-dire ?

— Tu es impliqué dans l'affaire. J'en suis de plus en plus convaincue.

Munch passa du désarroi à la curiosité. Au même moment, son plat et sa boisson arrivèrent.

— Je t'écoute.

— C'est difficile à expliquer. Je ne voudrais pas me répéter mais… pour l'instant, c'est juste un pressentiment.

— Vas-y.

— Le ou pour le coup *la* coupable nous rappelle l'enlèvement du bébé de Hønefoss : Rikke JW, ce n'est pas Joachim Wicklund. Qui était en charge de l'enquête à l'époque ?

— Moi, répondit Munch.

— Exactement, toi. *Who's there ?* Toi. Et de quoi parle *Hamlet* ?

— D'amour… ?

— Mais non ! C'est *Roméo et Juliette*, ça. *Hamlet*, Holger !

— Mais j'en sais rien, moi ! C'est toi qui as étudié la littérature, pas moi…

— Trois cours magistraux en deux semestres sanctionnés par aucun examen, ce n'est pas ce que j'appelle faire des études.

— Je ne connais pas mon Shakespeare sur le bout des doigts, Mia.

— Pas grave. *Hamlet* parle de vengeance. D'autre chose aussi, mais principalement de vengeance.

— O.K. Je résume : le bébé disparaît, c'est ma responsabilité, le Suédois se pend, nous bouclons l'affaire, la petite fille ne reparaît pas, elle est peut-être morte, la coupable nous dit que Joachim Wicklund ne l'a pas tuée. Et donc elle se venge de moi qui suis responsable. C'est ça ?

— À peu de choses près, oui.

— Et après ? Parce que... je te suis sur une partie du raisonnement. Le bébé kidnappé, d'accord. Ma responsabilité, d'accord. *Hamlet*, la vengeance, tout ça, d'accord aussi. Mais pourquoi assassiner dix fillettes ? En quoi ça a à voir avec moi ? Pardon, Mia, mais c'est un peu vague...

La jeune femme s'accorda un instant de réflexion en buvant une gorgée d'eau gazeuse.

— L'arrière-grand-mère de Benjamin Bache.

— Veronica Bache ? Qu'est-ce qu'elle a, celle-là ?

— Elle vivait dans la même maison de retraite que ta mère, Holger.

Munch écarquilla les yeux.

— Quoi ?! Mais comment tu le sais ?

— Je m'en suis rendu compte aujourd'hui, pendant que je t'attendais dans le foyer. Ludvig vérifie l'ensemble des employés, des résidents, des noms en lien avec la maison de retraite de Høvik et les compare avec ceux de l'affaire Hønefoss. Je ne crois pas que Benjamin Bache soit notre homme, mais il ne faut surtout pas perdre de vue que le portable de Veronica Bache a été utilisé pour envoyer des textos. Par qui ? Par quelqu'un de la maison de retraite ? Ou est-ce que la ravisseuse nous embobine en nous envoyant sur une fausse piste ? Ça aussi, j'ai demandé à Ludvig de le vérifier.

— Et ?

— Rien pour l'instant. Mais la maison de retraite n'est pas le seul lien entre ta mère et Veronica Bache.

— À savoir ?

— La paroisse.

— Elle en faisait partie elle aussi ?

— Pas seulement. Elle aussi avait l'intention de leur céder la totalité de son héritage.

— J'hallucine !

— Tu comprends maintenant ? Tu vois où je veux en venir ?

— Tu as fait du bon boulot, Mia. De l'excellent boulot.

Il replongea dans ses pensées, tâchant d'intégrer ce qu'il venait d'apprendre. Mia continua sur sa lancée :

— Il reste néanmoins une question en suspens : pourquoi ?

— Oui, pourquoi ?

— Ça, je l'ignore. Mais ça fait un peu trop de hasards, je trouve. Quel est le point commun, Holger ?

— La paroisse.

— Exactement.

— Sauf que…

— Oui oui, moi non plus je ne comprends pas très bien en quoi et comment ça nous ramène aux gamines et à Hønefoss. Je sais juste que c'est très bien planifié, que c'est du beau travail. Si j'avais été elle, j'aurais fait pareil.

Munch la dévisagea d'un air incrédule.

— Tu vois très bien ce que je veux dire. Les symboles dispersés partout, le changement de méthode, les fausses pistes et les culs-de-sac… on nage dans le brouillard, on nous envoie ici et là… C'est comme ça qu'on gagne au tennis.

— Au tennis ?!

— Celui qui est au service a toujours l'avantage. Tant que tu fais courir ton adversaire. Tant que tu ne lui laisses pas d'autre possibilité que de récupérer la balle, tu mènes. Si tu ne commets pas d'erreur, tu remportes le point.

— Donc c'est l'assassin qui est au service.

— Voilà.

— Excuse-moi, mais… j'ai un peu de mal à voir le lien entre le tennis et le meurtre.

— Mais si, tu comprends parfaitement. C'est juste que tu détestes ne pas trouver tout seul.

— Ça doit être ça, oui…

Munch avala la dernière bouchée de son smörrebröd, essuya avec sa serviette la petite tache de mayonnaise qu'il avait dans la barbe, et dit :

— Faut que j'aille fumer une clope.

— Et moi va falloir que je me mette aussi au tabac. J'en ai ras-le-bol de devoir te suivre comme un petit chien à cause de ton addiction à la nicotine.

— Désolé, fit Munch sans l'être.

Elle le suivit dans l'arrière-cour et, une fois sous le parasol chauffant, elle reprit la conversation :

— Je sais que je parle à tort et à travers et que j'échafaude des hypothèses qui peuvent sembler farfelues.

— Mieux vaut dans ce cas jouer au tennis en attendant.

— La ferme, Holger ! s'exclama-t-elle. Bon, c'est d'accord, j'arrête mes analogies sportives.

— Désolé, Mia, dit-il en se frottant les yeux. La semaine a été longue. Et puis cette discussion avec ces connards d'avocats m'a mis en rogne. Bon, comment on procède ?

— C'est la question que je voulais te poser, en fait…

— La paroisse ?

— Ça coule de source.

— On y va demain, toi et moi ?

— À la première heure.

— Gabriel est toujours au bureau ?

— Je crois, oui.

— Envoie-lui un SMS. Demande-lui de vérifier s'il y a quelque chose sur ces allumés pour qu'on ait un truc à leur reprocher dès notre arrivée demain aux aurores. Je ne me souviens pas de leur nom, juste qu'ils sont en banlieue.

— O.K., répondit Mia en sortant son portable.

Holger fit mine de partir.

— Tu t'en vas déjà ?

— Marion passe à la maison ce soir. Le mariage… Ils ont mille et un détails à régler.

— Bien sûr. Embrasse-la de ma part.

— Je n'y manquerai pas.

Munch écrasa sa cigarette et quitta l'établissement. Mia retourna à sa place à l'intérieur et, passant devant le bar, commanda une autre eau gazeuse et demanda à la serveuse quelques feuilles de papier comme l'autre jour. Elle les éparpilla sur la table, comme elle en avait l'habitude lorsqu'elle voulait mettre un peu d'ordre dans ses pensées. Autrefois, elle voyait tout avec beaucoup plus de netteté : il lui suffisait de fermer les yeux, et le film se déroulait dans sa tête. Il y avait belle lurette que ça ne se produisait plus ainsi. La bavure au lac de Tryvann. Les mois passés à Hitra. Elle avait désormais l'impression qu'un voile s'était posé sur sa rétine, qu'un brouillard bloquait ses neurones. Elle avait reçu l'injonction de prendre du recul, de se reposer longtemps et beaucoup, de ne s'exposer ni aux pressions ni au stress. Elle avait appliqué les ordres à la lettre, mais en utilisant sa méthode : en s'anesthésiant d'alcool et de médicaments – et elle avait failli en crever. Aujourd'hui, elle en payait le prix : elle avait toutes les peines du monde à se concentrer, réfléchir était presque douloureux. En fait, elle n'aurait jamais dû quitter son île. Elle aurait dû suivre son idée initiale.

Viens, Mia. Viens.

Elle sortit son crayon et commença à noter. Il fallait créer un système dans cette folie meurtrière si excellemment planifiée. Deux fillettes avaient trouvé la mort, deux fillettes avaient été enlevées. Elle était responsable. Et Munch, lui aussi, était tenu pour responsable. Oui, Munch était impliqué dans l'affaire. À son corps défendant, mais impliqué quand même. Elle en était convaincue.

Elle prit une deuxième feuille et nota en haut le prénom des gamines. Pauline. Johanne. Karoline. Andrea. Six ans. Devaient entrer en CP à la rentrée. L'évangile selon Marc, Mc 10,14 : *« Laissez les petits enfants venir à moi. » « Je voyage seule. »* Les cordes à sauter. Pendues à un arbre. La forêt. Des vêtements propres. Des corps lavés. Shakespeare. *Hamlet.* Les cartables. Les manuels scolaires. Voilà, ça venait, là… Rikke JW. Hønefoss. Le bébé jamais retrouvé. *« Je voyage seule. » « Laissez les petits enfants venir à moi. »*

Viens, Pauline. Viens.

Viens, Johanne. Viens.

Viens, Karoline. Viens.

Viens, Andrea. Viens.

Mia fut tirée de ses pensées par la serveuse qui se tenait devant elle. *Merde. Alors qu'elle y était. Pile dedans. Là où elle devait être. Là où elle n'avait plus été depuis trop longtemps.*

— Je vous apporte autre chose ?

— Oui, une bière, s'il vous plaît, marmonna Mia, agacée. Et un Ratzeputz. Non, deux Ratzeputz.

Elle avait besoin d'un peu d'aide. Pour retourner là où elle devait absolument être.

47.

Bien qu'elle soit ivre, Mia n'arrivait pas à s'endormir. La chambre d'hôtel lui semblait plus froide et plus impersonnelle que d'habitude. Les draps propres, jusque-là des amis, s'étaient transformés en ennemis. Elle qui avait choisi cet endroit justement parce qu'il ne lui rappellerait aucune connaissance en venait à regretter un chez-soi, une maison ou un appartement à elle qui lui apporterait chaleur et sécurité : un lieu susceptible de veiller sur elle. Peut-être que Mikkelson avait raison. Peut-être qu'elle avait besoin de consulter un psy. Peut-être qu'un séjour en clinique lui ferait du bien. Elle avait longtemps joué la funambule, manquant souvent de perdre l'équilibre et de tomber dans le vide. Elle s'était rattrapée au tout dernier moment, avait essayé de rester positive, forte – mais elle était à nouveau entraînée dans une spirale descendante.

Elle n'aurait pas dû boire ce soir. Elle ne devrait plus toucher à l'alcool. Plus une goutte. Et elle aurait dû rester là où elle avait trouvé refuge. Sur son île, loin du monde, cachée, en mode repos. Elle aurait dû continuer d'écouter cette voix intérieure qui lui disait : « Tu as fait ce que tu avais à faire. Oublie tout. Détends-toi. » Or non. La réalité était venue toquer à sa porte. Le mal et la cruauté l'avaient dérangée dans son exil aux confins du pays. Les voitures avaient remplacé les mouettes, les réverbères et les néons s'étaient substitués aux étoiles. Elle, qui avait été si forte, était désormais hypersensible, presque transparente.

Elle se leva, marcha pieds nus jusqu'à son pantalon. Les cachets étaient toujours au fond de sa poche – au cas où. Elle en prit un, l'avala avec un peu d'eau. Elle alla se poster devant la fenêtre, fixa les feux de circulation jusqu'à ne plus voir les couleurs. Elle tituba vers son lit, s'effondra sur le matelas froid, posa sa tête sur l'oreiller.

Elle venait juste de s'endormir quand son téléphone sonna. Elle s'efforça de l'ignorer. Son cerveau réclamait du sommeil, lui ordonnait de faire semblant de ne pas entendre. La sonnerie s'arrêta. Personne ne cherchait à la joindre. Le portable se manifesta de nouveau. Le corps de Mia était comme un morceau de plomb entre les draps blancs. Au troisième appel, elle réagit et décrocha.

— Mia ?

C'était Munch.

— Quelle heure il est ? marmonna-t-elle.

— 5 heures.

— Qu'est-ce qui se passe ?

— Les fillettes ont été retrouvées.

— Quoi ?

— Je passe te chercher à l'hôtel. Tu peux m'attendre en bas dans dix minutes ? On a un long trajet devant nous.

— Merde. J'arrive.

48.

Couché en embuscade derrière un arbre, Tobias Iversen attendait la tombée de la nuit. Il avait mangé depuis longtemps son dernier sandwich et commençait à avoir faim, mais il ne pouvait décemment pas rentrer chez lui : il avait des choses plus importantes à faire. Il avait d'abord pensé entrer par le portail, mais ce plan initial s'était vite révélé impossible : non seulement celui-ci était fermé par une chaîne, mais il était beaucoup trop visible. Et, après avoir vu comment les cinq hommes avaient empoigné Rakel, il n'avait aucune envie de subir le même sort. N'empêche, il n'y avait guère de mouvements depuis. Quelques personnes étaient sorties de l'église pour aller dans l'une des deux serres ; mais sinon, rien ni personne. L'endroit semblait déserté, avec l'allure sinistre d'un cimetière.

Le vent soufflait dans les arbres au-dessus de lui. Tobias s'emmitoufla du mieux possible dans son blouson et reprit ses jumelles. Peut-être que, dans le fond, il ferait mieux de retourner chez lui... Rentrer et prévenir la police. Est-ce qu'on avait le droit de maltraiter les enfants de cette manière ? Ils n'avaient peut-être pas blessé Rakel, mais ils l'avaient quand même tirée par le pied tout du long. Est-ce que la police avait besoin d'un mandat ou d'un papier quelconque pour enquêter chez les gens ? Comment ça se passait en Norvège ? Est-ce que c'était comme dans les films américains ? Tout à coup, Tobias sentit son courage s'envoler. Ça avait commencé un peu sous la forme d'un jeu : il devait uniquement partir en expédition, espionner. Jamais il n'aurait imaginé qu'une fille de son âge pouvait avoir à ce point besoin d'aide. Cela dit, il ne la connaissait pas : peut-être qu'elle était mal élevée, qu'elle avait désobéi ou fait des bêtises, ce qui expliquerait pourquoi ces hommes étaient si méchants. Hum. Pourtant elle lui avait paru gentille. Et elle n'avait rien contre lui. Si ça se trouve, c'est lui qui exagérait. Sa mère le lui disait souvent : il devait arrêter de fantasmer, de s'imaginer des trucs à tort et à travers, que ce n'était pas sain, que ça ne menait à rien de bon.

Il commençait à faire frisquet. On avait beau être au printemps, les soirées étaient toujours fraîches. Tobias regretta de ne pas avoir emporté ses affaires jusqu'ici ; au moins son sac de couchage. Il avait même oublié de prendre sa lampe de poche. Quel idiot! « *Tu l'as mise où, ta tête, hein?* lui répétait sa mère. *Allô? Y a quelqu'un là-dedans?!* » Bientôt, il ferait trop noir pour récupérer le tout, sans lumière, à travers la forêt. S'il partait maintenant, il aurait encore le temps. Et il pourrait ainsi rentrer à la maison en s'éclairant avec sa lampe de poche. Oui, c'était le mieux : ramasser ses affaires, rentrer, retrouver son petit frère qui devait se demander où il était passé, qui se rongeait sûrement les sangs d'autant que leur mère et leur beau-père n'auraient pas de réponse à lui donner.

Tobias se redressait quand une porte s'ouvrit. Il attrapa sa paire de jumelles et resta debout à observer, sans veiller à se cacher. Deux hommes sortirent d'une des maisons, encadrant une silhouette. *Rakel! C'était elle!* Mais... elle portait quelque chose sur sa tête, et ce n'était pas son espèce de fichu blanc. Non, ils lui avaient enfilé une cagoule sur la tête et, comme elle ne voyait rien, ils la guidaient en la tenant chacun par un bras. Ils disparurent derrière l'église pour reparaître un peu plus loin. Tobias sentit son cœur cogner dans sa poitrine. Il n'en croyait pas ses yeux. Il avait l'impression d'être dans un film. Ça ne faisait plus de doute! Ils la maintenaient prisonnière. Ils lui avaient même ligoté les mains. Ils poursuivirent dans la direction où il s'était caché la veille. Ils passèrent devant le tracteur, la remise, traversèrent le champ et... Mais qu'est-ce qu'ils fichaient, là? Tobias se rapprocha de la clôture et vit qu'ils s'étaient arrêtés. L'un des hommes était penché, il trifouillait quelque chose que Tobias ne pouvait identifier à cause de l'obscurité. Hein? Rakel avait disparu! Il ne restait que les deux types, qui regagnaient la maison. Seuls.

Il ne fallut pas longtemps à Tobias pour se décider car il n'y avait plus de temps à perdre. Il se faufila jusqu'à la clôture et entreprit de l'escalader. Il agrippa les croisillons métalliques, cala le bout de ses chaussures, se hissa – hop, il était déjà de l'autre côté. Il resta quelques instants accroupi, reprenant son souffle, pour inspecter les environs. Le sol était froid et humide. Qu'est-ce qu'ils avaient fait d'elle? Ils l'avaient emmenée quelque part dans le milieu de la cour, à une centaine de mètres d'ici, après quoi elle s'était volatilisée. Tobias se coula jusqu'à l'endroit où un des types s'était penché. Il avait conscience de commettre un geste interdit. Cependant, maltraiter les enfants, ça aussi c'était interdit! Il avait retrouvé son courage, il n'avait plus peur. La coupe était pleine. Il était en colère contre ces adultes qui levaient la main sur les enfants, les empêchaient d'être libres, de jouer, de vivre en sécurité. *« Tu l'as mise où, ta tête, hein? Allô? Y a quelqu'un là-dedans?! »* C'était horrible de s'entendre dire qu'on était un abruti. C'était horrible de voir quelqu'un vous secouer le bras et vous tirer comme on avait fait avec Rakel. C'était horrible d'être frappé et de ne pas pouvoir riposter de peur que ça ne retombe sur le petit frère. Un jour, Emilie lui avait demandé pourquoi il avait des bleus dans le cou et sur les bras. *« Tu peux me le dire, à moi. »* Et même si elle était adorable, il n'avait rien dit. Même si elle voulait l'aider, elle ignorait que ce serait encore pire s'il parlait. Et il n'avait pas non plus informé sa mère que la professeure de norvégien tenait absolument à la voir à la prochaine réunion de parents d'élèves où celle-ci n'était pas venue depuis très longtemps. Non, dans son cas, il n'y avait pas trente-six solutions : encaisser les coups, ne pas moufter, veiller à ce que Torben ne paie pas les pots cassés.

Tobias se ratatina dans l'herbe humide, se faisant le plus petit possible. Il avait les genoux mouillés, mais c'était sans importance. Il avança tout en restant caché. Après chaque petite distance parcourue, il se plaquait au sol, s'octroyant des pauses régulières pour ne pas attirer l'attention, et surveiller les portes. Il faisait nuit noire à présent. Une nouvelle fois, il regretta d'avoir oublié sa lampe de poche – tant pis, il devrait faire sans. L'église se dressait devant lui, le clocher pointé vers les nuages et la lune dont la faible lueur lui permettait de distinguer ce qui se trouvait à environ un mètre de lui. Il arriva enfin à l'endroit où Rakel avait disparu. Mais, au contraire de ce que pensait sa mère, il n'était pas complètement idiot. Elle n'avait pas pu s'évaporer comme ça. Il devait y avoir un trou, une trappe, quelque chose. Quel genre d'adultes enfermait des enfants dans une prison souterraine ?

Soudain, la lumière s'alluma dans l'église. Instinctivement, Tobias s'aplatit au sol. L'humidité traversa aussitôt ses vêtements. L'odeur d'herbe et de terre l'imprégna tout entier. Il demeura un long moment dans cette position, mais personne ne sortit. Il se remit à genoux. L'éclairage de l'église lui offrait une meilleure visibilité. Et il l'aperçut alors. La trappe qu'il cherchait. Le trou mesurait à peu près un mètre carré, il avait été récemment recouvert de planches et fermé par un petit cadenas doré. Tobias inspecta les lieux du regard : personne. Au même moment, des voix retentirent dans l'église. Les gens chantaient. Ils ne se doutaient pas qu'un intrus se trouvait dehors, à quelques mètres d'eux, et qu'il allait délivrer Rakel.

Tobias ne put s'empêcher de sourire. Pour lui, forcer un cadenas était simple comme bonjour, encore plus facile que de tricher pendant une interrogation écrite. En cours de travaux manuels, les garçons s'étaient fabriqué en cachette une espèce de crochet : à l'aide d'une pièce tranchante, ils avaient découpé un petit rectangle métallique, en avaient sectionné puis limé l'extrémité pour que l'objet prenne l'allure d'une lime à ongles comme celle qu'utilisaient les filles. Il prit dans sa poche de blouson son trousseau de clés auquel était attaché le crochet. Tout ce qu'il fallait ensuite, c'était de la dextérité et de la patience : tenir le cadenas de sorte que le cran le plus gros soit orienté à droite, enfoncer le bout pointu sur la gauche jusqu'à sentir qu'il se fixe dans les goupilles de la serrure, ramener le cadenas vers soi, exercer une pression et tirer fortement sur la droite – et voilà. Tobias entendit le clic de déverrouillage. Il souleva la trappe. Et découvrit une échelle. Une longue échelle qui dégringolait dans un trou. Il y plongea la tête et chuchota :

— Hé ho… Rakel ? Tu es là ?

49.

Munch attendait déjà devant l'hôtel quand Mia en sortit. Elle s'assit sur le siège passager de l'Audi noire et força son corps à se réveiller. Les effets du cachet qu'elle avait eu la mauvaise d'idée d'avaler se faisaient toujours sentir, la rendaient apathique et somnolente. Munch n'avait pas l'air d'avoir beaucoup dormi lui non plus ; des cernes sombres lui creusaient les yeux et de profondes rides lui barraient le front. Mia eut un peu pitié en découvrant qu'il portait les mêmes vêtements que la veille : une veste en velours marron avec des coudes en peau sur une chemise tachée. Décidément, il avait besoin d'une présence féminine, capable de prendre soin de lui aussi bien qu'il le faisait pour tous ceux qui l'entouraient.

— On va où ? demanda-t-elle.

— Au fort d'Isegran.

— C'est où, ça ?

— À Fredrikstad.

— Fredrikstad ?!

Mia ne put masquer sa stupéfaction. Et pour cause : si les deux premières fillettes avaient été découvertes à proximité d'Oslo, celles-ci avaient été placées à cent kilomètres d'ici. Ce qui signifiait que le ou la coupable avait de nouveau changé de méthode.

— Qui les a trouvées ?

— Deux lycéens de terminale. *A priori*, la zone est fermée, mais ils ont déniché une entrée. De ce que je sais, ils voulaient faire des galipettes dans un endroit qui sort de l'ordinaire. C'est réussi !

— On a des gens sur place ?

— La police locale. Curry et Anette sont en route. Ils ne devraient pas tarder à y être.

Mia regarda l'heure au tableau de bord : 5 h 15. Il faisait toujours noir.

— Et on a quoi pour l'instant ? voulut-elle savoir.

— Les deux gamines étaient étendues par terre. De part et d'autre d'un pieu.

— Un pieu ?

Munch opina.

— Quel genre de pieu ?

— En bois. Surmonté d'une tête de cochon.

— C'est-à-dire ?

— Je ne peux pas être plus précis que ça. Elles étaient allongées dans l'herbe avec, entre elles, un pieu sur lequel était planté une tête de cochon.

— Une vraie tête ?

Munch opina derechef.

— Mon Dieu…, soupira Mia.

Quand il s'enfonça dans le tunnel au niveau de l'hôtel de ville afin de quitter le centre, Munch alluma le chauffage. La chaleur ne tarda pas à ramollir encore plus Mia. Elle aurait eu envie d'un café mais n'osa pas prier Holger de s'arrêter quelque part.

— Ça signifie quoi, d'après toi ? demanda-t-il.

— *Sa majesté des mouches*, murmura-t-elle.

— De quoi ?

— C'est un roman. Des garçons échouent sur une île déserte, sans adultes avec eux. Ils croient qu'un monstre y vit. Ils piquent une tête de truie sur un bâton en guise d'offrande sacrificielle.

— Quelle horreur… Si je comprends bien, le monstre, c'est nous ?

— Possible.

— Il y a un paquet de Fisherman's Friend dans la boîte à gants.

— Tu en veux un ?

— Non, mais toi tu as besoin d'en prendre un.

Elle ouvrit la boîte à gants et prit deux pastilles, ravalant par la même occasion l'irritation qui l'avait envahie.

— Pourquoi Fredrikstad ? reprit Munch. Ça ne concorde pas du tout avec le reste… Et pourquoi dans un lieu aussi exposé ?

— On est trop lents, répondit-elle en attrapant son portable.

— Qu'est-ce que tu entends par là ?

— La meurtrière, pour autant que ce soit une femme, veut nous démontrer qu'on fait un boulot de merde.

— La chiotte.

Mia trouva le numéro qu'elle cherchait. Son interlocuteur décrocha presque aussitôt.

— Oui, Mia ?

— Salut, Gabriel. Tu es déjà au bureau ?

— Ouais…, soupira-t-il.

— Tu peux me dire ce que tu trouves sur le fort d'Isegran à Fredrikstad ?

— Maintenant ?

— Oui. Munch et moi sommes en route. On a retrouvé les fillettes.

— Oui, j'ai entendu.

Silence à l'autre bout du fil. Mia entendait Gabriel taper sur son clavier.

— Tu trouves quelque chose ?

— Qu'est-ce que je suis censé chercher ?

— N'importe quoi.

— Voyons voir…, fit-il en réprimant un bâillement. Fort d'Isegran, j'y suis. Forteresse située sur une petite île, à Fredrikstad. Partage le fleuve Glomma en deux à son embouchure. Construit en pierre et en bois à la fin du XIIIe siècle par le jarl de Borgarsyssel, bla bla bla… Détruit en 1287, reconstruit vers la fin du XVIIe siècle et utilisé pendant la Grande Guerre nordique, bla bla bla… Quant au nom Isegran, hum… il m'a l'air d'y avoir un conflit entre les historiens à ce niveau, toujours est-il qu'il pourrait venir du français *Île grande*. Ça éclaire ta lanterne ?

— Pas vraiment, non. Il n'y a rien d'autre ? Il sert à quoi aujourd'hui, ce fort ?

— Deux secondes.

Mia en profita pour poser l'appareil sur son épaule et reprendre une pastille. Oui, Holger avait raison : même elle le sentait, ce relent d'alcool.

— Je ne trouve pas grand-chose, tu sais… Des photos de mariage prises sur les lieux… Visiblement, c'est un lieu d'excursion pour les retraités.

— C'est tout ?

— Oui. Non… attends… y a autre chose, là.

Nouveau silence à l'autre bout du fil.

— Alors ?

— Je ne sais pas si ça a à voir, mais… en 2013, pas dans le fort en tant que tel mais sur la promenade en vis-à-vis, on a inauguré un monument.

— Quel genre ?

— Deux statues en bronze. Et tu sais comment ça s'appelle ?

Silence.

— Oui, j'écoute…

— Eh bien… Ce monument s'appelle *Les Mères de Munch* et représente la mère et la tante du peintre Edvard Munch.

— J'hallucine…, marmonna Mia.
— Désolé.
— Merci, Gabriel, dit Mia qui s'apprêtait à raccrocher lorsque le jeune hacker l'arrêta dans son élan.
— Dis-moi, il est dans quelle humeur, notre Munch ?
— C'est pas la gloire. Pourquoi ?
— Je peux lui parler ?
— Je te le passe.
Les Mères de Munch. Donc elle avait raison depuis le départ.
— Qu'est-ce qu'il y a Gabriel ?… Oui, je comprends. Mais ne te focalise pas là-dessus, s'il te plaît. Je te l'ai dit, c'est un truc privé et on a d'autres choses à faire, là… Quoi ?… Oui, je sais, c'est le genre d'énigme qui rend dingue… Hein ?… C'est une copine que j'ai sur le Net qui me l'a donnée. Une Suédoise… Comment elle s'appelle ? Margrete_08… Non ! Le prénom Margrete, puis tiret bas, puis les chiffres zéro et huit. Tout attaché. Mais je te le répète : ne perds pas ton temps là-dessus… Oui, oui, je comprends. À plus tard, Gabriel.
Munch eut un petit rire en rendant à Mia son téléphone.
— Qu'est-ce qu'il y a ?
— Non, rien de particulier. Un machin perso.
— Il est bien, déclara Mia.
— Qui, Gabriel ? Oui. Je l'aime bien moi aussi. Je suis content qu'on l'ait recruté. Tu as appris quoi sur le fort Isegran ?
— Sur lui, pas grand-chose d'intéressant. Sinon qu'une statue a été inaugurée en 2013. Et tu sais comment elle s'appelle ?
— Tu vas me le dire.
— *Les Mères de Munch.*
— Fait chier ! pesta-t-il à voix basse, en tapant sur le volant. Donc il est bien question de moi, c'est ça ? Si les gamines meurent, c'est ma faute ?
— On n'en est pas encore sûrs Holger…

Elle ouvrit la vitre de son côté et demanda :
— Il faut combien de temps avant d'arriver à Fredrikstad ?
— Une heure et demie.
— Je crois que je vais faire un petit somme en attendant…
— Bonne idée. Et tu dormiras pour moi.

50.

Le soleil se leva lorsqu'ils atteignirent les barrages de police. Munch montra son insigne à un jeune agent aux cheveux ébouriffés, à l'air endormi, qui lui indiqua où il pouvait se garer. Curry vint à leur rencontre puis les guida le long de la vieille muraille en briques. De l'autre côté, Mia apercevait les deux statues en bronze. Laura Cathrine Munch et sa sœur Karen Bjølstad, respectivement mère et tante d'Edvard Munch. Mia savait tout sur le peintre. Et pour cause : non seulement elle avait une mère amatrice d'art, mais sa famille avait habité à Åsgårdstrand où le peintre avait passé tous ses étés pendant plus de vingt ans, dans une maison située face au fjord d'Oslo. Tandis qu'elle rejoignait la tente en plastique blanc de la scientifique, Mia se convainquit qu'il s'agissait au mieux d'une ironie du sort qu'il y ait également peint *Les Fillettes sur le pont*.

Curry, qui paraissait étonnamment en forme, ne cessa de leur parler pendant tout le chemin. Sous ses allures de brute, avec son crâne rasé et son corps râblé, ses manières et ses paroles de bouledogue, le policier expérimenté était non seulement doué mais avait un grand cœur – Mia ne le savait que trop bien.

— Deux élèves de terminale, un garçon et une fille, fréquentant tous les deux le lycée Glemmen. Ils étaient tellement désorientés qu'on les a renvoyés chez eux.

— Ils n'ont rien à voir avec l'affaire ? insista Munch.

— Non, non. À peine s'ils arrivaient à aligner deux paroles sensées.

— Et le voisinage ? Des témoins oculaires ?

— Pas encore. Le commissariat de Fredrikstad est en train de faire du porte-à-porte, mais je doute que ça aboutisse à une piste quelconque.

— Pourquoi ? s'enquit Mia.

— Tu es sérieuse ? lâcha Curry avec un sourire narquois. C'est pas vraiment l'œuvre d'un amateur, tu sais…

Lorsqu'ils arrivèrent à la tente, un homme âgé, vêtu d'une combinaison blanche, en sortait. Mia fut surprise de reconnaître le médecin légiste Ernst Hugo Vik. Elle avait travaillé sur plusieurs enquêtes avec lui et le croyait en retraite depuis longtemps.

— Munch, Mia ! s'écria-t-il d'une voix enjouée.

— Salut, Ernst. Ne me dis pas qu'ils t'ont fait venir d'Oslo pour ça ?

— Pff, non… Je m'étais planqué dans un chalet pas très loin, mais ils m'ont retrouvé.

— Qu'est-ce qu'on a ? demanda Mia.

Vik ôta sa charlotte blanche, ses gants de latex et s'alluma une cigarette. Munch l'imita aussitôt.

— Elles ne sont pas là depuis très longtemps. Une heure grand maximum, je parie, expliqua-t-il en creusant le sol du bout de sa chaussure.

— Et l'heure du décès ?

— Idem, soupira-t-il.

— Elles ont été tuées sur place ?

— Ça en a l'air, mais je ne pourrai l'affirmer que quand je les aurai examinées. Néanmoins, d'après mes premières observations, je n'ai jamais rien vu d'aussi étrange.

— C'est-à-dire ?

— Hum, comment expliquer… ? Pour un meurtre rituel, il reste quand même extraordinairement propre. Les gamines ont été lavées et habillées. Presque en tenue d'apparat. Mais cette tête de cochon empalée ne me dit rien qui vaille. Enfin, allez voir ça par vous-mêmes. J'ai besoin d'une petite pause, là.

Le vieil homme se dirigea vers le parking. Munch et Mia enfilèrent les combinaisons blanches et les gants en latex qui les attendaient et entrèrent.

Karoline Mykle était étendue les mains jointes sur la poitrine, vêtue d'une robe de poupée jaune. Un cartable était placé à ses pieds. À quelques mètres d'elle se trouvait Andrea Lyng, dans la même position, avec un cartable posé devant de jolis souliers blancs. Elles portaient toutes deux autour du cou un écriteau avec la mention « *je voyage seule* ». La scène avait quelque chose de quasi religieux à cause de cette grotesque tête de cochon plantée entre elles. Mia Krüger se pencha sur Andrea et souleva la petite main fine et blanche, pour en étudier les ongles.

— Trois, confirma-t-elle.

Elle la reposa délicatement dans l'herbe et passa à Karoline.

— Quatre.

Au même moment, le portable de Munch se manifesta. Il regarda l'appareil et, voyant le nom sur l'écran, ignora le coup de fil. Le téléphone sonna de nouveau.

— Mais il m'emmerde, lui ! pesta Munch en appuyant rageusement sur le bouton rouge.

— Tu peux utiliser un autre langage, s'il te plaît ? grommela Mia en désignant le corps des deux enfants.

— Je suis désolé.

La sonnerie retentit pour la troisième fois, et Munch l'envoya balader de nouveau. Il venait à peine d'appuyer sur le bouton quand le portable de Mia se déclencha à son tour. Le prénom de Gabriel s'affichait.

— Gabriel ? demanda Munch à voix basse.

Mia confirma d'un hochement de tête avant de refuser l'appel.

— C'est lui qui t'appelait ?

Munch acquiesça et le portable de Mia se remit à sonner. Elle sortit de la tente pour décrocher.

— Ça a plutôt intérêt à être important ! lança-t-elle.

Gabriel avait l'air hors de lui ; il haletait à l'autre bout du fil.

— Il faut que je parle à Munch ! cria-t-il.

— Il est occupé. Qu'est-ce qu'il y a ?

— J'ai déchiffré le message.

— Quel message ? fit Mia, agacée.

— Il a reçu un mail. Un exercice à résoudre. Un message codé. De cette margrete_08. Et je viens de le décoder. C'est un chiffre de Gronsfeld !

— Et, ça ne peut pas attendre ? soupira-t-elle.

— Nooon ! hurla-t-il presque. Il faut que tu lui dises *maintenant*. Tout de suite !

— Bon, d'accord. C'est quoi, ce message ?

Gabriel observa un silence, comme s'il n'osait pas révéler le contenu de sa découverte.

— Gabriel ? s'impatienta Mia.

— Tic-tac petite Marion = 5.

— Pardon ?

— Tic-tac petite Marion est égal à 5. Marion est la cinquième.

— Oh, putain ! hurla à son tour Mia, en s'élançant vers la tente pour aller chercher Holger Munch.

IV

51.

Assise à l'arrière de l'Audi paternelle, Miriam Munch tentait de ne pas céder à la panique et de maîtriser ses émotions. Elle portait, sur injonction de son père, un bonnet enfoncé jusqu'aux oreilles et de grosses lunettes de soleil. Marion était étendue sur la banquette à côté d'elle, recroquevillée sous une couverture qui la dissimulait complètement. Sur le moment, Miriam n'avait pas compris grand-chose au coup de fil de son policier de père. Il hurlait au téléphone, lui ordonnant de fermer toutes les portes à clé, de n'ouvrir à personne et d'aller chercher sa fille au jardin d'enfants. Dubitative, elle l'avait entendu lui crier : « Mais bon sang de bois, fais ce que je te dis ! »

Évidemment, l'éventualité lui avait effleuré l'esprit : avec un père responsable de l'enquête et une fille censée faire sa rentrée scolaire au CP l'année prochaine, comment ne pas s'inquiéter ? Non, elle n'était pas stupide au point de ne pas y avoir pensé. En revanche, elle était têtue. Pas question d'intérioriser le sentiment de terreur qui planait partout. Pas question qu'une folle en cavale ne bousille sa vie. Elle avait tout de même mis en œuvre quelques règles élémentaires dans son quotidien. Elle avait refusé que sa fille aille à deux fêtes d'anniversaire, au grand désespoir de la petite. Personne d'autre qu'elle n'emmenait Marion au jardin d'enfants, et personne d'autre ne la ramenait. Elle était à l'initiative d'une réunion de parents où, avec les employés, ils avaient débattu de la meilleure stratégie à suivre, notamment pour les fillettes qui entreraient l'année prochaine à l'école primaire. Entre les couples qui n'envoyaient plus leur progéniture au jardin d'enfants et ceux qui exigeaient d'y passer la journée pour mieux protéger leur petit, ou d'autres encore qui en réclamaient la fermeture, il régnait une hystérie collective que Miriam était parvenue à tempérer, arguant qu'il s'agissait pour eux tous de continuer une vie aussi normale que possible – ne serait-ce que par égard pour les petits. N'empêche, une voix intérieure détestable ne cessait de lui susurrer : *« De tous, tu es la plus exposée. C'est toi qui as le plus à craindre. »* Et maintenant, voilà, ce pire qu'elle redoutait mais répugnait à imaginer la frappait de plein fouet.

Miriam borda sa fille qui dormait d'un sommeil profond. Il faisait encore noir et l'Audi glissait calmement dans les rues désertes de la capitale. Miriam Munch n'avait pas peur, mais elle était inquiète – et triste, et frustrée, et agacée, et furieuse.

— Tout va bien derrière ?

Mia Krüger se tourna et la regarda. Ils ne lui avaient pas encore dévoilé la raison de ces déplacements incessants, puisque c'était la troisième fois en deux jours qu'ils les changeaient de lieu, mais Mia le savait, forcément.

— Oui, très bien, répondit-elle. On va où aujourd'hui ?

— Un appartement dont on dispose, précisa son père en la regardant dans le rétroviseur.

— Vous ne trouvez pas qu'il serait temps de m'expliquer exactement de quoi il retourne ?

Elle essaya de donner à sa voix le maximum de fermeté, mais elle était épuisée : elle n'avait presque pas dormi ces derniers jours.

— C'est pour ton bien, se contenta de répondre son père.

— L'assassin l'a menacée, c'est ça ? Ou est-ce que c'est une simple mesure de précaution ? J'ai le droit de savoir ce qui se passe, non ?

— Vous êtes en sécurité tant que vous faites ce qu'on vous dit de faire.

Elle n'insista pas : elle connaissait suffisamment son père pour savoir que, quand il avait décidé quelque chose, rien ne pouvait le faire changer d'avis. Du coup, elle eut l'impression d'être renvoyée dans son adolescence, d'être à nouveau la jeune fille de quatorze ans se pliant aux intransigeances d'un père policier paranoïaque. Même s'il s'était adouci ces dernières années, il faisait preuve à l'époque d'une sévérité implacable, au point que toute discussion était vaine. *« Non, Miriam, tu ne peux aller à l'école dans cette tenue. Ta jupe est beaucoup trop courte. » « Non, Miriam, tu devras être rentrée à 22 heures. » « Non, Miriam, je n'aime pas te savoir traîner avec ce Robert. Ce n'est pas un exemple pour toi. »* Certes, cela lui avait attiré la sympathie de ses pairs : les élèves à qui les parents menaient le plus la vie dure chez eux étaient ceux qui subissaient le moins les taquineries à l'école. Mais même dans une maison rigoriste, il y avait toujours un moyen de contourner les règlements. Et, une fois qu'elle était entrée au lycée, son père avait été tellement accaparé par son travail, et pratiquement tout le temps absent, qu'il ne remarquait rien des incartades de sa fille. Quant à sa mère, elle s'éloignait elle aussi, invoquant un peu trop souvent *« un rendez-vous avec une copine »*, recevant un peu trop souvent des coups de fil, de supposés « faux numéros ». Pour qui la prenaient-ils ? Pour une oie blanche ? Miriam s'était évidemment aperçue que sa mère avait une liaison ! Bien avant que l'enfer du divorce ne plane sur le couple Munch.

Mia Krüger la regarda de nouveau et désigna Marion du regard en demandant :

— Elle dort ?

Miriam acquiesça. Elle aimait bien Mia et l'avait toujours appréciée. Il y avait quelque chose chez la jeune femme qui l'attirait : son charisme, une certaine aura en dépit d'un comportement parfois distant et étrange, qui n'était pas sans lui déplaire. Elle se reconnaissait en Mia. Toutes deux étaient des femmes intelligentes, fortes, mais aussi vulnérables.

— Ton père a reçu un message codé *via* un forum sur Internet.

— Mia ! pesta son père, ce qui n'empêcha pas celle-ci de poursuivre.

— La personne prétend être suédoise, adepte de mathématiques et s'appeler Margrete. Quand nous avons réussi à déchiffrer le code, on s'est rendu compte qu'il s'agissait en fait d'une menace directe à l'encontre de Marion.

— Tu rigoles, j'espère ?

— Je suis hélas très sérieuse.

Miriam vit dans le rétroviseur la figure de son père devenir rouge de colère. Et elle fut la première surprise de constater que, plus que la peur, la curiosité la poussait à interroger Mia.

— Et depuis quand il dure, ce contact sur Internet ?

Son père ne répondit pas. Les lèvres pincées, il serrait les mains sur le volant.

— Depuis presque deux ans, dit Mia.

— Deux ans ?

Miriam n'en croyait pas ses oreilles.

— Tu es en contact avec cette personne depuis *deux ans*, papa ? C'est vrai ? Depuis deux ans tu communiques avec l'assassin sans le savoir ?

Toujours pas de réponse. Le visage maintenant cramoisi, Munch appuya sur la pédale d'accélérateur et brûla un feu rouge.

— Il ne pouvait pas le savoir, expliqua Mia. Sur ce forum, les participants sont anonymes. Ç'aurait pu être n'importe qui.

— Maintenant ça suffit, Mia ! explosa soudain Holger.

— Mais quoi ? Il se peut qu'elle sache quelque chose. Si la coupable est capable d'entretenir un contact avec toi pendant plusieurs années, il se pourrait aussi qu'elle ait contacté ta fille à son insu.

Brusquement, Munch écrasa la pédale de frein et se gara.

— Toi, tu restes ici ! ordonna-t-il à sa fille. (Puis s'adressant à Mia :) Toi, tu viens avec moi.

— Mais… Holger ! se récria cette dernière.

— J'ai dit : dehors !

Mia détacha sa ceinture et sortit à contrecœur de l'Audi. Miriam vit son père lui emboîter le pas. Elle n'entendait pas leur conversation, néanmoins, à le voir agiter les bras comme il le faisait, il semblait dans une colère noire. Mia essayait en vain de parler, mais Munch pointait un doigt rageur vers elle – Miriam crut même un instant qu'il allait la gifler. Après une longue tirade durant laquelle Mia se borna à hocher la tête, ils revinrent tous deux vers la voiture.

Dans l'habitacle, l'ambiance était plombée. Nul ne parlait, et Miriam jugea bon de se taire elle aussi.

Ainsi donc ce petit jeu durait depuis deux ans… Pas étonnant que son père soit furieux : non seulement quelqu'un l'avait trompé, mais quatre fillettes avaient trouvé la mort. Et si Marion était menacée, cela signifiait-il qu'elle risquait d'être la cinquième ? Était-ce la raison pour laquelle ils ne cessaient de changer leur cachette ? Oui, décidément, elle comprenait la rage de son père. Elle posa une main sur Marion et lui caressa les cheveux. L'Audi continua de s'enfoncer dans la nuit, rejoignant un lieu secret.

52.

Mia était assise sur le trottoir, en bas d'une HLM d'un quartier Ouest, avec la sensation d'être épiée. Depuis son retour à Oslo, elle avait ce sentiment détestable que quelqu'un l'observait, intuition qu'elle avait mise sur le compte de la paranoïa : quoi de plus normal dans une situation de stress comme la sienne ? Il s'agissait néanmoins de ne pas trop y céder, même si elle devait avouer que ça la rendait nerveuse. Et, encore une fois, elle eut beau jeter des coups d'œil alentour, elle ne vit rien ni personne de suspect : les rues étaient désertes. Pas une voiture, pas un passant, pas même un distributeur de journaux. Et pourtant, elle était persuadée que quelqu'un en embuscade avait vu Miriam et Marion entrer dans l'immeuble.

Ils avaient encore changé de cachette : de l'Est profond où Munch ne se sentait pas en sécurité, ils avaient déplacé Miriam et Marion à l'extrême opposé, dans un appartement de Frogner. Grâce aux relations de Munch, ils avaient réussi à les loger dans ce lieu réservé aux politiques et aux dignitaires étrangers de haut rang qui avaient besoin de résider incognito à Oslo.

Quelques minutes plus tard, Munch ressortit. Il s'alluma une cigarette et se passa une main dans les cheveux.

— Excuse-moi, dit Mia.

— Non, c'est à moi de m'excuser. C'est juste que je… enfin, tu sais…

— Oui, oui. T'inquiète pas.

— On est seuls ?

— Je crois, oui. En tout cas je n'ai vu personne. Et là-haut, tout va bien ?

Munch tira une longue bouffée de sa cigarette et jeta un œil vers le troisième étage.

— Miriam est en colère contre moi, mais je la comprends. J'espère au moins qu'elle comprend. Je veux dire : que je fais ça pour les protéger, Marion et elle.

— Bien sûr qu'elle comprend, Holger. Seulement, en ce moment, ça fait beaucoup. Mais je suis certaine qu'elle te remerciera quand tout sera terminé.

— Hum, j'en suis moins sûr. J'ai été obligé de lui demander d'annuler le mariage.

— Pourquoi ? Il y a encore le temps, voyons…

— Cent personnes sous le toit d'une église, et tout ce petit monde qui me connaît alors que je suis moi-même indirectement impliqué dans l'enquête ? Non, on ne peut pas se le permettre.

C'est un jeu, songea Mia. Il joue avec nous – ou elle, si tant est que ce soit effectivement une femme. Le ou la coupable sait exactement ce qu'il fait – ou ce qu'elle fait.

Cette histoire dépassait le seul meurtre de quatre fillettes. Quelqu'un avait suivi les faits et gestes de Munch pendant de longues années et savait précisément où appuyer pour lui faire le plus mal, comment créer le plus de désordre possible. Pis : comment provoquer le chaos et la terreur.

— On a qui au bureau ? demanda Munch quand ils s'installèrent dans l'Audi.

— Ludvig, Gabriel et Curry, je crois.

— Mikkelson veut me retirer l'enquête.

— Comment tu le sais ?

— Tu aurais fait quoi à sa place ? dit-il en la dévisageant avec un regard éteint.

Et elle prit conscience qu'ils étaient tous les deux épuisés : elle-même avait dormi en tout et pour tout quatre heures en l'espace de trois jours.

— La même chose, répondit-elle.

— Je m'en doutais.

— La question est légitime, Holger. On travaille sur une affaire extrêmement lourde. Le ou la coupable t'en veut à titre personnel pour une raison que nous devinons sans la comprendre. Est-ce que, dans ces conditions, tu arrives à rester objectif? Est-ce que tu parviens à mettre tes émotions de côté? Je ne crois pas. Pas quand il s'agit de ta fille et de ta petite-fille.

— Tu es de quel côté, là? grogna Munch, désabusé.

— Du tien, bien sûr! Et tu le sais. Mais je cherche justement à t'expliquer la situation car ça ne m'étonne pas qu'on veuille te retirer l'affaire.

— Personne ne s'attaquera à ma famille sans en payer le prix.

— Tiens, tu vois…

— Quoi?

— Si jamais tu as le malheur de faire un commentaire de ce genre devant Mikkelson, hop, il te débarquera aussitôt.

— Ha! Et qui il mettrait à ma place?

— Wenngård.

— C'est ça, ouais…

— Ou Klokkerwold.

— Mais c'est dégueulasse ce que tu me dis!

— Ce que je te dis, Holger, c'est que tu peux te retirer si ça te paraît nécessaire.

Munch cogita avant de répondre.

— Qu'est-ce que tu ferais à ma place?

— Tu le sais très bien.

— Dans ce cas on n'en parle plus.

— Tu ne devrais pas dormir un peu?

— Sûrement, mais c'est impossible, soupira-t-il. Envoie un SMS à toute l'équipe. Dis-leur d'être au bureau dans une heure. Quiconque sera absent pourra se considérer comme viré. On recommence à zéro. Et on soulève chaque caillou sur notre chemin, jusqu'à ce qu'on trouve ce putain de cafard et que je l'écrase, quitte à ce que ce soit la dernière chose que je ferai sur cette terre.

Mia ne moufta pas et sortit son portable.

53.

— Bon, qu'est-ce qu'on a ? demanda Munch une fois que tout le monde fut réuni dans la salle de débriefing. Et ne me dites pas qu'on n'a rien, parce que c'est impossible. Quelqu'un doit avoir vu quelque chose quelque part. Je sais que vous faites en ce moment du vingt-quatre sur vingt-quatre, mais à partir de maintenant vous allez bosser deux fois plus. Qui veut commencer ? Ludvig ?

Mia jeta un regard circulaire dans la pièce. Elle croisa une succession de visages à ce point fatigués qu'ils faisaient peine à voir. Ces dernières semaines, chacun avait enchaîné les heures supplémentaires sans les compter ou rechigner, tout cela pour un résultat… quasi égal à zéro. Curry avait de la barbe et Gabriel des poches sous les yeux, en plus d'être aussi blanc qu'un cachet d'aspirine.

— On a comparé tous les employés de la maison de retraite de Høvik avec ceux de l'affaire Hønefoss. Pour l'instant, aucun nom ne concorde, mais il nous en reste encore quelques-uns.

— Continuez. Si ça se trouve, on est sur la bonne voie. Les autres ?

— J'ai effectué une petite vérification de cette paroisse dont tu m'as parlé, indiqua Gabriel.

Munch jeta un rapide coup d'œil à Mia qui se contenta de répondre par un haussement d'épaules de consternation : ils avaient été trop lents à la détente et fait du mauvais boulot à ce niveau. D'un autre côté, le jour où ils avaient voulu y aller, les deux fillettes capturées avaient été découvertes au fort d'Isegran ; puis, tout de suite après, ils avaient décrypté les menaces codées dirigées contre Marion.

— Et ça donne quoi ?

— Pas grand-chose en fait, et c'est ça le plus étrange. Ils se sont baptisés l'Église de Mathusalem. Le hic, c'est que je n'ai trouvé aucune société ou congrégation religieuse enregistrée sous ce nom. Ils n'ont pas de site Internet, ce qui est un peu étrange de nos jours pour une secte. Bref, on a l'impression que soit ils ne sont pas entrés dans l'ère informatique, soit ils l'ont sciemment ignorée.

— C'est tout ?

— Non. L'un d'entre eux a déclaré son domicile fixe à la même adresse. Un certain… deux secondes… Voilà : Lukas Walner. Je l'ai checké vite fait, mais il n'apparaît nulle part ailleurs.

— O.K…, souffla Munch agacé, en se grattant la barbe. J'y suis déjà allé, à cette paroisse. Dans mon souvenir, ils n'étaient que deux : un type assez âgé, aux cheveux blancs, et un jeune blond, d'une vingtaine d'années. Il faut absolument approfondir cette piste, et fissa ! L'assassin nous en a écartés, il est urgent qu'on la reprenne. Cela dit, comme ma mère va aux réunions de ces illuminés, je vais voir si je peux lui tirer les vers du nez.

— Ça roule. Je continue de mon côté dès qu'on a fini ici.

— Très bien. Quelqu'un d'autre ?

Kyrre prit la parole :

— J'ai mis Benjamin Bache en filature, mais jusqu'à présent on n'a rien qui prouve son implication dans l'affaire.

— De toute façon on a assez d'effectif, donc continuez à le surveiller. Autre chose ?

— J'ai effectué un petit traçage du compte mail margrete_08, embraya Gabriel. C'est une adresse hotmail ouverte le…

Le jeune hacker vérifia sur sa tablette.

— … le 2 mars 2010. Le lendemain, elle t'envoyait un premier courriel, c'est juste ?

Gabriel interrogea Munch du regard. Une légère honte semblait se lire sur le visage du responsable de l'Unité spéciale : non seulement le nom de sa mère était mentionné dans l'affaire, mais l'assassin avait été en contact avec lui, qui plus est dans le cadre d'une relation privée – et, cerise sur le gâteau, il l'avait berné sur toute la ligne. Mia connaissait suffisamment Munch pour deviner les pensées qui se bousculaient derrière son front ridé et inquiet. Elle le vit se ressaisir, s'efforcer de convaincre le reste de l'équipe qu'il ne prenait pas la remarque de Gabriel pour une attaque personnelle.

— C'est juste, en effet.

— L'utilisateur, ou l'utilisatrice, puisque je ne peux pas connaître le nom exact du propriétaire, n'a eu recours au compte pour envoyer des messages à aucun autre destinataire que toi. Et il a été utilisé sur trois adresses IP.

— Tu pourrais éviter ton jargon quand tu nous parles, s'il te plaît ?

— Oui, pardon. Une adresse IP est un numéro d'identification. Chaque ordinateur relié à Internet a sa propre adresse qui nous permet de le localiser. On connaîtra ainsi le pays où il se trouve et, pour la Norvège, le comté, ainsi que le fournisseur d'accès.

— Et la position exacte ?

— Aussi, oui. Comme je vous le disais à l'instant, trois adresses ont servi. Chaque fois, dans un Burger King d'Oslo. Celui sur la promenade Karl Johan, celui situé devant le stade d'Ullevål et enfin celui de la gare centrale. Chaque fois sur un ordinateur portable. Autrement dit et pour être franc : impossible à retrouver, désolé. J'ai pingué la machine, euh... pardon : j'ai envoyé une requête à l'ordinateur, mais il ne répond pas. De là, deux possibilités : soit il n'est pas connecté, soit le propriétaire l'a jeté. La deuxième option est la plus probable ; moi, c'est ce que j'aurais fait.

— Burger King est équipé du wifi maintenant ? lança Curry.

— On a reçu pas loin de deux mille coups de fil, enchaîna Anette en ignorant la remarque de son collègue fatigué. La plupart en réaction au portrait-robot de la femme aperçue à Skullerud. Je suis désolée moi aussi de devoir vous le dire, mais *rien* n'est utilisable. Le dessin est trop vague, il peut représenter n'importe qui. Quant à la récompense, hum... Vous savez comment c'est. Étonnamment, des centaines et des centaines de gens ont une voisine suspecte et surtout une grande envie de gagner un million de couronnes à l'œil.

— Et parmi les récidivistes éventuels ? interrogea Munch.

Kyrre se contenta de secouer la tête.

— Mais bordel, c'est pas Dieu possible ! Il doit bien y avoir une piste quelque part, putain ! Quelqu'un a forcément vu ou entendu quelque chose !

Mia fusilla Munch du regard pour lui signifier : « Du calme ! » Elle savait pertinemment que, même s'ils formaient une équipe très soudée, certains d'entre eux n'attendaient qu'une occasion pour grimper des échelons. Et, de la même manière, elle se doutait que Mikkelson avait placé certains de ses petits protégés dans l'assistance – avec tout ce que ça incluait. Elle se racla la gorge au moment de se lever et de se diriger vers le tableau, afin de détourner l'attention concentrée sur Munch.

— Comme je ne sais pas si tout le monde a eu l'information, j'aimerais vous expliquer les réflexions qui me trottent dans la tête depuis quelques jours. Rien de concret, juste des intuitions. Et j'aimerais que vous m'aidiez à avancer dans mon raisonnement, que vous réagissiez très librement à ce que je vais dire. Aucune remarque n'est idiote. Suivez, vous aussi, votre intuition. O.K. ?

Mia parcourut l'assemblée des yeux. Le silence était total. Tous les regards étaient posés sur elle.

— Bon, je vais repartir de zéro. C'est-à-dire du début, et vous livrer *ma* version de l'histoire, telle que *je* la vois. En 2006, un bébé a été kidnappé à la maternité de l'hôpital de Hønefoss. Un mobile potentiel : l'argent. Or, à ce jour, aucune rançon n'a été réclamée. Donc on oublie cette motivation. Deuxième mobile : le désir d'enfant. Nous avons affaire à quelqu'un qui veut un enfant. Personnellement, je crois que c'est *ça* la raison de l'enlèvement. Et je crois aussi que c'est l'œuvre d'une femme. Je l'ai toujours cru… ou plutôt : j'ai toujours senti qu'une femme était derrière tout ça. Essayons de dérouler son histoire. Une femme veut un enfant. Cette femme a accès à la maternité. Comme nous l'avons vu, voler un bébé est nettement plus simple que nous pouvions ou pouvons l'imaginer. Surtout un bébé orphelin. Vous me suivez ? O.K. Donc cette femme vole le bébé. Évidemment, ça fait un barouf monumental, tout le monde cherche, les médias, nous, personne ne veut que ce soit vrai, chacun veut que l'affaire soit résolue, nous les premiers. Et la femme tout autant que nous. Donc elle fait quoi ? Elle se trouve un bouc-émissaire : Joachim Wicklund. Il meurt comment ? Pendu. Parfait. Parfait, encore une fois, pour tout le monde. Y compris pour la ravisseuse. Le rapport d'autopsie montre quoi, à propos de la mort du Suédois ? Vous le savez comme moi, *aucune* autopsie n'a été pratiquée sur le corps. Forcément, pourquoi y en aurait-il eu une ? Après tout il s'est pendu, qui plus est en laissant ses aveux par écrit. Affaire résolue. Enfin. Tout le monde peut revenir à ses petites occupations.

Elle prit une profonde inspiration et en profita pour boire un peu d'eau. Au début, elle n'avait pas l'intention d'intervenir et parlait maintenant davantage à elle-même qu'à ses collègues.

— Ce qui me frappe aujourd'hui, c'est que si on avait demandé une autopsie du corps, on aurait sans aucun doute découvert la trace d'une piqûre dans le cou du Suédois. Et on aurait aussi pu conclure qu'il était mort d'une overdose d'anesthésiant. Puisque, je me permets de vous le rappeler : qui avons-nous trouvé pendu ? Oui, deux petites filles. Voilà. C'est ma théorie. En résumé : une femme, qui a un désir d'enfant au point d'en kidnapper un, qui sait faire des piqûres, qui a accès aux produits anesthésiques.

— Une infirmière ? demanda Ludvig.

— Possible. Sauf que nous n'avons aucune suspecte parmi les infirmières de Hønefoss. Donc nous avons quoi ? Une femme qui a volé un bébé et… Et c'est tout ! Jusque-là, tout est bien qui finit bien : les médias n'écrivent plus au sujet du rapt, l'enquête est close. Seulement voilà, il arrive un accident : le bébé meurt. Du coup, la femme décide de se venger. Et de se venger de nous. C'est *notre* faute si le bébé est mort. *Nous* aurions dû la trouver : elle, la femme ! *Nous* aurions dû retrouver le bébé. Donc nous sommes responsables. Donc Munch, en tant que directeur de l'enquête, est lui aussi responsable. Donc elle s'en prend à lui.

Elle s'éclaircit la voix et avala une deuxième gorgée d'eau. Un silence de plomb régnait dans la salle de réunion. Tout le monde savait que Mia était exceptionnellement douée, et nul ne voulait l'interrompre maintenant qu'elle était lancée.

— Cette femme est maligne. Oui, elle est très rusée. Elle pourrait même paraître un peu schizophrène étant donné que voler un enfant ne la gêne pas et qu'elle n'a rien non plus contre le fait de tuer des gens. D'un simple point de vue moral, ça lui semble… oui, c'est ça : juste. Donc cette femme a dû vivre quelque chose de… de…

Elle chercha le mot exact – en vain.

— Je ne sais pas, en fait. Mais ça peut être tout et n'importe quoi. Elle est lucide, elle a les idées claires. Et en même temps elle est tout sauf lucide. En tout cas, elle ne voit pas le monde comme nous. Elle adorait cette enfant. Une petite fille, vous vous souvenez, qui aujourd'hui est morte. Cette petite fille qui aurait dû entrer au CP à la rentrée comme celles que nous avons retrouvées assassinées. Oui, décidément : moi je crois que le bébé enlevé à Hønefoss en 2006 est mort. L'écriteau : *Je voyage seule*. Les petites filles vont partir en voyage. Voyager seules. Car, oui, c'est un voyage. L'évangile selon Marc, Mc 10,14 : « *Laissez les petits enfants venir à moi.* » Les fillettes vont faire un voyage vers le ciel.

Mia ne parlait plus que pour elle-même. Les nœuds qu'elle avait depuis si longtemps dans le cerveau se dénouaient peu à peu. Tout ce qui était tapi dans les ombres de son crâne se réveillait.

— Cette femme est incroyablement précautionneuse. Elle adore les enfants. Elle les protège. Elle les lave et les apprête. Les fillettes ne doivent pas avoir mal. Mais… il y a deux choses.

Mia toussa ; malgré sa fatigue, elle devait continuer.

— Deux choses. Et c'est ça le plus étrange. Tout ce chaos, tous ces signes… Je ne l'ai pas compris d'emblée. Tous ces pièges, tous ces indices et… Oui, en fait, c'est maintenant seulement que je le comprends, mais je crois qu'il y a deux choses. La première : les petites filles. Le bébé ne doit pas rester seul. Mais oui, c'est ça ! C'est sa faute *à elle* si le bébé est mort. Le bébé est mort *à cause d'elle* ! Elle a fait le mal et elle veut réparer ce mal. Mais c'était aussi notre faute. *Nous* aurions dû l'arrêter. Merde, j'ai perdu le fil…

— Deux choses, intervint Curry d'une voix bienveillante.

— Oui, merci. Deux choses. La première : elle tue les petites filles pour que le bébé, également une petite fille qui aurait six ans aujourd'hui, ne soit pas seul dans le ciel. La deuxième : elle veut se venger de Munch. Désolée, Holger, mais c'était évident. Et en même temps c'est pour cette raison que c'était aussi bordélique. C'est pour ça qu'on a foutu le bordel. Alors qu'il faut tout regarder séparément. Souvenez-vous des signes : regardez ceci et ne regardez pas cela. Il faut tout regarder séparément même si tout est lié, et même si elle mélange les deux motifs exprès, pour nous troubler. Je recommence… Primo : elle assassine les petites filles pour que la petite fille qu'elle a volée à l'époque ne soit pas seule dans le ciel. Secundo : elle veut à tout prix coincer la police, se venger de Munch ; elle a d'une certaine manière tué le bébé mais elle le reproche à Munch. Je crois que…

Mia Krüger était épuisée. Elle n'arrivait plus à parler.

— Qu'est-ce que… tu crois, Mia ? bredouilla Holger.

— Elle veut qu'on l'arrête, déclara Anette.

— Pardon ?

— Elle veut qu'on l'arrête. Dans les deux sens du terme, poursuivit Anette. Elle veut qu'on la coffre et elle veut qu'on la fasse cesser. Mia l'a plus ou moins dit tout à l'heure : les signes. Rikke JW. Les filles à la forteresse. Les coups de fil aux journalistes. Elle nous montre des choses. N'est-ce pas, Mia ? Elle veut qu'on l'arrête ?

Mia hocha faiblement la tête.

— Je suis d'accord avec toi. C'est bien vu. C'est même très bien vu. Elle veut qu'on l'arrête. Elle ne tient presque plus en place tellement elle le veut. Elle nous montre de plus en plus de choses. Elle aussi, elle veut voyager seule. Elle aussi, elle veut monter. Dans le ciel, je veux dire. Elle veut retrouver le bébé. Elle veut…

Mia n'en pouvait plus. Elle s'effondra, épuisée, essoufflée, sur la table. Munch accourut, posa une main sur son épaule.

— Ça va aller ?

Elle acquiesça.

— Ça commence *enfin* à ressembler à quelque chose, reprit Munch en se tournant vers ses collègues. C'est très, très bien ! Une femme. Moi j'y crois. Définitivement. Ça me parle. Quelles femmes on a au frais ?

— Les femmes aux yeux vairons ? suggéra Ludvig.

— Les employées de la maison de retraite, proposa Gabriel.

— Le téléphone de Veronica Bache ? demanda Mia en s'adressant à Ludvig.

— Hélas, rien pour l'instant. Mais on y travaille toujours.

— Putain, ce que je suis conne ! s'écria soudain Mia. Mais ce que je peux être gourde !

— Quoi ?

— Charlie. Charlie Brun !

— Qui ? fit Munch.

— Un pote à moi. Il tient une boîte pour trans dans le quartier de Tøyen. C'est lui qui m'a parlé d'elle. Cette femme aux yeux vairons qu'il a vue en compagnie de Roger Bakken. J'y crois pas, quelle conne je fais !

— Convoquez-le ! ordonna Munch. Il faut qu'on retrouve cette femme. Si ça se trouve, elle correspond peut-être au portrait-robot. On montrera à ce Charlie toutes les femmes qu'on suspecte : toutes celles qui ont eu accès aux factures du téléphone de Veronica Bache, toutes les employées de la maison de retraite, toutes celles qui sont liées à la paroisse. Et s'il en reconnaît une, il faudra ensuite convoquer la retraitée dont vous savez le nom pour savoir si elle aussi la reconnaît.

Alors qu'elle franchissait la porte, Mia fut abordée par Anette.

— Tu es sûre que ça va marcher ? murmura celle-ci.

— Quoi ?

— La direction de l'enquête. Tu ne crois pas que Munch est trop impliqué dans l'affaire ? Quand même… Sa petite-fille est menacée, sa mère est liée elle aussi… Ça fait beaucoup, non ? Il ne devrait pas prendre un petit congé, laisser quelqu'un d'autre reprendre les rênes ?

— Holger sait ce qu'il fait, répondit Mia.

— J'espère.

54.

— Comment tu trouves ?

Charlie tournoyait devant Mia dans sa chambre à coucher. Il avait opté pour une robe à fleurs de mamie, des bottines argentées, des gants blancs qui lui montaient jusqu'aux coudes et un boa vert.

— Tu n'aurais pas dans ta garde-robe un pantalon *ordinaire* et un pull *ordinaire* ?

— Tu es impossible, Mia ! Je te rappelle que je suis artiste, que je suis une œuvre d'art ambulante.

Fouillant dans son dressing, Charlie en remit une couche sur sa vie ô combien difficile – et sur une certaine policière qui entravait sa liberté d'expression. Quand soudain il s'écria :

— Je sais !

Il se retourna avec un grand sourire.

— Mister Freud.

— Mister qui ?

Frappant dans ses mains, Charlie sautait comme une petite fille.

— Mais Mister Freud, voyons ! Je ne l'ai plus remis en scène depuis… 2004, rends-toi compte ! Depuis notre soirée de cabaret, *Et que ça swingue*, qu'on avait organisée au profit de l'association des trans dans un club échangiste…

— C'est parfait ! l'interrompit Mia. Et épargne-moi, s'il te plaît, les détails de tes activités parallèles. Du moment que tu te décides pour Mister Freud. Et si tu pouvais te dépêcher, ce serait encore mieux.

Extirpant de son armoire un cintre recouvert d'un plastique protecteur, Charlie disparut dans la salle de bains. Le nounours qu'il était en ressortit quelque temps après transformé en une espèce de gigolo, vêtu d'un smoking, d'une cravate rose et de souliers vernis, à mi-chemin entre James Bond et Oliver Hardy.

— Tu en penses quoi ?

Il tourna à nouveau sur lui-même en souriant.

— Irrésistible ! répondit Mia.

— J'ai assez d'autorité, déguisé comme ça ?

— Écoute, les vieilles dames de la maison de retraite vont tomber en pâmoison devant toi. Elles jetteront des roses sur ton passage !

— Oh, tu crois ? minauda Charlie.

— Je te le promets. Allez, zou, en route !

Ils montèrent dans la voiture de police qui les attendait en bas et les conduisit à la maison de retraite de Høvik. Mia se demanda si elle devait refroidir les attentes de Charlie en lui expliquant qu'il n'était pas censé faire un show mais simplement regarder des photos. La direction était prévenue de leur arrivée. De plus, les nouvelles consignes de sécurité interne impliquaient d'avoir une photo d'identité de tout le personnel, ce qui leur faciliterait le travail. Holger Munch les attendait dehors lorsqu'ils se garèrent. Charlie le salua d'une courbette.

— Enchanté de faire votre connaissance, dit Munch avec un petit sourire. Très chic, votre costume.

— C'est absolument charmant de votre part, répondit Charlie en lui adressant un clin d'œil et en s'abîmant dans une révérence.

— Mia vous a expliqué ce que nous attendons de vous ?

— Oui, je suis une sorte d'agent secret, n'est-ce pas ?

— D'une certaine manière. Nous souhaitons surtout que vous regardiez une série de photos qui vous permettront peut-être d'identifier la copine de Roger Bakken.

— Ça devrait être dans mes cordes…

— Elle a des yeux vairons, c'est ça ?

— Oui. Un bleu et un marron. Je me doutais qu'elle avait quelque chose de suspect, la miss…

— Nous n'en sommes pas là pour le moment. Nous souhaitons juste savoir de qui il s'agit et l'entendre comme témoin, rien de plus.

— Je comprends, je comprends, lui assura Charlie, de nouveau avec un clin d'œil. Je ne veux rien savoir des petites affaires secrètes de la police !

Au même moment, la porte d'entrée s'ouvrit sur l'employée que Mia avait vue s'entretenir avec Holger la dernière fois.

— Je vous présente Karen Nylund.

La femme aux longs cheveux blond vénitien, svelte et la petite quarantaine, ne se départait toujours pas de son sourire. Charlie la gratifia d'une amicale poignée de main.

— Je te présente Charlie, qui va nous aider aujourd'hui. Et voici Mia, ma collègue.

Mia lui serra la main.

— Enchantée, lui répondit Karen, toujours souriante. Je suis désolée, mais je n'arrive pas à mettre la main sur Anne. Elle ne décroche pas. C'est qu'elle est un peu à cheval sur ses principes : quand elle ne travaille pas, elle ne répond pas au téléphone.

Mia supposa que cette Anne était la directrice de la structure mais s'abstint de poser la question.

— Ça ne pose quand même pas de problèmes que nous jetions un œil dans votre ordinateur ?

— Pas du tout, voyons, Holger ! Nous sommes plus qu'heureuses de donner un coup de main à la police !

Mia n'intervenait toujours pas. Elle savait que cette procédure nécessitait un mandat, qui mettait parfois du temps à arriver – elle devinait néanmoins que Holger avait obtenu en sous-main le consentement des responsables de la maison de retraite, pour la simple et bonne raison qu'ils le connaissaient puisque sa mère y était résidente.

— Parfait. On y va dans ce cas ?

Ils suivirent Karen dans un bureau. Charlie se pavanait dans les couloirs et faisait des courbettes à droite et à gauche.

— Nous y voilà, déclara Karen en allumant l'ordinateur. (Puis elle ajouta, perplexe tout à coup :) C'est l'ordinateur commun à tous les employés et personne d'autre n'y a accès. Mais j'imagine qu'on n'y verra pas d'inconvénients. Je veux dire : puisque vous êtes de la police…

Karen interrogea Holger du regard qui répondit par un hochement de tête. Mia dissimula un rictus.

— Ça va aller Karen, ne t'inquiète pas, la rassura Holger, une main posée sur son épaule. J'en prends l'entière responsabilité.

Il fit rouler un fauteuil à côté de celui déjà installé devant le bureau pour que Charlie puisse s'asseoir.

— D'accord. C'est juste que… Anne est un peu procédurière. Elle n'en reste pas moins une directrice hors pair, hein ! s'empressa-t-elle d'ajouter, comme si elle craignait d'être surprise à casser du sucre sur le dos de sa supérieure. Vous voulez que je reste ?

— Si ça t'est possible, je veux bien, oui. Au cas où on aurait des questions.

— Pas de problème. Il faudra que je m'occupe du déjeuner, mais on a un peu de temps devant nous.

— Merveilleux ! fit Holger en s'installant à côté de Charlie.

Il prit la souris et cliqua sur le dossier que Karen leur avait préparé.

— On fait défiler, c'est ça ?

— Utilise plutôt la flèche, ce sera plus simple.

Holger appuya sur le bouton. La première photo apparut : Birgitte Lundamo.

— Non, fit Charlie, catégorique, la mine grave, comme pour montrer qu'il prenait sa mission très au sérieux.

Holger appuya de nouveau, une dénommée Guro Olsen se matérialisa.

— Non plus.

— Combien de personnes sont employées ici ? voulut savoir Mia.

— Cinquante-huit résidents logent chez nous, et nous sommes en tout vingt-deux, non… vingt-trois employés. Certains à plein temps, d'autres à mi-temps. On a en plus une liste de remplaçants auxquels nous faisons appel en cas de maladie ou de congés.

— Ils sont tous enregistrés ici ?

— Oui, tous, confirma Karen avec un sourire.

Nouveau clic. Cette fois, ils firent la connaissance de Malin Stoltz.

— C'est elle !

— Tu es sûr ? demanda Mia.

— Sûr et certain, ma chérie.

— Pourtant, elle n'a pas d'yeux vairons…

— Mais si je te dis que c'est elle !

Mia poussa un juron entre ses dents. Et pour cause. Elle lui avait parlé en attendant Holger lors de leur première venue ici. Elle avait des yeux d'un bleu électrique et des cheveux noir corbeau.

— Tu la connais, Karen ? demanda Holger.

— Ah, oui ! Elle a fait quelque chose ?

Pour la première fois depuis leur arrivée, Karen semblait effrayée.

— Il est encore trop tôt pour en parler, répondit Holger en notant l'adresse sur son carnet.

— Vous la connaissez très bien ? insista Mia.

— Très, très bien, en effet. Euh, seulement au travail, en fait. Elle est très appréciée des résidents. C'est une excellente employée.

— Vous êtes déjà allée chez elle ?

— Non, jamais. Mais... vous m'inquiétez vraiment, là. Vous ne pouvez pas me dire ce qu'elle a fait ?

Munch se leva pour la rassurer.

— Nous la cherchons uniquement en tant que témoin, Karen.

— Oh là là ! fit celle-ci en secouant la tête.

— Uniquement en tant que témoin.

— Tu as l'adresse ? s'enquit Mia.

Munch acquiesça et lui tendit un papier. Il lui fit signe de sortir et de téléphoner, histoire de ne pas rendre Karen plus anxieuse qu'elle ne l'était déjà. Charlie, toujours sur sa chaise, semblait mécontent :

— C'est tout ?

— Oui, c'est tout, confirma Holger. Tu as fait un excellent travail, Charlie.

— Tu as été parfait, renchérit Mia.

À ces mots, elle s'élança au bas des marches et appela Curry.

— Oui ?

— On a un nom et une adresse !

Elle avait du mal à cacher son enthousiasme.

— Malin Stoltz. Née en 1977. Cheveux longs, couleur noir corbeau. Environ 1,70 mètre, 65 kilos.

— C'est... *elle* ? s'exclama Curry à l'autre bout du fil.

— Oui. Il l'a identifiée dans la seconde.

Mia entendit son collègue hurler des ordres dans le bureau avant de reprendre la communication.

— Bon, on est déjà en route pour le flag. On se retrouve sur place.

Mia raccrocha et prit une pastille. Elle n'en revenait toujours pas : elle lui avait parlé, s'était tenue tout près d'elle – et elle n'avait rien vu. Rien. Si ce jour-là elle avait les yeux bleus, c'est donc qu'elle portait des lentilles. Merde! Elle était bouchée, ou quoi?

Charlie ressortit sur ces entrefaites, suivi de Holger et Karen, qui paraissait toujours aussi chamboulée.

— Je t'appelle, lui dit Holger en lui donnant une poignée de main.

— Merci encore, Karen, ajouta Mia.

— Avec plaisir! répondit la blonde vénitienne en esquissant un sourire moins radieux que les précédents.

— Donc c'est tout? répéta Charlie, extrêmement mécontent.

— Tu nous as rendu une fière chandelle, Charlie, répondit Mia. Merci beaucoup!

— Tu montes avec moi, Mia? l'interrogea Munch.

— Oui, j'arrive.

— Ben… et moi? fit Charlie, bras écartés.

— Il va te ramener, indiqua Mia en désignant l'agent de police qui les avait conduits à l'aller.

— Et tu ne m'offres même pas un petit café? s'exclama Charlie, d'une voix outrée.

— Une autre fois! cria-t-elle en sautant dans la voiture.

L'Audi noire fila à tombeau ouvert, les roues crissèrent sur le bitume.

55.

Malin Stoltz avait mal dormi. Elle avait fait un rêve si étrange : un ange venait la chercher, et tout était terminé. Je n'ai plus besoin de faire ça, avait-elle alors songé, à moins qu'elle n'ait prononcé la phrase dans son rêve. Un trouble persistant agitait sa conscience ; elle avait du mal, même après coup, à distinguer son moi onirique de son moi réel. Toujours est-il qu'un ange lui était apparu : une petite fille, blanche et angélique. L'ange avait tendu la main vers elle et murmuré qu'elle devait la suivre, qu'elle pouvait désormais quitter la terre. Qu'elle n'avait plus besoin de faire ça, donc. Et Malin Stoltz avait été ravie. Si contente qu'elle s'était réveillée, et peu importait dans le fond qu'elle n'ait pu se rendormir ensuite. Elle avait des yeux vairons. Elle avait un iris bleu, et elle avait un iris marron. Elle était comme ça, elle n'y pouvait rien. Petite, elle avait dû subir les moqueries des autres enfants ; ils la traitaient de sale bestiole, de monstre. Seuls les chats avaient des yeux vairons. Mais pas les gentils chats, qu'on avait envie de caresser. Non. « Espèce de sale chat galeux ! » ils lui disaient. Un chat atteint de maladie et qui perdait son poil, à croire qu'elle était malade parce qu'elle avait des yeux de couleur différente. Et tant pis si un docteur l'avait rassurée en soulignant que cette caractéristique n'était pas si extraordinaire. Ça portait même un nom : hétérochromie. Certes, avoir des yeux vairons pour un humain n'était pas monnaie courante, mais ce n'était pas non plus inhabituel. Le docteur lui avait expliqué qu'il s'agissait d'une erreur génétique. Non. Pas une erreur. Une anomalie. « Si les gènes se modifient à un stade précoce de la vie fœtale, notamment avec l'apparition d'une mutation, les gènes qui codent les variations dans les teintes peuvent opérer un changement de couleur. Ainsi, le gène qui code la couleur bleue pourra s'imposer chez un individu pourtant destiné à avoir deux yeux marron. » Voilà ce qu'il avait dit. Une mutation. Une mutante. « Vous êtes une mutante ! » Voilà ce qu'il lui avait dit, le docteur. Elle était une mutante avec des yeux vairons et, pour cette raison, elle n'était pas censée être elle-même. Elle aurait dû être quelqu'un d'autre. Voilà ce qu'il lui avait dit, le médecin. Ou est-ce qu'elle l'avait lu ? Non, le médecin n'avait rien dit. Elle l'avait lu sur Internet. Et dans *Science illustrée*. Elle l'avait lu dans la salle d'attente du médecin où le magazine *Science illustrée* était posé sur la table basse. Elle l'avait lu avant de consulter le médecin qui lui avait annoncé qu'elle ne pouvait pas avoir d'enfants. Il lui avait confirmé qu'elle ne pouvait pas avoir d'enfants parce qu'elle était une mutante. Elle ne pouvait pas avoir d'enfants parce qu'elle était une mutante qui n'aurait pas dû être elle-même mais quelqu'un d'autre. Elle aurait dû être quelqu'un d'autre parce qu'elle avait des yeux vairons, même si des personnes célèbres avaient elles aussi des yeux vairons : Dan Aykroyd, David Bowie, Jane Seymour, Christopher Walken. Eux aussi avaient des yeux vairons, mais aucun d'eux n'avait besoin d'être quelqu'un d'autre. Aucun d'eux n'avait besoin d'être quelqu'un d'autre, mais certains avaient eux aussi changé de nom.

Malin Stoltz avait passé plusieurs heures dans la salle de bains à regarder ses yeux vairons après avoir rêvé qu'une petite fille en forme d'ange venait la chercher en lui disant qu'elle n'avait plus besoin de faire ce qu'elle faisait. Elle avait regardé ses yeux vairons pendant plusieurs heures en pensant qu'elle devait prendre les médicaments que lui avait prescrits le médecin qui lui avait annoncé qu'elle ne pouvait pas avoir d'enfants parce qu'elle était une mutante. Il lui avait prescrit des médicaments parce qu'elle n'était pas normale. Elle n'était pas normale parce qu'elle entendait des voix dans sa tête et donc elle devait prendre des médicaments. Voilà ce que lui avait dit le médecin. À elle qui était une mutante et qui détestait prendre des médicaments. À elle qui n'était pas normale et n'entendait pas suffisamment de voix dans sa tête pour devoir prendre souvent ses médicaments.

Malin Stoltz se tenait devant le réfrigérateur ouvert. Elle avait faim. Elle n'avait pas mangé depuis longtemps, et elle avait mal dormi. Elle avait oublié d'acheter des œufs. Elle l'avait oublié alors qu'elle l'avait noté sur la liste, la veille. Elle referma la porte du réfrigérateur. Malin Stoltz était douée pour faire semblant. Elle était douée pour être quelqu'un d'autre, pour être quelqu'un qui n'était pas elle-même. Tant qu'elle n'était pas elle-même, tout allait bien. Trouver un travail n'était pas compliqué tant qu'on n'était pas soi-même. Elle retourna à la salle de bains sans comprendre pourquoi elle y retournait. Donc elle revint dans la cuisine et ouvrit le réfrigérateur. Il était vide. Elle décida de s'habiller pour aller à l'épicerie. Aller à l'épicerie n'était pas compliqué tant qu'on trouvait ses vêtements. L'épicerie ouvrait tôt et la pendule de la cuisine indiquait 8 heures. Il était 8 heures, donc l'épicerie était ouverte puisqu'elle ouvrait tôt. Il était 8 heures, Malin Stoltz ne devait pas aller travailler aujourd'hui, et heureusement car elle avait mal dormi. Donc, elle pouvait aller à l'épicerie. Aller acheter des œufs à l'épicerie n'était pas compliqué tant qu'on se souvenait de les poser dans le panier, de payer et de les mettre dans un sac en plastique. Malin Stoltz alla dans la chambre à coucher pour s'habiller, elle ouvrit la porte de son armoire et découvrit que celle-ci était remplie d'articles de crémerie : du lait, du beurre, de la crème. Ça sentait mauvais, ça sentait le rance et le tourné. Elle referma la porte et découvrit qu'elle se trouvait dans l'épicerie. Ça sentait mauvais, il était tôt, les gens avaient mal dormi et c'est pour ça que ça sentait mauvais. Malin

Stoltz avait mal dormi, mais elle avait rêvé qu'une petite fille en forme d'ange venait la chercher et lui avait dit qu'elle n'avait plus besoin de rester sur terre ni de faire ce qu'elle faisait, et elle avait été si contente qu'elle s'était réveillée. Tous les jours n'étaient pas aussi mauvais, et il y avait certaines choses qu'on pouvait faire mieux que d'autres. Être quelqu'un d'autre, ce n'était pas compliqué, et Malin Stoltz le faisait mieux. Être elle-même, c'était très compliqué, et elle le faisait nettement moins bien. Être elle-même, comme aujourd'hui, c'était horriblement compliqué, alors qu'elle ne devait pas aller travailler et qu'elle avait faim et qu'elle devait acheter des œufs. Travailler, ce n'était pas compliqué, et elle avait beaucoup travaillé ces derniers temps. Elle avait été Malin Stoltz, elle avait eu des yeux de la même couleur et elle avait bien travaillé, les gens étaient contents d'elle. Elle avait hâte d'être quelqu'un d'autre, elle était contente dès qu'elle était quelqu'un d'autre.

Elle referma la porte du réfrigérateur qui contenait les articles de crémerie et se dirigea vers le rayon des œufs. Elle prit quatre douzaines d'œufs qu'elle posa dans son panier. Le panier était bleu, elle le voyait. Si elle fermait l'œil qu'elle avait marron, le panier était bleu. Si elle fermait l'œil qu'elle avait bleu, le panier était marron. Ce n'était pas vrai, mais on pouvait toujours faire semblant que ce soit vrai, et Malin Stoltz était très douée pour faire semblant. Quatre fois douze œufs faisaient quarante-huit œufs. Elle essaya de se souvenir de ce qu'elle avait noté sur sa liste, puisqu'elle avait oublié de l'emporter. Ah oui, du pain. Elle se dirigea vers le rayon du pain et choisit du pain complet. Ça sentait toujours très mauvais dans l'épicerie, elle dut se boucher le nez. Le panier bleu contenant ses quarante-huit œufs et le pain complet était lourd dans sa main. Le garçon à la caisse sentait mauvais lui aussi. Il avait mal dormi, c'est pour ça qu'il sentait mauvais. Elle paya avec sa carte bancaire, la machine indiqua « paiement accepté », forcément puisque Malin Stoltz avait de l'argent sur son compte en banque. Ça commençait vraiment à sentir très mauvais dans l'épicerie. Ça sentait le rance, le tourné et le pourri. Ça sentait tellement le pourri que Malin Stoltz eut toutes les peines du monde à ranger ses quarante-huit œufs et son pain complet dans le sac en plastique. Elle courut dehors avant que l'épicerie ne pourrisse pour de bon. Elle s'immobilisa sur les marches pour remplir ses poumons d'air pur, pour nettoyer son corps. Puis elle se dirigea vers sa maison.

56.

Munch venait de se garer à quelques pas de l'immeuble, pour avoir une vue directe sur la porte d'entrée, quand le portable de Mia sonna.

— Oui, Curry.

— Salut.

— Elle est chez elle ?

— Non, personne ne répond. On voulait vous attendre. Vous nous voyez ?

Mia aperçut l'autre Audi noire en bas de la rue.

— Oui.

— Qu'est-ce qu'on fait ?

— On entre ? demanda-t-elle à Munch qui secoua résolument la tête.

— On ignore encore si cette femme a fait quoi que ce soit, expliqua-t-il. Tout ce qu'on sait, c'est qu'elle connaissait Roger Bakken et qu'elle avait accès au téléphone portable de Veronica Bache. Je ne veux pas que quelqu'un vienne nous reprocher un vice de forme par la suite.

— Non, on attend un peu, indiqua Mia à Curry. On a nos unités dans toutes les rues ?

— Positif.

— Envoie Kim, marmonna Munch.

— Envoie Kim, répéta Mia dans le téléphone. Fais en sorte qu'il puisse entrer dans l'immeuble grâce à un voisin.

— O.K.

L'instant d'après, Mia vit s'ouvrir la portière de l'autre Audi et Kim se diriger vers la porte d'entrée. Il appuya sur plusieurs boutons avant de pouvoir entrer.

— Il est dedans, avertit Curry.

— J'ai vu, oui, répondit Mia.

Ils avaient répété cet exercice maintes et maintes fois. Tant en entraînement que sur le terrain. Une ou deux personnes à l'intérieur, le reste de l'équipe dans des véhicules et à pied. On frappa soudain à la vitre de Mia qui la baissa : Kyrre glissa par l'entrebâillement une petite pochette avant de disparaître. Mia l'ouvrit, prit un écouteur et donna le second à Munch.

— Ça y est, on est branchés, dit-elle avant d'éteindre son portable. Kim, tu me reçois ?

— Cinq sur cinq.

— On a quoi à l'intérieur ?

— La porte de la cave. Un ascenseur. Un escalier.

— Prends l'escalier et monte au second, ordonna Munch.

— Ça roule.

Ils attendirent que Kim se manifeste à nouveau.

— J'y suis.

— C'est la bonne porte ?

— M. Stoltz. C'est écrit dessus.

— Sonne.

Ils patientèrent quelques secondes.

— Personne ne répond. J'entre ?

Mia et Munch s'interrogèrent du regard.

— Oui, confirma Munch.

Mia ne put s'empêcher de penser à ce qu'Anette aurait dit, et se demanda si Munch était trop impliqué dans l'affaire pour prendre les décisions qui s'imposaient.

— Je suis dedans.

— Et ?

Il y eut un bref silence.

— Oh, putain ! s'exclama Kim.

— Qu'est-ce qu'il y a ? demanda Munch, un ton au-dessus.

— C'est juste que... Il faut que vous le voyiez par vous-mêmes.

— Mais qu'est-ce qu'il y a, bordel ? hurla Munch.

Kim ne répondait plus.

57.

Malin Stoltz retrouva brusquement ses esprits et découvrit qu'elle tenait un sac en plastique. Elle était allée à l'épicerie. Elle ne se souvenait pas d'être sortie de chez elle. Elle se souvenait seulement d'avoir fait un rêve bizarre dans lequel une petite fille en forme d'ange était venue la chercher en lui disant qu'elle n'aurait plus besoin d'être elle-même. Elle regarda autour d'elle. Elle se trouvait dehors. Elle ouvrit le sac en plastique et constata qu'il contenait quatre douzaines d'œufs et un pain complet. Quarante-huit œufs, mon Dieu.

Ce n'était pas la première fois que ça lui arrivait. Mais ça la terrorisait autant chaque fois. Un jour, elle s'était réveillée dans le tramway. Un jour, elle s'était réveillée alors qu'elle entrait dans le bâtiment de la piscine. Elle prit une profonde inspiration et s'assit sur un banc. Peut-être qu'elle devait retourner chez le médecin. Mais elle détestait les médecins. Mais peut-être qu'il fallait y aller quand même. Les black-out lui venaient de plus en plus souvent ces derniers temps, surtout les jours où elle ne travaillait pas, et là c'était très compliqué. Tant qu'elle travaillait, ce n'était pas compliqué. Les jours où elle restait chez elle, où elle devait être elle-même, c'était horriblement compliqué. Mais bientôt ce serait terminé. Bientôt elle pourrait se reposer. Bientôt elle n'aurait plus besoin d'être Malin Stoltz. Ni Marit Stoltenberg. Ni Marijke Storberget.

Elle essaya de se concentrer sur le chemin du retour, mais les images fuyaient dans sa tête. Elle focalisa du coup son attention sur le sac de commissions. Est-ce qu'il était vrai ? Ou est-ce qu'il était faux ? Elle toucha le plastique. Oui, le sac était vrai. Elle regarda ses vêtements. Deux chaussures de la même couleur, ouf. Un pantalon, parfait. Un tee-shirt un petit pull par-dessus, très bien. Elle avait donc réussi à s'habiller, elle n'était pas sortie nue. Elle avait juste un peu froid, elle aurait bien supporté une petite laine supplémentaire. Elle frotta ses mains pour se réchauffer un peu. Elle tenta à nouveau de se souvenir de la route pour rentrer chez elle. Elle força son cerveau à lui indiquer comment elle allait se lever du banc et quelles rues emprunter. Elle jeta un autre coup d'œil au sac en plastique. Rema. C'était écrit dessus. Ah oui, Rema était un supermarché où elle était déjà allée faire ses courses. Et pour repartir de Rema, il fallait passer devant la pizzeria. Elle tourna la tête et aperçut un néon, à l'angle : Milano Pizzeria. De là, elle connaissait le chemin. À peu près. Elle se leva à toute vitesse et traversa la rue. Elle avait maintenant très froid. Elle devait rentrer chez elle illico presto, sans quoi elle allait s'enrhumer. Et si elle s'enrhumait, elle ne pourrait pas aller travailler. Et si elle ne pouvait pas aller travailler, elle devrait rester chez elle. Et si elle devait rester chez elle, elle devrait être elle-même. Car si elle devait rester chez elle, elle ne pourrait pas s'occuper des personnes âgées. Car si elle était enrhumée, elle ne pourrait pas aller travailler. Car si elle était porteuse de bacilles, elle pourrait contaminer les personnes âgées. Et les personnes âgées étaient si faibles…

Elle atteignit la pizzeria et chercha du regard le signe indicateur suivant. Voilà. Le rond-point. Il fallait prendre le sens opposé. Oui, voilà. Prendre la rue en sens interdit même si c'était interdit. Elle avança vers le panneau sens interdit et s'immobilisa brusquement. Quelque chose clochait. Quelque chose détonnait. Quelque chose n'était pas comme d'habitude. Il n'y avait pas de gens dans le parc comme d'habitude. Il n'y avait pas de passants dans la rue comme d'habitude. Il n'y avait pas de gens dans leur voiture comme d'habitude. Une lumière s'alluma faiblement dans son esprit. Une alerte lui monta lentement au cerveau. Une pensée secoua brutalement sa conscience.

Malin Stoltz lâcha son sac de commissions, tourna les talons et s'élança en courant.

58.

Sarah Kiese attendait une certaine Anette devant un mur en brique de la rue Mariboesgate. Elle avait téléphoné pendant plusieurs jours – sans succès : « *Vous êtes bien à l'accueil des renseignements de la Police d'Oslo. Toutes nos lignes sont actuellement occupées. Veuillez patienter, un correspondant va bientôt prendre votre appel. Merci.* » Elle avait fini par obtenir quelqu'un. Après avoir essayé trois jours durant. À la dernière tentative, elle avait attendu quarante minutes, sans baisser les bras, en s'acharnant – et ses efforts avaient été récompensés. Sauf que la femme au bout du fil lui avait paru agacée, presque désagréable. Sarah Kiese avait eu l'impression non seulement de la déranger, mais d'être prise en faute. Comme si elle appelait à cause de l'argent. Elle l'avait lu dans les journaux : « *La somme d'un million de couronnes sera versée à quiconque fournira des renseignements probants susceptibles de résoudre cette enquête.* » Pff! Elle s'en foutait, elle, du fric. Non, ce n'était pas pour ça. À force de voir cette affaire partout dans les médias, ça avait fait tilt dans sa tête la semaine dernière :

Son mari était mort environ un an plus tôt. Une chute dans le vide, de cinquante mètres de haut, alors qu'il bossait sur un bâtiment en construction, un chantier non ou mal sécurisé – ce qu'elle en savait, elle… Hop, terminé. Sarah Kiese s'était frotté les mains : enfin! Ce salaud n'était plus de ce monde. Il lui avait rendu la vie impossible, oui, il lui avait presque bousillé l'existence. Elle ne voulait plus rien avoir affaire avec lui. Y penser lui donnait presque envie de dégobiller. Elle n'avait même pas pris la peine d'aller à son enterrement. À quoi bon? Pour se souvenir de quoi? Du parfum des autres nanas quand il revenait la voir à l'époque où ils étaient encore ensemble ? Des billets qui disparaissaient mystérieusement de son portefeuille ou du pot sur le frigo dans lequel elle mettait les sous pour payer les factures ? De la déception de leur fille quand il daignait lui rendre visite tous les trente-six du mois et ne voulait ni lui parler ni jouer avec elle ? Alors là, tintin ! Sans elle ! Et puis il y avait eu cette clé USB, que l'avocat véreux de ce connard lui avait donnée quelques semaines plus tôt. Elle contenait un film bizarroïde sur un genre d'abri souterrain qu'il aurait construit, etc. Bref. Sarah Kiese avait été radicale : le film était parti direct dans la corbeille de l'ordinateur, vidée dans la seconde, et la clé USB avait atterri dans la poubelle. Ter-mi-né ! Sarah Kiese avait oublié cette sombre histoire, préférant se concentrer sur sa vie *à elle* avec sa fille adorée, sur l'appartement qu'elle venait de s'acheter. Elle était libre, et heureuse comme elle ne l'avait plus été depuis des lustres.

Puis ça lui était revenu, à cause de cette affaire de petites filles enlevées et assassinées, à cause de cette récompense d'un million de couronnes – et peut-être qu'elle avait menti à la femme au téléphone, peut-être que c'était précisément cette promesse d'argent qui l'avait poussée à appeler. Quoi qu'il en soit, le film lui était revenu en mémoire. Son mari avait paru si terrorisé ; lui qui d'habitude jouait les durs. Sa voix tremblait quand il l'avait quasi implorée de s'adresser à la police si jamais il lui arrivait un malheur. Il disait qu'on lui avait demandé de construire une pièce sous la terre, dans un endroit paumé, avec un monte-plats en forme d'ascenseur et un système de ventilation. Et, tout à coup, la semaine dernière donc, elle avait eu une illumination : et si la chambre souterraine construite par son mari avait été utilisée pour séquestrer les quatre petites filles ?

Sarah Kiese prit un chewing-gum dans son sac à main. Le lieu de rendez-vous, ici, dans la Mariboesgate, l'avait étonnée. Elle avait pensé être convoquée au quartier général de la police, à Grønland. Mais non. Elle inspecta la rue quand, soudain, la porte d'un immeuble aux briques jaunes s'ouvrit et une grande jeune femme aux cheveux blonds et au visage plein de taches de rousseur s'approcha d'elle.

— Sarah Kiese ?

— Oui.

— Bonjour, Anette Goli, dit la procureure de police en lui montrant son insigne.

— Je suis franchement désolée de ne pas avoir appelé plus tôt. Mais les lignes étaient toujours occupées et… oui, mon mari et moi, on ne s'entendait pas vraiment bien.

— N'y pensez plus. Merci beaucoup d'avoir fait le déplacement. Vous avez l'ordinateur en question ?

— Oui, je l'ai là, répondit Sarah en désignant son sac.

— Parfait. Vous me suivez ?

Devant la porte du bâtiment, la policière plaça son insigne devant un lecteur. Elles restèrent silencieuses dans l'ascenseur. Une chose était sûre : cette Anette était nettement plus agréable que la femme que Sarah avait eue au téléphone. Elle fut rassurée ; elle s'était attendue qu'on l'engueule. Sous prétexte qu'elle avait prévenu trop tard. Des engueulades, Sarah Kiese s'en était coltiné toute sa vie, elle n'en voulait plus.

— Par ici, indiqua Anette dans le dédale des couloirs.

Elle passa sa carte devant un autre lecteur, et elles entrèrent dans un grand open space moderne et suréquipé. Les gens couraient dans tous les coins, parlaient fort, discutaient au téléphone – une vraie ruche.

— C'est là.

Elles venaient d'arriver à un bureau fermé par une cloison en verre dans lequel un homme assis devant des tonnes d'ordinateurs leur tournait le dos. Sarah se serait crue dans un film : il y avait des boîtes, des écrans, des machines et des fils partout ; ça clignotait dans tous les sens.

— Gabriel… ?

Le Gabriel en question se retourna, et Sarah fut surprise de découvrir un jeune homme.

— Gabriel, je te présente Sarah Kiese. Sarah, Gabriel.

— Bonjour, Sarah.

— Enchantée.

— Asseyez-vous, Sarah, je vous en prie, lui proposa Anette, en désignant une chaise. Est-ce que vous pourriez nous expliquer brièvement ce dont il est question ?

— Oui, alors voilà…

Elle s'exécuta, revenant sur la mort de son mari, l'avocat, la clé USB, le film, la pièce souterraine qu'il avait construite, le fait qu'il avait l'air terrorisé en se filmant – et sa conviction que ça avait à voir avec les fillettes dont tout le monde parlait.

— Et ce film, vous l'avez mis dans la corbeille de votre ordinateur que vous avez vidée ?

— J'ai fait une bêtise ?

— Eh bien… Évidemment, ç'aurait été mieux si vous l'aviez conservé, répondit Gabriel, mais on va le récupérer. Vous avez apporté votre ordinateur ?

Sarah Kiese le sortit de son sac à main et le tendit au jeune homme.

— La clé USB, vous ne l'avez pas non plus, je suppose ?

— Non, je l'ai jetée à la poubelle.

— Hé hé ! là, ça va être difficile de la retrouver ! dit-il en lui envoyant un petit clin d'œil complice.

Sarah esquissa un sourire. Ce qu'ils étaient gentils, tous ! Elle était soulagée : elle avait eu peur qu'ils soient méchants envers elle et lui taillent un costard comme la femme pète-sec au téléphone.

— J'aimerais beaucoup prendre votre déposition, si vous n'y voyez pas d'inconvénient ? demanda Anette.

— Non, pas du tout.

— Vous voulez un café ?

— Oh oui, je veux bien, merci.

Cette Anette, qui était décidément adorable avec ses taches de rousseur, lui adressa un grand sourire avant de quitter la pièce.

59.

Après la prière du matin, Pasteur Simon était venu voir Lukas pour lui annoncer qu'ils passeraient cette journée ensemble. Lukas en avait à peine cru ses oreilles. Ensemble ? Rien que tous les deux ? Il sentit soudain une bouffée de chaleur l'envahir. Certes, il était constamment à proximité de Pasteur Simon qui, de nombreuses années auparavant, l'avait désigné comme son bras droit, un ordonnateur en second. Et, dès lors, il avait pour ainsi dire grandi de dix centimètres : le dos droit, la tête relevée, il n'avait pas quitté sa place à son côté. Seulement voilà, ce dernier était toujours occupé, le plus souvent en conciliabules avec Dieu, ou bien il dispensait la Bonne Parole aux apostats. Aussi Lukas se voyait-il cantonné à exécuter des tâches subalternes, importantes au demeurant : laver les sols et les vêtements, veiller à ce que le ministre de Dieu dorme dans des draps propres. N'empêche, si *une* chose, une seule, lui manquait ; non qu'il se plaigne, surtout pas, cela ne lui viendrait même pas à l'esprit… Mais s'il avait la permission de désirer quelque chose, alors ce serait de se tenir à la droite de Pasteur Simon également pour ce qui concernait les questions divines. Et c'était bien cela que

Pasteur Simon avait sous-entendu aujourd'hui. Lukas l'avait lu dans ses yeux : *« Aujourd'hui, nous allons passer la journée ensemble, Lukas. Rien que toi et moi. »* Aujourd'hui, il allait être investi. Aujourd'hui, il allait apprendre. Le secret allait lui être révélé. Aujourd'hui, il allait enfin entendre Dieu. Voilà ce que ça voulait dire, il en était certain.

En cette journée bénie, Dieu leur avait offert un temps magnifique : le soleil brillait haut dans le ciel. Ils quittèrent la ferme, *Porta caeli*, après la prière du matin et le petit déjeuner. Lukas était au volant. Pasteur Simon avait payé pour qu'il puisse passer son permis de conduire, de même qu'il avait acheté tout ce que Lukas possédait : un costume noir pour les grandes occasions, un costume blanc pour les réunions de prière, trois paires de chaussures, un vélo. Sans oublier la nourriture ainsi qu'une mansarde dans le presbytère. Pasteur Simon était riche. Grâce à Dieu, qui lui avait donné de l'argent. Il n'était pas l'un de ces gens qui ne croyaient pas en l'argent. Au dire des nombreux croyants, on n'en avait pas besoin pour peu qu'on ait la foi. Pasteur Simon était mieux renseigné : *« L'argent nous sera inutile quand nous entamerons notre voyage seuls vers le Ciel puis quand nous serons arrivés au Ciel, notre prochain univers. Mais ce bas monde qui est le nôtre en ce moment est régi par de tout autres règles. »* Et même s'il ne lisait pas les journaux et ne regardait pas la télévision, Lukas savait que ce monde était gouverné par l'argent. Certains étaient pauvres, d'autres étaient riches. Les premiers subissaient la punition divine. Maintes et maintes raisons l'expliquaient : soit ils étaient homosexuels ou drogués ou prostitués; soit ils avaient offensé Dieu ou Jésus ou leurs parents. Parfois, Dieu punissait des pays ou des continents entiers : par des crues ou des sécheresses ou d'autres calamités, mais souvent en les privant d'argent. D'un autre côté, Lukas savait également que tous les riches n'étaient pas comme Pasteur Simon : ils n'avaient pas obtenu leur argent grâce à un cadeau des mains de Dieu;

non, ils l'avaient volé des mains de Dieu – et à cause de cet enrichissement insidieux, ils devaient être punis à leur tour. Lukas l'avait bien compris, c'était simple comme bonjour.

Lukas avançait à petite vitesse sur la route que Pasteur Simon lui désignait. Aujourd'hui, ils ne retournaient pas à la paroisse mais s'enfonçaient dans la forêt. Ils atteignirent un étang. Lukas gara la voiture et suivit le ministre de Dieu qui s'assit sur un banc, au bord de l'eau. Lukas le regarda subrepticement : il avait de longs cheveux blancs, pareils à une antenne. Si, si. Il s'en était même fait souvent la réflexion : la toison blanche de Pasteur Simon ressemblait à une sorte d'antenne angélique qui lui permettait d'avoir un contact direct avec Dieu. Et c'était sans doute pour ça qu'ils pouvaient se parler si facilement. Le soleil ne brillait pas seulement dans le ciel bleu, mais juste derrière la tête de Pasteur Simon. Lukas sentait des chatouillements sur sa peau et des picotements dans les doigts. Il ne put réprimer un large sourire qui lui barra la figure d'une oreille à l'autre. Soudain, Pasteur Simon lui demanda :

— Est-ce que tu vois le diable dans l'eau ?

Lukas examina l'étang, sans rien voir pour autant. L'eau était noire et calme, pas un friselis n'en perturbait la surface. Il entendait les oiseaux pépier dans les arbres autour de lui, mais il ne distinguait pas le diable. Ni dans l'étang ni ailleurs.

— Où ça ?

— Là-bas, répondit Pasteur Simon, l'index pointé.

Or Lukas ne voyait toujours rien ni personne. Il avait beau plisser les yeux, dilater ses pupilles, scruter les lieux et fixer le moindre recoin, le diable ne lui apparaissait pas. Il ne voulait pas répondre par la négative, ne voulait pas passer pour un imbécile. Peut-être que c'était un test, une épreuve avant l'investiture finale tant attendue. Hélas, plus il guettait et épiait, moins il percevait et plus tout devenait flou. Il ne se passait strictement rien.

— Tu ne vois rien, n'est-ce pas ? finit par lui demander Pasteur Simon.

— Non, avoua Lukas en baissant la tête.

Miné par la honte, il s'attendait à être grondé. Pasteur Simon était comme ça, parfois : il élevait la voix et disait des choses pas toujours gentilles à ceux qui n'étaient pas assez proches de Dieu à son goût. Or il continua de parler tranquillement, cordialement :

— Pourtant tu as envie de le voir ?

— O-oui, ânonna Lukas.

— Je te crois. Mais nous ne pouvons décemment pas avoir parmi nous une ouaille incapable de voir le diable. Car si tu ne vois pas le diable, Lukas, tu ne peux pas voir Dieu.

Penchant davantage la tête, Lukas opina doucement.

— Et tu as également envie de te rapprocher du Ciel, n'est-ce pas ?

— Bien sûr, marmonna-t-il.

— Tu veux que je te montre ?

— Que vous me montriez ?

Lukas osa regarder Pasteur Simon, qui avait un grand sourire.

— Que je te montre le diable, Lukas.

Ce dernier éprouva une joie mêlée de peur : évidemment qu'il voulait que Pasteur Simon le lui montre, mais en même temps il avait entendu tant de choses sur le diable qu'il n'était pas sûr d'être prêt à l'affronter.

— Déshabille-toi et entre dans l'eau, lui ordonna Pasteur Simon avec une voix calme et posée.

Lukas eut un léger mouvement de recul. Il ne faisait pas chaud. Certes, le printemps était arrivé, les arbres avaient des feuilles sur leurs branches, mais le fond de l'air était toujours frisquet et l'eau sûrement affreusement froide.

— Tu te déshabilles maintenant ! commanda Pasteur Simon, les sourcils froncés, d'un ton cette fois implacable.

Lukas se redressa et, lentement, ôta chacun de ses vêtements. Il se retrouva bientôt nu devant le ministre de Dieu qui regarda longuement, sans rien dire, son corps trembler dans l'air frais. Il le toisa de la tête aux pieds. Lukas éprouvait le besoin impérieux de se cacher quelque peu, notamment ses parties honteuses tant la situation le mettait mal à l'aise. Mais en même temps il comprenait que cette épreuve faisait partie de l'investiture : s'il voulait réussir ce rite de passage afin d'atteindre le niveau supérieur, il devait supporter la souffrance.

— Et maintenant tu peux aller dans l'eau, déclara Pasteur Simon.

Lukas acquiesça et s'approcha de l'étang. Il y introduisit un orteil mais le retira aussitôt : l'eau était glacée. Au même moment, il vit un grand oiseau s'envoler d'un arbre et filer vers les nuages. Les bras enroulés autour du torse, il souhaita un instant être lui aussi capable de voler ; car alors il pourrait rejoindre directement Dieu et y rester à jamais. Non qu'il ne veuille pas partir avec l'Arche, c'était même son désir le plus ardent puisqu'il faisait partie des Élus sur terre – mais s'il avait pu voler il n'aurait pas besoin de s'imposer ce désagrément.

Il coula un regard vers Pasteur Simon qui entre-temps s'était levé et se tenait comme une statue de sel devant le banc, à quelques mètres de lui, le soleil dessinant toujours une auréole derrière la tête. Lukas ne tergiversa pas plus longtemps et décida d'entrer dans l'eau froide. La douleur était intense. Il avait la sensation de devoir se baigner dans des glaçons. Il eut envie de demander jusqu'où il était censé aller mais, par peur d'être rabroué, il ravala sa question.

— Tu vois le diable ? lança le ministre de Dieu.

— N-n-non, bafouilla Lukas en claquant des dents.

Du coup il se força à avancer un peu plus dans l'étang, dans cette eau qui lui couvrait à présent les parties honteuses.

— Et maintenant ?

La voix était devenue aussi polaire que l'eau glaciale dans laquelle Lukas ne sentait plus son corps. Il baissa la tête et fit signe que non. Il avait l'impression d'être un abruti, lui qui ne voyait pas le diable, qui ne voyait strictement rien. Alors peut-être qu'il ne méritait pas d'aller au Ciel en fin de compte. Peut-être qu'il devait demeurer en ce bas monde, avec les prostituées, les bandits et les autres scélérats. Peut-être que sa chair devrait brûler dans les flammes de l'Enfer jusqu'à ce qu'elle se détache des os, cependant que les Élus de l'Arche seraient transportés dans le royaume éternel de Dieu.

Soudain, Pasteur Simon se précipita vers lui à grandes enjambées, pataugea dans l'eau et l'attrapa par la nuque. Lukas essaya de résister, mais la poigne qui bloquait son cou était trop puissante. Il se sentit propulsé vers le bas et, une demi-seconde plus tard, se retrouva sous l'eau. Il ne pouvait plus respirer. Pris de panique, il se mit à agiter les bras : il avait besoin d'air. Or Pasteur Simon ne desserrait pas son étau, il le poussait même encore plus au fond de l'étang.

— Alors, tu le vois, le diable ?! hurlait-il.

Lukas rouvrit les yeux. Il sentit alors ses muscles céder et tout son corps se ramollir. Voilà, il allait mourir. Le moment était venu pour lui de disparaître, ainsi en avait décidé Pasteur Simon. Un ultime instinct le força à se débattre. Las, il n'avait aucune chance de se libérer : le ministre de Dieu n'avait plus une main humaine, il était doté d'un crochet en acier. Lukas vit des étoiles scintiller sur ses pupilles, ses poumons réclamaient toujours de l'air. Il était entouré d'eau et n'avait plus le pouvoir de décider de sa propre vie, il n'avait plus la permission ni de bouger ni de respirer. Et il fut étonné de constater qu'une onde de chaleur se diffusait en lui. Comme derrière un voile, il apercevait ses doigts remuer mollement devant lui. Comme avec du coton dans les oreilles, il entendait vaguement Pasteur Simon continuer de hurler au-dessus de lui, sans pour autant distinguer ses paroles. Il ne savait pas depuis combien de temps il était sous l'eau, sinon que cela lui faisait l'effet d'une éternité. Car, oui, l'éternité était arrivée : il agonisait, lutter était vain, il allait bel et bien mourir.

Tout à coup, sa tête fut extraite de l'eau et ressortit dans l'air froid du printemps. Lukas toussa, hoqueta, vomit. Ses poumons paraissaient sur le point d'exploser. Pasteur Simon le tira ainsi par la peau du cou jusque sur la rive où il le lâcha. À bout de forces, Lukas demeura gisant sur le sol, incapable de se mouvoir. Il ne sentait plus son corps, il cherchait désespérément à engloutir de l'air.

Le ministre de Dieu s'accroupit à côté de lui et caressa ses cheveux détrempés. Lukas le regarda en écarquillant des yeux terrorisés.

— Tu as vu le diable ?

Lukas opina. Et, hochant la tête, il eut l'impression que sa nuque allait se briser.

— Parfait, dit Pasteur Simon toujours avec un grand sourire, en lui caressant la joue tendrement. Maintenant tu es prêt.

60.

Mia Krüger se tenait dans l'appartement de Malin Stoltz et comprit la sidération de Kim. L'endroit était recouvert de miroirs. Du sol au plafond, dans toutes les pièces. Pas un centimètre n'avait été laissé libre. Plus que dans la galerie des

Glaces de Versailles, on se serait crus au cœur du labyrinthe de miroirs d'un sordide parc d'attractions.

Ils avaient attendu pendant une heure que Malin Stoltz daigne rentrer chez elle. En vain. Munch avait pris la décision de forcer sa porte ; et si Mia ne l'avait pas approuvé, elle s'était bien gardée de le contredire à haute voix. Elle aurait préféré patienter dans la voiture. Trop tard. Ils étaient à présent démasqués. Munch ayant demandé aux différents services de police de fouiller l'appartement, les gyrophares bleus clignotaient aux alentours, la suspecte ne reviendrait jamais. Mia le savait, et Munch le savait aussi. Cette décision-là, il l'avait encore prise, en sa qualité de chef. Anette avait-elle raison ? Munch était peut-être trop impliqué dans l'affaire, avec Miriam et Marion cachées à Frogner, avec sa mère membre de cette mystérieuse paroisse…

Et voilà : ils venaient aussi de perdre Malin Stoltz.

— Tu as déjà vu un machin pareil ? lui demanda Kim.

Mia secoua la tête. Non, elle n'avait jamais été le témoin direct ou indirect d'une installation aussi effrayante. Il lui était impossible d'esquiver son reflet. Et, à force, un malaise diffus l'envahissait. Car, où qu'elle pose ses yeux, son visage ravagé lui revenait chaque fois en pleine figure. Son régime alcool-médicaments lui avait donné un teint gris et décoloré ses yeux autrefois si bleus. Et si Mia n'était pas vaniteuse, ce reflet d'elle-même ne lui plaisait pas outre mesure.

Munch n'avait pas l'air plus satisfait quand il les rejoignit à la cuisine. Il poussa un profond soupir avant de se figer, perplexe, devant le réfrigérateur également recouvert de miroirs. Mia l'observa en train de s'y regarder, visiblement contrarié lui aussi par la tête qu'il y découvrait. Elle se demanda à quoi il pensait.

— J'ai envoyé un mandat d'arrêt, les informa-t-il au bout d'un moment. On a des gens postés à la gare centrale d'Oslo, aux aéroports de Gardermoen et de Torp, des voitures dans tous les coins ou quasi. Et pourtant, j'ai la sale impression qu'elle vient de nous berner en beauté.

Munch se gratta la barbe, jeta un dernier coup d'œil à son reflet et lança :

— Tu peux m'expliquer ce que ça signifie, Mia ?

Elle haussa les épaules. Elle savait qu'elle était la seule à pouvoir décrypter un lien comme celui-ci mais, hélas, il ne lui venait aucune idée de génie. Un appartement plein de miroirs ? Qui donc pouvait aimer se regarder en permanence ? Une personne redoutant de disparaître ? Soucieuse de se voir jour et nuit, comme pour avoir la confirmation de son existence ? Non, elle était trop fatiguée. Elle ravala un bâillement. Il fallait absolument qu'elle dorme, et vite.

Le responsable de la perquisition, un homme courtaud dans la cinquantaine dont le nom échappait à Mia, se profila sur le seuil.

— Vous avez trouvé quelque chose ? s'enquit Munch, plein d'espoir.

— Rien, désolé.

— C'est pas possible…

— Quand je dis qu'il n'y a rien, c'est qu'il n'y a absolument rien. Pas de photos, pas de journaux, pas de plantes, pas de papiers manuscrits, pas d'effets personnels. Rien que quelques vêtements et des objets de maquillage à la salle de bains. Comme si personne n'habitait ici.

Mia eut soudain un flash-back qui la ramena à Hitra. Elle n'avait pas fait autre chose que cette Malin Stoltz : sa maison ne contenait que le strict nécessaire avant le grand départ, avant de disparaître.

Viens, Mia. Viens.

— Elle n'habite pas ici, lâcha-t-elle.

— Quoi ? fit Munch.

— Elle ne vit pas ici. Malin Stoltz habite ici, mais ce n'est pas elle. Elle, quelle qu'elle soit, vit ailleurs.

— Attends, je ne te suis pas, là…, intervint Kim.

— Il n'y a pas de Malin Stoltz. Elle n'est ni enregistrée ni répertoriée nulle part. C'est une fausse identité, expliqua Munch, agacé.

— Ben, elle vit où alors ?

— C'est ça qu'on cherche, putain ! Tu suis, ou quoi ?

Munch était aussi épuisé qu'elle.

— On ne trouvera ici aucune planque qui lui ait permis de séquestrer les filles, conclut Mia.

Elle s'assit sur la table. Elle ne tenait plus debout, ses yeux lui brûlaient, elle sentait qu'elle devait partir d'ici le plus vite possible avant que ces fichus miroirs ne lui ôtent ses dernières forces.

— Celle que nous cherchons s'appelle Malin Stoltz et elle habite ici. Mais la vraie femme derrière cette Malin Stoltz vit ailleurs. Dans un endroit où elle peut être elle-même. Un endroit où elle possède ses affaires. Et où elle a séquestré les fillettes. Une cabane, un chalet, une maison isolée. Les agents que tu as envoyés aux aéroports peuvent lever le camp : elle ne quittera pas le pays.

— Comment tu le sais ? insista Munch.

— Parce qu'elle aime rester chez elle, soupira Mia. Ne me demande pas pourquoi.

— On va quand même les laisser en poste pour la journée. Et il faut qu'on aille faire un tour à la maison de retraite. Quelqu'un a forcément des informations sur elle, des détails, quelque chose… Kim, tu peux organiser ça ? Un interrogatoire systématique de l'ensemble des employés ?

Celui-ci acquiesça.

— Il faut que je dorme…, murmura Mia.

— Rentre chez toi, lui ordonna Munch. Je te tiens informée de l'évolution.

— Toi aussi tu as besoin de sommeil, Holger.

— Ça va aller.

— Qu'est-ce qu'on fait, nous ? voulut savoir l'homme courtaud. On range ?

— Non ! s'écria soudain Mia.
— Comment ça, *non* ?
— Il manque quelque chose, un endroit où elle range ses affaires.
— Mais quand je dis qu'on a tout passé au peigne fin ! rétorqua-t-il, visiblement irrité qu'elle puisse un seul instant douter de son professionnalisme.
— Les lentilles.
— De quoi ?!
— Elle porte des lentilles de contact. Si elle a laissé ses vêtements et son maquillage, elle a forcément laissé ses lentilles.
— Et comment vous savez qu'elle porte des lentilles ?
Mia commençait à en avoir sa claque de ce type. Elle ne s'embarrassa plus de politesse :
— Parce que je l'ai vue, pardi ! Je l'ai vue avec des yeux bleus, alors que d'autres l'ont vue avec des yeux de couleur différente… Il y a certainement des lentilles cachées quelque part ici. Si on les trouve, on trouvera peut-être autre chose.
— Mais on a cherché partout !
— Eh bien, cherchez encore ! gronda Munch.
— Où ?
— Les lentilles doivent être conservées au frais. Si elles ne sont pas dans le réfrigérateur, elles sont ailleurs… Touchez les miroirs et cherchez-en un qui soit plus froid que les autres.
— Mais…
— Et commencez par la salle de bains. C'est là qu'on range ses lentilles d'habitude. Touchez les miroirs. Touchez les miroirs, bordel !
Mia voulut se lever, perdit l'équilibre et faillit s'effondrer. Kim la rattrapa au dernier moment.
— Mia ?
Pas de réponse.
— Mia ? Ça va ?

Elle revint à elle et se redressa. Elle pesta intérieurement : elle détestait paraître faible, surtout devant ses collègues.

— Ça va aller. J'ai juste besoin de dormir et de manger un peu. Vous m'appelez si vous trouvez quelque chose, O.K. ?

Elle chancela jusqu'à la porte d'entrée et se sentit déjà mieux une fois sur le palier. Arrivée en bas, elle demanda à un agent de la ramener chez elle. Enfin, chez elle…

Elle s'effondra tout habillée sur le lit de la chambre d'hôtel qui lui faisait office de chez-elle.

61.

— Tu fais quoi, maman ?

Marion Munch observait sa mère assise sur le canapé près de la fenêtre. Bien que Miriam ait reçu la consigne stricte de garder les rideaux fermés jour et nuit, là, elle n'en pouvait plus. Il fallait qu'elle jette un œil dehors, qu'elle s'assure que le monde existait bien hors de cet appartement.

— Je regarde par la fenêtre, ma chérie. Pourquoi tu t'es levée ?

Marion vint s'installer sur les genoux de sa mère.

— J'arrive pas à dormir.

— Pourtant il faut que tu dormes, tu sais, dit Miriam en lui caressant les cheveux.

— Peut-être, mais comment je peux si j'y arrive pas ?

Depuis quelque temps, sa fille s'était transformée en petite contestatrice. Miriam savait pertinemment qu'elle n'avait pas été différente à son âge : têtue et insoumise, très tôt mature. Elle lâcha le rideau non sans un petit soupir. Son enfance lui paraissait si loin. Et pour cause. Après le divorce de ses parents, elle l'avait plus ou moins consciemment refoulée, gommée – si bien qu'aujourd'hui sa jeunesse lui paraissait fausse, n'avoir jamais existé. Elle se souvenait qu'à l'époque, du haut de ses quinze ans, elle s'était brusquement mise à douter, allant jusqu'à penser : « Ils n'ont cessé de me mentir. » Elle était très en colère. Surtout contre son père, le chef de la brigade criminelle. Alors qu'elle avait été longtemps si fière de lui. Petite, elle lançait souvent à ses camarades de classe : « Mon papa, il est policier. Et il mettra en prison ton papa à toi s'il fait quelque chose de mal. » Or ce papa l'avait blessée. Il les avait délaissées toutes les deux, elle et sa mère, au point que celle-ci s'était trouvé un autre homme, avec lequel Miriam n'avait aucune affinité. Même dix ans plus tard, elle sentait que la plaie était toujours ouverte. Néanmoins, ces derniers temps, une envie nouvelle d'en finir avec ces sempiternels ressentiments s'était manifestée. Oui, elle avait envie d'une mise au point, de se blottir contre son père et de lui chuchoter : « Excuse-moi, papa. Je suis désolée d'avoir été si dure envers toi. » Mais elle avait beau le vouloir, elle n'y arrivait pas. Toujours aussi têtue et insoumise. Il fallait qu'elle prenne son courage à deux mains et qu'elle se lance. Bientôt.

Bientôt elle le lui dirait.

— Qu'est-ce que je fais alors, maman ?

— Tu retournes au lit et tu essaies de t'endormir.

— Mais je peux paaas : je pense tout le temps à DracuLaura et Frankie Stein qui sont restées toutes seules à la maison.

— Oh, moi je suis sûre qu'elles se débrouillent très bien sans toi.

— Ah ouais, et comment tu le sais ?

— Parce que j'ai parlé à papa tout à l'heure, et il m'a dit qu'elles allaient bien. Elles t'embrassent d'ailleurs.

Marion se fendit d'un petit sourire.

— Tu mens, maman.

— Moi, mentir ? Mais pourquoi tu dis ça, ma puce ?

— Parce qu'elles ne parlent pas, tiens !

— Pourtant, elles parlent quand tu joues avec elles…

— N'importe quoi ! Tu ne t'es pas rendu compte que c'était ma voix ?

— Ah bon ? s'exclama Miriam, en feignant la surprise. Ta voix ? Et moi qui étais per-sua-dée que c'était la leur…

Marion éclata de rire.

— Tu sais quoi, maman ? Parfois, on te ferait croire n'importe quoi !

— Tu trouves ?

— Oui.

— Et parfois, tu me fais croire n'importe quoi, toi ?

— Ouiii !

Marion s'étira pour attraper la couverture posée à l'autre bout du canapé et s'enroula dedans. Elle posa sa tête contre la poitrine de sa mère. Miriam sentit les battements du cœur de sa fille.

— Et quand est-ce que tu me fais croire n'importe quoi ?

— Ben, par exemple, quand je te dis que je me suis brossé les dents.

— Alors que tu ne l'as pas fait ?

— Si. Mais à moitié seulement.

— Donc quand je te demande si tu t'es bien brossé les dents, en fait, c'est pas vrai ?

— Nooon !

Miriam ébouriffa les cheveux blonds de Marion en riant à son tour.

— Tu aurais besoin d'une petite coupe, toi…

— Tu veux dire chez le coiffeur ?

— Han-han.

— Oh oui ! Et si on y allait demain ?
— Non, pas demain. Quand on rentrera chez nous.
— Et c'est quand qu'on rentre chez nous ? demanda la fillette d'un regard implorant.
— Je ne sais pas, mon trésor. Quand papy nous donnera la permission.
— Et on aura une maison neuve, quand on rentrera chez nous ?
Miriam la dévisagea, intriguée.
— Comment ça, une maison neuve ?
— Mais siii, tu sais bien. Y a des gens, ils ne peuvent plus vivre dans leur ancienne maison. Alors ils s'en vont. Et pendant ce temps, y en a d'autres qui la rénovent. Et quand ils reviennent chez eux, ils ont une maison toute neuve. Et elle est tellement jolie qu'ils se mettent à pleurer et à hurler et tout et tout. Alors moi, si on avait une maison neuve, eh ben moi, j'aimerais bien avoir une chambre toute rose avec un lit dans le ciel.
— Tu veux dire : un ciel de lit.
— Je pourrai ?
— On verra. Mais dis-moi, où est-ce que tu as vu ça ?
— Ben, chez papy !
— Mais tu l'as vu chez papy… à la télé ?
Miriam avait clairement indiqué à son père quelles émissions de télé il aurait le droit de regarder les jours où il garderait Marion – si vraiment il ne pouvait s'empêcher de l'allumer en sa présence. Autant dire que les programmes de téléréalité ne faisaient pas franchement partie de la sélection maternelle. Plus que ça, Miriam était troublée de constater que son père, le policier si sérieux et si à cheval sur les principes quand elle-même était petite, succombait aujourd'hui à ce genre de niaiseries.
— Et vous avez regardé d'autres émissions avec papy ?
— J'ai pas le droit de te le dire.
— Ah bon, pourquoi ?

— Tu comprends, maman, papy et moi, on a nos petits secrets. Par exemple, on regarde la télé en mangeant des chips et en buvant du Coca. Mais les secrets, il faut les garder pour soi et on n'a pas le droit de les dire.

— Oui, c'est clair.

Lovée contre elle, Marion frotta sa figure dans son cou. Le pouce s'apprêtait à prendre la direction de la bouche, mais elle s'arrêta dans son élan. Très bien. Cela faisait plusieurs mois que Johannes et elle tentaient d'empêcher leur fille de sucer son pouce – ils semblaient y être parvenus. Miriam emmitoufla Marion dans la couverture et la serra un peu plus contre elle.

— Dis, maman…

— Tu ne devrais pas être déjà en train de dormir, là ?

— Comment veux-tu que je dorme si tu me parles ?

— Oui, bien sûr, je suis bête…

Et pour être franche, en plus d'être idiote, Miriam était contente d'avoir sa fille près d'elle. Cet appartement lui semblait si vide et si grand quand elle dormait.

— Qu'est-ce que tu voulais me demander, ma puce ?

— Pourquoi papa il n'est pas avec nous ?

Miriam ne sut quoi répondre. Johannes ignorait même l'endroit exact où elles se trouvaient. Pour des raisons de sécurité. Si une folle était capable de pendre des petites filles à un arbre au bout d'une corde à sauter, elle était tout aussi capable de le faire parler pour qu'il lui dévoile leur cachette.

Tic-tac petite Marion est égal à 5. Marion est la cinquième.

Non, c'était mieux ainsi. En fin de compte, se disait-elle, il était préférable que le mariage ait été annulé, même si elle avait tenté de convaincre son père du contraire. Elle avait donc fini par céder à l'intransigeance paternelle. Ils ne pouvaient décemment pas remplir une église d'amis et de membres de la famille alors que Marion était la prochaine victime désignée. Toute opposition n'était pas raisonnable. Son père avait été furieux quand Mia avait parlé, mais Miriam lui en était reconnaissante. Elle préférait connaître le fin mot de l'histoire plutôt que d'être transportée sans savoir pourquoi d'un lieu à l'autre.

— Tu ne me réponds pas, maman ?

— Si, ma chérie : papa a beaucoup de travail en ce moment, c'est pour ça qu'il ne peut pas être avec nous. Mais il m'a demandé de te dire qu'il t'aime fort fort fort.

— Tu lui as parlé au téléphone ?

— Oui, tout à l'heure.

— Ah ? Et pourquoi *moi* j'ai pas eu la permission de lui parler ?

— Parce que tu dormais.

— Sauf que je ne dormais pas.

— Sauf que je ne le savais pas.

— Donc la prochaine fois tu sauras : tu viendras d'abord vérifier si je dors. Il faut tout t'expliquer, hein !

Miriam, cette fois encore, ne put réprimer un sourire.

— Et tu sais quoi ? dit Marion en se levant avec la couverture. Je crois bien que je vais aller me coucher.

— Excellente idée ! Tu veux que je t'accompagne ?

— Je peux y aller toute seule, je ne suis plus un bébé.

— Non, tu es ma grande fille adorée. Tu fais un bisou de bonne nuit à maman ?

Marion déposa un gros baiser sur la joue de sa mère, en la serrant très fort dans ses bras.

— Et tu te souviendras que ma chambre doit être rose et avoir un lit dans le ciel ?

— Tu l'auras, ton lit dans le ciel ! répliqua Miriam en riant, avant d'embrasser sa fille une dernière fois.

— Bonne nuit.

— Bonne nuit.

La fillette courut en chemise de nuit et monta les marches à toute vitesse. Miriam se leva du canapé pour aller se préparer un thé à la cuisine. Elle entendit le bip signalant l'arrivée d'un message sur son portable.

Désolé, Miriam : on doit vous changer d'endroit.
Il s'est passé un truc, je t'expliquerai.
J'envoie quelqu'un vous chercher. OK? H.

Maintenant? Oh, non… Marion venait de se coucher. Tant pis, elle la porterait. Elle s'empressa de répondre :

OK :)

Elle attrapa sa valise dans le couloir. Faire leur bagage ne lui prendrait guère de temps ; elle n'avait emporté que le strict nécessaire : des vêtements de rechange, des affaires de toilette. En dix minutes ce fut plié. Elle rapporta son thé de la cuisine et alla se rasseoir sur le canapé en se demandant où on les emmènerait cette fois-ci. Le premier appartement était si petit que la sensation de claustrophobie l'avait presque rendue folle : un studio, sans même une télé, bienvenue cette fois pour faire passer le temps. Celui-ci était nettement plus grand, très luxueux, *a priori* utilisé par les grands de ce monde qui désiraient séjourner incognito, loin des journalistes trop curieux. Était-ce pour cette raison qu'elle avait laissé tomber ses études de journalisme? Parce qu'elle voulait exercer une profession plus utile, parce qu'elle voulait aider les gens? Non, évidemment. Il existait de bons et de mauvais journalistes, comme de bons et de mauvais professeurs ou policiers.

Miriam venait de terminer son thé lorsqu'elle entendit la sonnerie de l'interphone. Elle courut ouvrir.

— Oui?

— Coucou! Je viens vous chercher!

— Montez!

Elle appuya sur le bouton et se dépêcha d'enfiler son manteau et ses chaussures. Elle plaça la valise devant la porte en priant pour que Marion ne se réveille pas pendant le trajet, auquel cas elle serait de mauvaise humeur.

On toqua doucement à la porte. Aussitôt Miriam songea qu'on lui avait envoyé une personne sensée, qui savait qu'une petite fille était en train de dormir. Lorsqu'elle ouvrit, elle vit devant elle un étrange personnage. Qui portait une espèce de masque. Et une perruque. Elle n'eut pas le temps de réagir. L'individu lui appliqua un chiffon sur le visage. Elle entendit simplement :

— Bonne nuit !

Puis elle s'endormit.

62.

Assise devant la baie vitrée du café Kaffebrenneriet, Mia Krüger s'efforçait de garder les yeux ouverts. Elle s'était endormie dans la seconde, avait tout de même branché le réveil sur son téléphone, ne s'octroyant que quelques heures de sommeil à cause de sa fichue conscience professionnelle. Mais tout son corps rechignait, réclamait la chaleur des draps et le flottement des rêves. Elle réprima un bâillement et appela Kim Kolsø.

— Oui, Mia ?

— Tu as trouvé quelque chose parmi les employés de la maison de retraite ?

— Hélas, non. Personne ne semble avoir entretenu beaucoup de contacts extérieurs avec Malin Stoltz. Elle avait l'air de passer son temps toute seule dans son coin.

— Tu y es toujours, là ?

— Non, on redescend dans le centre. Il faut que je chope les employés qui n'étaient pas de garde aujourd'hui. On verra ce que ça donne…

— Tu me tiens informée, surtout ?

— Bien sûr.

Ravalant un second bâillement, elle alla commander un autre café, le seul moyen de tenir, de faire fonctionner son corps et son cerveau. Elle avait rêvé d'un labyrinthe de miroirs dans lequel elle était enfermée sans pouvoir trouver la sortie. Une désagréable sensation l'enveloppait toujours tandis qu'elle rapportait son double expresso. Son attention fut tout de même attirée par la conversation visiblement intime de deux femmes devant le comptoir. Elles parlaient tellement fort que les clients curieux pouvaient aisément les entendre.

— On a vraiment tout essayé, mais ça n'a pas marché.

— Ça doit être terrible pour toi.

— Oui. Si ça n'avait pas été ce groupe de parole, je t'avoue que je ne m'en serais jamais remise. Puisque mon mari… oui, il ne voulait pas en discuter.

— Ma pauvre ! Donc maintenant vous pensez à l'adoption ?

— Moi j'adorerais, mais je sens qu'il n'en a pas très envie.

— C'est bête. Aider un enfant orphelin, je veux dire…

— Oui, c'est aussi mon avis, mais…

— Excusez-moi, vint les interrompre Mia. Je ne voudrais surtout pas vous déranger, mais j'ai entendu des bribes de votre discussion.

Elles la dévisagèrent, surprises.

— De quel genre de groupe de parole parliez-vous ?

La femme de gauche sembla s'offusquer mais lui répondit néanmoins :

— Un groupe de parole pour les femmes qui ne peuvent pas avoir d'enfants. Pourquoi ?

— Une amie…, commença Mia, qui changea d'avis aussitôt. Non, pardon. En fait c'est moi. Je ne peux pas avoir d'enfants moi non plus, c'est pour ça que je vous pose la question.

— Oh, je suis désolée pour vous ! s'exclama la cliente, en changeant de ton.

— C'était à Oslo ?

— Oui, en banlieue, à Bøler.

— Et… il y en a beaucoup, de groupes de parole comme celui-ci ?

— Oh oui, dans tout le pays. Vous habitez où ?

— Merci beaucoup. Je crois que je vais essayer celui-là.

— Avec plaisir. Vous avez pensé à l'adoption ?

— J'y réfléchis justement. Merci encore !

— Y a pas de quoi ! Il faut qu'on se serre les coudes entre nous !

Mia lui rendit le clin d'œil que la femme venait de lui adresser et retourna à sa table quand son portable sonna.

— Ça va, Ludvig ?

— Je te dérange ?

— Non.

— Bon, j'ai trouvé un truc. Sur la paroisse.

— Je t'écoute.

— Elle a un casier. Une plainte a été déposée contre elle. Par la maison de retraite Hvelven à Hønefoss.

— À Hønefoss ?!

— Oui… Attends, ce n'est pas tout. La paroisse n'en est pas à son premier coup d'essai : elle a obtenu l'héritage de trois personnes âgées.

— Trois ?

— Oui, et dans les trois cas, les plaintes ont été retirées à la suite d'un compromis.

Cela faisait trop de maisons de retraite, trop d'héritages et trop de compromis pour qu'il n'y ait pas un lien entre toutes ces affaires.

— Tu peux me procurer la liste de tous les employés qui ont travaillé dans cette maison de retraite pendant la période concernée ?

— Elle est déjà en route.
— Ah, est-ce que tu pourrais vérifier un autre truc pour moi, s'il te plaît ?
— Bien sûr.
— Regarde s'il n'y aurait pas eu à Hønefoss un groupe de parole pour des femmes qui n'arrivent pas à avoir d'enfants à l'époque où le bébé a été enlevé.
— O.K. Je le ferai demain à la première heure.
— Génial, merci. Rien de neuf à propos de Malin Stoltz, je suppose ?
— Toujours disparue sans laisser de traces.
— On va la retrouver.
— Si quelqu'un y arrive, ça ne peut être que toi, Mia.
— C'est gentil, Ludvig. Merci.
— Y a pas de quoi.
— À demain.
Mia raccrocha, but son café d'une traite et enfila son blouson. Elle quitta l'établissement le sourire aux lèvres.

63.

En le regardant conduire son Audi qui les menait à la fameuse paroisse, Mia Krüger ne pouvait s'empêcher d'avoir de la peine pour ce pauvre Holger. Ils avaient collaboré sur des centaines d'enquêtes, mais elle n'avait pas le souvenir de l'avoir vu aussi fatigué. Le visage fermé et maussade, une cigarette au coin de la bouche, il fixait la route à travers le pare-brise d'un regard vide et presque désemparé. Les inquiétudes formaient comme un nuage au-dessus de sa tête, lui d'ordinaire si détendu et aujourd'hui attaqué jusque dans sa vie privée. La petite Marion menacée, sa mère indirectement liée à l'affaire ; bref, Holger Munch était concerné jusqu'au cou. Malin Stoltz avait réussi à l'ébranler à tel point qu'il ne voyait plus clair dans cette affaire éminemment complexe.

— On a du nouveau en provenance de la maison de retraite ? demanda-t-elle.

— Non. Cette Malin Stoltz semble avoir eu deux vies parallèles. Les gens la connaissaient très bien au travail, mais à l'extérieur personne n'entretenait de contact avec elle.

— Tu as parlé à ta mère ?

Mia savait qu'elle abordait un sujet très sensible, aussi marchait-elle sur des œufs. Mais il fallait poser la question et, eu égard à leur relation amicale, elle était celle dans l'équipe la plus habilitée à le faire.

— Celui qui dirige la paroisse, un illuminé quelconque, répond au doux nom de Pasteur Simon.

Munch avait presque du mal à prononcer son nom. Il semblait vraiment en proie aux affects, incapable de dissocier le personnel du professionnel. Anette avait sans doute raison, il fallait lui retirer la supervision de l'affaire. En tout cas, Mia était de plus en plus encline à le croire.

— C'est tout ? Pas de nom de famille ?

Holger soupira et secoua la tête en guise de réponse. Il ajouta néanmoins :

— J'ai demandé à Gabriel de vérifier s'il apparaît ailleurs.

— Et ce Lukas Walner, ta mère sait qui c'est ?

— Visiblement, c'est l'assistant de ce Simon.

— Et tu les as déjà vus ?

— De loin, oui, répondit-il laconiquement.

Il ouvrit la fenêtre pour balancer sa cigarette et en alluma aussitôt une autre. Ils atteignirent au même moment la paroisse blanche. Si Mia n'avait pas su où ils allaient, elle n'aurait jamais imaginé qu'il s'agissait de l'endroit qu'ils cherchaient. De l'extérieur, rien ne laissait deviner qu'il s'agissait d'une congrégation religieuse : on aurait plutôt pensé à un chalet de scouts ou à un simple bâtiment public. Après qu'ils eurent franchi le portail, un écriteau fixé à côté de la porte d'entrée confirmait qu'ils étaient arrivés à bon port : la mention ÉGLISE DE MATHUSALEM figurait au-dessous d'une petite croix. Les lieux paraissaient déserts. La porte était fermée à clé. Il ne semblait pas y avoir trace d'activités. Munch contourna la maison en empruntant un sentier gravillonné. Mia s'apprêtait à le suivre quand son portable sonna. Elle songea un instant ignorer l'appel, ne voulant surtout pas laisser son collègue seul dans l'état où il était. Elle vit le duffel-coat disparaître à l'angle au moment où elle appuyait sur le bouton vert.

— Oui ?

— Allô, Mia Krüger ?

La voix lui était inconnue.

— Oui, qui est à l'appareil ?

— Ah, enfin ! soupira la voix. Vous n'êtes pas facile à joindre…

— En effet. À qui ai-je l'honneur ?

— Pardonnez-moi si je vous dérange, dit l'homme, mais ça fait un bout de temps que j'essaie de vous contacter.

Mia emboîta le pas de Munch et le vit jeter un œil à travers une fenêtre.

— Je peux savoir ce que vous me voulez ? demanda-t-elle, impatiente.

— Oh, excusez-moi ! Albert Wold à l'appareil. Je suis le sacristain de l'église de Borre.

Le cimetière de l'église de Borre ! Là où toute sa famille était enterrée…

— Euh, oui… ?

— Encore une fois, je suis désolé de vous déranger, mais il faut que je vous parle.

— Il s'est passé quelque chose ?

Munch continuait son tour de la paroisse blanche.

— Eh bien oui, en effet. Nous nous en sommes aperçus la semaine dernière et ça nous a paru très, très étrange. Nous sommes un peu démunis, à vrai dire, quant à ce qu'il convient de faire. Sinon de vous téléphoner, bien entendu.

— Mais qu'est-ce qui s'est passé ?

Mia aperçut Munch planté devant une autre fenêtre.

— Voilà : il y a eu une profanation de sépulture.

— Pardon ?! De quelle manière ?

— Oui, non… Enfin, c'est ça le plus étrange. Il semble que la seule tombe qui ait été abîmée soit celle de votre sœur.

— La tombe de Sigrid ?

— En effet, et vous m'en voyez confus. Nous n'avons pas constaté de dommages sur les autres tombes.

— Mais quand vous parlez de *profanation*, vous entendez quoi exactement ?

— Oh là là ! Comment dire ? Tout cela est tellement, tellement terrible à annoncer par téléphone, mais… Le nom de votre sœur a été rayé.

— Rayé ? C'est-à-dire ?

— Eh bien, rayé. Biffé, si vous préférez. Avec une bombe aérosol. D'abord, nous avons pensé à un acte de vandalisme. Vous savez ce que c'est, avec ces jeunes désœuvrés qui traînent… Mais ensuite, nous nous sommes rendu compte que c'était très différent des graffitis qu'on voit partout. Et c'est ça qui nous inquiète, voyez-vous.

Mia chercha Munch du regard mais ne le vit nulle part.

— Et en quoi celui-ci est différent ?

— Votre nom est écrit dessus.

— Quoi ?! s'écria-t-elle.

— Quelqu'un a rayé le nom de Sigrid et écrit le vôtre à la place.

Un malaise diffus s'empara d'elle quand son collègue reparut en lui faisant signe qu'ils pouvaient repartir vers la voiture.

— Auriez-vous la possibilité de passer ? s'enquit le sacristain.

Agacé, Munch tapotait sa montre de l'index, et lui signifiait qu'elle devait regagner l'Audi rapidement.

— Je vais essayer de venir le plus vite possible.

— Mais qu'est-ce que tu fous, bordel ? lui cria Munch dès qu'elle eut raccroché. L'endroit a l'air désert. Faut qu'on lance un mandat de recherche. On va les serrer, ces cons. Et les interroger jusqu'à ce qu'ils avouent.

Munch démarra la voiture. Mia se demandait si elle devait lui parler du coup de fil qu'elle venait d'avoir lorsque son portable à lui sonna. La conversation dura moins de dix secondes.

Son visage était devenu encore plus livide.

— Il s'est passé quelque chose ? demanda Mia, inquiète.

Munch arrivait à peine à articuler.

— C'était la maison de retraite. Ma mère a fait un malaise. Il faut que j'y aille tout de suite.

— Oh, putain ! ne put s'empêcher de s'exclamer Mia.

— Je te dépose dans le centre. Occupe-toi du mandat.

— O.K.

Elle chercha en vain un moyen de lui témoigner sa sympathie. Munch posa le gyrophare sur le capot, appuya sur l'accélérateur et prit la direction du centre.

V

64.

Au volant de sa voiture, Emilie Isaksen montait en direction de la route Ringkollveien. La professeure de norvégien, nommée dans un collège de la ville à la dernière rentrée, avait des élèves d'un peu partout, loin du centre de Hønefoss. Pour elle, qui habitait ici depuis moins d'un an, trouver ces chemins de forêt et de montagne n'était pas toujours facile. Ce fut en enclenchant la seconde qu'elle se rendit brusquement compte que le trajet aurait été plus direct si elle avait pris par la Hadelandsveien.

Elle avait su dès le lycée qu'elle entrerait dans l'enseignement, c'était une vocation. Son métier lui avait plu d'emblée. Dès son premier poste, après avoir terminé l'École normale, dès la première heure de cours. Certains de ses collègues, plus âgés, avaient jugé bon de lui donner quelques conseils : faire attention à soi, dissocier la vie professionnelle de la vie privée et veiller à ne pas trop rapporter chez soi le quotidien scolaire, ne pas se lier d'amitié avec les élèves. Mais ces mises en garde, même bien intentionnées, ne correspondaient pas à sa façon d'envisager la profession. Et c'était précisément la raison pour laquelle elle se trouvait en ce moment même dans sa voiture.

Tobias Iversen.

Elle l'avait remarqué dès la première heure de cours, ce garçon un peu trop mince mais aux yeux si éveillés. Il avait quelque chose d'attachant – sans qu'elle puisse d'ailleurs se l'expliquer plus en détails. Il était très apprécié de ses camarades, c'était un élève brillant, là n'était pas le problème. Non, si problème il y avait, celui-ci se trouvait dans la famille. Sa mère ne venait jamais aux réunions de parents. Quant au beau-père, Emilie Isaksen ne le connaissait même pas. Ils ne répondaient ni aux courriers ni aux coups de téléphone. Impossible de les joindre. Récemment, elle avait remarqué des bleus sur le corps du garçon. Au visage, sur les bras. Comme elle ne l'avait pas en gym, elle ne pouvait pas savoir s'il en avait ailleurs, mais cela ne l'aurait pas étonnée. Elle en avait touché deux mots à son collègue, mais le prof de sport, qui appartenait à la vieille école, s'était contenté de lui répliquer : « Les gamins tombent et se font mal. Surtout les petits fous de 5ᵉ. » Elle avait tenté d'interroger Tobias à ce sujet, par des questions aussi prudentes que détournées. Comment ça se passait à la maison ? Est-ce qu'il allait bien ? Le garçon s'était cantonné à des réponses évasives, avait contourné le sujet. Mais il y avait quelque chose dans son regard. Oui, c'est ça : elle avait compris à son regard que quelque chose ne tournait pas rond. Et si certains enseignants refusaient de voir les choses en face, de s'impliquer, de se mêler des affaires des enfants, Emilie Isaksen ne pouvait s'y résoudre quand l'un d'eux n'allait pas bien.

Cela faisait maintenant une semaine qu'il n'avait pas mis les pieds au collège. Elle avait appelé chez lui pour prendre de ses nouvelles. Pas de réponse. Elle avait interrogé ses collègues de primaire et appris du même coup que le petit frère était lui aussi absent. Elle avait consulté l'assistante sociale, sans donner de nom, pour connaître la marche à suivre dans ces cas-là. Elle n'avait obtenu que de vagues indications : il fallait être prudent, y aller doucement faute de preuves concrètes. Bref, rien qu'elle ne sache déjà. Et en tout cas rien qui ne puisse l'arrêter dans son élan. Tout le monde s'en fichait ? Pas elle ! Après tout, que risquait-elle ? Elle apportait simplement ses leçons à Tobias. Elle parlerait un peu avec sa mère, réussirait peut-être à la convaincre de venir la voir au collège pour une petite discussion ; ou lui proposer de revenir chez elle un autre jour, si jamais elle n'avait pas les moyens de descendre en ville. Certes, la méthode n'était pas très orthodoxe, mais Emilie Isaksen avait pris sa décision. Elle resterait polie, ne ferait aucun reproche. Elle voulait simplement prendre des nouvelles, donner un petit coup de main. Et après tout, peut-être que tout allait bien : peut-être que la famille avait pris des vacances sans en informer l'établissement, peut-être que les garçons étaient tombés malades après l'épidémie de grippe saisonnière qui avait sévi au collège. Oui, il y avait mille et une raisons susceptibles d'expliquer l'absence prolongée de Tobias.

Elle arriva enfin dans la Ringkollveien. La route en tant que telle prenait fin ici, mais s'enfonçait plus loin sous la forme d'un chemin forestier. Sur un petit parking, elle trouva une boîte à lettres où figuraient les noms Iversen/Frank, décida de se garer ici et de faire le reste à pied. La famille habitait une petite maison rouge entourée de quelques bâtiments agricoles, qui avait dû autrefois être une jolie exploitation mais qui servait désormais de dépotoir. Les carcasses de voiture s'empilaient à côté de… non, il n'y avait pas d'autres mots, de tonnes de déchets. Elle alla frapper à la porte d'entrée. Personne ne répondit. Elle frappa une seconde fois et entendit des petits pas à l'intérieur. La porte s'ouvrit sur un visage sale.

— Oui ? fit l'enfant.

— Bonjour.

Emilie se pencha pour ne pas paraître trop grande.

— C'est toi, Torben ?

Celui-ci hocha la tête. Il avait les mains crasseuses et des restes de confiture sur le visage.

— Je m'appelle Emilie, je suis la professeure de norvégien de Tobias. Tu as peut-être entendu parler de moi ?

Il acquiesça de nouveau avant de répondre en se grattant les cheveux :

— Oui, il t'aime bien.

— Ça me fait plaisir de l'entendre parce que moi aussi, tu vois. Mais dis-moi, il est là, Tobias ?

— Non.

— Et ta maman ou ton beau-père, ils sont à la maison ?

— Non plus.

Il était au bord des larmes.

— Tu es tout seul à la maison ?

— Oui. Et y a plus rien à manger, précisa-t-il d'une voix triste.

— Ça fait combien de temps que tu es tout seul ?

— Je sais pas.

— Et ça fait combien de nuits ? Combien de fois il a fait noir depuis que tu es tout seul ?

Torben compta dans sa tête.

— Six ou sept fois, peut-être.

Emilie Isaksen sentit la colère monter mais n'en laissa rien paraître.

— Et tu as une idée de l'endroit où Tobias pourrait être ?

— Il est chez les filles qui croient en Dieu.

— Et c'est où ?

— Dans la forêt, à côté de Litjønna. On y va souvent pour tuer des bisons. Je suis super doué pour les dégommer.

— Ben, dis donc. C'est sûrement rigolo. Mais comment tu le sais qu'il est là-bas ?

— Parce qu'il m'a laissé un petit mot.

— Vous avez une cachette secrète, peut-être ?

Torben esquissa un sourire.

— Oui. Et y a que nous qui savons où elle est.

— Ça, c'est drôlement malin de votre part. Et tu peux me le montrer, peut-être, ce petit mot ?

— Oui. Tu veux entrer ?

Emilie Isaksen s'accorda un instant de réflexion. En fait, elle n'en avait pas le droit. Elle ne pouvait pénétrer au domicile de ses élèves sans autorisation. Mais, songeant que l'enfant était seul à la maison depuis bientôt une semaine, sans rien à manger, elle répondit en souriant :

— Je veux bien, oui. C'est très gentil.

65.

À la maison de retraite de Høvik, Holger Munch attendait devant la chambre de sa mère, il avait du mal à y voir clair. Il y avait eu trop de chamboulements ces derniers temps : les menaces dirigées contre Marion ; les appartements successifs dans lesquels il avait dû cacher Miriam et sa fille ; et enfin Malin Stoltz. Ils avaient trouvé Malin Stoltz. Ils avaient perdu Malin Stoltz. Mikkelson lui avait téléphoné un nombre incalculable de fois, il n'avait répondu à aucun appel. Munch s'assit sur une chaise et étendit ses jambes. Une odeur pestilentielle lui monta soudain aux narines. Effaré, il se rendit compte qu'elle venait de lui : il avait dormi au bureau, sans prendre le temps de se changer. Et malgré ces quelques heures de sommeil, il peinait à garder les yeux ouverts. Il se frotta le visage. Heureusement, il avait les moyens financiers de loger sa mère dans cette structure qui offrait des services exclusifs. Sur un simple coup de fil, un médecin se déplaçait, les résidents n'avaient même pas besoin de quitter leur chambre. Elle allait bien. *A priori*, ce n'était pas aussi grave qu'annoncé – ouf.

Holger décida d'appeler sa fille qui, pour une raison étrange, ne lui répondit pas. Il réessaya à deux reprises avec le même résultat. Cela ne l'étonna qu'à moitié : c'était elle tout craché, têtue jusqu'au bout. Il avait promis de lui apporter de la nourriture, des vêtements propres et des jouets pour Marion. Or il avait dû passer ici. Il lui envoya un texto en lui demandant de le rappeler le plus vite possible, puis remit son portable dans la poche de son duffel-coat. Quelle chaleur il faisait ! Il aurait tellement voulu ôter son manteau, mais il sentait trop mauvais. Il alla boire un peu d'eau aux toilettes. Relevant le nez du robinet, il aperçut sa figure dans la glace. Il avait une tête de déterré. Il repensa forcément à l'appartement de Malin Stoltz, recouvert de miroirs du sol au plafond. Il n'avait jamais rien vu de tel. Mais qui pouvait vivre dans un endroit pareil ? Y rester ne serait-ce que cinq minutes lui avait suffi.

Malin. Marion. Miriam. Munch. Mia. Mikkelson. Il y avait trop de M dans cette affaire. Il essaya de se mettre dans la peau de Mia, de raisonner comme elle. Que des M ? Qu'est-ce que ça pouvait signifier ? Il ressortit dans le couloir, se réinstalla dans la chaise. Que des M ? Des conneries, tout ça… Mikkelson avait raison, tiens. Peut-être qu'il fallait lui retirer la direction des opérations, qu'il devait laisser la place à quelqu'un d'autre. Son cerveau ne fonctionnait plus bien. Il détestait l'admettre, mais cette Malin Stoltz avait le dessus sur eux. Pour autant que ce soit sa vraie identité. Quatre fillettes assassinées et sa famille entière mise sous pression. Mais au moins ils avaient un suspect – ou plutôt *une* suspecte. Et aucune autre gamine n'avait été enlevée, c'était déjà ça. C'est bientôt fini, pensa-t-il. On va lui mettre le grappin dessus, et toute cette sombre histoire sera terminée. N'empêche, elle les avait blessés là où ça faisait le plus mal : dans leur vie privée. Dans *sa* vie privée.

La sienne à lui. Non, décidément, il ne faisait plus la différence entre ses sentiments et la rationalité. Il songea un instant aller fumer sur le perron mais prit un Fisherman's Friend à la place. Sans qu'il en ait conscience, ses paupières s'abaissèrent. Il sursauta lorsque la porte s'ouvrit et que le médecin en sortit, suivi de Karen – Karen qui avait eu l'extrême gentillesse de le prévenir. Il bondit de sa chaise comme un automate.

— Comment va-t-elle ?

— Je lui ai donné quelque chose pour dormir, il vaut mieux qu'elle se repose. Repassez plutôt la voir cet après-midi, d'accord ?

— Merci, répondit-il en serrant la main du docteur.

— Et qui d'autre, à part Mme Munch ? demanda-t-il en s'adressant à Karen.

— Torkel Binde. Il se plaint de ses médicaments. La chambre au fond du couloir. Je vais vous montrer.

Non sans un sourire tendre et un clin d'œil pour Holger, elle accompagna le médecin. Munch sortit fumer une cigarette et en profita pour appeler Gabriel Mørk.

— Tu es où ? demanda celui-ci.

— À la maison de retraite. Fallait que je règle un problème perso. On en est où ?

— J'ai retrouvé le film dans l'ordinateur que Sarah Kiese nous a confié. Il est un peu endommagé, surtout le son. Mais j'ai un pote qui s'y connaît bien à ce niveau. Est-ce que je peux le mettre sur le coup ?

— Vas-y.

— Bon, je l'appelle tout de suite. À plus.

Sur ce, Munch essaya de joindre Mia – elle ne décrocha pas, au deuxième coup de fil non plus. Mais pourquoi elles m'emmerdent comme ça toutes autant qu'elles sont, ces filles têtues ? pesta-t-il intérieurement. Tout en descendant les marches du perron, il lui écrivit un texto :

`Appelle-moi !!!`

Ensuite, il composa le numéro de Ludvig qui, lui, répondit.

— Oui, Holger ?

— Tu peux me rendre un service, Ludvig, s'il te plaît ?

— Bien sûr.

— Tu pourrais envoyer quelqu'un à l'appartement de Frogner pour apporter des affaires à Marion et Miriam ?

— Tout de suite. De quoi elles ont besoin ?

— Je te transmets une liste par SMS. Mais surtout : tu choisis quelqu'un de confiance. C'est compris ?

— Compris, chef !

— Ah, une dernière chose… On a du nouveau sur Malin Stoltz ?

— Non, rien. Elle a disparu sans laisser de traces. Est-ce qu'on maintient les équipes aux aéroports et à la gare centrale ?

Munch ne sut quoi répondre. Il se frotta les yeux tout en arpentant le petit parking – si seulement il pouvait se reposer… Il repensa à ce que Mia avait dit : que Malin Stoltz n'allait pas fuir, qu'elle voulait rentrer chez elle.

— Non, pas la peine. Tu t'occupes de les prévenir ?

— Ça marche.

— Vous avez envoyé le mandat pour les gugusses de la paroisse ?

— C'est parti.

— Parfait. À tout à l'heure.

Munch écrasa sa cigarette en raccrochant, s'apprêtait à en allumer une autre quand Karen le rejoignit sur le perron.

— Tout va bien, Holger ?

La belle femme aux cheveux blond vénitien le regardait d'un air inquiet.

— Oui, très bien, je te remercie.

— Je ne te trouve pas du tout en forme, moi. Tu es sûr que tu ne veux pas te reposer cinq minutes ?

Elle le rejoignit sur le parking – s'approcha tellement de lui qu'elle pouvait le toucher. Il sentait son parfum. Il éprouva soudain une sensation étrange, aussi indéfinissable qu'indicible. L'instant d'après, il comprit : elle s'inquiétait pour lui. Et non seulement elle se faisait du souci pour lui, mais elle prenait soin de lui. Cela ne lui était plus arrivé depuis si longtemps. D'habitude, c'était lui, Holger Munch, qui prenait soin des autres.

— Tu es pressé ou pas ? s'enquit-elle.

— Je suis toujours pressé, Karen, répondit-il en toussant.

— Tu ne voudrais pas te relaxer une petite heure ?

— Qu'est-ce que tu veux dire exactement ?

— Viens, suis-moi, dit-elle en le tirant par la manche de son duffel-coat.

— On va où ?

— Chuuut…

Elle le conduisit en haut des marches, puis au fond d'un couloir et enfin dans une chambre vide.

— Je n'ai vraiment pas le temps pour ça, Karen…

— Chuuut, j'ai dit. Tu vois le lit, là-bas ?

Munch acquiesça.

— Et tu vois la porte, là-bas ?

Munch acquiesça derechef.

— Alors voilà : je propose que tu prennes une douche et que tu t'allonges pour dormir. Je te réveillerai dans une heure, ne t'inquiète pas. Personne ne viendra te déranger.

— Non, franchement, je…

— Je ne voudrais surtout pas être blessante, Holger, mais tu as vraiment autant besoin d'un lit que d'une douche.

Elle allia le geste à la parole et se pinça le nez.

— Tu trouveras des serviettes dans la salle de bains. Une heure, d'accord ?

La si gentille aide-soignante déposa un baiser sur sa joue et disparut en lui adressant un petit clin d'œil.

Munch envoya un message rapide à Ludvig pour lui indiquer ce dont Miriam et Marion avaient besoin. Il dédaigna la douche, s'effondra tout habillé sur le lit et ferma les yeux.

66.

Marion Munch ouvrit les yeux sans comprendre où elle se trouvait. D'habitude, elle se réveillait chez elle. Sauf ces derniers jours où elle avait dormi dans des endroits étranges. Dans un appartement minuscule puis dans un grand, et maintenant, ici.

— Maman ? appela-t-elle d'une petite voix.

Personne ne répondit.

S'asseyant sur le lit, elle regarda autour d'elle. Pas de doute, cette fois-ci, il s'agissait bien d'une chambre d'enfant, pas comme les deux fois précédentes où elle avait dormi dans celle d'une grande personne.

— Maman ?

La fillette se leva pour inspecter les lieux. Les murs étaient blancs, très blancs. Si blancs qu'ils l'aveuglaient ; elle ne pouvait les fixer trop longtemps. Et puis, tiens tiens, bizarre : il n'y avait pas de fenêtres. Marion eut de la peine pour la petite fille obligée d'habiter là-dedans, c'était bête. Dans sa chambre à elle, il y avait une grande fenêtre qui lui permettait de regarder les voitures passer, les gens marcher dans la rue, bref, tout un tas de choses. Alors qu'ici, on ne voyait rien. L'autre truc étonnant, c'est qu'il n'y avait pas de porte non plus. Ça alors…

Mais il y avait un joli bureau, dans un coin. Avec une lampe allumée. Et puis un bloc de papier avec des crayons de couleur. Maman avait promis de lui en acheter un pareil quand elle entrerait en CP. C'était bientôt, elle avait hâte. Des petits posters étaient accrochés au mur, avec des lettres dessus et un dessin à côté. Elle reconnaissait la lettre A, avec le dessin d'un avion. Puis la lettre B, avec une balle. La lettre C, avec un cheval. Et pas C comme le Coca qu'elle buvait avec papy! Tiens, ça lui rappelait qu'au jardin d'enfants ils avaient joué à un jeu avec le mot *balle*, justement. La tatie avait écrit des mots au tableau qu'on lisait tous ensemble : *balle, belle, bille, bol, boule, bulle*. Parce que Marion savait déjà un peu lire, même si elle n'était pas encore au CP. C'était à cause de sa maman qui voulait absolument qu'elle apprenne à lire et à écrire. Et Marion, elle n'avait rien contre. Sauf qu'elle s'était demandé ce que penserait la maîtresse quand elle entrerait à la grande école. Si ça se trouve, elle serait triste parce qu'elle n'aurait plus rien à lui apprendre… Nager, elle savait aussi, et au jardin d'enfants tout le monde n'en était pas capable. Et faire du vélo normal, sans les petites roues, elle était la seule. Tout ça, elle l'avait appris avec sa maman.

Où elle est, d'ailleurs, maman?

Et c'est à ce moment-là que Marion s'aperçut qu'elle ne portait pas ses propres vêtements. Elle était habillée d'une robe longue et blanche comme autrefois, lourde aussi, même qu'on marchait difficilement avec. Alors ça, c'était pas ordinaire. Les autres jours, elle mettait sa chemise de nuit bleue pour aller se coucher… Oh oui, celle avec un trou, elle l'adorait. Quand maman avait voulu la jeter, Marion avait refusé tout net parce qu'elle aimait bien mettre son doigt dans le trou et sentir le tissu autour de son doigt. Elle avait moins de mal à s'endormir comme ça. Et surtout maintenant qu'elle avait arrêté de sucer son pouce. Elle était hyper fière d'avoir réussi parce que ça n'avait pas été facile. Au début, son pouce lui avait énormément manqué. Mais quand Kristian au jardin d'enfants avait dit qu'il n'y avait que les bébés qui suçaient leur pouce, elle avait arrêté. Elle n'était pas un bébé, d'abord. Est-ce qu'ils savaient nager et faire du vélo sans les petites roues, les bébés, peut-être ? Eh ben nan !

Puis, en se tournant, Marion découvrit des poupées qu'on avait posées sur une étagère, au-dessus du lit, avec les pieds qui pendaient dans le vide. Pas des super poupées comme DracuLaura, mais des vieilles, en porcelaine, avec des visages blancs, durs, qui faisaient un peu peur. Oui, comme celles que mamie avait au grenier. Et puis, tiens, une des poupées portait les mêmes habits qu'elle : une robe toute blanche, pleine de machins en dentelle, ce genre de bandes dont Marion ne connaissait pas le nom. Elle monta sur le lit pour la prendre, et s'aperçut qu'elle portait un petit écriteau autour du cou. Et même si elle ne savait pas encore bien lire, elle reconnaissait sans problème ce qui y était inscrit : Marion. Son prénom. Elle aimait bien son prénom. En plus, grâce à maman et à la tatie du jardin d'enfants, elle avait appris à le lire et à l'écrire. Ça l'intriguait quand même un peu qu'une poupée s'appelle Marion, comme elle. Du coup, elle regarda les autres. Elles avaient toutes une robe et un petit écriteau autour du cou. Elle essaya de déchiffrer la première. P… Pa… Non, c'était trop dur. Mais la deuxième, là c'était fastoche puisqu'elle avait le même prénom que la fille assise à côté d'elle au jardin d'enfants : Johanne.

— Maman ? appela-t-elle encore, un peu plus fort cette fois.

Toujours pas de réponse… Est-ce qu'elle était aux toilettes ? Justement, Marion sentit qu'elle aussi elle devait faire pipi. Où est-ce qu'ils étaient, les W.-C., ici ? Elle s'approcha d'un endroit qui ressemblait à une porte, sauf que ce n'en était pas une : juste des planches dans le mur, sans poignée.

Elle glissa ses petits doigts dans la fente, mais impossible d'ouvrir.

— Maman ?

Elle avait pourtant très envie de faire pipi, là...

C'était quand même très bizarre que la petite fille qui vivait dans cette chambre ait une poupée qui portait son prénom. Elle devait être drôlement gentille, cette petite fille. Peut-être qu'elle lui avait laissé un petit mot, avec son prénom, comme pour lui dire que ce n'était pas grave si Marion lui empruntait sa chambre et qu'elle était la bienvenue. Comme chez les voisins qui avaient un panneau sur leur porte : « Bienvenue chez nous ! » Maman lui avait expliqué, elles l'avaient lu ensemble. Mais qu'est-ce qu'elle fichait, maman, bon sang ?

— Maman ! cria-t-elle, cette fois de toutes ses forces.

Mais sa voix tournoya dans la chambre et lui revint dans les oreilles.

Oh là là là, il faut *vraiment* que je fasse pipi ! se dit-elle.

Soudain, quelque chose se passa dans le mur. Un bruit. Une espèce de bourdonnement, mais qui crépitait un peu en même temps. Puis plus rien. Puis à nouveau le même bruit, qui descendait, qui se rapprochait de plus en plus. Il y en avait même un autre, par-dessus, comme quand on frappait l'une contre l'autre deux... comment on les appelait déjà ? Des timbales ou des cymbales, elle ne se souvenait plus du nom exact. Ils avaient produit le même bruit, au jardin d'enfants, quand ils avaient joué à l'orchestre, en se servant d'objets de tous les jours.

Marion observa un long moment le mur d'où provenait le bruit. Elle demeura ainsi, intriguée, jusqu'à ce qu'elle voie une petite poignée qu'elle n'avait pas remarquée. Elle appuya dessus. Ça donnait sur une trappe que Marion put ouvrir. Et elle sursauta de peur quand elle découvrit ce qu'il y avait dedans : un singe mécanique, qui marchait tout seul en frappant deux instruments qu'il tenait dans ses mains, les fameuses cymbales ou timbales. Mais ce n'était pas tout : un morceau de papier était accroché au singe. Elle attendit que le jouet s'arrête pour attraper le papier.

Dessus, il y avait deux mots, avec un trait entre les deux. Pff, c'étaient des mots compliqués. Dans le deuxième elle reconnaissait la plupart des lettres parce qu'elles étaient dans son prénom. Ça commençait par MA, puis il y avait aussi le I, puis deux fois L, puis revenait le A. Après c'était un R, facile, comme dans Marion. Et à la fin un… oui, un D. Le premier, lui, commençait par un C ; ensuite, facile, un O ; après encore un L ; et pour finir un… non, pas le M de Marion : un N.

C-O-L-I-N-M-A-I-L-L-A-R-D.

On aurait dit un nom et un prénom. Peut-être ceux de l'enfant qui habitait dans cette chambre ?

— Mamaaan ! Faut que je fasse pipiii !

Elle cria fort fort fort. Mais personne ne répondit. Elle ne pouvait plus se retenir, là. Elle souleva la lourde robe pas facile à porter. Oh… elle avait aussi une drôle de petite culotte. Grande et longue, pas du tout comme un slip. Elle regarda dans la chambre. Là-bas, sous le bureau, une poubelle ! Elle s'assit dessus et se soulagea enfin.

67.

Mia Krüger gara la voiture et parcourut le reste du chemin à pied. L'église de Borre. Le beau bâtiment en briques blanches qui brillait devant elle l'inquiétait. Quatre enterrements dans la même église. Trois pierres tombales dans le même cimetière. Mia n'avait jamais remis les pieds ici car elle n'était pas sûre que ses nerfs supportent de telles retrouvailles. Sauf qu'entre-temps quelqu'un avait profané la tombe de Sigrid, la forçant à revenir alors qu'elle n'y était pas prête.

Elle inspecta les lieux du regard, cherchant le sacristain qui avait promis de l'attendre. Personne. À contrecœur, et d'un pas lourd, elle s'engagea vers le portail.

Consciente qu'elle ne pouvait arriver les mains vides, Mia s'est arrêtée en chemin pour acheter des fleurs. Leur parfum lui avait aussitôt donné la nausée, un dégoût autant physique que psychique. Les fleurs lui rappelaient les obsèques ; la maison qui en était remplie ; des amis, voisins et connaissances venus présenter leurs condoléances ; l'enterrement. Trois pierres tombales – c'est tout ce qui lui restait. Elle avait vendu l'héritage familial – deux splendides maisons blanches, celle de ses parents et celle de sa grand-mère, toutes deux dans le centre d'Åsgårdstrand, à deux pas de là où avait vécu Edvard Munch. Les garder lui avait semblé impossible. Elle n'en voulait pas. Tout ce qu'elle souhaitait c'était oublier.

Trois pierres tombales. Quatre membres de sa famille. Sigrid, mamie, papa et maman. Toute sa famille était inhumée ici et elle n'était jamais revenue prendre soin des tombes. Passant devant un robinet, elle attrapa un arrosoir vert posé à côté. Elle avait honte.

Sigrid Krüger
Sœur, amie, fille
** 11 novembre 1979 — † 18 avril 2002*
Profondément aimée. Profondément regrettée.

Le sacristain avait dit vrai. Quelqu'un avait rayé le prénom de Sigrid. Et l'avait remplacé par le sien.

Ce fut la goutte d'eau. Elle lâcha l'arrosoir et s'effondra à genoux. Elle fondit en larmes. Tout ce qu'elle avait jusque-là réussi à endiguer se déversait comme un torrent. L'immense chagrin qu'elle éprouvait depuis si longtemps, et n'avait jamais osé affronter, prenait désormais le dessus.

Viens, Mia. Viens.

Sigrid. Sa merveilleuse Sigrid. Ça avait servi à quoi de descendre le toxico qui l'avait indirectement tuée ? À rien. Strictement à *rien*. Ou alors à plus de chagrin qu'elle n'en éprouvait déjà. À davantage de morts. À davantage de ténèbres. Elle ne l'avait pas fait exprès. Ce n'était pas un acte délibéré, mais inconscient. Elle n'avait pas vraiment voulu le tuer, ce Markus Skog. Elle aurait dû aller en prison pour ce meurtre de sang-froid. Elle ne méritait pas de vivre. Elle le sentait, en cet instant. Elle s'était sentie coupable pendant toutes ces années, sans se l'avouer. Mais à présent elle s'en rendait compte : elle était responsable et coupable. Elle était coupable d'être encore vivante. Elle aurait déjà dû rejoindre sa famille, être à côté de sa chère et belle et adorable Sigrid. Elle n'avait rien à faire sur cette putain de terre, où la cruauté et l'égoïsme régnaient en maître. Lutter n'avait plus de sens. Essayer de comprendre, essayer de faire le bien n'en avait guère plus. Le monde était un dépotoir, le genre humain était pourri de l'intérieur. Mia Krüger n'avait plus rien à faire ici.

Quelqu'un avait écrit son nom sur la pierre tombale. Au malaise éprouvé dans un premier temps se substitua la colère de constater que la dernière demeure de Sigrid avait été profanée. Quelqu'un lui en voulait. Elle avait des ennemis, bien sûr – aucun flic de sa trempe, avec sa réputation, n'avançait dans sa carrière sans susciter des inimitiés. Néanmoins, instinctivement, elle ne voyait personne qui soit animé d'un tel désir de vengeance. Qui était à ses trousses ? Qui voulait la voir morte ?

Elle proféra une insulte silencieuse à l'adresse de cet agresseur invisible. Puis elle se releva et sécha ses larmes. Elle nettoya la tombe, ôta les fleurs fanées et les feuilles mortes, mit dans le vase le bouquet qu'elle avait acheté, y versa de l'eau. Elle alla chercher un râteau pour retourner la terre et tenter de donner un peu de vie à la sépulture de sa sœur. Elle retira son blouson en cuir et son pull et entreprit de brosser la dalle. La peinture ne partait pas. Le sacristain devrait lui conseiller un artisan de la région capable d'effacer le plus vite possible cet horrible graffiti qui la narguait, qui les défiait, sa sœur et elle. Si elle était venue plus tôt, elle n'aurait pas raté leur rendez-vous. Elle arrivait trop tard.

— Pardon, Sigrid. Excuse-moi, bredouilla-t-elle en tentant de contenir ses larmes.

Elle regarda la tombe une dernière fois et déplaça le vase. En le soulevant, elle s'aperçut qu'il cachait une boule en plastique jaune. Il s'agissait de la coque que renfermaient les fameux œufs en chocolat… les Kinder surprise. Elle s'en empara avec rage et alla la jeter dans la poubelle. Revenant sur ses pas, elle se figea. *Était-ce possible ? Non, quand même pas…* Elle fit machine arrière et se précipita vers la poubelle pour récupérer la capsule. Elle l'ouvrit. Et y découvrit un bout de papier. Les doigts tremblants, elle le déplia.

Tu es vraiment douée au colin-maillard, Mia ! Mais tu es nulle à la chasse au trésor. Car tu n'es pas sur la bonne tombe. Tu t'es trompée, encore une fois. Alors, tu me vois, là ? Est-ce que tu me vois, Mia ?

Mia Krüger courut à toutes jambes à la voiture récupérer son portable. Elle avait plus de cent appels mais elle s'en fichait. Essuyant ses dernières larmes, elle composa le numéro de Holger Munch.

68.

Ludvig Grønlie sortit sur le balcon fumeurs de Munch pour respirer un peu d'air frais. Il poussa un petit soupir, s'étira. Il était crevé, mais ne se sentait pas le droit de se plaindre. Au sein de l'unité, certains avaient trimé deux fois plus que lui ces derniers temps. Dès qu'un meurtrier en série était dans la nature, aucun d'eux n'avait vraiment l'occasion de souffler. Mais, qu'il le veuille ou non, en dépit de bons et loyaux services, il ne pouvait plus s'échiner vingt-trois heures sur vingt-quatre avec ses soixante ans bientôt. On ne lui en faisait pas le reproche, d'ailleurs. N'empêche, même si nul ne le disait tout haut, ses collègues n'en pensaient pas moins. Car plus que la contrainte physique, il supportait de moins en moins la pression mentale. Son téléphone se mit à sonner. Le nom qui s'afficha sur l'écran lui arracha un sourire.

— Salut !

— Salut, Ludvig. Kjell à l'appareil.

— Oui, j'ai vu. Alors, tu as trouvé quelque chose ?

Kjell Martinssen était un ancien collègue de Ludvig. Ils avaient travaillé ensemble de longues années au commissariat central d'Oslo. Mais, contrairement à Munch, Martinssen avait lui-même choisi de descendre en grade. Enfin… il avait plutôt choisi de ne plus s'exciter et de se la couler douce. Il s'était marié et avait demandé sa mutation au commissariat de Ringerike, à Hønefoss. Il ne pouvait pas prendre de meilleure décision. De fait, il parlait calmement et semblait d'excellente humeur.

— En fait, oui.

— Un groupe de parole pour femmes sans enfants ?

— Exactement. Ou plutôt un groupe de soutien, c'est comme ça que ça s'appelle. Heidi bosse pas mal en tant que bénévole dans le secteur social de la région, c'est elle qui m'a mis sur la voie.

Heidi était celle qui avait poussé Martinssen à quitter la capitale. Ludvig en avait lui-même caressé l'idée : dire adieu au stress d'Oslo, se dégoter un petit boulot dans un commissariat de province et prendre la vie du bon côté. Mais il n'avait pas franchi le pas et, aujourd'hui, il n'était plus qu'à quelques années de la retraite.

— Le groupe s'est réuni de 2005 à 2007. C'était bien la période que tu cherchais ?

— Pile poil. Tu as une liste de noms ?

— Mieux, en plus des noms, je peux même te fournir une photo.

— C'est de l'excellent boulot, Kjell. Vraiment, je te remercie. Tu me la faxes ?

Ludvig regretta aussitôt sa remarque qui, forcément, suscita un éclat de rire à l'autre bout du fil.

— Te la faxer ? Tu n'as pas de mail, ou quoi ?

— Si, bien sûr. Tu peux me l'envoyer par mail. C'est ça que je voulais dire.

Tout en parlant, Ludvig Grønlie retournait à son bureau.

— Vous allez arriver à arrêter quelqu'un ? demanda alors Martinssen d'une voix grave. Les gens parlent beaucoup ici, si tu vois à qui je fais allusion. Et ces gens doutent.

— On va la serrer, confirma Grønlie, en songeant qu'il venait de trop en dire.

— *La* serrer ? Tu parles de cette Malin Stoltz, celle dont on a reçu la photo ? Pour qui un mandat d'arrêt a été lancé ?

— Elle est sur la photo ? éluda Ludvig.

— Possible. Je ne l'ai pas encore vue, tu sais. Heidi doit passer au bureau des bénévoles et me la rapporter. Elle devrait arriver d'une minute à l'autre. Dès que je l'ai, je te la scanne et te l'envoie. Tu devrais l'avoir dans la journée.

— Merci beaucoup, Kjell. Tu me rends un fier service.

Il venait à l'instant de raccrocher quand Gabriel Mørk passa une tête dans son bureau.

— Tu as des nouvelles de Munch ou de Mia ?

— J'ai parlé à Munch tout à l'heure, mais Mia ne répond pas. Pourquoi ?

— Je voulais juste la prévenir que je devrais avoir fini de remonter le film dans quelques heures. Je l'ai envoyé à un pote pour qu'il me nettoie correctement le son.

— C'est parfait, dit Grønlie. (Puis, se souvenant de ce que Munch lui avait demandé, il ajouta :) Tu n'aurais pas envie de prendre un peu l'air, par hasard ?

— Comment ça ?

— La fille de Munch aurait besoin de quelques trucs, dans l'appart. Tu pourrais t'en charger ?

— Ça roule. Qu'est-ce qu'il lui faut ?

— Deux secondes.

Ludvig vérifia la liste que Munch lui avait envoyée par texto.

69.

Pénétrant dans la petite maison, Emilie Isaksen n'en crut pas ses yeux. Le couloir plongé dans l'obscurité était tellement encombré qu'on avait du mal à avancer. Le reste de l'habitation était à l'avenant : des restes de nourriture partout, des cendriers remplis à ras bord, des sacs-poubelle pleins que personne n'avait pris la peine de jeter. Il flottait une odeur pestilentielle. Emilie s'efforça néanmoins de faire bonne figure, pour épargner le petit garçon. Comment pouvait-on laisser un bout de chou seul et sans nourriture pendant une semaine entière, dans un taudis pareil ? Ravalant sa colère, elle se façonna un sourire.

— Tu veux que je te montre notre cachette secrète ?

— Je veux bien, oui.

Elle le suivit dans l'escalier. Visiblement, Torben était aux anges d'avoir de la visite. Choqué et effrayé au moment d'ouvrir la porte, avec ses grands yeux remplis de larmes, il s'était entre-temps radouci.

L'étage n'était guère plus reluisant que le rez-de-chaussée. Emilie en suffoquait. La pauvreté, certes – mais ça… ? Seul ce qui paraissait être la chambre commune des garçons lui donna l'impression d'un vrai foyer : l'ordre y régnait, la clarté y entrait, ça sentait bon.

— On cache des trucs dans le matelas, au cas où il y aurait des méchants, expliqua Torben avec un sourire.

Il s'accroupit devant le lit et tira sur la fermeture Éclair latérale de la housse du matelas, en veillant à ce qu'Emilie ne puisse le voir.

— C'est le petit mot que t'a laissé Tobias ?

— Oui.

— Je peux y jeter un œil ?

— Bien sûr.

L'enfant le lui tendit d'une main sale.

Je pars espionner les filles qui croient en Dieu. Je reviens vite. Tobias.

— Et tu sais quand il l'a écrit ?

Le petit bonhomme réfléchit.

— Euh, nan. Mais c'était forcément pendant mon absence puisqu'il était là quand je suis rentré.

Emilie ne put réprimer un petit rire.

— Oui, forcément ! Et tu es rentré quand, Torben ?

— Après le match de foot.

— Lequel ?

— Celui entre Liverpoule et Norvitsche. Je l'ai regardé à la télé, chez Clas. Parce que tu sais, chez Clas, ils peuvent regarder plein de matchs, pas que ceux de Première division norvégienne. Clas et moi, on est supporters de Liverpoule. Même qu'ils ont gagné.

— Ça devait être samedi, non ?

— Je crois bien, oui.

On était aujourd'hui vendredi. Cela faisait donc presque une semaine que Torben n'avait vu personne. Emilie s'assit sur le plancher, en proie au doute. Que devait-elle faire ? Elle ne pouvait décemment pas le laisser seul. Le pauvre se trouvait dans un état de saleté innommable et sentait très mauvais. Il avait besoin d'un bain, de vêtements propres et de nourriture. Mais elle ne pouvait pas non plus l'emmener chez elle ; elle risquait de s'attirer des ennuis.

— Tu veux que je te montre les autres trucs qu'on a dans notre cachette secrète ?

— Oui, je veux bien. Mais dis-moi, Torben…

— Quoi ?

— Tobias, il n'est pas rentré depuis que tu as trouvé son petit mot ?

— Non, j'ai vu personne depuis.

— Et personne n'a téléphoné non plus ?

— Nan. Personne personne. De toute manière le téléphone fonctionne pas. J'entends pas la tonalité quand je décroche. Et les téléphones portables, ils sont trop chers. Tu le savais ?

Emilie passa une main dans les cheveux du petit.

— Oui, c'est très cher en effet. Et on n'en a pas forcément besoin.

— Tobias dit pareil que toi.

— Et qui sont ces filles qui croient en Dieu, dont tu me parles ?

— En fait on sait pas, c'est pour ça qu'on va les espionner. Certains disent qu'ils mangent des humains, mais c'est des bêtises. On sait juste que les filles ne vont pas à l'école. Elles ont leur école à elles.

Emilie Isaksen en avait entendu parler mais n'en savait pas grand-chose, sinon que ces nouveaux habitants ne scolarisaient pas leurs enfants – ce qui ne concernait pas directement le collège, même si le problème avait été évoqué.

— Donc si je comprends bien, reprit-elle, Tobias est parti samedi et tu ne l'as pas revu depuis ?

— Je sais pas s'il est parti samedi. Mais Liverpoule a gagné trois-zéro. Même que Luis Suárez a fait un triplé. Tu sais ce que c'est, toi, un triplé au foot ? Et, euh, pourquoi tous les gens n'ont pas la télé pour regarder le foot ? Et, euh, tu m'as apporté à manger ? Parce que j'adore la pizza.

— Tu as envie d'une pizza ?

— Ouiii ! Mais d'abord faut que je te montre un autre truc.

— D'accord.

Emilie commençait à bouillir. Tobias Iversen avait disparu depuis sept jours et personne n'avait jugé bon de déclarer son absence. Elle n'osait même pas penser à ce qui avait pu arriver à cet élève qu'elle appréciait tant depuis la rentrée.

— Regarde ! Ça, c'est un renseignement secret sur un policier que Tobias et moi on connaît. Lui, on peut l'appeler à n'importe quel moment si on a besoin, ou si on est à Oslo. Même que c'est lui qui nous l'a dit. Parce qu'on est des héros, nous. Tu le savais ?

— Oui, on m'a raconté ça. C'est bien !

Elle ébouriffa de nouveau les cheveux de Torben, même si cela la répugnait tant ils étaient sales. Elle se souvint que les deux frères avaient trouvé la deuxième victime dans cette affaire sordide de fillettes assassinées. Une réunion avait été organisée dans le gymnase dès le lendemain de cette macabre découverte ; des psychologues avaient même été dépêchés pour aider les enfants qui éprouvaient le besoin de parler.

— Il s'appelle Kim. C'est marqué dessus. Regarde. K-I-M. Kim. J'ai bon ?

— Oui, Torben. C'est très bien. Mais tu sais déjà lire ?

— C'est Tobias qui m'a appris, répondit-il en lui tendant la carte de visite. Emilie y jeta un œil et lut :

Kim Kolsø. Brigade criminelle. Unité spéciale.

— Tu sais quoi, Torben ?

— Non ?

— Moi je trouve qu'on devrait aller se l'acheter, cette pizza.

— Ouiiii !

— Mais d'abord, je pense que tu devrais prendre une petite douche et enfiler des vêtements propres. Tu y arriveras tout seul ou est-ce qu'il faut que je t'aide ?

— Peuh ! Chuis plus un bébé, hein !

Il courut à un placard dans lequel il désigna les trois étagères du bas.

— Tu vois, là, c'est mes vêtements.

— Parfait. Cherche ce que tu as envie de mettre et ensuite tu files à la douche ? Plus vite ce sera fait, plus vite on pourra manger une pizza.

— Super !

Torben s'agenouilla pour tirer ce qui lui convenait.

— Je sors juste passer un petit coup de fil, d'accord ?

Il la regarda d'une mine terrifiée en demandant :

— Tu t'en vas pas, hein ?

— Non, ne t'inquiète pas.

— C'est sûr ?

— Je te le promets, Torben. Et toi, tu es sûr que tu pourras prendre ta douche tout seul ?

— Je te le promets !

Le petit garçon partit en sautillant vers la salle de bains. Emilie n'avait aucune envie d'aller constater l'état de crasse dans laquelle elle se trouvait. Elle souhaitait quitter ce taudis au plus vite et, par la même occasion, en finir avec le désespoir qu'elle éprouvait en pensant aux misérables conditions de vie des deux frères. Elle attendit d'entendre l'eau couler pour sortir téléphoner dans la cour.

— Commissariat de police de Ringerike ?

— Oui, bonjour. Emilie Isaksen à l'appareil. Je voudrais déclarer la disparition d'un enfant.

— Un instant, s'il vous plaît. Je vous mets en relation.

Emilie dut patienter encore un peu.

— Holm.

Elle se présenta à nouveau et expliqua le motif de son appel.

— Et où sont les parents ? voulut savoir l'homme.

— Je n'en sais rien. J'ai trouvé le petit garçon chez lui. Cela fait une semaine qu'il est seul.

— Et le garçon qui a disparu, il s'agit de Tobias, n'est-ce pas ?

— Exactement. Tobias Iversen.

— Quand a-t-il été vu pour la dernière fois ?

— Je ne saurais vous le dire avec certitude. Mais il a laissé un mot à son frère qui l'a trouvé samedi. Sur ce papier, il écrivait qu'il partait dans la forêt pour voir… oui, vous savez, cette congrégation religieuse qui a acheté l'ancienne ferme. Vous en avez sans doute entendu parler.

— En effet, oui.

Il y eut un silence. Le policier semblait avoir plaqué sa paume sur le combiné et s'entretenir avec des collègues.

— Nous avons donc un garçon dont vous prétendez qu'il a disparu et dont les parents auraient eux aussi disparu. C'est bien ce que vous êtes en train de me dire ?

Emilie sentait monter une profonde antipathie pour ce type.

— Oui, se contenta-t-elle de répondre.

— Comment pouvez-vous savoir avec certitude qu'il n'est pas avec ses parents ?

— Non, en effet, je ne peux pas le savoir *avec certitude*... !

— Donc il est peut-être avec ses parents ?

— Mais non, je viens de vous expliquer qu'il est dans la forêt !

— Et vous tenez cette information de qui ?

— Mais il l'a écrit *lui-même* ! Sur un mot qu'il a laissé à son frère ! Je vous l'ai expliqué il y a deux minutes !

Le policier soupira.

— Je ne peux pas enregistrer une disparition sans que...

— Bon, écoutez-moi ! cria Emilie en perdant patience. J'ai ici un garçon de sept ans qui vient de passer une semaine tout seul dans une maison où il n'y a rien à manger. Ses parents ont disparu. Son frère a disparu. Et *vous*, vous me dites ne pas pouvoir...

— Non, non, l'interrompit l'agent. Je vais enregistrer votre déposition et nous verrons ce que nous pourrons faire demain.

— Demain ?! hurla Emilie. Vous allez laisser un gamin qui a disparu dans la forêt depuis une semaine passer encore une nuit dehors ? Et s'il lui était arrivé quelque chose ?

— Oui, non, euh... mais je ne peux pas... Je veux dire : peut-être que ses parents l'ont emmené en vacances ?

— Et ils ont laissé l'autre fils de sept ans tout seul ?

— Oh, j'ai vu pire. Bon, je prends votre numéro qui s'affiche sur mon écran, je vois ce qu'on peut faire, et je vous rappelle.

— Bonne idée, grommela Emilie.

70.

Planté devant l'entrée de l'immeuble élégant situé en plein quartier de Frogner, Gabriel Mørk, passablement agacé d'avoir été envoyé ici, attendait qu'on daigne enfin lui ouvrir. Il n'avait pas compris pourquoi Ludvig lui avait demandé de faire les courses et de les apporter. Conscient de ne pas figurer parmi les plus hauts placés au sein de l'Unité spéciale, il trouvait néanmoins la pilule un peu amère. De là à ce que ce soit *lui* qui fasse les… commissions ! Comme s'il n'avait pas assez de boulot.

Gabriel recula, leva les yeux vers le troisième étage, retourna sonner. Toujours pas de réponse. Mais qu'est-ce qu'elle fichait, bon sang ? Forcément, il pensa à sa copine, et au bébé qui grandissait dans son ventre. Au début, avec cette grossesse inattendue, il s'était senti bête, ignorant. Puis les détails pratiques l'avaient inquiété. Où habiteraient-ils ? Comment arriveraient-ils à payer les factures, avec en plus tout ce qu'ils allaient devoir acheter ? Mais plus maintenant. L'angoisse des premiers temps s'était volatilisée avec ce nouveau boulot, qui lui était arrivé sur un plateau. Un job cool, et important. Quand on lui avait fait la proposition, il n'aurait jamais cru avoir cette impression. Parce que la police, pour un hacker, c'était quand même l'ennemi numéro un. En tout cas pour tous ceux qu'il connaissait. Mais ils ne savaient pas de quoi ils parlaient. Ils n'avaient pas rencontré Mia Krüger et Holger Munch. Et tous les autres, d'ailleurs : Curry, Anette, Ludvig, Kim. Ils ne savaient pas ce que ça signifiait d'aller au travail, d'avoir des collègues, de faire partie d'une équipe, de rencontrer des gens qui vous disaient bonjour, qui vous demandaient comment ça allait, qui vous montraient que vous étiez important, qui vous appréciaient, tout comme ils appréciaient votre travail. En plus, les gars de la technique, au QG de Grønland, lui avaient installé un de ces matos... Jamais il n'aurait imaginé travailler sur des machines comme ça. De toute manière il n'aurait jamais eu les moyens de se les payer. Quand tout avait été opérationnel, les premiers jours, il s'était senti comme un gamin devant ses cadeaux de Noël.

Il s'apprêtait à sonner pour la quatrième fois quand une vieille dame sortit de l'immeuble. Il lui tint la porte, lui sourit et se glissa dans l'entrée. Il grimpa les marches, les sacs de commissions dans les mains, jusqu'au troisième. Ludvig avait précisé que l'appartement se trouvait au fond du couloir. Alors qu'il allait sonner, Gabriel constata que la porte de l'appartement était entrouverte.

— Hé ho... ? appela-t-il doucement. Il y a quelqu'un ?

Pas de réponse.

— Hé ho ?

Il poussa la porte avec le coude. Il décida d'entrer dans le couloir.

— Y a quelqu'un ? Je vous apporte des affaires, de la part de Holger Munch.

Et il découvrit le corps.

Oh merde !

Il lâcha les sacs, sortit à toute vitesse son portable, chercha fébrilement le numéro de Holger Munch, l'appela, et enfin s'accroupit devant la jeune femme qui gisait dans le salon.

71.

Mia Krüger roulait bien au-delà de la vitesse autorisée – tant pis. Elle avait commis une erreur. Elle s'était trompée, et sur toute la ligne. *C'était le faux Munch.* L'assassin n'en voulait pas à Holger. Mais à elle. Elle doubla un poids lourd et l'insulta au passage. Elle eut juste le temps de se rabattre sur la file de droite pour éviter que la voiture d'en face ne s'encastre dans la sienne. Elle entendit le routier lui adresser un coup de Klaxon rageur au moment où elle appuyait sur l'accélérateur. *Ce n'était pas le vrai Munch.* Pas Holger, mais Edvard. Pas le policier, mais le peintre. Pas Oslo, mais Åsgårdstrand. Elle, donc. Mia Krüger. *Elle* était la cible, et elle l'avait été tout du long. Quelle sombre conne ! Pourquoi ne s'en était-elle pas rendu compte avant ? Et pourquoi Munch ne décrochait pas, nom de Dieu ?! Le portable contre la joue, elle songea un instant utiliser la radio de la police mais s'abstint – on ne savait jamais trop qui écoutait, ni quelles conséquences fatales ces fuites pouvaient avoir. Elle s'apprêtait à rappeler Munch pour la énième fois quand sa sonnerie se déclencha. C'était Gabriel.

— Où est Munch ? demanda-t-elle d'entrée de jeu.

— Et tu es où *toi* ?!

— J'arrive. Mais il est où, Holger ?

— Ce que j'en sais, moi ! Il ne répond pas à mes appels. Vous faites chier, merde !

Elle comprit alors ce qu'elle n'avait pas encore entendu : Gabriel était aux cent coups, il s'était passé quelque chose.

— Qu'est-ce qu'il y a ?

— Marion a disparu.

— De quoi ?!?

— Je te j-jure !

Il bafouillait à présent.

— Je-je montais à l'appartement pour apporter des affaires et je l'ai trouvée étendue par terre.

— Qui ?

— Sa fille.

— Miriam ?

— Mais oui, bordel !

Oh, putain !

— Et comment elle va ?

Mia passa sur la file de gauche pour doubler trois voitures d'un coup, puis braqua pour revenir à droite.

— Elle respire, mais elle dort.

Anesthésie. Ce n'était pourtant pas faute de les avoir prévenus ! Elle avait demandé qu'un agent soit en faction vingt-quatre sur vingt-quatre. Mais non, ces enfoirés avaient refusé !

— Et aucune trace de Marion ?

— Aucune, confirma Gabriel, au bord des larmes.

— Tu as pisté le téléphone de Holger ? La dernière fois que je lui ai parlé, il allait à la maison de retraite. Sa mère a fait un malaise.

— Sa mère ?

— Oublie ce que je viens de dire. Débrouille-toi, mais il faut que je le joigne le plus vite possible.

— Oui, mais… je ne suis pas au bureau en ce moment. Je suis toujours à Frogner.

— Eh bien, file au bureau maintenant.

Elle klaxonna un vélomoteur qui roulait en plein milieu de la chaussée.

— On… sur le fi… la réd…

— Je ne t'entends pas. Répète, s'il te plaît.

Elle put enfin doubler le deux-roues.

— On bosse sur le film, là, sur la réduction du bruit.

— Super. Et on l'aura quand ?
— Dès qu'il sera prêt.
— Oui, mais *quand* ?
— Écoute, je ne sais pas, Mia.

Mia se dit qu'elle exagérait de s'en prendre ainsi à ce pauvre Gabriel. Il n'était pas responsable de la situation et, au contraire, faisait un travail formidable.

— O.K. File au bureau et rappelle-moi de là-bas.

Elle raccrocha et composa le numéro de Ludvig.

— T'étais où, nom de Dieu ? lui lança son collègue. C'est l'enfer ici. T'es au courant ?

— Oui. Tu sais où est Holger ?

— Aucune idée, il ne répond pas. T'es là dans combien de temps ?

— Vingt à trente minutes. Maxi.

— Quelle merde, Mia ! On est dans la merde jusqu'au cou…

C'était le cas de le dire. Ils avaient placé Marion en lieu sûr, et elle avait disparu.

La pluie commença à tomber au moment où elle composa le numéro des renseignements. Les gouttes tambourinaient contre le pare-brise. Elle augmenta la vitesse des essuie-glaces, sans lever le pied de la pédale d'accélérateur.

— Renseignements téléphoniques, bonjour. Quel numéro désirez-vous ?

— Pourriez-vous me mettre en relation avec la maison de retraite de Høvik, s'il vous plaît ?

— Souhaitez-vous que je vous lise le numéro ?

— Naan ! Mettez-moi en relation, putain !

Elle freina légèrement en constatant qu'elle roulait beaucoup trop près du bord de la route. Il fallut une petite éternité avant que quelqu'un daigne décrocher.

— Maison de retraite de Høvik, bonjour ! Birgitte à l'appareil.

— Oui, bonjour. Mia Krüger. Holger Munch ne serait pas chez vous, par hasard ?

— Il était là il y a un petit moment déjà…

— Mais il est là ou pas ?

— Aaah, non. Je ne l'ai pas vu, non.

Et merde.

— Et Karen, elle est là ?

— Oui, Karen est là. Un instant, je vous la passe.

Un million de secondes s'écoulèrent. Mia avait plutôt envie de hurler dans l'appareil. Elle régla les essuie-glaces à la vitesse supérieure pour mieux voir la route. Un deuxième million de secondes s'écoula avant que Karen soit enfin à l'autre bout du fil.

— Oui, Karen à l'appareil… ?

— Bonjour, Karen. Mia Krüger.

— Oh, Mia, quel plaisir ! Comment allez-vous ?

— Bien, merci. Vous avez vu Holger aujourd'hui ?

— Effectivement, il est passé tout à l'heure. Sa mère a fait un petit malaise, mais heureusement c'était moins grave que ça n'en avait l'air. Le médecin lui a donné un petit calmant pour dormir et…

— Oui, bon, parfait, l'interrompit Mia. Mais donc il n'est plus chez vous ?

— Ah, non. Il est parti.

— Et vous savez où ?

— Désolée, non, il ne m'en a rien dit. Il semblait tellement fatigué, le pauvre. Je lui ai dit que…

De grâce ! Elle n'avait franchement pas le temps de papoter…

— … et puis je l'ai réveillé au bout d'une heure. Il avait toujours aussi mauvaise mine, mais…

— Mais vous ne savez pas où il est allé ?

— Hélas, non. Je sais simplement qu'il a reçu un coup de fil et qu'il est parti en courant. Il ne m'a même pas dit au revoir.

— O.K., je vous remercie.

— Il n'y a pas de quoi. Ah... une dernière chose..., dit Karen alors que Mia s'apprêtait à raccrocher.

— Quoi ?

— Je ne sais pas si c'est important, mais sa voiture est là.

— La voiture de qui ?

— De Malin Stoltz. La voiture de Malin Stoltz est garée dans le parking.

Il pleuvait si fort que Mia fut forcée de ralentir, tout comme les voitures devant elle. Les gouttes cognaient sur le pare-brise, pareilles à des grêlons. Holger avait reçu un coup de fil. De qui ? Quelqu'un l'avait appelé et il était parti en courant. Alors qu'il ne courait jamais. Mais qui donc pouvait pousser Holger à courir ?

L'assassin.

Bien sûr ! Marion avait disparu, et l'assassin avait téléphoné à Holger. Lui, de son côté, n'avait appelé aucun membre de l'équipe. Il était parti en courant sans dire au revoir. Il ne courrait pour personne à part pour Marion.

— Vous êtes toujours là, Mia ?

— Excusez-moi, Karen. Pouvez-vous répéter, s'il vous plaît ?

— Non, ça n'a pas d'importance. Nous en reparlerons plus tard.

— Si, j'insiste. Vous parliez de la voiture de Malin Stoltz.

— Oui, elle est garée dans le parking souterrain de la maison de retraite. Mais c'est sans doute un détail...

— C'est quel genre de voiture ?

— Une Citroën blanche, pourquoi ?

Une Citroën blanche, bien sûr.

Mia jeta un œil par la fenêtre pour voir où elle se trouvait exactement. Slependen. Il ne lui restait que Sandvika, Blommenholm, et elle serait arrivée à Høvik.

— Je ne suis pas loin, en fait. Je vais passer en coup de vent. Vous savez si elle est fermée à clé ?

— Ça, je l'ignore, Mia. Mais il est possible que la clé soit rangée dans la salle du personnel. Elle est un peu distraite de nature, Malin. Elle perd souvent ses affaires. Je pense même me souvenir qu'elle a dit que…

— Parfait, Karen, l'interrompit une fois de plus Mia. Je vous demanderais juste un petit service : vérifier que les clés soient bien là. Pendant ce temps, j'arrive.

— À tout de suite, Mia.

Sitôt raccroché, elle appela Anette.

— Mia, enfin ! Où étais-tu passée ?

— J'étais à Åsgårdstrand, je t'expliquerai. Munch t'a appelée ?

— Non. Tu es au courant ?

— Oui, Gabriel m'a prévenue.

— Mikkelson est là. Il est hors de lui.

Ce que Mikkelson pensait, sentait ou disait était en ce moment le cadet des soucis de Mia.

— Qui dirige les opérations, là ?

— Mikkelson, répondit Anette.

— Quoi ? Mais il n'est au courant de rien ! Anette, il faut que *tu* prennes la direction de l'enquête.

— Mais comment veux-tu que je fasse ? Et tu es où, d'abord ?

— J'arrive à Høvik, à la maison de retraite. J'ai retrouvé la voiture de Malin Stoltz. À ce propos, des nouvelles d'elle ?

— Aucune. Qu'est-ce que je dois faire ?

— Va voir Gabriel. Il faut absolument qu'on ait la localisation GPS de ce film. Et demande-lui de tracer le portable de Munch. Je crois qu'il a reçu un coup de fil de l'assassin.

— D'accord. Autre chose ?

— On doit…

Avisant enfin la sortie pour Høvik, Mia tourna. L'averse diminuait.

— On doit… ? répéta Anette.

Mia avait oublié ce qu'elle voulait dire.

— Veille simplement à ce qu'on puisse visionner ce foutu film le plus vite possible. Et occupez-vous du portable de Munch.

— O.K. Ah, j'oubliais… Ludvig a quelque chose pour toi.

— Quoi ?

— Une photo. D'un groupe de soutien de Hønefoss.

— Génial ! Je m'en doutais.

— Bravo, Mia.

— Demande-lui de me l'envoyer sur mon téléphone.

— Ça marche.

— Et on n'a vraiment rien sur Stoltz ?

— Absolument rien.

— Ça m'étonne… Bon, de toute façon, je suis là dans pas longtemps. Surtout, appelle-moi s'il y a quoi que ce soit.

Mia Krüger raccrocha au moment où elle entrait sur le parking de la maison de retraite.

72.

Lukas était assis sur le banc en face de l'étang, emmitouflé dans une couverture. Et, malgré des vêtements secs, il peinait à se réchauffer.

Il avait évité la mort de justesse, Pasteur Simon l'avait maintenu longtemps sous l'eau. Ce dernier n'avait cessé de lui demander s'il voyait le diable, or il ne le voyait nulle part.

Lukas était troublé : pourquoi le ministre de Dieu avait-il dans un premier temps voulu le noyer, pour ensuite le sauver et lui apporter une tenue de rechange ? L'avait-il prévu dès le départ ? Auquel cas, pourquoi ?

Pasteur Simon revint de la voiture avec un casse-croûte et une Thermos. Il s'assit à côté, lui servit un gobelet de chocolat chaud et lui tendit des tartines au fromage.

— Mange et bois.

Lukas obéit. La boisson chaude était une félicité. Il mangea lentement, pendant que Pasteur Simon l'observait en silence, avec une expression tendre et bienveillante, les mains croisées entre ses jambes. Il ne le quittait pas des yeux, lui qui d'ordinaire fixait un point à sa droite ou à sa gauche, gardait la tête levée vers le ciel. Bref, pas comme maintenant. Lukas n'osait pas croiser son regard. Ses tartines terminées et après avoir bu trois chocolats chauds, il sentit enfin une chaleur agréable envahir son corps. À cet instant-là seulement, le ministre de Dieu prit la parole :

— Dieu a envoyé sur terre Son Fils unique, Jésus-Christ, pour s'occuper des péchés des hommes. Ceux-ci ont eu l'occasion de sauver Jésus, mais ils ont préféré Barabbas, le bandit.

Lukas hocha faiblement la tête.

— Qu'est-ce que cela nous dit des hommes ?

Lukas se garda bien de répondre : il ne voulait pas se tromper et risquer une nouvelle baignade forcée, la panique était toujours tapie en lui.

— Cela nous dit que les hommes ne connaissent pas leur bonheur. Par conséquent, ils ne peuvent avoir le droit de décider eux-mêmes de leur existence. N'est-ce pas, Lukas ?

Celui-ci acquiesça de nouveau. Ils en avaient déjà parlé tous les deux. Les hommes étaient stupides, ils ne voyaient pas le bien que Dieu avait créé pour eux, aussi en avait-Il choisi certains pour Le rejoindre au Ciel. Seuls ces Élus comptaient. Il s'agissait des initiés. Seuls ces initiés avaient compris, et ils étaient au nombre de quarante, au sein de la paroisse. Ainsi que quelques autres, ailleurs dans le monde, qu'ils retrouveraient au Ciel. Pasteur Simon lui prit la main et poursuivit :

— Je suis Dieu.

Lukas sentit la chaleur se diffuser en lui. Tout son corps était parcouru de tremblements comme jamais à ce jour : des orteils jusqu'aux talons, des cuisses jusqu'au ventre, puis jusqu'à la gorge et sur le visage, et enfin aux oreilles.

— Je suis Dieu, répéta Pasteur Simon. Et tu es mon fils.

Lukas en resta bouche bée.

— Tu es mon fils, Lukas. Tu es le nouveau Jésus-Christ.

Lukas faillit tomber dans les pommes. Que Pasteur Simon fût Dieu, oui, cela coulait de source – quand il menait ses conciliabules dans son bureau, avec Dieu, c'était parce qu'il était Dieu lui-même. Mais que lui, Lukas, fût son fils, Jésus en personne… Ça alors !

— Mon père !

— Mon fils !

Pasteur Simon posa une main sur la tête de Lukas qui sentit la chaleur de la paume de Dieu se disséminer dans son crâne.

— Tu as réussi l'épreuve. Tu as mis ta vie entre mes mains, et j'espère que tu me fais confiance désormais. J'aurais pu te tuer, mais je ne l'ai pas fait. Car tu as de grandes tâches à accomplir avant que nous ne rentrions à la maison.

— À la maison ? demanda Lukas du bout des lèvres.

— Au Ciel.

— Je suis vraiment le n-n-nouveau Jésus ? bredouilla Lukas.

Pasteur Simon le lui confirma d'un hochement de tête avant de reprendre :

— Il y a vingt-sept ans, je t'ai envoyé sur terre.

Lukas n'en croyait pas ses oreilles. Mais, forcément, expliqué comme ça, tout faisait sens : voilà pourquoi il n'avait jamais eu de vrais parents ! Galvanisé par cette nouvelle, Lukas se risqua à poursuivre le raisonnement de Pasteur Simon :

— Nous nous sommes perdus, mais je t'ai retrouvé !

— En effet, tu m'as retrouvé.

— Mais le premier Jésus s'est illustré par de grandes actions. Qu'est-ce que j'ai fait, moi ? Rien !

— Ça va venir, ça va venir…

Il observa un silence. Un grand sourire illuminait son visage. Il reprit :

— Et ça va venir aujourd'hui même.

— Aujourd'hui ? fit Lukas, à la fois intrigué et impatient.

Pasteur Simon alla à la voiture d'où il rapporta une serviette pliée qu'il posa sur le banc, sans se départir de son sourire.

— C'est pour moi ? demanda Lukas.

— Ouvre.

Les doigts tremblants, Lukas défit la serviette et écarquilla les yeux en découvrant ce qu'elle contenait.

— Un pistolet ?

— Oui, mon fils.

— Mais… qu'est-ce que je dois en faire ?

Pasteur Simon se pencha et prit sa main.

— La semaine dernière, un intrus s'est introduit dans la Maison de la Lumière.

— Qui ?

— Un garçon envoyé par le diable.

Lukas sentit l'indignation monter en lui. Le diable avait envoyé un garçon pour les empêcher d'entamer leur voyage seuls vers le Ciel. Il s'en doutait ! Pasteur Simon et Nils avaient paru bien soucieux ces derniers temps…

— Heureusement, je suis plus fort que le diable. Je le comprends, même si lui ne me comprend pas.

Bien sûr, songea Lukas. *Deo sic per diabolum transit*, « Le chemin qui mène à Dieu passe ainsi par le diable ». Comprends le diable, apprends à le connaître. Ça aussi, c'était l'un des riches enseignements de Pasteur Simon.

— Et il est où, en ce moment, le garçon ?
— Il est prisonnier dans l'abri souterrain.
— Et qu'est-ce qu'on va faire de lui ?
— Tu vas le tuer.

Regardant le pistolet posé à côté de lui, Lukas acquiesça lentement.

— Mais il y a un petit problème.
— Lequel ?
— Il m'a dérobé Rakel. Ma Rakel à moi.
— Le diable !
— Il faut que tu sois extrêmement prudent. Tue le garçon. Mais ne fais surtout pas de mal à Rakel. J'ai besoin de Rakel dans ce voyage seul vers le Ciel.

Lukas baisa la main de Pasteur Simon avec dévotion. Celui-ci se leva, Lukas rangea l'arme dans la serviette et suivit son père à la voiture.

— Quand nous serons au Ciel, toi aussi tu auras ta Rakel.
— Ah bon ?
— Absolument. Tu sais, les anges pendus aux arbres... ?
— Vous voulez dire, les petites filles, mon père ? Celles dont tout le monde parle ?
— Exactement. Ces petites filles aussi voyagent seules. Et nous allons les retrouver au Ciel. Une fois là-haut, tu pourras t'en choisir une.

Une petite fille rien qu'à lui ? Mais... est-ce qu'il voulait une *petite fille* ? Dieu lui suffisait. Et que ferait-il d'une *petite fille* ? Il préféra ne pas y penser pour le moment, ne voulant pas contredire Pasteur Simon. Il boucla sa ceinture de sécurité, démarra la voiture et remonta lentement le chemin qui menait à travers la forêt jusqu'à la paroisse.

73.

Assis au fond de la salle de débriefing, Kim Kolsø écoutait l'avoinée qu'ils étaient en train de se prendre. Pas lui en particulier, mais Munch et Mia. S'ils avaient été présents à la réunion, ils auraient pu répondre aux questions de Mikkelson. Injoignable de la journée, Mia avait fini par appeler Anette : elle rentrait d'Åsgårdstrand, devait arriver au bureau d'une minute à l'autre. Quant à Munch, il avait purement et simplement disparu de la circulation.

Kim Kolsø poussa un soupir de lassitude en tambourinant des doigts sur la table. Il leva les yeux vers Mikkelson qui arpentait la salle de long en large, le front barré de profondes rides, les mains dans le dos. Il ressemblait à un prof de collège. Eux en étaient réduits à jouer les élèves désobéissants, convoqués pour irrespect de l'autorité et auxquels Mikkelson passait de ce fait un savon. Quant à la pièce, c'était un terrain miné. Kim coula un regard vers Curry qu'il surprit à former le mot *conneries* avec les lèvres puis à lever les yeux au ciel. Kim dut tourner la tête en vitesse pour ne pas exploser de rire ; n'empêche, il partageait entièrement son avis. Ils étaient débordés mais contraints de rester sagement assis alors qu'aucun d'eux ne tenait en place. Même Ludvig, pourtant à quelques années de la retraite, se tortillait comme un gamin sur sa chaise. Mais, de tous, Gabriel était celui qui souffrait le plus. Il avait été extrait de son bureau *manu militari* alors qu'il discutait sur Skype avec un copain hacker pour nettoyer le film fourni par Sarah Kiese. Le jeune hacker qui se balançait d'avant en arrière paraissait sur le point d'exploser.

— Bon, fit Mikkelson en regardant l'assistance. Tout le monde est là ?

Nul ne jugea bon de répondre. L'irritation plombait l'atmosphère. Le directeur de la police judiciaire remonta ses lunettes sur le haut de son nez.

— Quelqu'un pourrait-il nous faire un résumé de la situation ?

Toujours pas de réponse. La rébellion des têtes blondes contre leur prof principal continuait, puérile. Aucun des collègues et amis les plus dévoués à Mia et Munch n'avait envie de les voir discrédités.

— Où est Holger Munch ? Où est Mia Krüger ?

Anette finit par se lever. D'une voix calme, elle répondit :

— Je viens à l'instant de parler à Mia.

— Et ?

— Elle était sur le point d'arriver.

— Et Munch ?

— Ça fait un petit moment qu'on n'a plus eu de ses nouvelles, mais Mia a une théorie.

— Mia Krüger a toujours de grandes théories ! railla Mikkelson, sans toutefois obtenir la moindre approbation de son auditoire. Et on peut savoir sur quoi elle repose ?

— Munch aurait été appelé par l'assassin. Et il serait parti le retrouver seul.

— Pourtant tous les téléphones sont sur écoute... Avons-nous une confirmation en ce sens ?

— Non, répondit Gabriel. Rien qui le prouve. Et puis le portable a été éteint.

— L'assassin aura pu le contacter d'une autre manière..., suggéra timidement Ludvig.

— Et laquelle ?

— Je ne sais pas, moi... Il a accès à ses mails par téléphone. Je veux dire : ses mails privés. Et, jusqu'à preuve du contraire, ceux-ci ne sont pas surveillés...

Il interrogea Gabriel du regard, conscient qu'il appartenait à une autre génération de policiers, mais espérant malgré tout qu'il ne se trompait pas.

— Tout ce qu'on fait sur le Net est surveillé ? J'espère pas, hein…, ironisa Curry, déclenchant quelques petits ricanements ici et là.

— Non, la correspondance privée n'est pas sous surveillance, confirma Gabriel.

— Donc, quel qu'en soit le moyen, il aura reçu un message, embraya Anette. En tout cas il aura été informé de telle manière qu'il se sente obligé d'y aller seul.

Le directeur de la police judiciaire poussa un profond soupir.

— Parce que c'est comme ça qu'on travaille maintenant ?

L'Unité spéciale ne lui apporta pas la réponse escomptée.

— Je vous ai demandé si c'est comme ça que vous travaillez désormais, répéta-t-il en montant d'un ton. Non, autant que je sache. Vous formez une équipe. Une équipe ! Les opérations casse-cou en solo ne sont pas prévues au menu de notre fonctionnement. Ici, on prévient et on bosse ensemble ! Pas étonnant que vous ne soyez arrivés à rien.

Ludvig se racla la gorge et se leva :

— Ce n'est pas tout à fait juste. Nous avons quand même beaucoup d'éléments en notre possession.

Kim appréciait Grønlie : il avait tout ce qu'il fallait pour faire partie de l'Unité spéciale. Et c'était étrange, dans le fond : de nombreuses personnes avaient bossé au sein de l'Unité spéciale pendant de brèves périodes, sans que ça marche, sans que quiconque puisse expliquer pourquoi, ou sache quel était exactement le petit plus requis pour s'adapter. Sinon que ça n'avait rien à voir avec l'âge, l'expérience, ou la spécialisation. Il s'agissait davantage d'une entente tacite, d'une compréhension mutuelle : voilà comment on procède, voilà comment on ne procède pas. Kim Kolsø connaissait énormément de collègues très compétents qui ne s'étaient jamais sentis à l'aise ici, ne supportant pas la tronche de Munch, estimant que Mia était l'enquêtrice la plus surfaite de l'histoire. Kim travaillait à l'Unité spéciale depuis longtemps et n'envisageait pas une seconde d'être muté dans un autre service.

Ludvig fit à Mikkelson un résumé rapide de ce qu'ils avaient trouvé. Malin Stoltz, l'appartement recouvert de miroirs, le lien entre la maison de retraite de Høvik et un groupe de parole pour femmes sans enfants à Hønefoss, et enfin le film de Sarah Kiese qui pourrait être totalement décrypté et permettrait de déterminer le lieu où Malin Stoltz séquestrait Marion Munch.

— Bon, bon, d'accord, fit Mikkelson en remontant ses lunettes pour la deuxième fois. Et sinon, on en est où ?

— Est-ce que je pourrais quitter cette réunion, s'il vous plaît ?

La question venait de Gabriel Mørk. Kim Kolsø ne put s'empêcher de sourire – il l'aimait bien, ce petit jeune. Non seulement il débarquait de nulle part et s'était très vite intégré dans l'équipe, mais il s'était révélé une excellente recrue. Trouvé par qui ? Par Munch, bien sûr. Munch qui avait également déniché Mia Krüger de la même manière – elle qui, selon les rumeurs, n'avait même pas fini l'école de police.

— Pour quoi faire ? voulut savoir Mikkelson, les sourcils froncés.

— Pour les raisons que vient d'exposer Ludvig. On est en train de nettoyer le film avec un copain à moi, et on va bientôt avoir les coordonnées GPS du lieu où Munch est certainement allé. Il vaudrait peut-être mieux que je travaille là-dessus plutôt que je perde mon temps ici.

Kim rit intérieurement. Quand il était descendu le chercher en bas de l'immeuble la toute première fois, Gabriel tremblait comme un poulet. Entre-temps, il avait pris les tics de langage de l'équipe.

— Tu peux me rappeler qui tu es ? lui demanda Mikkelson en ôtant ses lunettes.

— Gabriel Mørk.

— Et depuis combien de temps tu travailles dans la police ?

— Deux semaines.

— Et moi vingt ans, répliqua le directeur de la police judiciaire en remettant ses lunettes. Je crois être un peu plus qualifié que toi en matière de perte ou de gain de temps, tu ne penses pas ?

Cette énième tentative de sarcasme tomba de nouveau à plat. Kim vit Curry envoyer un clin d'œil à Gabriel qui se contenta d'un haussement d'épaules en signe d'exaspération. Mikkelson chercha de l'aide auprès d'Anette :

— Anette ?

— Je pense que Gabriel a raison. Le film de Sarah Kiese est important et doit être notre priorité numéro un. Si Munch a préféré ne pas nous informer de ses plans, parce que Malin Stoltz lui a lancé un ultimatum, c'est tout à fait compréhensible. Il adore sa petite-fille dont, je le rappelle, nous sommes sans nouvelles. En tant que mère, j'aurais fait exactement la même chose.

Kim vit la face de Mikkelson changer de couleur. Si tout du long il avait considéré Anette Goli comme une alliée, il se fourrait le doigt dans l'œil. Curry lança un regard en coin à Kim qui lui répondit par un sourire.

Le directeur de la police judiciaire parcourut les feuilles posées devant lui et demanda à la cantonade :

— Bon. Qu'est-ce qu'on fait maintenant ?

Kim Kolsø avait coupé le son de son téléphone mais oublié d'enlever le mode vibreur. Le portable tressauta soudain sur la table, un numéro inconnu s'afficha.

— Oui ? fit Mikkelson, agacé.

— Il faut que je décroche, répondit Kim en se levant.

— Ça ne peut pas attendre ?

— Franchement, non.

— Hum.

Kim sortit de la pièce et fila à la cuisine se servir un café.

— Kim Kolsø.

Il entendit une voix féminine à l'autre bout du fil :

— Bonjour, je suis Emilie Isaksen.

— Bonjour, en quoi puis-je vous aider ?

Kim prit le pack de lait dans le réfrigérateur. Tout comme Mia, il estimait qu'il était proprement impossible de boire la pisse d'âne provenant de la cafetière du bureau.

— J'ai trouvé votre carte de visite dans un matelas. Et, là, je suis un peu dans l'embarras. Je me disais que vous pourriez peut-être m'aider.

— Très volontiers. Dans quelle mesure puis-je vous aider ?

Kim Kolsø versa copieusement du lait dans son café imbuvable.

74.

Tobias donna la couverture à Rakel et éteignit la lampe de poche. Il fit instantanément très noir dans l'abri, mais ils n'avaient pas le choix : c'étaient leurs dernières piles. Leurs yeux s'habituèrent assez vite à l'obscurité. Tobias ne savait plus exactement depuis combien de temps ils étaient enfermés dans cette pièce souterraine, mais il estimait que quatre ou cinq jours s'étaient écoulés depuis qu'il avait rejoint Rakel. Il s'était faufilé jusqu'à la trappe dont il avait forcé le cadenas avec son crochet, et avait chuchoté le prénom de Rakel. Mais, soudain, quelqu'un avait surgi derrière lui et l'avait poussé dans le trou. Il s'était effondré sur le sol en béton, heureusement sans tomber ni sur la tête ni sur le bras, mais sur le côté. L'échelle avait un peu amorti le choc. Il n'avait pas trop mal, juste un peu à la hanche et à une jambe. Non, il s'était surtout senti bête. Et il avait eu peur.

— Et si on allait voir à la trappe? proposa Rakel d'une voix douce.

Dans le noir, il la voyait à peine, bien qu'elle ne soit pas très loin de lui.

— Je crois que ça ne servira à rien.

Il ne voulait pas paraître trop pessimiste, mais ils avaient déjà essayé plusieurs fois, il y avait de ça quelques heures. Il était monté en haut de l'échelle, avait donné un coup d'épaule contre les planches, mais la trappe n'avait pas cédé. Un nouveau cadenas était installé, et son crochet ne lui servait à rien dès l'instant où c'était fermé de l'extérieur.

Heureusement, ils avaient de quoi manger, une couverture et une lampe de poche – même s'il fallait économiser les piles. Ils se trouvaient dans un abri souterrain. Rakel lui avait tout expliqué. Elle y avait fait des séjours réguliers puisque c'est là qu'on punissait les enfants désobéissants ou insolents. Normalement, ils n'y restaient pas très longtemps, tout dépendait des bêtises qu'ils avaient faites. Visiblement, et Tobias l'avait bien compris, il y avait de nombreuses sortes de punitions dans cette ferme. L'interdiction de parler pendant une semaine en était une, et c'est pour ça que Rakel avait été obligée de communiquer avec lui par écrit quand ils avaient fait connaissance à travers la clôture. Au début, il avait cru qu'elle était sourde-muette comme Chef Bromden dans *Vol au-dessus d'un nid de coucou* qu'Emilie, sa gentille prof de norvégien, lui avait donné à lire. Mais non, elle parlait sans problèmes. Et elle n'avait d'ailleurs pas cessé de lui parler depuis qu'il avait atterri dans le trou. Tobias aimait bien l'écouter, elle avait une belle voix. Elle lui avait tout expliqué de l'abri : la nourriture dans les cartons, les bidons d'eau et d'essence, les vêtements – oui, toutes sortes de choses pour survivre. Ils avaient tout trouvé depuis le début de leur emprisonnement, à part les piles qui devaient pourtant être quelque part.

Tobias était déjà allé dans un abri, puisqu'ils en avaient un à l'école. Ça s'était passé lors d'un essai organisé par la Sécurité civile. Ils avaient entendu une sirène, puis ils avaient dû y descendre tous en file indienne, comme si c'était la guerre. Et, bien qu'il soit entraîné, il avait un peu paniqué les premiers jours de son enfermement. Entre-temps sa peur s'était calmée. De toute façon il ne se passait rien de grave. On finissait par sortir au bout d'un moment, Rakel le lui avait assuré. Tobias s'inquiétait surtout pour son petit frère. Torben serait sûrement terrorisé en ne le trouvant pas à la maison à son retour. Il lui avait laissé un petit mot, caché dans leur matelas en mousse. Ils l'appelaient leur cachette secrète. *Je pars espionner les filles qui croient en Dieu. Je reviens vite.* Voilà ce qu'il avait écrit. Il espérait que ça aiderait Torben à patienter.

— Tu sais, je ne crois plus que Dieu existe, expliqua Rakel en lui prenant la main.

Tobias avait déjà tenu des filles par la main, mais là c'était différent. Rakel avait des doigts doux et chauds. Quand il s'asseyait tout contre elle, il sentait même la chaleur de son corps. C'était chouette. Il aurait pu rester des heures et des heures comme ça. Cela dit, ç'aurait été tellement mieux s'ils n'avaient pas été enfermés sous terre. Enfin bon, c'était comme ça. Ils se répétaient : tout va s'arranger, on est tous les deux. Et ils se tenaient la main pour se rassurer. Elle lui serrait les doigts, et lui faisait pareil. Rakel aimait bien, et lui aussi.

— Moi non plus je ne crois pas en Dieu, répondit Tobias pour la énième fois.

Ils en avaient déjà discuté à plusieurs reprises. Car, *a priori*, c'était important pour Rakel de parler de Dieu.

— Car s'il y avait un Dieu, il n'aurait pas autorisé les gens à nous faire des choses horribles comme celle-ci. Tu n'es pas d'accord ?

Elle lui serra la main, il serra à son tour.

Tout va s'arranger, on est tous les deux.

— Je suis d'accord avec toi.

Et tant pis si ça lui était un peu égal qu'il y ait un Dieu ou pas. Ils avaient eu le sujet en cours, au collège, et il avait appris que, partout dans le monde, les gens croyaient en des divinités diverses et variées. Ça ne l'avait pas intéressé plus que ça.

— En quoi on doit croire, alors, si on ne croit pas en Dieu ? demanda Rakel.

— En Superman ? lança Tobias.

Bien sûr, c'était une blague ; c'était ce qu'il racontait à Torben quand il était triste, pour qu'il se sente mieux.

— Qui ça ?

Ah oui, c'est vrai… Il avait encore oublié que Rakel ignorait tout un tas de choses de la vie quotidienne.

— C'est un homme hyper fort qui peut voler.

— Qu'est-ce que tu racontes ? Aucun être humain ne peut voler !

— Non, il n'existe pas en vrai. Juste en bande dessinée.

— Nous, on a des bandes dessinées sur Jésus.

Rakel se tut. Elle lui faisait de la peine. Même à lui qui n'avait pas beaucoup de choses, comparé à ses camarades de classe qui possédaient tous un ordinateur ou un Smartphone. En tout cas, tous avaient la télé chez eux. Rakel n'avait jamais connu ça.

— Ils vont nous relâcher quand, d'après toi ? Le plus que quelqu'un soit resté ici, c'était combien de temps ?

— Je sais qu'une fille, Sara, est restée ici deux semaines.

— Qu'est-ce qu'elle avait fait ?

— Elle avait essayé de s'enfuir.

— Comme toi ?

— Oui.

À présent, il faisait plus froid, peut-être parce que c'était la nuit. Tobias recouvrit son épaule avec un bout de la couverture. Rakel vint se blottir contre lui pour qu'il puisse lui aussi se pelotonner dessous. Ils restèrent un long moment ainsi, sans rien dire, sans cesser de se tenir la main. Rakel finit par poser sa joue sur l'épaule de Tobias, il entendit son souffle s'alourdir : elle venait de s'endormir. Il ne bougea pas pour ne pas la réveiller. Il ferma les yeux et finit par s'assoupir. Non pas dormir d'un sommeil lourd comme à la maison, plutôt sommeiller.

Il comprit qu'il s'était endormi pour de bon lorsqu'il fut brusquement réveillé par un bruit fort : la trappe venait de s'ouvrir. Enfin! pensa-t-il au moment où la lumière d'une lampe de poche balayait l'échelle.

Tobias Iversen réveilla Rakel, la fille aux si jolies taches de rousseur, et se leva.

75.

Au moment où Mia se gara devant la maison de retraite, la pluie venait de s'arrêter. Descendant de la voiture, elle vit les nuages glisser vers le centre d'Oslo.

Karen se tenait derrière la réception lorsqu'elle entra. Au même endroit et de la même manière que Malin Stoltz la toute première fois qu'elle avait mis les pieds ici. Mon

Dieu, qu'elle avait été cloche ! Elle n'avait rien vu, rien compris. Rien ne fonctionnait plus dans sa tête. Elle était infichue d'aligner trois pensées cohérentes. Voilà pourquoi elle ne s'était rendu compte de rien, même pas de l'évidence : c'était *elle*, Mia, que Malin Stoltz voulait coincer, *d'elle* qu'elle voulait se venger. Munch, certes. Pas Holger, mais Edvard. Pas le policier, mais le peintre. Voilà pourquoi les corps des deux dernières fillettes avaient été placés au fort d'Isegran : *Les mères de Munch*. Pas Laura Cathrine Munch et sa sœur Karen Bjølstad, la mère et la tante d'Edvard Munch. Mais elle, Mia Krüger et… Elle et qui ? Elle et elle ? Elle parce qu'elle était une femme et parce qu'elle était en même temps flic ? Parce qu'elle aussi avait enquêté avec Holger Munch sur la disparition du bébé à Hønefoss ? Parce qu'elle aurait dû comprendre plus tôt ? Et retrouver la petite fille avant qu'elle ne meure ? Il lui manquait un fil. Ou plusieurs. Non, décidément, elle n'était bonne à rien. Le voyage éclair au cimetière avait épuisé ses dernières forces. Grand-mère était morte. Papa était mort. Maman était morte. Sigrid était morte. Et elle était seule, complètement seule. Mia avait hâte que ça se termine. Certains jours à Hitra, même si elle avait déjà pris sa décision, elle se surprenait à douter… Se suicider, quitter ce monde, retrouver sa famille dans la mort, était-ce le bon choix ? Aujourd'hui, elle ne doutait plus. Jamais elle n'aurait dû quitter l'île. Soudain l'image mentale de tous les cachets qui l'attendaient là-bas sur sa table flotta devant ses yeux. Elle en rêvait presque. Ne plus lutter, être à jamais Mia Douce-Fleur.

Viens, Mia. Viens.

Mais, avant tout, il lui fallait terminer cette enquête. Retrouver Marion. Rassembler ses dernières forces pour sauver cette petite fille souriante, si adorable, à laquelle tous tenaient comme à la prunelle de leurs yeux, à commencer par son grand-père. Mia eut une pensée rapide pour celui-ci qui avait disparu sans prévenir après un coup de fil. Elle espérait qu'il allait bien. Car il leur fallait également retrouver Malin Stoltz. Peut-être qu'à l'heure qu'il était, Holger lui avait déjà mis la main dessus, qu'il avait sauvé sa Marion et passé les menottes à la ravisseuse. Mia se força à sourire en s'approchant du comptoir, résolue à ne rien montrer de son délabrement physique et mental.

— Bonjour, Karen.

— Bonjour, Mia.

— Je voulais vous présenter mes excuses si je vous ai paru un peu impolie au téléphone. C'est tellement la course en ce moment...

— Rien de grave, j'espère ? demanda Karen inquiète.

Oui, c'est évident : elle aime Holger.

— Non, non, ne vous inquiétez pas. Juste le stress habituel. Alors, vous avez trouvé la clé de la voiture ?

— Oui, je l'ai là. Si vous me laissez une seconde, je vais prendre ma veste, il fait un peu frisquet dans le parking...

Quand elle ressortit de la petite pièce, Mia l'interrogea à demi-mots :

— Elle est garée ici depuis longtemps, cette voiture ?

— Oh ça, je ne sais pas, répondit Karen en lui montrant une porte qui ouvrait sur un escalier menant au parking souterrain. C'est ce matin que je m'en suis aperçue, en descendant les poubelles. En fait, je ne suis pas censée m'en occuper, mais bon... vous savez comment c'est, hein ? On est consciencieuse, tout le monde est débordé, donc on fait le travail des autres. Bref, toujours est-il que c'est là que je l'ai vue.

— Mais pourquoi Malin Stoltz ne l'a pas prise pour rentrer chez elle ?

— Je n'en ai aucune idée, Mia, répondit l'aide-soignante en la précédant d'un pas alerte, dans le parking.

« Sur la pointe des pieds, Mia. Ne l'oublie jamais : sur la pointe des pieds. »

Les dernières paroles de sa grand-mère sur son lit de mort. Mia se sentait incapable d'avancer désormais sur la pointe des pieds. Elle trouvait au contraire sa démarche lourde et traînante, à l'image de son cerveau. Pas comme Karen qui semblait en bien meilleure forme qu'elle, plus jeune, plus joyeuse. Probablement un peu plus vieille que Mia, elle ne faisait néanmoins pas son âge, et n'avait pas une ride. Mais bon, elle n'avait pas non plus les mêmes responsabilités. Aide-soignante dans une maison de retraite n'avait rien à voir avec une enquêtrice de la criminelle usée avec une tête vide. Car elle était au bout du rouleau, elle le sentait dans tout son corps. Encore une fois elle se ressaisit et sourit à la femme qui marchait devant elle. Munch et Karen. Mia se prit à espérer que ça marcherait entre eux, qu'ils vivraient heureux ensemble. Holger le méritait.

— La voilà, annonça Karen avec un sourire, en montrant la Citroën blanche garée dans un coin. Et voici la clé, ajouta-t-elle sans se départir de son sourire.

Mia déverrouilla la voiture et inspecta l'habitacle. À première vue, rien ne laissait penser qu'il s'agissait du véhicule d'une tueuse en série. Tout avait l'air on ne peut plus normal. Un gobelet de chez McDonald's, un journal, sinon rien. Mia ouvrit le coffre. Rien d'extraordinaire là non plus, à part un triangle de présignalisation et une paire de bottes. D'un autre côté, elle s'attendait à quoi ? À ce que Malin Stoltz y range les affaires des fillettes, comme ça, bien en évidence ? Elle était beaucoup plus rusée que ça. Elle avait planifié ses crimes pendant des années, avec cynisme et détachement. Évidemment. Puisqu'elle s'était même rendue sur la tombe de Sigrid.

Mia sentit son portable vibrer. Ah oui, le MMS que Ludvig devait lui envoyer ! Comme quoi, sa mémoire ne lui faisait pas entièrement défaut. Elle était même contente d'avoir eu raison : un groupe de parole pour femmes en mal d'enfants. Oui, ça lui faisait même plaisir de constater qu'elle avait réussi à tirer un fil de cette pelote inextricable. Elle sortit le téléphone de sa poche et ouvrit le message. Une photo, intitulée *Déjeuner de Noël 2005*. Six femmes au total. Souriant devant un sapin de Noël. Elle la reconnut immédiatement : Malin Stoltz. Sans ses yeux vairons, avec des iris d'un bleu électrique. Des lentilles, évidemment. Mia agrandit la photo. Malin Stoltz. C'était tout de même bizarre… Elle paraissait si… Oui, si normale. Une jeune femme ordinaire, qui désirait un enfant mais ne pouvait en avoir. Tout sourires, bras dessus, bras dessous avec une autre femme. La femme d'à côté. Mia déplaça un peu l'objectif pour mieux l'examiner.

J'hallucine !

Elle se retourna, mais c'était déjà trop tard. La femme sur la photo. La femme d'à côté. La femme derrière elle. Elle sentit la pointe de l'aiguille pénétrer dans son cou et l'arrière de sa tête cogner contre la paroi métallique du coffre ouvert.

— Compte de dix à zéro, dit Karen en souriant. C'est toujours ce qu'on dit au moment d'une anesthésie. Compte de dix à zéro, et tu t'endormiras. Il n'est pas rigolo, ce petit compte à rebours en guise de berceuse ? Dix, neuf, huit, sept…

Mia Krüger perdit connaissance avant d'entendre le chiffre six.

VI

76.

L'ambiance qui régnait dans la salle de débriefing déplaisait fortement à Anette Goli. Mikkelson venait de prendre les rênes de l'enquête, qu'il voulait mener seul. Il n'en connaissait aucun détail, il était donc bien incapable de stimuler ou d'inspirer l'équipe. La situation commençait franchement à agacer Anette. Ils avaient besoin d'avancer, le plus vite possible, et ils avaient autre chose à faire qu'informer le directeur de la police judiciaire de l'état de leurs investigations. Le temps leur filait entre les doigts, chaque minute comptait, et ils étaient là en train de se justifier. Et où était passée Mia, bon sang ? Elle venait de lui parler… Et pourquoi Munch avait-il éteint son portable ? Parce qu'il était parti retrouver l'assassin ? Ça d'accord. Mais alors pourquoi ne pas avoir laissé son téléphone branché, au moins pour qu'ils puissent le tracer ? Mais là encore : pourquoi ? À force de décortiquer explications et arguments potentiels, elle rata la remarque de Kim.

— Il faut vraiment que tu t'en occupes maintenant ? demanda Mikkelson. On n'a pas de choses plus importantes sur le feu, peut-être ?

Kim soupira.

— Si, mais j'ai l'intuition qu'il y a un lien.

— Et on peut savoir lequel ?

Anette Goli crut qu'elle allait étouffer devant le ridicule du chef de la police.

— Tobias Iversen n'est autre que le garçon qui a découvert le corps de Johanne, expliqua Kim. Or lui aussi a disparu. Je viens à l'instant de parler avec sa prof. Ça fait une semaine que personne ne l'a vu. Et il avait laissé un mot à son frère disant qu'il partait dans la forêt pour espionner… Vous savez qui ? Je vous le donne en mille : la secte sur laquelle nous enquêtons également.

— Ce n'est peut-être qu'une coïncidence.

Anette n'en pouvait plus.

— Non, je ne suis pas d'accord. S'il est question de la secte qui se trouve à côté de la forêt où a été retrouvé le corps de Johanne, ce n'est plus une coïncidence et nous devons vérifier le plus vite possible ce qu'il en est. Certes, nous ne savons pas encore comment les deux affaires sont liées, mais cette paroisse revient trop souvent dans notre enquête sur les fillettes pour continuer à l'ignorer.

Mikkelson la dévisagea, s'accorda quelques secondes de réflexion et répondit à Kim :

— C'est d'accord. Mais n'y passe pas trop de temps non plus.

— O.K.

Il salua ses collègues d'un doigt porté au front et quitta la pièce. Au passage, il adressa à Anette un clin d'œil qu'elle lui rendit de la même manière. Elle aimait bien Kim Kolsø – ainsi que tous les autres de l'équipe. Si Munch avait ses défauts, il n'avait pas son pareil pour choisir les meilleurs éléments. Jamais à ce jour elle n'avait travaillé au sein d'un groupe aussi soudé et motivé. Mais en ce moment fort démotivé, hélas. Le directeur de la police judiciaire était parfait dans son fauteuil de chef au QG de Grønland, mais parfaitement nul dans le rôle d'un enquêteur ou du superviseur des opérations. Il manquait d'empathie pour cela. Anette eut une pensée émue pour Holger Munch, sans doute avec l'assassin, sans protection. Au moins, lui était là-bas, et peut-être allait-il pouvoir enfin mettre un terme à cette sombre histoire.

— Et on en est où par rapport à Marion Munch ? voulut savoir Mikkelson.

S'il avait suivi, il aurait su que Marion s'était volatilisée sans laisser de traces et que personne n'avait aperçu le moindre suspect à l'appartement de Frogner. Au même moment, le portable d'Anette se mit à sonner. Mikkelson la fusilla du regard.

— Désolée, Grønland m'appelle. Je suis obligée de le prendre.

Elle quitta la pièce.

— Oui ?

— Bonjour, Anette. Hilde Myhr à l'appareil. Dis-moi, j'ai quelqu'un qui tient à te parler.

— À moi personnellement ?

— Non, à l'un d'entre vous. J'ai essayé Munch et Mia, mais ni l'un ni l'autre ne répondent.

Quoi ? Toujours pas de réponse de Mia ? Mais qu'est-ce qu'elle fichait ?

— Écoute, je suis très occupée, là. J'espère au moins que c'est important.

— Ça, je le crois en effet.

— Mais c'est qui ?

— Malin Stoltz.

Anette faillit lâcher son portable de stupéfaction.

— Pardon ?

— Malin Stoltz est ici devant moi.

Anette Goli en fut si abasourdie qu'elle oublia de répondre. Elle raccrocha et se précipita dans la salle de débriefing.

— On a Stoltz ! cria-t-elle.

— Quoi ? fit Mikkelson. Mais… comment ?

— Elle se trouve à Grønland. Curry, tu viens avec moi.

— Tout de suite !

Il enfila sa veste et courut rejoindre Anette.

77.

Holger Munch s'assit sur le lit. Il avait un mal de crâne terrible et la bouche extrêmement sèche. Il regarda autour de lui, désorienté. La chambre était aseptisée. On aurait cru un hôpital. *La maison de retraite !* Il n'avait pas quitté la maison de retraite de Høvik.

C'est quoi, ce bordel !

Il se redressa d'un bond mais dut aussitôt se rasseoir. Sa tête lui tournait. La fenêtre ! Il faisait noir. Quoi ? Il avait dormi… toute une journée !? Dans un lit de la maison de retraite, tout habillé ?

Mais qu'est-ce que c'est que cette merde ?

Il se baissa pour prendre son portable dans la poche du duffel-coat qui traînait par terre. Rien. Pas de téléphone, nulle part.

Bon, on se calme, on réfléchit.

Karen… Elle était pourtant censée le réveiller… Où était-elle ? Il réessaya de se lever, y parvint cette fois. Il tituba jusqu'à la porte, voulut l'ouvrir : fermée à clé. De l'extérieur.

Il eut beau chercher, elle était verrouillée de l'extérieur. Quelqu'un l'avait enfermé.

C'est une histoire de malade !

Holger Munch sentit la panique monter en lui au moment où il comprit ce qui s'était réellement passé.

Oh, nom de Dieu !

Il tambourina du poing contre la porte et cria fébrilement :

— Hé ho !

Il cognait à présent désespérément tout en s'efforçant de mettre de l'ordre dans ses idées.

— Y a quelqu'un ?!

Il se précipita à nouveau sur ses poches. Retourna son duffel-coat, fouilla son pantalon, chercha dans les draps. Il n'y avait plus aucune trace de son portable.

La porte s'ouvrit alors derrière lui. La tête passée dans l'entrebâillement, une aide-soignante qu'il n'avait jamais vue le regardait avec des yeux horrifiés :

— Mais qui êtes-vous ? Et qu'est-ce que vous faites là ?

— Munch. Police d'Oslo. Section criminelle, éructa-t-il en poussant la porte. Où est Karen ?

— Karen ? Mais… elle a terminé sa garde depuis longtemps. Pourquoi ?

— Il faut que j'emprunte votre téléphone, répondit Munch, qui avança d'un pas chancelant vers la réception.

— Non ! Attendez ! Vous ne pouvez pas…

— Holger Munch ! Je suis de la police. Ma mère est résidente ici.

Il souleva le combiné du téléphone et resta ainsi, perplexe, la main en suspens.

Putain de technologie moderne !

Avec l'arrivée des portables, on ne connaissait plus les numéros par cœur comme autrefois. Il composa celui des renseignements téléphoniques, demanda à être mis en relation avec le quartier général de la police à Grønland. Il obtint enfin un interlocuteur qu'il somma de le mettre en relation avec l'Unité spéciale. Ludvig décrocha.

— Ludvig Grønlie, j'écoute ?

— Munch à l'appareil.

— Mais putain, Holger, t'étais où ?

— Pas le temps, Ludvig. Mia est là ?

— Non, on est sans nouvelles d'elle.

— *Sans nouvelles* ? Comment ça, sans nouvelles ?

— Holger…

— Gabriel est là ?

— Holger !

— Passe-moi Gabriel, je te dis ! Il faut qu'il trace le téléphone de Mia. Passe-moi Gabriel !

— Munch ! cria Grønlie.

— Passe-moi Gabriel, je te dis ! hurla Munch à son tour.

— Holger, ta petite-fille a été enlevée, annonça alors Ludvig.

Holger Munch se tut instantanément.

— Marion a disparu, Holger. Quelqu'un l'a kidnappée à l'appartement. Mais ça va s'arranger. On a Stoltz. Elle s'est présentée d'elle-même à Grønland. Tu m'entends, Holger ? Malin Stoltz est dans nos murs. Anette et Curry sont en train de l'interroger. Tout va s'arranger.

Munch se réveilla lentement. Comme un ours sortant de son hibernation.

— Ce n'est pas elle, déclara-t-il d'une voix blanche.

— Pardon ?

Munch fut pris d'un vertige.

— Envoie-moi une voiture.

— Mais…

— Envoie-moi une voiture, putain ! hurla-t-il.

— Oui, mais… tu es où ? rétorqua Grønlie sur le même ton.

— Excuse-moi, Ludvig, dit Munch en sentant qu'il tremblait de tous ses membres. Je suis à la maison de retraite de Høvik. Envoie-moi une voiture, je ne suis pas en état de conduire.

Il reposa le combiné et tituba dehors, dans l'obscurité de la nuit.

78.

La tension et le soulagement mêlés flottaient dans la salle d'interrogatoire ultramoderne, située en sous-sol du commissariat central de Grønland. Ils attendaient ce moment depuis si longtemps. Et maintenant elle était là. À un mètre d'eux. Malin Stoltz. Tandis que Curry lui servait un verre d'eau, Anette la considérait à la dérobée. Personne ne se serait attendu à quelqu'un comme elle. Au physique si frêle, si fragile. Aux longs cheveux noirs. Au visage livide. Avec des doigts fins tout juste capables de porter le verre d'eau à ses lèvres sèches.

— Merci, murmura Malin Stoltz dans un filet de voix, avant de pencher la tête à nouveau.

Elle faisait presque pitié à Anette.

— Vous avez droit à la présence d'un avocat pour assurer votre défense. Vous en avez conscience ? lui demanda Curry en se rasseyant.

Elle opina, et répondit :

— Je n'en aurai pas besoin.

— Pourtant, je ne saurai que trop vous le conseiller, intervint Anette.

Malin Stoltz leva les yeux vers elle : un iris bleu et un iris marron qui semblaient avoir perdu le goût de vivre.

— Je n'en aurai pas besoin, répéta-t-elle. Je vous dirai tout ce que je sais.

— La suspecte placée en garde à vue renonce à son droit de bénéficier d'une assistance juridique, indiqua Curry dans le petit micro posé sur la table.

— Vous en êtes sûre et certaine ?

Malin Stoltz approuva d'un nouveau hochement de tête, plus prudent cette fois. Elle était si chétive, son corps était presque aussi transparent que le verre. Anette n'en croyait pas ses yeux. Et elle avait l'impression que si elle haussait le ton ou claquait des doigts, Malin Stoltz se briserait en morceaux.

— Je vous dirai tout ce que je sais, répéta Malin Stoltz. Mais j'aimerais passer un coup de fil si vous m'y autorisez.

— Ah oui, et à qui ? rétorqua Curry d'une voix brusque.

D'un air sévère, Anette lui fit signe de se calmer. Il n'y avait aucune raison d'être agressif envers cette femme, quand bien même elle était placée en garde à vue. Malin Stoltz était déjà brisée.

— Je suis malade. Je suis atteinte d'une maladie. J'aimerais que vous téléphoniez à mon docteur, s'il vous plaît. Est-ce que cela vous est possible ?

Malin dévisagea de nouveau Anette, cette fois avec un regard implorant.

— Bien sûr, fit cette dernière. Quel est le numéro ?

— Je l'ai dans ma tête.

Un bip retentit sur le téléphone de Curry, tandis qu'il poussait stylo et bloc-notes vers Malin. Pendant qu'elle écrivait le numéro, il vérifia le message qui venait de d'arriver. Il haussa les sourcils puis fit glisser l'appareil vers Anette. Le texto était de Ludvig :

`Munch est en route.`

Anette se fendit d'un grand sourire. *Enfin!* Holger Munch était de retour parmi eux. Elle rendit le portable à Curry et lui tendit le bloc au passage.

— Tu peux appeler ?

Il acquiesça et quitta la pièce.

— Est-ce que vous voulez un peu plus d'eau ? demanda Anette quand elles se retrouvèrent seules.

— Non, je vous remercie, répondit Malin Stoltz à mi-voix, en baissant la nuque.

— De quelle maladie souffrez-vous ?

— C'est justement ça, le problème : les médecins ne trouvent pas. Mais c'est dans ma tête. Ça ne va pas très bien dans ma tête. Parfois, je ne sais plus qui je suis.

— Où est Marion Munch ?

— Qui ?

Malin Stoltz l'interrogea du regard.

— Marion Munch. Vous l'avez kidnappée dans son appartement. Où l'avez-vous cachée ?

— Qui ça ? répéta-t-elle, manifestement désorientée.

— Vous savez pourquoi vous êtes ici, n'est-ce pas ?

— Oui.

— Et pourquoi êtes-vous ici ?

— Parce que nous avons abusé des petits vieux, marmonna Malin Stoltz.

Ce fut au tour d'Anette d'être décontenancée.

— Pardon ?

— Nous avons abusé des petits vieux. Karen et moi. Nous avions besoin d'argent. Parce que je voulais adopter un enfant. Et ce n'est pas facile quand on est seule et qu'on n'est pas bien portante. Vous savez combien ça coûte d'adopter un enfant ? Vous savez comme c'est compliqué d'adopter un enfant ?

Anette était un peu perdue devant les explications que Malin Stoltz lui fournissait de but en blanc.

— Est-ce que vous êtes bien portante en ce moment, Malin ?

— Ah bon ? Je le suis ?

Malin Stoltz se leva d'un bond et jeta des coups d'œil à droite et à gauche. Anette reformula sa question :

— Est-ce que vous êtes Malin en ce moment ou est-ce que vous êtes quelqu'un d'autre ?

— Je ne m'appelle pas Malin.

— Et vous vous appelez comment, alors ?

— Je m'appelle Maiken Storberget, répondit Malin Stoltz.

— Mais dans ce cas pourquoi vous faites-vous passer pour Malin Stoltz ?

Maiken Storberget ? Anette n'en revenait pas mais n'en laissa rien paraître.

— C'était l'idée de Karen, répondit la femme.

Curry revint dans la pièce.

— Je viens de parler à votre docteur. Il m'a prié de vous dire qu'il arrive.

Son agressivité s'était envolée – et elle était d'ailleurs inutile. À voir Malin Stoltz, ou Maiken Storberget si telle était sa véritable identité, Anette commençait franchement à douter qu'elle soit la personne qu'ils recherchaient. Ou alors elle possédait une prédisposition et une capacité inouïes au mensonge – ce qui, à ce stade de l'interrogatoire, n'était pas exclu. N'avait-elle pas déclaré être atteinte d'une maladie, ne pas savoir parfois qui elle était exactement ? Cependant, avec les années, Anette avait du nez pour repérer les menteurs. Elle interrompit l'enregistrement et s'excusa un instant. Elle emmena Curry dans le couloir, laissant Malin ou Maiken seule dans la pièce.

— Qu'a dit le médecin ?

— Toutes ses déclarations sont vraies. Elle a été internée dans différents hôpitaux psychiatriques depuis qu'elle est petite. Si l'homme à qui j'ai parlé est vraiment toubib, ça signifie que cette affaire est tellement complexe que je ne sais plus que croire.

— Mais il a expliqué de quoi elle souffre ?

— Secret professionnel. Il confirme néanmoins qu'elle est complètement cinglée.

— Curry...

— Une déséquilibrée mentale, ça te va ?! Mais merde, Anette ! Cette femme a tué quatre fillettes et *je* dois faire attention à ce que je dis ? C'est le monde à l'envers, là...

— Vérifie le médecin, il ne manquerait plus qu'on ait affaire à un toquard... Pendant que tu y es, vérifie ce qu'on a sur Maiken Storberget.

— Qui c'est celle-là ?

Anette fit un signe de tête vers le miroir sans tain.

— Malin Stoltz ?

— Elle affirme qu'il s'agit de son identité réelle. Tu vérifies ça pour moi, s'il te plaît ?

— Tout de suite.

Anette pénétra à nouveau dans la salle d'interrogatoire et remit en marche l'ordinateur pour continuer l'enregistrement :

— Vendredi 4 mai 2012, il est 22 h 40. Est présente la procureure de police Anette Goli, qui interroge Malin Stoltz.

— Maiken Storberget, rectifia celle-ci.

— Disons Maiken, dans ce cas. Est-ce que vous voulez plus d'eau, Maiken ?

— Merci, ça ira.

— Savez-vous pourquoi vous vous trouvez ici, Maiken ?

— Oui. Parce que Karen et moi avons abusé de la confiance des petits vieux. J'en suis profondément désolée.

— Ce n'est pas la raison de votre garde à vue, Maiken.

— Ah bon ?

L'ancienne Malin Stoltz, désormais Maiken Storberget, la dévisagea d'un air intrigué.

— Vous êtes sûre et certaine que vous ne voulez pas de la présence d'un avocat pour assurer votre défense ?

— Sûre et certaine. Mais pourquoi suis-je ici ?

— Vous êtes suspectée de l'assassinat de quatre fillettes âgées de six ans, ainsi que de l'enlèvement de Marion Munch, également âgée de six ans.

— Oh non ! Non, non, non.

Maiken bondit de sa chaise et pointa un doigt vers Anette.

— Ah ça, non ! Non, non, non, non, non.

— Je vais vous demander de vous rasseoir, Maiken.

— Non, non, non. Et vous le savez. Vous savez que je n'ai rien à voir avec ça. Ah ça, non ! Non, non, non !

Anette regretta soudain d'avoir décidé qu'on lui retire les menottes. Elle semblait capable de s'automutiler à tout moment.

— Pourriez-vous vous rasseoir, Maiken, s'il vous plaît ?

— Je n'ai rien à voir avec ça !

— Maiken, asseyez-vous, je vous prie.

— C'est... Non ! Vous le savez ! Vous le savez que ce n'est pas moi qui ai fait ça.

— Maiken. Si vous vous rasseyez, je vous promets d'écouter attentivement ce que vous désirez me dire. Êtes-vous d'accord avec cette proposition ? demanda Anette de la voix la plus douce, un doigt sous la table, prête à appuyer sur le bouton d'alarme – elle préférait ne pas avoir d'agents au cours de cet interrogatoire qui, décidément, s'annonçait compliqué.

Maiken la regarda un instant et décida de se rasseoir.

— Maiken ?

— Oui ?

— Nous allons laisser ça pour l'instant, Maiken. D'accord ?

— D'accord, répéta-t-elle en essuyant une larme.

— Parlons plutôt de ce que vous m'avez raconté tout à l'heure, Maiken.

— Les petits vieux ?

— Qui sont ces petits vieux, Maiken ?

— Ceux des maisons de retraite, répondit-elle à voix basse. J'ai rencontré Karen à Hønefoss. Dans un groupe de parole pour femmes. On est devenues amies. C'est elle qui a eu l'idée de la combine. C'est elle qui a tout inventé. Elle connaissait quelqu'un, elle a dit.

— Qui ?

— Un pasteur. En fait, c'est un vendeur de voiture, je crois. Mais il est devenu pasteur. Il volait l'argent des petits vieux qui allaient mourir.

— L'héritage ?

— On recevait un pourcentage sur les noms qu'on pouvait lui communiquer, qui étaient…

— Qui… *étaient* ?

Maiken hésita un instant.

— … Oui, vous savez : les petits vieux à qui on faisait croire au Ciel.

Elle eut honte de cet aveu. Elle malaxait les doigts d'une main dans l'autre, puis passait à la suivante.

— Et ça dure depuis combien de temps ?

— Oh, longtemps. Très longtemps. On a abusé de beaucoup, beaucoup de petits vieux.

La porte s'ouvrit sur Curry.

— 22 h 57. L'enquêteur Jon Larsen vient d'entrer dans la salle d'interrogatoire. L'interrogatoire de Malin Stoltz - Maiken Storberget se poursuit.

Elle jeta un œil vers Curry, qui opina :

— Tout est vrai.

— Mais qui est Karen ? demanda Anette.

— Vous ne connaissez pas Karen ?

— Moi je la connais, Karen. Où est-elle ?

Anette n'avait même pas entendu la porte s'ouvrir. Elle annonça :

— 22 h 59. Le responsable de l'Unité spéciale Holger Munch vient d'entrer dans la salle d'interrogatoire.

— Où est Karen ? insista Munch, de l'autre côté de la table.

Maiken Storberget paraissait encore plus rongée par la honte depuis l'arrivée de Holger. Ils se connaissaient. Maiken était mêlée à l'entreprise de détournement d'héritage de la famille Munch.

— Je suis désolée, Holger, murmura Maiken, le regard rivé sur ses mains. Je voulais uniquement un bébé. Pourquoi moi je n'aurais pas de bébé alors que toutes les autres femmes en ont ?

— Ce n'est pas grave, Malin, répondit Holger calmement, en posant une main sur son épaule. J'ai juste besoin de savoir où se trouve Karen.

— Maiken, corrigea Anette.

— Quoi ? fit Munch en se tournant vers elle.

Anette l'avait déjà vu fatigué, mais jamais dans un tel état d'épuisement. Il parvenait à peine à soutenir son regard. Si elle n'avait su qu'il ne buvait pas une goutte d'alcool, elle l'aurait cru ivre.

— Maiken Storberget, précisa Curry avec un hochement de tête censé apaiser son collègue.

— Maiken ? O.K., Maiken. Où est Karen ?

— Oh non. Non, non, non.

Maiken recommençait à se balancer d'avant en arrière sur sa chaise.

— Munch… ? intervint Anette – mais celui-ci l'ignora.

— J'ai besoin de savoir où est Karen, tu comprends. Je dois le savoir *maintenant* !

Munch se pencha vers Maiken Storberget et posa ses mains sur ses épaules. Celle-ci réagit instinctivement en cachant son visage dans ses mains.

— Non, non, non, non, non.
— Munch ! s'écria Anette, d'une voix sévère.
— Où est Karen ??
— MUNCH ! hurla Anette.
— Où est Karen, bon sang ?!
Le chef de l'Unité spéciale se mit à secouer violemment la pauvre femme. Anette s'apprêtait à se lever, mais Curry la devança, ceintura son collègue et le conduisit à l'extérieur.
— Ça va aller, Maiken ? demanda Anette sitôt qu'elles se retrouvèrent seules.
Le teint blême et les yeux terrorisés, Maiken Storberget acquiesça faiblement.
— Je vais m'absenter un instant pour parler à mes collègues, d'accord ?
— O-oui.
— Ah, Maiken ?
Elle leva la tête vers la procureure.
— Oui ?
— Ne vous inquiétez pas, ça va s'arranger. Moi, je vous crois. Vous comprenez ce que je vous dis là ?
Maiken essuya une larme.
— Merci beaucoup.
Anette lui sourit, lui serra le bras d'une main réconfortante et quitta la salle d'interrogatoire.
— Non mais c'est quoi ce bordel, Munch ?
Curry hurlait dans le couloir, toujours en ceinturant Munch.
— Pardon. Mais elle détient Marion. Karen, elle a ma petite-fille. Elle séquestre Marion…
— Allez, calme-toi maintenant.
— Emmène Maiken en cellule, dit Anette calmement. Je m'occupe de Holger.
Curry opina à contrecœur et les laissa.
— Ça va, Holger ?
— Elle a ma petite-fille chérie…

— Mais qui est Karen ? demanda Anette d'une voix posée et claire, en posant une main sur le bras de Munch.

— Elle travaille à la maison de retraite, là où est ma mère. Et elle a ma petite-fille chérie, Anette.

— On va la retrouver, Holger.

Son portable sonna au même moment.

— Anette ! Passez-moi Munch tout de suite ! s'écria un Gabriel Mørk essoufflé.

Elle tendit le téléphone à Holger.

— Oui ?

La communication ne dura que quelques secondes.

— Le film de Sarah Kiese, expliqua-t-il. On a les coordonnées GPS. Rejoins-moi avec Curry.

Munch s'élança dans le couloir en courant, sans attendre la réponse.

79.

Mia Krüger fut réveillée par un bruit qu'elle associa d'abord aux cris des mouettes. Elle crut être enfin revenue sur son île, dans la maison qu'elle avait achetée pour être tranquille, loin de toute civilisation. Pour échapper autant aux gens qu'à elle-même. Elle s'était administré une automédication et avait failli en mourir. Elle voulait rejoindre Sigrid. Rester seule était trop dur. Quand l'ensemble de la famille était parti, quand ils étaient tous morts et enterrés.

C'était si difficile de ne plus avoir près de soi quelqu'un qui comprenait – et Sigrid l'avait toujours comprise. La belle et merveilleuse Sigrid. Mia n'avait même pas besoin de parler, même pas besoin d'ouvrir la bouche. « *Je comprends, Mia.* » Ses yeux bienveillants encadrés par des cheveux blonds.

Mais Mia Krüger était seule. Sans la sécurité et la sérénité que lui apportait autrefois sa sœur. Avec cette maison. Et les mouettes pour seule compagnie. Mia, si courageuse, si intelligente et si particulière. *Mia Douce-Fleur*, comme l'appelait sa grand-mère. L'Indienne aux yeux d'un bleu céruléen. Mia Krüger, l'enquêtrice de la brigade criminelle la plus douée du pays, réduite au rôle de farfelue épuisée sur une île déserte.

Mia sentit qu'elle avait la bouche sèche, très sèche. Elle essaya d'ouvrir les yeux, mais les mouvements s'effectuaient avec une telle lenteur, comme un film au ralenti dans ce passage du rêve à la réalité, avec la musique en fond sonore. Une radio – qui s'éteignit l'instant d'après. Elle réessaya. Mais ses paupières refusaient de se soulever. Tout comme son corps : elle ne pouvait pas bouger. Mia retourna lentement dans son rêve.

— Coucou, Mia, c'est moâââ !

Mia Krüger ouvrit les yeux brusquement et vit Karen Nylund en face d'elle. La femme lui souriait, en brandissant une bouteille d'eau.

— Tu veux boire ? Tu dois avoir affreusement soif.

La mémoire lui revint aussitôt. Machinalement son corps bascula en arrière, sans pour autant qu'il puisse bouger. Il était attaché à une chaise. Avec du scotch. Ses mains, ses jambes étaient scotchées à la chaise. Même sa bouche était fermée avec du scotch. Les mouvements ne venaient pas de son cerveau mais de son corps, en état de panique musculaire. Seule sa tête pouvait bouger.

— Ce que tu es mignonne, assise comme ça, la taquina Karen en agitant la bouteille d'eau devant ses yeux. Tu veux continuer à jouer longtemps de cette manière ? Parce que je te préviens, c'est très rigolo à regarder. Donc ne te gêne pas pour moi, continue.

Mia parvint à se calmer, à éloigner la panique. Elle prit de profondes inspirations par le nez et regarda autour d'elle. Elle mit en marche ses yeux d'enquêtrice. Elle se trouvait dans une petite maison. Ou un chalet. Non, une maison. Les appuis de fenêtre étaient peints en blanc. Vieux. Elle était à la campagne. Oui, à la campagne. Les vitres étaient recouvertes d'un film sans tain, qui permettait de voir dehors sans être vu. La chaleur et des crépitements derrière elle. Un poêle. Non, une cheminée. Un canapé. Une table. Que des meubles des années 1960. Un tapis de lirette sur le plancher. Une porte sur la gauche. Un vieux réfrigérateur. Une cuisine. Une autre porte, entrouverte. Un couloir. Une paire de bottes sales. Un cardigan. Un imper.

— Comme tu le vois, c'est joli ici. Tu ne trouves pas ?

Karen posa la bouteille par terre.

— Tu veux que je te fasse faire le tour du propriétaire ?

Mia essaya de parler, mais seuls des gargouillements sortaient de sa gorge. Le scotch sur sa bouche. Elle passa la langue entre ses lèvres, sentit le goût de colle.

— Je te préviens, si tu veux boire, il ne faut pas crier. De toute façon, on est très loin des premiers voisins, donc personne ne t'aidera. Non, il ne faut pas que tu cries, sinon tu réveilleras l'enfant.

Mia vit soudain la télé. Non, l'écran. Un écran relié à un ordinateur. Un clavier. Une souris. Karen l'alluma.

— Regarde, elle dort. Il ne faut pas qu'on fasse de bruit. Chut !

Karen Nylund sourit en plaquant un index sur ses lèvres. L'écran s'alluma lentement sur une petite fille étendue sur un lit, gisante. *Marion.* Dans une chambre toute blanche, quelque part. Le lit était filmé en plongée, d'une webcam fixée en hauteur, dans un angle de la pièce.

— Elle n'est pas adorable ?

L'aide-soignante s'assit sur la table et caressa lentement l'écran.

— Il ne faut pas réveiller l'enfant qui dort.

Karen fit un pas en avant et arracha d'un coup sec le scotch que Mia avait sur la bouche. Celle-ci engloutit de l'air et toussa. Elle avait la nausée. La piqûre dans le cou. Un effet secondaire de l'anesthésiant, certainement.

— Voi-là ! Et maintenant tu vas boire un peu.

Karen plaça le goulot de la bouteille contre sa bouche. Mia s'efforça d'avaler de l'eau, le mieux possible. Le reste dégoulinait sur son menton, son pull, ses cuisses.

— Gentille fifille !

Karen lui essuya le coin de la bouche du dos de la main.

— Tu lui as fait du mal ? demanda Mia d'une étrange voix rauque.

— Mais qu'est-ce que tu racontes comme bêtises ? Je ne lui ai rien fait, voyons. Bon, d'accord, je vais la tuer. Mais sinon, je ne lui ai fait aucun mal.

— Va te faire foutre !

Mia lui cracha à la figure, mais Karen s'écarta à temps.

— Dis donc, Mia ! On veut retrouver la compagnie du scotch ou on essaie d'être obéissante ?

Sentant la colère monter en elle, Mia parvint à se dominer.

— Je vais être obéissante. Pardon.

— Ah, tu vois ! C'est déjà beaucoup mieux.

Karen se rassit sur le bord de la table.

— Pourquoi moi ? demanda Mia.

— Alors ça ! Droit au but, hein ! Est-ce qu'on veut vraiment aller droit au but tout de suite ? Non. On va jouer plutôt. J'adore jouer à des jeux. Je trouve ça rigolo. Pas toi ? Tu n'aimes pas jouer, Mia ? Mia Douce-Fleur... C'est très joli comme surnom. Une petite Indienne faite prisonnière. Et très adapté à la situation en plus !

Mia ne répondit pas. Elle ferma les yeux, inclina le menton contre la poitrine. Karen se leva pour la secouer.

— Mia ? Mia ! Ne te rendors pas. On va jouer.

Mia rouvrit les paupières et lui envoya un crachat en pleine figure, sans manquer sa cible cette fois. La blonde ne s'y attendait pas. En l'espace d'une seconde, sa personnalité changea radicalement. Son indéfectible sourire s'était envolé, un éclair mauvais brillait dans ses yeux.

— Sale pute !

Karen Nylund leva la main et lui administra une claque retentissante. Mia sentit sa tête basculer en arrière, elle perdit connaissance quelques secondes, des mouches vibrèrent sur sa rétine. Quand elle rouvrit les yeux, elle vit que Karen Nylund avait repris son sourire grotesque.

— Un bout de gâteau ? lui proposa-t-elle, la tête inclinée. Je l'ai fait exprès pour toi.

— Putain, mais t'es qui en fait ?

— Attention, pas de gros mots ! C'est une règle dans cette maison. On est d'accord ? On surveille son langage et on ne prononce pas de gros mots.

Mia se raisonna, acquiesça. Elle inspecta à nouveau les lieux de son œil investigateur. Elle était prisonnière dans cette maison. Loin des premiers voisins. Elle ne pouvait pas bouger. Le seul moyen de se libérer était par la parole. Jouer le jeu.

— On va suivre la règle, dit Mia en esquissant un sourire.

— Bravo ! s'exclama Karen en applaudissant. Qui commence ? Oh, je peux commencer ?

Mia opina.

— J'ai grandi dans cette maison. Il y avait moi, ma mère, ma sœur, et celui dont on ne prononce pas le nom.

— Ton père.

— Celui dont on ne prononce pas le nom, répéta Karen avec un rictus, en se rasseyant sur la table. À toi.

— J'ai grandi à Åsgårdstrand. Avec ma sœur, ma mère et mon père. On vivait dans une maison blanche, pas très loin de celle où a vécu Edvard Munch. Ma grand-mère habitait juste à côté.

— Ton histoire est à bâiller d'ennui. Tout ça, on le sait depuis belle lurette. Raconte autre chose, quelque chose qu'on ne connaît pas. Ou est-ce que moi je dois raconter ?

Mia fit signe que oui.

— Ma mère travaillait à l'hôpital de Hamar. J'avais la permission de l'accompagner. Elle m'a tout montré. Tout appris. Elle avait les cheveux les plus doux du monde. C'est moi qui les brossais. Ma sœur était trop petite, elle me regardait faire. Un jour, notre mère n'est pas rentrée du travail. Ma sœur et moi, on savait toutes les deux ce qui s'était passé, mais la police n'a rien fait. Tu ne trouves pas ça bizarre, toi, de vivre dans un pays où la police ne fait strictement rien ?

Karen sourit et coinça une mèche de cheveux derrière l'oreille. Elle leva la tête vers le plafond comme si elle réfléchissait.

Hôpital de Hamar. Donc elles se trouvaient non loin de Hamar. Le père avait tué la mère. La police n'avait rien fait. C'était de là que venait sa haine pour la police.

— Est-ce qu'on a la permission de poser des questions ? demanda Mia.

— Tout est permis ! s'enthousiasma Karen. Dans ce jeu, tout est permis !

— À part prononcer des gros mots, ajouta Mia en se façonnant un sourire qu'elle espérait authentique.

— Exactement ! On n'aime pas du tout, du tout ça.

— Comment tu l'as baptisée ?

— Qui ?

— La petite fille de la maternité.

Karen ne souriait plus.

— Margrete.

— Joli prénom.

— Oui, tu trouves, toi aussi ?

— Très joli. C'était sa chambre ? demanda-t-elle en désignant l'écran d'un mouvement de tête.

— Oui, confirma Karen, mélancolique. Ou plutôt, non. J'en ai construit une neuve pour la remplacer. L'ancienne était trop triste.

— Qu'est-ce qui lui est arrivé au bébé ?

— Non, maintenant c'est mon tour !

Mia détourna ses yeux de l'écran. Elle n'arrivait pas à regarder plus longtemps. Marion était étendue sur un lit, quelque part, vêtue d'une robe de poupée, blanche, avec des bordures en dentelle.

— Il a fait une hémorragie interne, déclara Karen toujours souriante.

— Qui ?

— Celui dont on ne prononce pas le nom. Je lui avais mis de la mort aux rats dans sa nourriture. Puisque j'étais obligée de faire la cuisine, pour nous trois. Puisque la police affirmait que maman avait disparu toute seule. C'était tellement rigolo à regarder. De le voir mourir, je veux dire. On a assisté à son agonie, ma sœur et moi. Il saignait de la bouche, de partout en fait. Ah, j'en ris encore ! C'était tellement beau. Tellement solennel. Un peu comme une veillée de Noël.

— Vous l'avez enterré où ?

Mia s'efforça de ne pas regarder l'écran.

Concentre-toi, Mia. Concentre-toi.

— Juste derrière les cabinets extérieurs, ricana Karen. Dans la crotte. Dans le caca ! Caca, caca, caca ! Parfait pour lui. Tu es sûre de ne pas vouloir un morceau de gâteau ?

— Peut-être plus tard.

— Il est très bon pourtant, tu sais…

Karen Nylund était de nouveau repartie dans ses pensées.

— Malin Stoltz ?

— Tu veux dire… Maiken ?

— La femme aux yeux vairons. Malin.

— Oui, c'est bien ce que je dis : Maiken. Pauvre Maiken. Tu sais qu'elle est complètement cinglée ? Enfin bon, on a quand même gagné des montagnes de fric, toutes les deux.

Maintenant, Mia comprenait.

— Grâce à la paroisse ?

Karen Nylund sourit et applaudit pour la deuxième fois.

— Comme tu es douée, Mia ! Non, il n'y a pas à dire, tu es vraiment douée. Tu n'imagines pas combien c'est facile de convaincre les vieilles dames qui vont mourir de donner tout leur argent à Jésus.

Elle lâcha un petit rire.

— Il touchait soixante pour cent. Et nous quarante. Un bon compromis, entre nous soit dit. Ça fait beaucoup, beaucoup, beaucoup d'argent, Mia. Tu arrives à te le représenter ?

— Non.

— Une montagne, Mia. Je ne dirai que ça : une montagne !

Elle lui adressa un clin d'œil complice.

— Autant te l'avouer tout de suite, reprit Karen Nylund, je n'habite pas ici.

— Mais elle n'était pas au courant pour Margrete et les autres petites filles ?

— Qui ça, Maiken ? Penses-tu ! Maiken est certes toquée, mais sinon c'est quelqu'un de très doux. Tiens, prends son abruti de copain, là. Ce Roger Bakken. Lui au moins, il servait à quelque chose. Il n'arrivait pas à se décider, l'imbécile. Il ne savait pas s'il voulait être un homme ou une femme. Ça aussi c'est rigolo. Parce que les gens comme lui, tu vois, ils sont faibles. Et donc influençables, faciles à embobiner.

— Waouh, quel plan, dis donc ! Collaborer avec la paroisse. Il faut avoir de la suite dans les idées, y a pas à dire.

— Tu trouves toi aussi ? fit Karen avec fierté

— Mais qu'est-ce qui lui est arrivé ?
— À qui ?
— Au bébé. À Margrete.
Karen observa un bref silence.
— J'ai été renversée par une voiture. Je me suis cassé le pied et les deux bras, expliqua-t-elle, les lèvres pincées. Je suis restée à l'hôpital.
— Trop longtemps ?
Karen hocha la tête en silence. Puis elle continua, à nouveau avec le sourire :
— Mais bon, je ne vais pas leur jeter la pierre. Aux petits vieux, je veux dire. Qu'ils fassent cadeau de leur argent. Ils sont là, tout seuls, avec leur corps qui ne fonctionne plus. Ils se repassent leur vie en boucle, et ils regrettent. Oh, comme ils regrettent, Mia ! Je les ai vus, moi. Je les ai entendus parler. Ils pensent à tout ce qu'ils auraient fait autrement. Ils se disent qu'ils ne se sont pas assez occupés de leurs proches, qu'ils ne se sont pas fait assez plaisir, pas assez amusés, qu'ils n'ont pas assez voyagé, exploré le monde. Et ils ont peur. Tous ! Ils ont la terreur dans les yeux, Mia. Tu aurais dû les voir, toi aussi. Ils comprennent qu'ils se sont ridiculisés. Ils paniquent. Ils espèrent qu'on leur accordera une dernière chance. Ils sont même prêts à l'acheter, cette dernière chance. Non, décidément, on ne peut pas leur faire de reproches. Ça fait quoi, Mia, de savoir que tu vas mourir ?
— Tu vas me tuer ?
Karen la regarda d'un air bizarre.
— Ben, oui, c'est évident. Pourquoi tu poses la question ?
— Pourquoi moi ?
— Tu ne l'as pas encore compris ? Et moi qui te croyais intelligente...
— Non, je n'ai pas compris, murmura Mia.
— Non, en effet. Parce que je suis plus maligne que toi !
Karen se fendit d'un sourire triomphant et applaudit pour la troisième fois.

— J'ai tué un chien, tu le savais ? Pour que les gamines aient un compagnon de jeu. C'est gentil de ma part, non ?

— Je l'ignorais, marmonna Mia.

— C'est parce que tu es stupide.

— Oui, tu es plus maligne que moi.

— Eh oui !

— Et donc pourquoi tu veux me tuer, alors ?

— Tu ne le sais pas ? Vraiment pas ?

— Non ?

— Et tu veux que je te le dise ?

— Oui.

— Parce que tu as tué ma sœur.

À ces mots, Karen disparut à la cuisine.

80.

Liv-Hege Nylund avait sniffé de la colle pour la première fois de sa vie à l'âge de treize ans dans une venelle de Hamar. Elle avait déjà arrêté l'école, elle ne s'y plaisait pas. Ni les matières ni les gens ne l'intéressaient, et tout le monde se fichait éperdument de savoir ce qu'elle faisait de ses journées. Tout le monde sauf sa sœur. Karen, dix ans de plus qu'elle, avait toujours veillé sur sa petite sœur durant leur enfance à Tangen, dans leur petite maison perdue dans la campagne, sans voisins ou presque. Le père était un tyran. Les mauvais traitements, tant psychiques que physiques, faisaient partie du quotidien des deux filles et de leur mère – laquelle avait fini par disparaître de la surface de la terre. La petite Liv-Hege avait été témoin, très jeune, de choses que ni sa tête ni son corps ne pouvaient comprendre. Le sac plastique rempli de colle représentait donc un havre de paix qui lui permettait de fuir cette réalité sordide.

La présence de Karen à côté d'elle lui avait facilité la situation : aller à l'école, prendre soin de soi, croire qu'en définitive tout finirait par s'arranger et que bon an mal an elle finirait par s'en sortir. Mais Karen était devenue tellement bizarre. Après la disparition de leurs deux parents, elle avait changé de personnalité : elle prenait la mouche pour un rien, elle éclatait brusquement de rire dans des circonstances qui ne s'y prêtaient pas. Liv-Hege se souvenait notamment de cette fois où un oiseau s'était écrasé contre la fenêtre du salon. Elle l'avait conservé dans une boîte à chaussures, sur du coton, s'efforçant de le maintenir en vie. Or, quelques jours plus tard, alors qu'elle rentrait à la maison avec le bus de ramassage scolaire, elle avait surpris Karen, à la cuisine, devant une casserole d'eau bouillante sur la gazinière dans laquelle elle avait plongé le petit oiseau piaillant de douleur. Karen s'était retournée vers sa petite sœur, un large sourire aux lèvres – comme si donner la mort à l'animal lui procurait un plaisir intense. À l'époque, leur mère travaillait à l'hôpital de Hamar et Karen avait la permission de l'accompagner. Mais la mère ignorait que sa fille aînée volait des médicaments. Alors qu'elles étaient seules à la maison, Karen avait montré à Liv-Hege le carton où elle les cachait, au grenier. Il y avait un fouillis de cachets, pilules, ampoules, aiguilles et seringues, aux noms plus étranges les uns que les autres. Et si Liv-Hege ignorait l'utilisation exacte que sa sœur comptait en faire, elle se doutait que c'était pour tuer. Puisque Karen adorait tuer.

Liv-Hege avait besoin d'oublier. Le sac en plastique rempli de colle n'était que le point de départ d'un long voyage qui ne connaîtrait qu'une issue. Au début, elle faisait du stop de Tangen à Hamar. Mais à ça aussi elle avait fini par renoncer. Elle ne rentrait plus chez elle. Avec des potes de défonce, ils sniffaient de la trichlo ou du poppers, descendaient des boîtes entières de Néo-Codion, dormaient dans les buissons ou dans des cages d'escalier, volaient pour manger et passaient la plupart de leur temps à chercher du matos. Une spirale destructrice avait entièrement englouti une Liv-Hege pourchassée par les démons de son enfance – l'absence totale d'amour, la peur constante de lendemains violents. Elle était incapable d'entrevoir la réalité à travers le prisme ordinaire, tel que la majorité des gens envisageait leur avenir : une maison, un travail, une famille, des enfants, des vacances. Et si, les premières années, Liv-Hege Nylund se contentait de se défoncer une ou deux fois par semaine, il lui était désormais impossible de se priver des produits, et elle se camait tous les jours. Elle n'avait plus qu'un but dans l'existence : planer et ne plus redescendre. De temps à autre, elle avait des petits copains mais ils n'étaient qu'accessoires : untel parce qu'il lui avait offert un lit pour dormir une nuit et surtout une barrette de shit à l'œil, tel autre parce qu'il lui avait permis de prendre une douche et avait de l'alcool en quantité. Jusqu'au jour où elle fit la connaissance de Markus Skog.

Liv-Hege s'était endormie dans une voiture à Hamar et s'était réveillée à Oslo. Elle accompagnait un type venu chercher des doses de… oui, sans doute de speed. Elle rencontra Markus dans un appartement à Grønland et tomba raide dingue amoureuse de lui. Ils s'installèrent ensemble tout de suite après. Il l'initia à l'héroïne, ce qui permit à Liv-Hege Nylund d'avoir d'un seul coup deux amours dans sa vie : Markus Skog et la poudre – la drogue parfaite pour elle, sans commune mesure avec la trichlo et les autres cochonneries coupées qu'elle avait jusque-là consommées, qui l'avaient certes rendue stone mais aussi laissée à moitié malade et nauséeuse le lendemain. Avec l'héro, rien à voir. Son premier fix, Markus Skog le lui fit lui-même, par une superbe journée d'été, à Oslo, au pied de la rivière. Liv-Hege n'aurait jamais cru ça possible : non seulement son corps se libérait des chaînes qui l'avaient entravé toute sa vie mais elle trouvait enfin le calme et la sérénité. Les piquants acérés et la misère crasse qui avaient jalonné son parcours étaient d'un coup gommés au profit d'un grand et joli sourire sur des nuages roses d'une beauté éternelle. Les gens étaient bienveillants et le monde merveilleux – pour toujours. De ce jour, ils ne s'étaient plus quittés et formaient un triangle équilatéral parfait : Markus, Liv-Hege et l'héro.

Après avoir traîné un peu partout avec Liv-Hege, habité ci et là, Markus avait trouvé une vie plus stable en se mettant à dealer : question fric, ils s'en sortaient bien. Avec l'arrivée de l'automne, ils s'installèrent dans une caravane au bord du lac de Tryvann. L'ambiance était au top, ils faisaient la fête tous les jours avec des potes, une fiesta d'autant plus grandiose qu'elle était souvent pimentée de beaucoup de coke et de speed. Mais pas assez de poudre au goût de Liv-Hege. Or Markus venait de s'en faire livrer, et Liv-Hege était aux anges. Les autres étant repartis à Oslo, elle allait enfin pouvoir se faire un shoot, sentir enfin l'héroïne couler dans ses veines.

— Tu me le fais ?

Liv-Hege implorait du regard un Markus qui parlait tout seul dans la petite caravane. Il venait de sniffer deux lignes de speed-ball, un bon petit mélange de coke et de speed, il était en pleine montée, il avait des yeux ronds comme des assiettes.

— Dis, Markus… Tu me le fais mon shoot ?

Liv-Hege remonta la manche de son pull et posa le bras sur la table en formica, pendant que Markus se préparait deux nouveaux rails bien tassés.

— Putain, tu fais chier, Liv-Hege. Pourquoi il faut que je fasse tout tout le temps ?

— Mais moi j'aime bien quand c'est *toi* qui me le fais. Allez…

— Tu m'emmerdes, Liv-Hege. Franchement tu m'emmerdes. Je me demande même ce que je fous avec toi. Parce que tu contribues à quoi ici, hein ? À que dalle ! À part te shooter, t'en fous pas une rame.

Liv-Hege baissa les yeux de honte avant de serrer toute seule le garrot autour de son bras, pendant que Markus s'enfilait les deux lignes de speed-ball dans les narines. Puis il éclata de rire :

— Putain c'que c'est bon, nom de Dieu de bordel !

À ces mots, il tapa du poing contre la cloison. Liv-Hege sursauta, faillit rater sa veine. La seconde d'après, la chaleur se diffusa dans tout son corps. Enfin. Des nuages roses, des plages sans fin.

Elle venait juste de laisser tomber sa seringue sur le sol crasseux de la caravane quand on frappa à la porte.

— Y a quelqu'un ?

Une voix de femme.

— Qui c'est qui vient nous faire chier ?

Il poussa le rideau, en ayant oublié qu'il avait condamné les fenêtres avec du carton ; on ne voyait plus rien à travers les fenêtres sales.

— Ouvrez, police !

Une voix d'homme maintenant.

— La chiotte ! pesta Markus Skog en essayant de ranger à la va-vite tout ce qui traînait sur la table. Liv-Hege, réveille-toi, putain !

Mais Liv-Hege n'avait aucune raison valable de faire quoi que ce soit sinon rester dans sa ouate, le sourire aux lèvres. Et elle ne sut trop comment, mais tout à coup une jeune femme se tenait devant elle.

— Brigade criminelle ! annonça Mia. Nous cherchons une petite fille, est-ce que vous l'auriez vue ?

— Oh, c'est Pia, répondit Liv-Hege en regardant la photo.

— Ta gueule, Liv-Hege ! rétorqua Markus.

— Mais si, je te dis que c'est Pia, Markus.

— La ferme, j'ai dit !

— Markus ? répéta la policière. Markus Skog ?

— Qu'est-ce qui se passe, Mia ? demanda une autre femme à l'extérieur.

— Tieeens... Mais c'est cette chère Mia Krüger ! ricana Markus Skog. Ça fait un bail, dis donc...

Mia Krüger se pétrifia, comme si elle venait de voir un fantôme.

— Comment va ta frangine, au fait ? demanda-t-il avant d'éclater de rire et de poursuivre, sans attendre la réponse. Ah ben oui, chuis con : elle a fait une OD, la petite. Ouais ouais, elle supportait plus la pression, hein ? Que veux-tu, c'est comme ça que ça se passe chez les filles de bonne famille. Elles tombent vite en syncope.

Liv-Hege ne vit pas que Mia Krüger venait de sortir son arme. Elle était trop *high*, et dans les deux sens du terme : atomisée par l'héro et haut perchée sur une montagne où le vent s'engouffrait dans ses cheveux. Le film qu'elle visionnait était merveilleux. Markus, de son côté, s'était emparé d'une seringue usagée et menaçait la policière.

— T'as pas envie d'un petit fix, Mia ? Hein ? Tu veux pas goûter ? Parce que ta frangine elle adorait la poudre, elle. Pauvre petite Sigrid. Pauvre petite conne qui pissait de peur dans son froc.

Toujours perchée sur sa magnifique montagne, Liv-Hege observait la scène de loin, de très loin, n'en distinguant que de vagues détails. Or, soudain, le film opéra un zoom avant : elle vit Markus cracher un gros glaviot à la figure de la dénommée Mia tout en essayant de lui planter la seringue dans le corps. La flic fit un bond en arrière – et le coup partit. La montagne s'était transformée en volcan, une deuxième explosion eut lieu. Markus Skog fut propulsé contre la cloison de la caravane et finit sur le sol, gisant dans une mare trop rouge pour être de la lave.

Liv-Hege Nylund revint à elle deux semaines plus tard, sanglée à un lit, martyrisée par le manque, dans une chambre blanche qu'elle ne connaissait pas. Elle n'avait jamais rien vécu de pareil : elle était arrivée en enfer. Elle avait la sensation que toutes ses cellules s'étaient réveillées et hurlaient en elle, comme si un diable avait pris possession de son corps. Elle trouva sa sœur Karen assise à côté d'elle, qui la lava, la nourrit, lui tint la main et la calma pendant huit jours. À l'issue de cette semaine, les sangles lui furent retirées, elle put aller seule aux toilettes et s'asseoir pour manger. Néanmoins, Karen ne la lâchait pas d'une semelle. Puis elle eut la permission de sortir dans le jardin, de s'asseoir dans l'herbe, de regarder les arbres, de profiter du soleil. Karen souriait. Depuis le début de sa cure de désintoxication, Liv-Hege n'avait pas vu sa sœur sourire.

Ce que Karen Nylund ignorait, c'est que Liv-Hege n'avait aucune intention de rester. Ni ici, ni dans cette vie, ni sur cette terre. Elle avait perdu tout ce qu'elle possédait. Ses deux amours auxquels elle tenait comme à la prunelle de ses yeux : Markus Skog et l'héroïne. Qu'est-ce que ce monde avait à lui offrir ? Rien.

Une semaine plus tard, Liv-Hege avait eu l'autorisation de partir seule en promenade. Elle avait grimpé au plus haut d'un sapin, avait attaché une corde à une branche, fait passer le nœud autour de son cou. Puis elle avait sauté pour rejoindre la liberté.

81.

— Je suis vraiment désolée, dit Mia.

— Oh, ça va aller. Tu l'as tuée, et maintenant tu vas mourir. C'est kif-kif bourricot, tu ne trouves pas ?

Karen Nylund lui sourit, s'éclipsa à la cuisine d'où elle revint avec une part de gâteau au chocolat.

— Tu en veux, Mia ?

— Non.

— Pourtant il faut que tu manges, voyons ! Il est très bon, tu sais. C'est la recette de ma mère.

Mia jeta un coup d'œil à l'ordinateur. Marion Munch semblait tout à coup bouger sur le lit de la chambre blanche. Ouf ! La petite dormait simplement. Karen Nylund caressa l'écran avec deux doigts.

— Elle est belle, n'est-ce pas ?

Mia hocha prudemment la tête.

— Il me tarde de la préparer. Les enfants doivent être propres et purs, tu ne crois pas ?

Karen lui sourit. Mia commençait à avoir peur – si jusqu'à présent elle avait réussi à garder son calme, l'angoisse prenait peu à peu le dessus. La cruauté brillait dans les yeux de Karen Nylund. Jamais elle n'avait vu un regard pareil. La femme qu'elle avait en face d'elle semblait totalement consciente de ce qu'elle faisait et disait, mais sans avoir la moindre empathie ni le moindre sentiment humain. Karen se leva.

— Tu veux savoir ce qui va se passer maintenant, à quoi on va jouer ?

— On ne pourrait pas jouer à autre chose ? proposa Mia.

Elle devait absolument gagner du temps. Pour elle, mais surtout pour Marion. Elle pensa à Munch : comment réagirait-il en apprenant la mort de sa petite-fille ? Elle n'avait pas le cœur ni la force de répondre à cette question. C'était trop irréel.

— Et tu voudrais jouer à quoi ?

— À n'importe quoi. On pourrait parler de Margrete... ?

Karen prit soudain un air grave, fronça les sourcils et croisa les bras sur sa poitrine. Mia Krüger tentait désespérément de décrypter les pensées qui se bousculaient dans la tête de cette folle. Elle voulait comprendre son fonctionnement, trouver une faille – en vain, hélas.

— Margrete va très bien, sifflota Karen, à nouveau pétulante. Elle va à l'école dans le Ciel, elle a quatre camarades de classe, elle en aura bientôt une cinquième et l'institutrice pour tout leur apprendre.

— Des camarades de classe ? répéta Mia, surprise.

— Ben, oui : elles vont bientôt entrer à la grande école. Tu ne l'avais pas compris ?

Les dernières pièces du puzzle s'assemblaient. *Je voyage seule.* Les cartables. Les manuels scolaires. La corde à sauter. Karen Nylund avait envisagé l'idée tordue de créer dans le Ciel une classe de cours préparatoire dont elle-même serait l'institutrice. Voilà donc comment tout était lié dans la tête de cette psychopathe, se dit Mia, assaillie par la mauvaise conscience. Pourquoi ne s'en était-elle pas rendu compte plus tôt ? Auquel cas Marion ne serait pas enfermée dans cette petite chambre blanche, dans ce cabinet des horreurs en pleine campagne.

— Elle a aussi un chien, poursuivit Karen. Un chiot, un berger allemand. Elle adore jouer avec lui. Regarde comme elle est contente, Mia. Regarde, là !

Elle allia le geste à la parole et désigna du menton le plafond qu'elle fixa un petit moment, un sourire mielleux au coin de la bouche.

— Oui, Margrete. Maman sera bientôt avec toi. Ce n'est plus dans très longtemps maintenant.

Elle agita la main en direction du plafond et envoya un baiser vers le Ciel.

— Pourquoi dix robes, s'il n'y a que cinq petites filles ? la relança Mia.

— Quoi ?

— Tu avais commandé dix robes. Mais tu n'as capturé que cinq fillettes.

— Mais voyons… Aucune fillette ne saurait avoir qu'une seule robe ! Tu n'avais qu'une robe, toi, à Åsgårdstrand ? Quand tu jouais avec la petite Sigrid ?

Mia se mordit la lèvre en entendant le prénom de sa sœur et ravala sa colère.

— Donc il n'y en aura que cinq ? demanda-t-elle.

— Oui, confirma Karen pensive, comme si elle envisageait tout à coup d'en tuer d'autres. C'est mieux, les petits effectifs en classe. Comme ça personne n'est mis de côté, personne n'est ignoré. Tout le monde est vu et entendu. Tu ne trouves pas que c'est important, d'être vu et entendu ? Ou est-ce que tu trouves au contraire que dix, ce serait mieux ? Ça suffit cinq, non ?

— Oui, amplement. C'est très bien conçu. Tu es très, très douée.

— Tu trouves ? dit Karen, hésitante.

— Ah oui, absolument. C'est une excellente idée et un excellent plan. Non, Margrete ne peut décemment pas aller au cours *préparatoire* toute seule, voyons !

— Je suis contente que tu sois d'accord, déclara Karen en se rasseyant sur le bord de la table. C'était vraiment la moindre des choses que je puisse faire.

— Non, c'est parfait. Tellement bien conçu, et tellement bien exécuté. On n'a rien compris à la police, mais rien du tout ! Tu nous as roulés dans la farine jusqu'au bout. Tu es très très futée.

— Oui, je trouve aussi !

Elle se remit à applaudir.

— Je n'ai jamais rencontré quelqu'un de plus malin que toi.

— Parce que j'ai tout planifié depuis longtemps. Depuis trèèès longtemps. Et trèèès minutieusement. Et tu vois, *a posteriori*, je trouve que ça a été si facile. Et c'est ça le pire : que ça ait été aussi facile. Je vous ai mis tout le temps sur une fausse piste. Tu ne trouves pas que ça a été rigolo de jouer à ce jeu ?

— Hyper rigolo.

— Pff ! soupira Karen. Et dire qu'on s'approche maintenant de la fin du jeu. Mais ça va être bien. Parce que maintenant on va tous mourir, et on en aura enfin terminé.

— Oui, ce sera bien…

Mia réfléchissait à toute vitesse.

— Mais… est-ce que j'ai bien entendu, Karen ? Tu viens de dire *maintenant* ? Pourquoi maintenant ? Qui va mourir maintenant ?

— D'abord, toi. Puis Marion. Attends… Peut-être pas, tiens. En fait je n'ai pas encore tout à fait décidé.

— Ah bon ? Je croyais que ton plan était prêt. Ça ne te ressemble pas…

— Je sais, je sais. Mais je ne peux pas décider de tout toute seule. Certains détails sont un peu le fruit du hasard.

— Ah oui ? Raconte !

— Je me suis fait aider, en fait. Par un mec. Et les mecs sont cons. Tu le sais, n'est-ce pas ?

— Oui, complètement cons, répliqua Mia avec un sourire.

— Mais celui-là, il décrochait vraiment le pompon. Il était bête, bête à manger du foin ! s'exclama-t-elle en riant.

— C'était qui ?

— Oh, un type sans importance. Je ne me souviens même plus de son prénom… Ah si ! William, il s'appelait. Il était marié, mais il me préférait à sa femme. Tu sais comment ils sont, les mecs… un peu simplets dans leurs désirs.

Bref. Toujours est-il qu'il m'a aidée à construire la nouvelle chambre à coucher. Je ne voulais plus de l'ancienne, je te l'ai dit tout à l'heure. J'en voulais une neuve.

— Parce que Margrete n'y vivait plus ?

— Oui. La chambre était devenue moche.

— Je comprends.

— Et donc il m'a aidée. Puis il m'est venu une idée rigolote.

— Laquelle ?

Karen n'arrivait plus à se retenir : elle gloussait comme une gamine.

— On a réalisé un film.

— Un film ?

— Oui ! Avec son téléphone portable. Mon Dieu, comme j'ai ri après !

Le film de Sarah Kiese. Il était faux.

Mia resta de marbre.

— Quel genre de film ? demanda-t-elle.

— Il a fait semblant d'avoir peur. Et il a donné de fausses coordonnées de l'endroit où il se trouvait. Tu sais, ces machins, là, qu'on a dans les voitures : les GPS.

— Oui… ?

— Il a indiqué de fausses coordonnées. C'est pas rigolo ?

— Super rigolo, répondit Mia sans réussir cette fois à se façonner un sourire. (Elle s'éclaircit la voix avant de demander :) Et quelles coordonnées vous avez indiquées ?

— C'est ça le plus savoureux dans l'histoire : on a donné les coordonnées de la maison pas très loin d'ici, en bas de la route. C'est amusant, non ? Parce que vous avez mis la main sur le film, je suppose ?

Karen s'approcha de Mia et lui caressa le visage d'une main froide.

— Tu crois vraiment que tu peux me berner comme si j'étais la dernière des idiotes, Mia ? Faire semblant d'être copine-copine avec moi ? Tu me prends pour une imbécile, Mia ?

Mia sentit les doigts froids passer sur ses paupières et sur ses lèvres.

— Parce que vous l'avez eu, le film ? Elle vous l'a envoyé, sa femme ?

Mia hocha mollement la tête.

— Je ne suis pas une imbécile, Mia. Je vois clair dans ton petit jeu quand tu essaies de me singer. Pourquoi il a mis tant de temps à arriver ? Pour être franche, je croyais que ça ferait tilt beaucoup plus tôt dans vos petites têtes d'abrutis…

Mia avait envie de vomir. La blonde lui caressait le visage comme une aveugle sondant du bout des doigts la figure d'une personne qu'elle ne voit pas.

— Qu'est-ce qui s'est passé, Mia ?

— Elle s'en foutait, du film. Elle est venue nous voir il y a quelques jours seulement, répondit Mia d'une voix calme.

— Aha. Elle ne l'aimait pas trop, son mari. C'est ça, hein ?

Mia ne répondit pas.

— Je n'ai aucun mal à la comprendre. C'était un porc ! s'exclama Karen en riant. Enfin bref, le plus important c'est que vous l'ayez. Parce que vous l'avez ?

Mia opina.

— Parfait ! Comme ça on peut attendre que ça fasse « boum ! »

Karen se rassit sur la table.

— Parce que c'est tout près d'ici ?

— Mais oui ! C'est ça le plus drôle ! On sera aux premières loges pour entendre l'explosion. Peut-être même qu'on pourra en voir un bout…

Karen se leva et disparut de son champ de vision, mais Mia sentait sa présence derrière elle. Elle coula un regard vers l'écran. Et fut terrifiée de constater que Marion venait de se réveiller.

Non, Marion ! Ne bouge surtout pas.

— Mais pas toi, en fait, chuchota une voix dans son oreille. Tu n'entendras pas la formidable explosion.

Karen lui caressa à nouveau la joue.

— Parce que tu vas mourir maintenant. C'est pas chouette, ça ?

Mia fit une ultime tentative, aussi désespérée que les précédentes, pour se détacher. En vain. Elle ne pouvait plus se retenir. La colère grondait en elle, son corps semblait sur le point d'éclater.

— T'es complètement malade, pauv' connasse !

— Allons, allons. Pas de gros mots, j'ai dit.

Karen lui lança un clin d'œil puis plaqua le scotch sur sa bouche. Mia eut à nouveau le goût de la colle sur sa langue.

Ne panique pas, Mia. Respire. Respire tranquillement par le nez. Voilà, comme ça. Marion, je t'en supplie, ne te réveille pas. Reste couchée. Il ne faut pas qu'elle te voie. Holger, c'est un piège ! N'envoie personne à la maison. Elle a l'intention de vous tuer tous. Ne fais entrer personne dans cette baraque. Ni Kim, ni Curry, ni Ludvig, ni Gabriel, ni Kyrre, ni Anette. Personne ! Tu m'entends, Holger ?

Mia sentit une piqûre dans sa main droite. Baissant les yeux, elle vit Karen lui installer un goutte-à-goutte. Elle entendit la psychopathe aux cheveux blond vénitien tripoter quelque chose, poser une poche de produit anesthésiant sur un pied à perfusion. L'instant d'après, elle sentit quelque chose couler dans ses veines. C'était froid, ça piquait.

— Et voilà ! dit Karen en se rasseyant au bord de la table. C'est dommage que nous n'ayons pas pu jouer plus longtemps, mais le moment est venu pour toi de mourir. C'est mieux comme ça. Et puis, je voudrais passer un petit moment avec Marion. On a besoin de temps toutes les deux avant de partir en voyage, seules elle et moi. On ne peut te garder avec nous, à nous enquiquiner.

Elle ricana.

— Songe un peu à quel point ça va être amusant quand ils vont s'apercevoir que tu es morte à quelques maisons de celle où ils se trouvaient. Enfin… si tant est qu'ils survivent. D'après toi, Mia, qui survivra ? Munch ? Kim ? Ce petit vaniteux de Larsen ? Je trouve ça cocasse d'essayer de deviner, pas toi ?

Mia marmonna derrière le scotch. La psychopathe n'avait pas l'air de comprendre qu'elle ne pouvait pas lui répondre. Elle tambourina des doigts sur la table, émit plusieurs claquements de langue, se gratta le visage. Puis elle se leva, s'éloigna et revint avec une carabine à deux canons. Elle l'ouvrit, vérifia que les cartouches étaient en place, la referma et la posa sur la table.

— Celui dont on ne prononce pas le nom aimait tuer le gibier. À ce niveau, on est sur un pied d'égalité, lui et moi. On aime tous les deux tuer des choses. C'est plaisant de voir les choses mourir. Tu ne trouves pas, Mia ? Quand elles s'arrêtent de respirer ? Quand elles entament leur voyage, seules ?

Karen partit dans le couloir et ouvrit la porte. Un souffle d'air frais pénétra dans la pièce. Elle la referma et revint à côté de Mia.

— Je ne vais pas me dégommer à la carabine, si c'est ce que tu crois. Je ne pense pas que les fillettes auront envie d'une institutrice sans visage. Non ? Tu vois, c'est juste au cas où il viendrait quelqu'un. On ne sait jamais, tu sais. Il vaut mieux être prévoyante. Pas vrai, Mia ?

Mia sentait à présent un liquide presque métallique s'introduire dans son sang. Ayant de plus en plus de mal à fixer son regard, elle scruta l'écran de l'ordinateur. Marion n'était plus dans la chambre. Elle avait disparu. Karen était-elle allée la voir ? Qu'avait-elle fait de la petite fille ?

— C'est beau de voir les choses tomber. L'autre abruti, celui qui a fait le film, il est tombé lui aussi. Et c'était joli à voir. Un instant, j'ai cru qu'il allait voler. Comme Roger

Bakken. Puisque lui il avait des ailes pour de vrai. C'était superbe. Toi aussi, ça te faisait cette impression, Mia ? Quand tu tuais ?

Mia perdit conscience quelques secondes, mais se réveilla à nouveau. Elle vit que Karen avait préparé une valise.

— Et moi qui étais sûre que tu savais. Que tu savais pourquoi.

Mia distinguait Sigrid à présent. Dans sa robe blanche. Elle courait au ralenti dans un champ.

Viens, Mia. Viens !

— Markus Skog. Elle n'était pas très maligne, ma sœur. Pas comme moi. Mais elle était gentille. Ce n'est pas sa faute à elle. Il n'était pas quelqu'un de bien. Mais que veux-tu faire… Tous les hommes sont comme ça, il n'y en a pas un pour racheter l'autre. Elle s'est suicidée après que tu as tiré sur Markus Skog. Mais pas avec une overdose. Non. Elle s'est pendue. Une overdose aurait sans doute été mieux. N'est-ce pas, Mia ? Comme Sigrid ? Elle allait bien, Sigrid, au moment de mourir, non ? Elle au moins, elle n'a pas senti la corde qui l'étranglait…

Jetant un rapide coup d'œil vers la porte, Karen se gratta de nouveau le visage.

— Oui, oui, ça doit être l'amour. Enfin bon, ce que j'en sais, moi…

Mia n'arrivait plus à garder les yeux ouverts. Elle ne sentait plus ni ses bras ni ses jambes.

Karen se leva et s'approcha d'elle pour lui caresser la joue.

— Bon voyage, Mia Douce-Fleur.

Mia vit Sigrid traverser le champ en courant. Elle s'arrêta non loin d'elle. En la dévisageant avec un regard taquin. En lui faisant de grands signes de la main.

— *Viens, Mia. Viens !*

— *J'arrive, Sigrid. Attends-moi !*

— *Moi je suis la Belle au bois dormant et toi tu es Blanche-Neige. D'accord ?*

— *Oui, Sigrid, je veux bien.*
— *Viens, Mia. Viens!*
— *J'arrive, Sigrid. J'arrive tout de suite!*

Mia Krüger lâcha prise. Et suivit la robe blanche de sa sœur dans les champs blonds comme les blés.

82.

— Delta 1, en place.

Munch relâcha le bouton de l'émetteur et attendit la réponse.

— 9, ici Delta 1. À vous.

— Ici 9. Quelle est votre position? À vous.

Munch jeta un œil vers Kim, le Glock à la main posée sur ses genoux, vêtu de son gilet pare-balles, la mine renfrognée. Dans le rétroviseur, il vit que Curry avait lui aussi enfilé son gilet pare-balles et tenait son pistolet, prêt à tirer. Ils avaient pris le chemin forestier toutes lumières éteintes et apercevaient à présent la maison non loin.

— 9, ici Delta 1. Le lieu est en vue à quatre-zéro mètres. Pas de cible en vue. À vous.

— Delta 1, ici 9. Restez en position. Ne tirez pas sans ordre. À vous.

— 9, ici Delta 1. Bien reçu. Terminé.

— Aucune fenêtre éclairée, chuchota Curry en se penchant entre les deux sièges.

Munch prit les jumelles à infrarouge et les dirigea sur la maison quasiment en ruine. Rien ne laissait penser que la bicoque était habitée, ce qui était certainement voulu. Les coordonnées GPS du film les avaient conduits ici. Il remercia mentalement Gabriel Mørk qui, à l'aide d'un copain à lui, avait découvert les données exactes en un temps record. Ce jeune type était non seulement une perle, mais une trouvaille.

Munch appuya de nouveau sur l'émetteur :

— Delta 2, ici 9. À vous.

— 9, ici Delta 2. À vous.

— Position ?

— Ici Delta 2. On a deux hommes derrière la maison, à l'est. Trois à l'entrée, au nord-ouest. Position cinq-zéro mètres. À vous.

— Delta 2, ici 9. Attendez prochain commandement. Terminé.

— Bizarre que ce ne soit pas allumé..., fit remarquer Kim Kolsø en s'emparant des jumelles.

— Peut-être qu'elle n'est pas là ? suggéra Curry.

— Peut-être qu'elles sont dans la cave, répondit Munch.

Il reprit les jumelles pour visualiser l'opération. Il y avait quatre unités en place. Deux du groupement d'intervention, une composée de tireurs d'élite, une équipe chargée du flagrant délit. En plus, donc, de Munch, Kim et Curry. Ludvig et Gabriel avaient tous deux insisté pour les accompagner. Ludvig, passe encore, il avait de la bouteille... mais Gabriel ? Le petit jeune savait à peine tirer au lance-pierres.

— On sait si Mia est là ? demanda Kim.

— On ne le sait pas, mais on le suppose, répondit Curry.

— Sa voiture a été retrouvée devant la maison de retraite, indiqua Munch. Et les dernières coordonnées de son portable donnent une localisation sur la Drammensveien, donc la route qui passe par Høvik.

— Tu as trouvé quoi sur le gamin, Kim ?

Celui-ci avait enquêté de son côté et terminé juste à temps pour partir avec ses collègues.

— J'ai parlé avec sa prof de norvégien, Emilie Isaksen. Une femme d'action, avec une grande conscience sociale. Il nous en faudrait d'autres comme elle. Le garçon n'était pas venu au collège depuis une semaine. Les parents ont disparu, en laissant le petit dernier sans nourriture pendant sept jours. Je lui ai demandé de ne rien entreprendre seule, mais je doute qu'elle m'ait écouté. Elle est sûrement partie le chercher à l'heure qu'il est.

— Parles-en à Ludvig. Demande-lui d'appeler le commissariat de Hønefoss pour qu'ils envoient des gars.

— Déjà fait.

S'il y avait un homme dans l'équipe en qui Munch avait une confiance aveugle, c'était bien Kim Kolsø. Curry, en revanche, il fallait toujours être derrière lui et le modérer dans ses élans. Quoi qu'il en soit, ni l'un ni l'autre ne tenaient en place.

— Bon, on fait quoi, là ? s'impatienta Curry.

— On attend, répondit Munch.

— Et on attend quoi ? Je te rappelle que l'autre folle a Mia, et on ignore ce qu'elle est en train de lui faire. Et si on lançait l'assaut ?

— Curry…, se contenta de dire Kim pour le calmer.

— J'attends de voir ce qui est en jeu exactement, expliqua Munch. Je te rappelle que ma petite-fille se trouve aussi à l'intérieur.

Il adressa à Curry un regard éloquent ; celui-ci lui répondit par un acquiescement d'excuse et se rassit sur la banquette arrière.

Ma petite-fille se trouve aussi à l'intérieur.

Holger se ressaisit. Il ne fallait surtout pas qu'il tombe dans le piège du grand-père en action et devait tenir son rôle de policier. Mikkelson avait évidemment insisté pour qu'il reste au QG central ou dans leurs locaux de la Mariboesgate, mais même un bulldozer n'aurait pu arrêter Munch. Il reprit ses jumelles.

— Bon, on attend encore longtemps ou quoi ? s'impatienta de nouveau Curry.

— Curry, fais pas chier, dit Kim.

— Non, il a raison, intervint Munch. Il n'y a plus de raisons d'attendre.

Il appuya une nouvelle fois sur l'émetteur.

— Delta 2, ici 9. À vous.

— 9, ici Delta 2. À vous.

— Delta 2, ici 9. Prêt pour le flag. À vous.

— Ici Delta 2. Bien reçu. Terminé.

Munch vérifia la sécurité de son Glock et s'adressa aux deux autres :

— On est prêts ?

Kim opina.

— Parés, répondit Curry.

Munch ouvrit doucement la portière et descendit de l'Audi noire en faisant le moins de bruit possible.

83.

Marion Munch se réveilla alors qu'elle venait de faire un rêve magnifique : elle était chez elle, avec papa et maman, et tout était comme avant. Mais quand elle ouvrit les yeux, elle découvrit qu'elle était toujours enfermée dans la petite chambre blanche où il faisait froid, qu'elle portait toujours la même robe lourde et stupide. Elle se pelotonna sous la couverture trop fine et se mit à pleurer. Elle ne savait pas depuis combien de temps elle se trouvait ici car la lumière ne s'éteignait jamais. Elle avait cherché un interrupteur mais n'en avait pas trouvé : rien que ces murs blancs et lisses, sans fenêtres et sans porte. Elle avait cogné et frappé contre les murs, appelé et crié, mais personne n'était venu. Et elle avait tellement pleuré que ses yeux n'avaient presque plus de larmes. Et ça ça l'avait étonnée. D'habitude, quand elle appelait ou quand elle pleurait, papa et maman venaient toujours tout de suite. Alors pourquoi pas maintenant? Non, dans cette chambre elle était seule. Toute seule toute seule.

Marion Munch mit son pouce dans sa bouche et se recroquevilla encore plus. Elle avait arrêté, mais tant pis. Parce que, avec son doigt contre la langue, elle se sentait bien, en sécurité. Elle se mit à lécher son pouce. Puis elle changea d'avis, se dit que non, elle était une grande fille, et les grandes filles ne suçaient plus leur pouce. Maman et papa le lui avaient expliqué. Elle porta alors son petit doigt à sa bouche et s'amusa à le passer sous ses dents, d'avant en arrière. Tiens, bizarre... Elle sentait une sorte de marque sur l'ongle. Elle le ressortit pour l'examiner. Quelqu'un avait inscrit quelque chose dessus. On aurait dit un trait. Non, c'était une lettre. Encore une! Oui, un V. Comme le V de Vivian, une copine du jardin d'enfants. Marion avait un V sur l'ongle du petit doigt.

Au début, elle avait essayé de dessiner. Mais ce n'était pas très rigolo car il n'y avait personne à qui montrer ses dessins. Puisqu'il n'y avait qu'elle dans la petite chambre blanche. Elle avait dessiné papa, maman, papy et elle, tous les quatre réunis. Puis elle avait dessiné un superhéros. Qui était une superhéroïne, en fait. Marion ne savait pas trop si ça se disait, mais elle avait décidé que si. C'était une dame avec qui on pouvait papoter, et surtout une dame qui prenait soin d'elle. Avec sa surperhéroïne, Marion se sentait plus tranquille. C'était moins dur de rester ici. Car ici on n'avait pas du tout la notion de l'heure. À la maison, une journée se composait du matin, du jour, du soir et de la nuit. Donc c'était facile de savoir quand il fallait faire ci et quand on allait faire ça. Ici, c'était impossible : la lumière était allumée en permanence et on n'entendait pas un bruit. À part quand la nourriture arrivait par la trappe. Là où elle avait trouvé le singe en jouet qui tapait sur ses instruments. Les repas étaient bizarres eux aussi, et pas forcément bons : souvent de la purée, des carottes, et des machins verts qu'elle n'aimait pas trop. Des choux de Bruxelles. Non, des brocolis. Et jamais de la pizza ou des saucisses ou de la soupe à la tomate. Rien de ce qu'elle adorait. Mais elle finissait toujours son assiette car elle avait toujours très faim. Comme boisson, elle avait de temps en temps du sirop, mais le plus souvent de l'eau. N'empêche, c'était bête de manger. Parce que alors elle devait aller aux W.-C. et il n'y en avait pas dans la chambre, juste une poubelle. Et ça commençait à sentir mauvais, vraiment mauvais. Marion avait bien fabriqué une sorte de couvercle avec les feuilles à dessin qui lui restaient et qu'elle avait posées dessus. De cette façon l'odeur était un peu plus supportable. Mais elle appréhendait toujours quand il fallait l'enlever : c'était dégoûtant, et la poubelle commençait à se remplir.

Même s'il faisait tout le temps clair dans la petite chambre, elle n'avait pas de mal à s'endormir. Et ça c'était drôlement étrange. Ça se passait toujours au même moment, après les repas, alors qu'elle ne se sentait même pas fatiguée. Comme si la nourriture la faisait dormir. Peut-être que c'était de la nourriture magique ? Marion se souvenait bien d'*Alice au pays des merveilles*. Elle aussi elle s'était trouvée mal après avoir mangé : elle avait grandi, puis elle avait rapetissé. Donc elle devait être un peu vraie cette histoire de nourriture magique. Elle était en train de jouer avec son petit doigt quand justement les bruits se déclenchèrent. La nourriture magique était donc en route vers elle, dans l'ascenseur qui descendait dans le mur. Elle se leva et s'approcha de la trappe. Elle les connaissait bien désormais, les bruits. Ça faisait : « brr, vrr, brr, vrr », puis « clonc », et là elle pouvait ouvrir pour voir ce qu'on lui servait. Un petit détail qui l'étonnait depuis le départ, c'est qu'elle n'entendait jamais remonter l'ascenseur. Parce qu'elle s'endormait tout de suite après avoir mangé ? C'était bien possible. Oui, ça devait être ça, il n'y avait pas d'autre explication.

Voilà. « Clonc. » Marion ouvrit la trappe. Chouette ! Elle avait du sirop aujourd'hui. Mais sinon, encore ces fichues patates et ces fichus machins verts. Pff ! C'était pas juste ! Son assiette entre les mains, elle alla s'asseoir sur la chaise du bureau. Elle tripota la nourriture avec la fourchette qui accompagnait le repas. En fait elle n'avait pas envie de manger. Elle avait plutôt envie de pleurer. Elle sentit les larmes monter dans ses yeux, mais elle serra les lèvres. À quoi bon pleurer de toute manière, puisqu'il n'y avait personne dans cette chambre à part elle, personne pour venir la consoler ou même la gronder. Pourtant, elle ne put se retenir cette fois-ci. La fourchette immobile dans l'assiette, elle vit ses larmes tomber sur les pommes de terre. Et si elle ne mangeait pas aujourd'hui ? Elle ne savait pas d'où lui était venue l'idée, mais en tout cas elle était là dans sa tête. Si elle ne mangeait pas, qu'est-ce qui se passerait ? Elle ne s'endormirait pas. Et comme ça elle saurait si oui ou non et surtout quand l'ascenseur remontait. Oui, c'était une super bonne idée ! Elle se précipita vers la trappe, la rouvrit et regarda dedans. Mais… Et si, carrément, elle y entrait ? Il n'y avait pas beaucoup de place, d'accord, mais elle s'était cachée dans des endroits beaucoup plus petits, comme le jour où elle s'était introduite dans le placard, où sa maman rangeait les casseroles. Elle avait voulu faire une farce à ses parents. Elle avait attendu, ils l'avaient cherchée, appelée, et quand ils étaient enfin arrivés dans la cuisine, elle en était sortie en criant : « Bouh ! »

Après, ils s'étaient étonnés tous les trois qu'elle soit arrivée à se faufiler dans ce vrai trou de souris.

Voilà, c'est ce qu'elle allait faire. Comme avec papa et maman. Faire une farce, jouer un tour à l'ascenseur. Elle allait se cacher dedans et attendre qu'il remonte. Sans réfléchir davantage, elle prit la chaise, monta dessus et se coula à l'intérieur. C'était vraiment très étroit et elle n'arrivait pas à faire entrer son pied. Elle plia son genou encore plus, se tortilla, et là elle réussit. Ça y est, elle était dans l'ascenseur ! Il suffisait maintenant qu'il remonte. Pour ça, il fallait être patiente. Et surtout ne pas faire de bruit. Et à ce jeu-là, Marion était très douée. Elle attendit, sans bouger, sans rien dire, en respirant à peine. Il ne se passait strictement rien, les bruits ne venaient pas. Elle sentit les larmes revenir, mais elle se concentra fort pour qu'elles ne coulent pas. Et soudain, « Brr, vrr ! », l'ascenseur se mit en marche. L'ascenseur fonctionnait et en plus il montait ! Marion sentit son petit cœur battre à toute vitesse dans sa poitrine. Elle sentit aussi la peur prendre possession d'elle car plus elle s'élevait, plus le noir était complet. Et surtout, qu'est-ce qui allait se passer une fois qu'elle serait en haut ? « Clonc ! » L'ascenseur venait de s'arrêter. Sans qu'il se soit rendu compte de sa présence. Elle avait réussi à lui jouer un tour !

Elle distingua une trappe comme celle de sa chambre. Elle la poussa délicatement et découvrit à sa grande joie qu'elle s'ouvrait. Marion s'extirpa de l'ascenseur et se retrouva… dans un salon. Elle se figea, écarquilla les yeux de surprise. Oui, elle était bel et bien arrivée dans un salon. Et là non plus, il n'y avait pas de fenêtres. Ou plutôt, si, mais elles étaient fermées par des rideaux. Une dame était assise sur une chaise, devant une table dans le milieu de la pièce. Marion jeta des regards prudents à droite et à gauche puis s'avança. La dame avait les yeux fermés et du scotch gris sur la bouche. Un fil était relié à une espèce de petit sac rempli d'eau ou d'un produit transparent et relié à une aiguille piquée dans son bras. Marion la reconnut tout de suite. C'était Mia, l'amie de papy, celle qui ressemblait à une Indienne. Marion l'aimait bien, elle était gentille, elle lui racontait toujours des bêtises et lui donnait des bonbons quand papy ne regardait pas. Tout à coup elle comprit : Mia était morte. Elle avait dû tomber gravement malade et le produit qui coulait dans son bras n'avait pas aidé à la guérir. Et maintenant elle était morte.

Marion inspecta la pièce, la peur au ventre. Elle aperçut un couloir, avec des chaussures et des bottes comme à la maison. Au bout, il y avait une porte. Une porte d'entrée. Instinctivement, elle s'y dirigea. À pas de loup. Avec sa robe stupide, non seulement elle faisait du bruit en marchant mais elle avançait lentement. Oserait-elle ouvrir la porte ? Qui se cachait dans cette maison où tout était bizarre ?

— Stop !

Marion Munch sursauta en entendant une voix féminine derrière elle, une voix méchante et sévère.

— Stop ! Stop !

Marion appuya sur la poignée, tira la porte et se précipita dehors, dans l'obscurité, en essayant de courir aussi vite que ses petites jambes pouvaient la porter.

84.

Karianne Kolstad détestait être obligée de vendre des billets de tombola. Elle haïssait le faire. Rien que pour ça, la jeune fille de quatorze ans avait songé plus d'une fois à arrêter de jouer dans la fanfare du village. Non qu'elle refuse de travailler pour gagner de l'argent, elle avait même fait la saison des fraises, ramassé les pierres dans les champs... Mais Karianne Kolstad était excessivement timide, voilà pourquoi elle détestait cette foutue tombola : elle devait sonner chez les gens et leur adresser la parole.

Elle serra un peu plus les pans de son blouson et descendit la route pour se rendre chez Tom Lauritz Larsen. Chez lui, elle pouvait y aller sans crainte. Certes, l'éleveur porcin avait des sautes d'humeur ; mais lui, au moins, il était gentil. Elle le savait pour lui avoir parlé de nombreuses fois. L'année dernière, il lui avait même acheté le carnet juste entamé. Peut-être que ce soir encore elle aurait de la chance. Elle poussa le portail et entra dans la cour de ferme.

Tom Lauritz Larsen était devenu une sorte de célébrité après que quelqu'un avait décapité l'une de ses truies. Il y avait eu plusieurs articles dans le journal régional, où il avait été pris en photo avec son employé. Le premier quand la bête avait été découverte sans sa tête qui avait mystérieusement disparu. Le second quand on l'avait retrouvée : *Une truie locale empalée dans l'affaire des meurtres de petites filles.*

Karianne Kolstad savait tout sur les petites filles capturées puis assassinées. Elle avait lu tous les articles les concernant, que ce soit dans la presse ou sur Internet. Des réunions avaient été organisées : d'abord au collège, puis à la fanfare et enfin à la Maison pour tous où le village s'était rassemblé. Et pas seulement les parents de petites filles qui entreraient en CP l'année prochaine, les villageois au grand complet avaient fait le déplacement. Ils avaient allumé des bougies pour ces pauvres gamines mortes, et elle avait rejoint la page Facebook créée pour témoigner leur sympathie en leur souvenir. Converser sur l'ordinateur ne lui posait aucun problème car on était alors derrière son écran et on n'avait besoin de parler à personne.

Elle frappa à la porte de la maison d'habitation. Il commençait à faire noir, mais la cuisine était éclairée. Elle entendait de la musique, donc il y avait forcément du monde. Elle frappa une deuxième fois, la porte s'ouvrit aussitôt. Elle prit une profonde inspiration, s'arma de courage et esquissa un sourire.

— Tiens, mais qui voilà ! s'exclama Larsen. C'est notre vendeuse de billets de tombola !

Pfiou… Sauvée pour ce coup-ci.

— Oui, répondit-elle laconiquement.

— Mais entre donc.

Une fois dans la cuisine, l'éleveur demanda :

— Et tu te promènes toute seule à une heure pareille ?

— Euh, oui…

— Bon, cette année encore c'est pour la fanfare ?

Il était déjà parti chercher son portefeuille.

— Oui, on organise un voyage. En Suède.

— Ce sera bien au moins ?

— J'espère, oui.

— Bon, même si je n'ai pas beaucoup de bol en ce moment, je vais te prendre des tickets, lâcha-t-il en ricanant et en sortant un billet de cent couronnes. Il faut bien soutenir la jeunesse, tu ne crois pas ?

— Merci. Le ticket vaut vingt couronnes à l'unité. Vous pouvez gagner un panier de fruits frais, des sachets de café et des objets qu'on a fabriqués nous-mêmes.

— Oh, tu sais, je ne gagne jamais, moi. Mais je vais quand même t'en acheter, répondit-il avec un clin d'œil. Je suis désolé, mais je n'ai que cent couronnes.

Cent couronnes ? Cinq tickets seulement. Mince. Ça signifiait qu'elle allait devoir continuer à s'enquiller le porte-à-porte. Elle avait attendu trop longtemps, le carnet devait être remis le lendemain, pendant la répétition, et elle avait encore beaucoup de billets à vendre.

— C'est toujours ça.

Larsen lui donna ses cent couronnes et Karianne Kolstad les billets de tombola.

— Et sois prudente surtout! lança-t-il d'une voix inquiète, après l'avoir raccompagnée sur le perron.

Elle le vit fixer l'obscurité, froncer le nez. Il avait changé depuis que la tête de truie avait été retrouvée sur le lieu du crime. Il paraissait moins nerveux que l'année dernière.

L'adolescente traversa la cour dans le sens inverse, referma le portail et monta vers le hameau de Vik bru. Elle s'apprêtait à envoyer balader cette tombola et rentrer purement et simplement chez elle lorsqu'elle fut soudain témoin d'une scène irréelle.

Dans un premier temps, elle ne comprit pas tout à fait ce qu'elle pensa voir. Ici, à Tangen, le bled le plus paumé de la planète, où il ne se passait jamais rien et où on s'ennuyait comme un rat mort. Il y avait une petite maison, juste là, de l'autre côté de la route. Karianne Kolstad ne savait pas qui y vivait, si tant est d'ailleurs que la bicoque soit habitée : on n'y voyait jamais personne. Or, en ce moment même, la porte d'entrée était grande ouverte et une petite fille descendait les marches du perron. Elle portait une robe bizarroïde et poussait des hurlements. Karianne la reconnut tout de suite. Elle l'avait vue dans les journaux. Elle avait vu sa photo sur Facebook. C'était la cinquième fillette. C'était Marion Munch.

Karianne en resta pétrifiée et bouche bée. Arrivée en bas des marches, la pauvre Marion se prit les pieds dans sa robe et tomba de tout son long sur le gravier. Derrière elle, une femme courait à grandes enjambées. Marion se redressa, jeta un œil par-dessus son épaule, cria et s'élança de plus belle. Mais la femme était plus rapide et la rattrapa en un instant. Elle plaqua une main sur la bouche de la petite fille, la ramena à l'intérieur et referma la porte.

Puis ce fut le silence.

Karianne Kolstad était en état de choc. Elle en avait même lâché son carnet de tombola, l'argent et son portable. Elle se pencha à toute vitesse pour ramasser son téléphone et, les doigts tremblants, composa le 112, le numéro de la police norvégienne.

85.

Lukas posa le pistolet par terre puis introduisit la clé dans le cadenas. Il faisait frais dehors à cette heure-ci, l'air nocturne lui glaçait la nuque. Après avoir déverrouillé, il souleva la lourde trappe en planches. Il dirigea sa lampe de poche dans le trou. Le halo lumineux dégringola au bas d'une échelle et heurta un sol en béton, quelques mètres plus bas. Coinçant le pistolet dans la ceinture de son pantalon, il entama la descente.

Il découvrit Rakel et le garçon blottis dans un coin, serrés l'un contre l'autre dans une couverture. Il les éclaira mais baissa aussitôt la lampe en les voyant lever la main pour se protéger de la lumière trop forte pour leurs yeux plus habitués à la clarté.

— Je suis Jésus, annonça-t-il d'une voix calme. N'ayez pas peur, je ne vous ferai rien.

Dirigeant le faisceau lumineux dans l'abri, il aperçut ce qu'il cherchait : un jerrycan d'essence, posé devant une étagère remplie de cartons. Rakel et son compagnon s'approchèrent de lui d'un pas timide.

— Est-ce qu'on peut s'en aller ? demanda le garçon d'une voix hésitante.

— Oui, vous pouvez vous en aller. Partez avec Dieu. La porte du Ciel est ouverte.

— Merci, fit le garçon avant de poser une main prudente sur son bras.

— Je suis Jésus, répéta Lukas avec un sourire.

Il leur éclaira le chemin afin qu'ils trouvent l'échelle. Il attendit qu'ils soient définitivement sortis pour soulever le jerrycan. Malgré son poids considérable, il réussit à le remonter en manœuvrant lentement, la lampe coincée sous son aisselle, escaladant barreau après barreau. Lorsqu'il se retrouva enfin à l'air libre, il s'accorda une petite pause pour regarder les étoiles. Il avait rarement vu un spectacle aussi splendide. De nouveau il sourit. Puis il traversa la cour.

Pasteur Simon se tenait dans l'église, dos tourné devant l'autel. Il pivota sur ses talons en entendant entrer Lukas.

— Comment ça s'est passé ? s'enquit-il.

Il alla à sa rencontre, souriant et bras écartés, mais se figea quand il vit ce que Lukas tenait à la main, pointé vers lui. Le pistolet.

— Lukas, qu'est-ce que tu fais ?

— Je vais te sauver, répondit celui-ci en avançant lentement vers l'homme aux longs cheveux blancs.

— Qu'est-ce que tu veux dire, mon fils ? Allez, viens… Donne-moi cette arme, mon fils. Tu ne sais pas ce que tu fais.

— Chuuut…

Une lueur scintillait dans les yeux du jeune homme blond.

— Tu ne sens pas ?

— Q-quoi ? bredouilla Pasteur Simon.

— Le diable a pris possession de toi.

— Ne dis pas de bêtises, mon fils.

— Je ne dis pas de bêtises. Le diable loge dans ton corps et ton esprit. Mais c'est trop tard. J'ai été envoyé sur terre pour te sauver. C'est ma mission.

— Nom de Dieu, Lukas ! cria Pasteur Simon, de plus en plus fébrile.

— Tu vois... Tu jures ! Tu offenses notre Dieu. Le diable a pris ton cœur. Il parle à travers ta bouche. Tu es le Mal ! Tu es le Mal et tu fais du mal à nos enfants. Alors que nous ne devons pas faire du mal aux enfants. Nous ne devons pas faire de mal aux hommes. Nous devons au contraire leur venir en aide. Ce n'est pas ta faute. Tu es innocent. Tu as été trompé par le diable. Le diable t'a embobiné pour mieux prendre possession de toi. Il t'a volé ton âme. Il t'a forcé à vouloir le mal des enfants et des hommes. Mais ça va s'arranger, papa. Bientôt, tout ira mieux. Nous n'avons plus besoin d'attendre. Nous pouvons entamer dès aujourd'hui notre voyage seuls vers le Ciel. Nous allons voyager seuls ensemble, papa.

— Donne-moi ce putain de flingue, connard !

Mais Lukas appuya sur la détente. Deux balles vinrent se loger dans la poitrine de l'homme aux cheveux blancs. Il fut propulsé en arrière sous la pression des coups de feu et s'effondra. Il gisait, haletant. Lukas l'ignora. Il ouvrit le jerrycan et se mit à déverser l'essence sur les murs. Il prit son temps. Ils n'étaient pas pressés. L'odeur de gasoil ne tarda pas à se répandre dans l'église. Étendu sur le dos, bouche entrouverte, les yeux terrorisés, les mains posées sur le cœur et agitées de palpitations convulsives, Pasteur Simon observait Lukas. Quelle beauté ! songea ce dernier en voyant le sang chaud dessiner des ruisseaux sur le sol fraîchement nettoyé. Il vida le reste du jerrycan sur l'autel et vint s'accroupir devant l'homme blessé qui, une main autour de la gorge, essayait de dire quelque chose – en vain. Seuls des gargouillements sortaient de la bouche.

— N'aie pas peur, chuchota-t-il en caressant les cheveux blancs.

Lukas se redressa et sortit un briquet de sa poche. Il vérifia s'il fonctionnait. Il fixa un instant la flammèche qui tremblotait sous ses yeux. Il commença dans un coin. L'essence prit feu avec une facilité quasi déconcertante. Puis il repassa dans tous les endroits où il en avait aspergé, jusqu'à ce que l'église blanche soit réduite à un flamboiement brûlant. Il finit par jeter le briquet. Il retourna s'agenouiller devant Pasteur Simon et lui prit la main. Ils étaient à présent cernés par les flammes qui dévoraient les rideaux, les murs, le plancher, l'autel. Lukas était tout sourire. Il se mit à fredonner. Sans cesser de caresser la toison blanche.

Pasteur Simon le regardait, épouvanté. Son corps tremblait, le sang coulait à flux tendu à travers les deux trous dans sa poitrine.

Les flammes transpercèrent le toit. Les flammes étaient partout.

— Bon voyage seul, papa. À tout à l'heure.

Et il ferma les yeux.

86.

Holger Munch se faufila vers la petite maison avec l'intuition d'une anomalie. Les fenêtres étaient condamnées, un immense trou perçait le toit. La maisonnette semblait inhabitée depuis des années, prête à s'effondrer n'importe quand. Karen pouvait-elle vraiment avoir installé sa planque ici, dans *cette* bicoque ? Étrange… Et plus il s'approchait, plus il avait un mauvais pressentiment.

— Delta, ici 9, chuchota-t-il dans l'émetteur au moment où il sentit son portable vibrer dans sa poche. On a quelque chose ?

— Négatif, entendit-il dans son oreillette.

Il voyait Curry à quelques mètres de lui, le pistolet en joue. Son collègue le tira par l'épaule :

— Qu'est-ce qu'on attend ?

Cette baraque n'était pas habitable. À moins que Karen n'ait construit un abri souterrain ? Cette pièce filmée dans la vidéo de Sarah Kiese ? Du peu qu'il avait vu, l'endroit était beaucoup trop petit. Ou alors il en existait plusieurs, en enfilade.

Fébrile, Munch réfléchissait, s'efforçait de prendre la décision qui s'imposait. Ils n'avaient plus une minute à perdre. Karen séquestrait Marion. Et elle séquestrait Mia. Ils étaient obligés d'agir, et vite. Bientôt, ce pourrait être trop tard.

Trop tard, déjà.

Il n'osa pas penser aux conséquences si l'horreur se produisait. Pour Miriam. Pour Marianne. Pour tout le monde. Pour toute l'équipe. Pour lui-même.

— 9, ici Delta 1. On est en stand-by, là. Et on est parés pour l'assaut. À quand le signal ? À toi.

Curry eut un haussement d'épaules en signe d'impatience. Il semblait prêt à tout, même à foncer seul dans la maison si Munch ne lui donnait pas l'ordre d'intervenir.

Munch posa un genou dans l'herbe, à quelques mètres seulement de la bicoque. Il essaya d'avoir une meilleure vue d'ensemble de la situation alors que, pour la deuxième fois, le vibreur de son téléphone se déclencha dans sa poche.

Non, impossible. Ça ne coïncidait pas. Construire une petite pièce fermée, un abri souterrain, d'accord. Mais toute une structure pour y rester à demeure ? Pourquoi est-ce que quelqu'un ferait ça ? Modifier la cave était quand même plus simple. Et surtout dans une maison qui tenait debout !

— 9, allô ? entendit-il dans l'émetteur.

Curry n'était pas le seul à trépigner, toute la brigade d'intervention attendait son signal.

Son portable vibra pour la troisième fois, comme une guêpe agacée contre sa cuisse. Mais qui le dérangeait, bordel ?

Il le sortit délicatement de la poche de son pantalon, y jeta un coup d'œil rapide en plaquant sa main sur l'écran pour masquer le mieux possible la lumière et ne pas être repéré.

Il avait deux appels manqués de Ludvig Grønlie et un message en surbrillance. Il l'ouvrit :

Mauvais endroit !!! Un témoin a localisé Marion. Appelle !!!

— Delta ! À tous les Delta ! Ici 9 ! On a un nouveau lieu. L'assaut est suspendu. Regroupement immédiat. Attendez mon commandement. Je répète : l'assaut est suspendu. Regroupement immédiat. Attendez mon commandement.

Il se releva, rejoignit sa voiture à grandes enjambées tout en composant le numéro de Ludvig Grønlie.

87.

Assise au volant de sa voiture, Emilie Isaksen remontait un chemin gravillonné qui s'enfonçait dans la forêt. Après avoir longtemps pesé le pour et le contre, elle s'était résolue à partir à la recherche de Tobias. Elle éprouvait un étrange sentiment d'urgence. Cela faisait déjà une semaine qu'il avait disparu. À en juger par le message laissé chez lui, il avait entrepris d'en savoir davantage sur ces « petites filles qui croient en Dieu », pour paraphraser son petit frère Torben. En fait, une espèce de secte installée récemment dans la région. N'empêche, Emilie ne pouvait s'ôter de l'idée qu'il avait besoin d'aide *maintenant*, qu'elle devait agir *maintenant*, même si elle ignorait l'endroit exact où il se trouvait, même si cette tentative devait se révéler vaine. Qui plus est, face à l'inertie de la police qu'elle n'avait pas manqué de contacter pour signaler la disparition de Tobias, elle avait décidé de prendre elle-même les choses en main. Et tant pis pour la pizza promise à Torben. Pour l'instant, le bout de chou assis à côté d'elle sur le siège passager semblait aux anges devant la banane et la tablette de chocolat qu'elle avait retrouvées dans son sac.

C'était la première fois de sa carrière qu'elle était confrontée à un cas comme celui-ci. Et elle n'était pas sûre d'avoir fait le bon choix en s'aventurant ici. Il faisait nuit et, à part les phares de sa voiture, elle ne disposait d'aucun autre éclairage. Le chemin était étroit, cahoteux, cerné par la forêt. Si un élan surgissait devant elle, Emilie Isaksen n'aurait aucune chance de freiner à temps. Aussi roulait-elle prudemment, au pas. Enfin, comme si la mauvaise visibilité ne suffisait pas à l'inquiéter, voilà qu'il se mettait à pleuvoir. Elle pesta intérieurement. Elle était suffisamment en colère de voir des parents traiter ainsi leurs enfants. Elle se promit que, une fois qu'ils seraient sortis de cette maudite forêt, elle contacterait cette femme, rencontrée à l'aérobic, qui travaillait à la DDASS. Elle lui indiquerait sûrement la marche à suivre.

La pluie redoubla, Emilie ne voyait plus rien. Elle ne savait même pas où elle allait. Ce n'était pas raisonnable de conduire dans ces conditions, en plus avec un petit garçon à bord. Elle décida de rebrousser chemin. Oui, mieux valait laisser la police faire son travail. Ils chercheraient Tobias pendant qu'elle s'occuperait de Torben. Elle lui préparerait un vrai repas, lui donnerait un bon lit. Puis elle contacterait les services de l'enfance, mettrait en route les procédures nécessaires pour fournir à ces deux frères une famille d'accueil attentionnée, dans une bonne maison, avec des adultes consciencieux qui prendraient soin d'eux – comme on doit prendre soin de tous les enfants.

Elle cherchait un endroit pour faire demi-tour quand deux silhouettes surgirent soudain devant elle, sur le chemin, main dans la main, aveuglées par la lumière des phares.

Tobias !

Emilie Isaksen sentit son cœur bondir dans sa poitrine en voyant les deux adolescents effrayés se réfugier dans la forêt. Elle écrasa la pédale de frein et sortit sous la pluie en laissant le moteur au point mort.

— Tobias !

Pas de réponse, pas de bruit, nulle part. Juste la pluie qui tambourinait sur les gravillons et le capot de la voiture.

— Tobias ! C'est moi, Emilie. N'aie pas peur. Tu peux sortir. Tout va bien. Je suis venue te chercher ! Torben est avec moi ! Tobias, tu es là ?

Quelques secondes s'écoulèrent, qui lui parurent une éternité. Brusquement, quelques branches bougèrent et deux visages interrogateurs se profilèrent entre les arbres.

— Emilie ? fit Tobias en s'avançant lentement vers elle.

— Oui, c'est moi. Tu vas bien ?

Le garçon avait l'air épuisé, désorienté, mais au moins il était en vie.

Merci. Heureusement.

— Je suis avec Rakel, expliqua Tobias du bout des lèvres, en désignant une fille cachée dans son dos.

Elle était vêtue d'une grosse robe en laine grise et d'un fichu blanc, comme tout droit sortie d'un autre siècle. Tremblante, elle n'osait pas se montrer.

— Elle a besoin d'aide, précisa Tobias.

Et c'est seulement à cet instant qu'Emilie se rendit compte à quel point le garçon était épuisé. Il tenait à peine sur ses jambes, ses paupières papillotaient.

— Montez, vite! ordonna-t-elle en ouvrant la portière de la banquette arrière.

— Tobias! appela à son tour Torben.

Il défit aussitôt sa ceinture de sécurité et se propulsa à côté de son frère qu'il serra fort et longtemps dans ses bras.

Mon Dieu! Mais à quoi ces enfants ont-ils été exposés?

Emilie se réinstalla au volant et fit demi-tour un peu plus loin.

— Tout va bien derrière? s'enquit-elle alors qu'ils reprenaient le chemin du retour.

Elle capta le regard de Tobias dans le rétroviseur. Il avait l'air toujours aussi déphasé, toujours aussi éreinté. Néanmoins, et quelles qu'aient été les horreurs qu'il avait vécues, il semblait comprendre qu'il était enfin en sécurité, entre de bonnes mains.

— Ça va, oui, répondit-il d'une voix tremblante. Vous allez pouvoir nous aider?

Il la fixa d'un regard implorant dans le rétroviseur. Accélérant, redescendant le plus vite possible vers Hønefoss, Emilie Isaksen lui sourit et dit :

— Absolument. Tout va s'arranger, Tobias. Je te le promets.

88.

Pour la deuxième fois en l'espace d'une heure, Holger Munch attendait dans sa voiture, les jumelles sur les yeux. Cette fois, il s'agissait du bon endroit. Une adolescente avait reconnu Marion. Elle l'avait vue de ses propres yeux sortir en courant de la maison avant d'être rattrapée. Par Karen Nylund. Il n'y avait pas à douter de ses affirmations, elle était connue dans la région, elle savait de quoi et de qui elle parlait. Et, alors qu'un mauvais pressentiment avait assailli Munch tout à l'heure, il avait à présent la certitude d'être là où il fallait. Il s'agissait d'une vieille chaumière, rouge, un peu défraîchie, mais tout à fait habitable. Une faible lumière filtrait à travers les fenêtres qui avaient dû être condamnées par un film pour empêcher que l'on puisse voir à l'intérieur. Une fine colonne de fumée sortait de la cheminée. Autrement dit : une maisonnette charmante à la campagne. Du moins de l'extérieur. Mais toutes les équipes prêtes à intervenir savaient qu'il en était autrement à l'intérieur. Puisque Karen Nylund s'y trouvait. La femme qui avait assassiné quatre fillettes de six ans, qui avait détruit à jamais la vie de leurs familles, proches et amis. La femme qui l'avait lui-même trompé en simulant le coup de foudre amoureux et une vie à deux en perspective. Les mains moites, sentant la haine gronder en lui, Munch se força à la raison. Il devait coûte que coûte rester calme, professionnel, ne pas céder à la panique ni d'ailleurs à l'emportement. Karen Nylund séquestrait Marion. Marion qui, une heure plus tôt, était encore en vie. Et elle séquestrait certainement Mia. Holger n'osa pas imaginer qu'elle ait pu lui faire du mal.

Il fallait agir rapidement, sans pour autant être trop pressé. Il fallait d'abord obtenir une vue d'ensemble précise des lieux et de la situation. Les unités devaient se mettre en place. Munch jeta un œil plus bas, sur le bord de la route, où trois ambulances étaient garées. Elles étaient arrivées toutes lumières éteintes, pour n'alarmer personne. Assis sur la banquette arrière, Curry frappait sa cuisse avec son arme. Kim Kolsø, comme à son habitude, ressemblait à une statue de sel, le regard rivé sur la porte qu'ils défonceraient bientôt.

— Delta 1, ici 9. À vous.

— 9, ici Delta 1. Nous sommes en position. À vous.

— Delta 2, ici 9. À vous.

— 9, ici Delta 2. On a besoin de deux minutes. À vous.

— Delta 2, ici 9. Bien reçu. On attend vos instructions. À vous.

— Mais qu'est-ce qu'ils foutent, bordel ? demanda Curry sur la banquette arrière.

— On attend, répondit simplement Munch.

— On attend quoi ? Je te rappelle que Mia se trouve dans cette baraque ! lâcha le policier au crâne rasé, dont les doigts ressemblaient à des baguettes de batteur.

— Curry, reste calme, fulmina Kim entre ses dents, toujours aussi immobile sur le siège passager.

— Vous faites chier !

Tout se passa si vite que Munch eut à peine le temps de réagir. Curry avait déjà ouvert la portière et avançait d'un pas décidé vers la porte de la maison. Munch ouvrit la sienne, aussitôt suivi de Kim qui s'élança à grandes enjambées. Il ne voulait pas appeler de peur d'alerter Karen Nylund. Il accéléra autant que son corps pesant le lui permettait, remonta le sentier gravillonné, traversa les dalles en pierre et atteignit le perron au moment où Curry appuyait sur la poignée de la porte.

Il eut l'impression que le reste se déroulait au ralenti. Il entraperçut le regard surpris de Karen à l'instant où ils se précipitaient à l'intérieur. Elle ne s'attendait visiblement pas à une intervention. Elle réussit cependant à tourner son fusil vers Curry qui se jeta sur le côté lorsque le coup partit.

Curry, ce que tu peux être con!

Toujours au ralenti, Munch vit Karen devant lui, son arme dirigée dans sa direction. Elle la tenait avec une telle force que les articulations de ses mains avaient blanchi. Sa bouche sembla s'ouvrir, comme pour dire quelque chose, au moment où son doigt appuya sur la détente.

Le film s'arrêta de tourner au ralenti pour Holger Munch. Il leva son pistolet et tira deux coups. Une première balle alla se loger dans la gorge de Karen Nylund. Une seconde dans le cœur. Elle fut propulsée en arrière et s'effondra. Elle gisait, sans vie sur le plancher, pendant que le sang coulait sur sa poitrine et ses bras.

Et c'est à ce moment-là seulement qu'il vit Mia. Bâillonnée et attachée à une chaise contre un mur. Du scotch sur la bouche. Une aiguille dans un bras, reliée à un pied à perfusion.

Oh non. Oh putain, non! Non!

Holger Munch se figea devant sa collègue elle aussi sans vie. Il ne remarqua pas l'entrée en trombe de Kim, suivi de l'unité d'intervention, du médecin et du personnel de secours. Il resta pétrifié, incapable de prononcer une parole, ni lorsque les policiers de la brigade libérèrent sa collègue, ni quand les urgentistes l'emportèrent dans l'ambulance. Il ne vit pas que Curry s'était relevé en tenant son bras et était conduit au bas du perron. Holger Munch ne revint à lui qu'au moment où Kim surgit devant lui, portant dans ses bras une petite silhouette tremblante.

Marion. Elle était vivante. Dans un sale état, mais elle respirait.

— Une ambulance! cria Holger Munch en aidant son collègue à transporter sa petite-fille. Un médecin! On a besoin d'un médecin ici!

Un cortège hurlant de gyrophares bleus et de sirènes quitta la maisonnette en fonçant pied au plancher dans la nuit pour rejoindre l'autoroute E6 en direction d'Oslo.

VII

89.

La salle d'attente adjacente à l'unité de soins intensifs, dans l'hôpital d'Ullevål, était noire de monde. Une infirmière sortit à plusieurs reprises pour leur demander d'aller patienter ailleurs, mais Munch la renvoya d'un revers de main. L'ambiance était tendue dans la petite pièce où l'Unité spéciale au grand complet arborait en silence une mine grave. Assis sur une chaise, Gabriel regardait droit devant lui, les mains sur les genoux et non pas sur un clavier d'ordinateur pour une fois. Installés côte à côte sur le canapé, Anette et Ludvig avaient fait de la place pour Kim et Kyrre. Seul Curry arpentait l'espace de long en large, refusant de prendre un siège, incapable de calmer son corps râblé. Seul un élément du groupe manquait à l'appel : Mia Krüger.

La procureure de la police venait d'avoir une petite conversation avec Mikkelson dans le couloir et était retournée parmi les autres en lançant un clin d'œil à Munch qui lui avait répondu par un sourire. Un silence de plomb s'était réinstallé. Curry le brisa d'une voix furieuse :

— Fait chier, merde ! Ils pourraient nous donner des nouvelles !

— Mais assieds-toi, bon sang ! lui dit Anette. Ils nous en donneront quand ils auront un pronostic exact.

— Ils font chier !

Il reprit ses allées et venues sur le lino. Ludvig se leva et proposa :

— Quelqu'un veut du café ?

Quelques mains se dressèrent. Le policier rompu aux situations de crise n'en était pas moins sombre, aussi effondré que les autres. Il disparut au bout du couloir.

Au même moment, Miriam franchit la porte. Munch se précipita à sa rencontre.

— Tu vas bien ?

Sa fille acquiesça et serra la main de son père.

— Je vais bien. Maintenant je vais très bien.

Voyant Kim sur le canapé, elle courut vers lui et lui sauta au cou.

— Merci.

Elle essuya une larme au passage.

— Euh… C'est tout naturel, répondit Kim, troublé. J'ai fait mon boulot.

— Non, merci du fond du cœur, je le pense vraiment.

Elle le serra de nouveau dans ses bras avant de filer vers Curry et de l'enlacer à son tour. Celui-ci en fut presque gêné.

— Elle va bien ? s'enquit Munch en allant vers sa fille.

— Marion va très bien elle aussi, répondit Miriam en essuyant une larme sur l'autre joue. Johannes est à son chevet. Elle est fatiguée, et en même temps étonnamment présente. Elle veut voir son papy adoré.

Munch sourit.

— Des nouvelles de Mia ? demanda-t-elle d'une voix empreinte de gravité.

— Aucune, bredouilla Munch, inquiet.

Une femme médecin se profila au fond du couloir.

— Jon Larsen ? appela-t-elle.

— Curry, on t'appelle, dit Anette.

— De quoi ?

— C'est vous, Jon Larsen ? redemanda le médecin en regardant ses papiers.

— Oui, pourquoi ?

— On regarde votre bras ?

— Non, non. Pas la peine, répondit Curry en l'envoyant balader avec sa main valide pendant que son bras blessé restait collé contre le corps.

— Je crois qu'il est prudent qu'on y jette un œil. Suivez-moi, s'il vous plaît, insista-t-elle avec un sourire.

Curry soupira et la suivit à contrecœur, non sans crier à l'équipe :

— Vous me tenez informé surtout, hein ?

Munch tenta de capter son regard mais, une fois de plus, Curry l'esquiva. Par son intervention hasardeuse, il avait failli faire rater l'opération et mettre la vie des autres en danger. Les réprimandes viendraient plus tard, pour l'heure ça n'avait aucune importance. Anette ne perdit pas une miette de la scène et demanda à Holger :

— On fait un débriefing ce soir ?

— Non, non, on attend.

Il venait à peine de terminer sa phrase qu'un autre médecin poussa les portes battantes du service.

— Qui est le proche de Mia Krüger ?

De nombreuses mains se levèrent en même temps. Holger s'approcha.

— Comment va-t-elle ?

— Il s'en est fallu d'un cheveu. Mais elle va bien.

Un murmure de soulagement se répandit dans la salle d'attente. Gabriel bondit pour prendre Anette dans ses bras, Kim était tout sourires.

— Est-ce qu'on peut la voir ? voulut savoir Munch.

— Elle est très fatiguée. Mais nous pouvons autoriser une visite. Une seule. Et très brève.

— Moi, dans ce cas.

Il ôta son duffel-coat qu'il tendit à Miriam et suivit le chirurgien.

Quand ils entrèrent dans la chambre, Mia était étendue dans le lit, les yeux fermés.

— Brève, la visite, répéta le médecin avant de sortir.

Munch s'approcha du lit et posa une main sur celle de Mia. Elle ouvrit lentement les yeux et lui sourit.

— Tu as fumé ? demanda-t-elle d'une voix faible et basse.

— Pas depuis un moment, non.

— C'est bien.

Elle referma les yeux. Il lui serra tout doucement la main.

— On l'a eue ? demanda-t-elle.

— On l'a eue.

— Et Marion ?

— Marion va bien.

Elle rouvrit les paupières, esquissa un sourire.

— C'est vrai ?

— C'est vrai.

Il sentit alors le corps de Mia se relâcher et sa main devenir molle dans la sienne. Sa tête s'enfonça dans l'oreiller.

— Tu viendras me voir ?

— À Hitra ?

Mia opina lentement.

— En vacances, peut-être. Mais d'abord, je trouve que tu devrais rester ici quelque temps. Tu as besoin de quelqu'un qui te tienne compagnie.

— D'accord.

Le chirurgien passa une tête dans l'entrebâillement de la porte et fit signe à Munch que la visite était terminée. Quand Holger regarda de nouveau Mia, elle dormait déjà.

Cet ouvrage à été composé par Belle Page
pour le compte des Éditions J.-C. Lattès
et achevé d'imprimer par
CPI – BUSSIÈRE
SAINT AMAND MONTROND (Cher)
en septembre 2015

PAPIER À BASE DE
FIBRES CERTIFIÉES

Le Livre de Poche s'engage pour l'environnement en réduisant l'empreinte carbone de ses livres. Celle de cet exemplaire est de :
950 g éq. CO_2
Rendez-vous sur
www.livredepoche-durable.fr

N° d'édition : 01 – N° d'impression : 2018323
Dépôt légal : octobre 2015
Imprimé en France